SUA MELHOR VIDA AGORA

JOEL OSTEEN

SUA MELHOR VIDA AGORA

7 PASSOS PARA VIVER EM SEU POTENCIAL MÁXIMO

1.ª edição
Belo Horizonte

Edição publicada mediante acordo com FaithWords, New York, New York. Todos os direitos reservados.

Diretor
Lester Bello

Autor
Joel Osteen

Título Original
Your Best Life Now: 7 Steps to Living at
Your Full Potential

Tradução
Claudio Chagas/Idiomas & Cia.

Revisão
Ana Lacerda, João Guimarães/Edna Guimarães
Elizabeth Jany, Daniele Ferreira e Francisca Poleto/
Idiomas & Cia.

Diagramação
Julio Fado

Design capa (adaptação)
Fernando Rezende

Impressão e acabamento
Promove Artes Gráficas

BELLO
PUBLICAÇÕES

Rua Vera Lúcia Pereira, 122
Bairro Goiânia, CEP 31950-060
Belo Horizonte/MG - Brasil
contato@bellopublicacoes.com.br
www.bellopublicacoes.com.br

Copyright desta edição
© 2004, 2014 by Joel Osteen
FaithWords Hachette Book Group
New York, NY

Publicado pela
Bello Comércio e Publicações Ltda-ME
com a devida autorização de
Hachette Book Group e todos
os direitos reservados.

Primeira edição — Agosto de 2015

Todos os direitos reservados. Nenhuma parte desta publicação poderá ser reproduzida, distribuída ou transmitida sob qualquer forma ou meio, ou armazenada em base de dados ou sistema de recuperação, sem a autorização prévia por escrito da editora.

Exceto em caso de indicação em contrário, todas as citações bíblicas foram extraídas da Bíblia Sagrada *The Amplified Bible* (AMP) e traduzidas livremente em virtude da inexistência dessa versão em língua portuguesa. Quando a versão da AMP correspondia com o texto da Almeida Revista e Atualizada, esse foi o texto utilizado nos versículos fora dos colchetes. Outras versões usadas: AA (Almeida Atualizada, SBB), NVI (Nova Versão Internacional, Editora Vida), ABV (A Bíblia Viva, Mundo Cristão) ACF (Almeida Corrigida Fiel, Sociedade Bíblica Trinitariana do Brasil) e ARA (Almeida Revista e Atualizada, SBB).

O85s	Osteen, Joel Sua melhor vida agora: 7 passos para viver em seu potencial máximo / Joel Osteen; tradução de Cláudio Chagas / Idiomas & Cia. - Belo Horizonte: Bello Publicações, 2015. 352p. Título original: Your best life now: 7 steps to living at your full potential ISBN: 978-85-8321-023-8 1. Fé. 2. Autorrealização (Psicologia). 3. Técnicas de auto ajuda. 4. Vida Espiritual I. Título.

CDD: 234.2   CDU: 248

Este livro é dedicado ao meu pai, John Osteen (1929-1999). A integridade, a humildade, o amor e a compaixão de meu pai por todas as pessoas deixaram uma impressão indelével em minha vida. Serei eternamente grato por seu exemplo.

À minha esposa, Victoria, a mulher dos meus sonhos e minha melhor amiga, dedico este livro e a minha vida. Você me surpreende mais a cada dia. Quando Deus me deu você, Ele me concedeu o melhor. Seu amor incondicional e espírito entusiástico me tornaram o homem que sou hoje. Eu amo você.

Para Jonathan e Alexandra, meus dois tesouros preciosos. Vocês me trazem mais alegria do que eu jamais poderia imaginar! Ser o pai de vocês é a minha maior recompensa.

E ao povo da Lakewood Church, cujo amor, lealdade, apoio e entusiasmo são inigualáveis. Tenho um compromisso com vocês, o compromisso de ajudá-los a viver a sua vida melhor agora. Os nossos melhores dias estão por vir!

Agradecimentos

Tal como em qualquer projeto de construção de grandes proporções, uma grande equipe é necessária para fazer com que todos os elementos se unam para compor um livro. Desejo estender meus agradecimentos pessoais e sinceros a:

Ken Abraham, cujo conhecimento tornou este projeto possível. Obrigado por me incentivar a "pôr o meu coração no papel".

Rolf Zettersten, FaithWords, toda a equipe e a "força" de vendas da Hachette Book Group, por crerem tão apaixonadamente. Seu entusiasmo e empolgação são contagiantes.

Michelle Trevino e a equipe da Lakewood Church, bem como nossos muitos professores e voluntários. Assim como Davi teve os seus "homens poderosos", fui abençoado por trabalhar ao lado de vocês, homens e mulheres poderosos de Lakewood! Vocês são a maior igreja da face da terra.

Minha família imediata, vocês me conhecem melhor do que ninguém; vocês me amam mais do que ninguém e me apoiam em todos os meus esforços. Eu amo muito todos vocês.

E aos que servem comigo em Lakewood: **Paul e Jennifer Osteen,** por seu amor sacrificial e incondicional expresso por nós diariamente. **Kevin e Lisa Comes,** por seu apoio constante e amor perseverante. Obrigado por serem modelos de fé no "mundo real". **Don e Jackelyn Iloff,** por seu inabalável entusiasmo e constante incentivo.

E, acima de tudo, a Dodie Osteen, minha mãe, por nos ensinar o que realmente importa na vida e por nos mostrar o que a "fé" realmente é.

Obrigado por nos dar um exemplo do que uma vida de total compromisso com Deus pode alcançar.

SUMÁRIO

PREFÁCIO 11

INTRODUÇÃO 13

PARTE 1: AMPLIE A SUA VISÃO

Capítulo 1   Ampliando a Sua Visão 17

Capítulo 2   Eleve o Seu Nível de Expectativa 28

Capítulo 3   Deus Tem Mais Guardado! 36

Capítulo 4   Rompendo as Barreiras do Passado 44

Capítulo 5   Crescendo em Favor 52

Capítulo 6   Viva com uma Mentalidade de Favor 59

PARTE 2: DESENVOLVA UMA AUTOIMAGEM SAUDÁVEL

Capítulo 7   Quem Você Pensa Ser? 71

Capítulo 8   Compreendendo o Seu Valor 82

Capítulo 9   Torne-se Aquilo em que Você Crê 89

Capítulo 10   Desenvolvendo uma Mentalidade Próspera 99

Capítulo 11   Seja Feliz com Quem Você É 108

PARTE 3: DESCUBRA O PODER DE SEUS PENSAMENTOS E PALAVRAS

Capítulo 12   Escolhendo os Pensamentos Certos 119

Capítulo 13   Reprogramando o Seu Computador Mental 132

Capítulo 14   O Poder das Suas Palavras 140

Capítulo 15   Falando Palavras Transformadoras de Vida 146

Capítulo 16   Declarando uma Bênção 153

10

PARTE 4: ABANDONE O PASSADO

Capítulo 17   Abandonando Feridas Emocionais 165

Capítulo 18   Não Deixe a Amargura Criar Raízes 176

Capítulo 19   Deixe Deus Trazer Justiça à Sua Vida 187

Capítulo 20   Derrotando as Decepções 197

PARTE 5: ENCONTRE FORÇA POR MEIO DA ADVERSIDADE

Capítulo 21   Levante-se por Dentro 209

Capítulo 22   Confie no Tempo de Deus 217

Capítulo 23   O Propósito das Provações 228

Capítulo 24   Confiando em Deus Quando a Vida Não Faz Sentido 236

PARTE 6: VIVA PARA DAR!

Capítulo 25   A Alegria de Dar 245

Capítulo 26   Demonstre a Bondade e a Misericórdia de Deus 255

Capítulo 27   Mantenha Aberto o Seu Coração Compassivo 263

Capítulo 28   A Semente Vai à Frente 274

Capítulo 29   Semeando e Crescendo 282

PARTE 7: ESCOLHA SER FELIZ

Capítulo 30   A Felicidade É uma Escolha 293

Capítulo 31   Seja uma Pessoa Excelente e Íntegra 306

Capítulo 32   Viva com Entusiasmo 321

VOCÊ TEM UM TESOURO ESCONDIDO 333

NOTAS 343

Prefácio

Sua Melhor Vida Agora

Provavelmente você já me ouviu dizer que Deus quer nos levar a lugares com os quais nunca sonhamos. Quando você colocar Deus em primeiro lugar, der o melhor de si a cada dia e avançar com passos de fé, verá a bondade do Senhor de novas maneiras.

Às vezes, o passo seguinte que Deus nos pede para dar é pequeno, mas, em outros momentos, o passo para o próximo nível se torna um salto de fé. Foi o que aconteceu quando confiei em Deus e decidi escrever este livro.

Apenas sete anos antes, eu trabalhava na produção dos programas de TV de nossa igreja. Nem sequer pensava em ser pastor, muito menos autor. De fato, quando fui abordado pela primeira vez sobre a possibilidade de escrever um livro, não aceitei a oferta, simplesmente porque não pensava que fosse um escritor. Mas sei que Deus colocou em cada um de nós mais promessas e potencial do que sabemos. Assim, cerca de um ano depois de ter recusado a primeira oferta para escrever um livro, a oportunidade surgiu novamente. Dessa vez, decidi confiar em Deus, dar um salto de fé e esperar que coisas boas acontecessem.

Ao olhar para trás hoje, no décimo aniversário do lançamento de *Sua Melhor Vida Agora*, creio mais do que nunca que, quando confiamos em Deus, Ele nos leva aonde precisamos estar. Admito ter sido um pouco assustador para mim. Quando escrevi este livro há dez anos, imaginava se alguém sequer se interessaria por ele. Pensei em quão constrangido eu ficaria se a editora fizesse uma grande sessão de autógrafos e ninguém aparecesse. Tive de ficar dizendo a mim mesmo que Deus estava no controle e que o meu trabalho era afugentar as dúvidas e permanecer fiel.

Fiquei surpreso quando *Sua Melhor Vida Agora* foi lançado em 2004 e vendeu milhões de exemplares no mundo todo, tornando-se um *best-seller* do *New York Times* durante quase 100 semanas. Nossa mensagem da bondade de Deus ajudou milhões de pessoas, mais do que teríamos alcançado se este livro não tivesse sido escrito. Isso me provou, mais uma vez, que o sonho de Deus para as nossas vidas é muito maior do que o nosso próprio sonho e que, quando você crer, subirá mais alto, realizará mais e viverá sua melhor vida agora.

— JOEL OSTEEN, agosto de 2014

Introdução

"O futuro está em suas mãos!" é uma expressão de esperança citada com frequência, dita a formandos, novos funcionários e casais de olhos arregalados no dia do seu casamento. Contudo, todos nós sabemos que, embora algumas pessoas agarrem a vida com entusiasmo e assumam o controle de seu futuro, uma promessa assim grandiosa nem sempre se concretiza para todos. Por quê? O que faz a diferença?

As pessoas felizes, bem-sucedidas e realizadas aprenderam a viver o melhor de suas vidas *agora*. Elas tiram o melhor proveito do momento presente e, assim, melhoram o seu futuro. Você também pode fazer isso. Independentemente de onde está ou de quais desafios está enfrentando, você pode desfrutar a sua vida agora mesmo!

Muitas pessoas passam a vida com baixa autoestima, focando no negativo, sentindo-se inferiores ou inadequadas, sempre se apoiando em algum motivo pelo qual não podem ser felizes. Outras adiam a sua felicidade para uma data futura:

- *Algum dia, as coisas melhorarão em minha vida.*
- *Algum dia, deixarei de ser consumido por meu trabalho e desfrutarei de momentos memoráveis com a minha família.*
- *Algum dia, ganharei mais dinheiro e não terei de me preocupar com como pagar as contas.*
- *Algum dia, melhorarei minha melhor condição física.*
- *Algum dia, terei um melhor relacionamento com Deus e desfrutarei mais a Sua bondade.*

Infelizmente, "algum dia" nunca chega. Hoje é o único dia que temos. Não podemos fazer nada acerca do passado e não sabemos o que o futuro nos reserva. Mas podemos viver todo o nosso potencial agora mesmo! Neste livro você descobrirá exatamente como fazer isso! Nestas páginas você encontrará sete passos simples, mas profundos, para melhorar a sua vida, independentemente do seu nível atual de sucesso ou da falta dele. Sei que esses passos funcionam, porque eles têm dado certo na vida de meus familiares, amigos e colegas, bem como em minha própria vida. Estou confiante de que, se você seguir esses passos comigo, acabará sendo mais feliz do que nunca, vivendo com alegria, paz e entusiasmo, não durante apenas um dia ou uma semana, mas pelo restante de sua vida!

Em *Sua Melhor Vida Agora*, exploraremos como:

- Ampliar a sua visão;
- Desenvolver uma autoimagem saudável;
- Descobrir o poder de seus pensamentos e palavras;
- Abandonar o passado;
- Encontrar força por meio da adversidade;
- Viver para dar; e
- Escolher ser feliz.

Em cada uma dessas áreas, você encontrará sugestões práticas e escolhas simples que o ajudarão a permanecer positivo em seu estilo de vida e acreditar em um futuro melhor.

Você pode ter passado por adversidades ou provações em seu passado. Talvez tenha enfrentado mais contratempos e problemas do que achou que pudesse dar conta. Mas hoje é um novo dia! Seguindo os princípios que compartilharei neste livro, você poderá ser uma pessoa feliz e realizada, a partir de *hoje*.

Neste livro, desafiarei você a libertar-se de uma mentalidade de "mal conseguir sobreviver" para tornar-se o melhor que você pode ser, não meramente mediano ou comum. Para fazer isso, talvez seja preciso livrar-se de algumas mentalidades negativas que estão segurando você e começar a ampliar a sua visão, vendo a si mesmo como alguém que realiza mais, desfruta mais, é mais. Isso, meu amigo, é o que significa viver a sua melhor vida agora.

Você está pronto para desenvolver todo o seu potencial? Então, vamos! É hora de começar a viver a sua melhor vida agora!

· PARTE 1 ·

AMPLIE A SUA VISÃO

CAPÍTULO 1

Ampliando a Sua Visão

Ouvi uma história acerca de um homem e sua esposa em férias no Havaí. Ele era um bom homem, que havia conseguido relativo sucesso, mas não se empenhava em nada, pensando já ter alcançado os seus limites na vida. Certo dia, um amigo levou o casal para um passeio pela ilha, mostrando-lhes os pontos turísticos. Eles pararam para admirar uma belíssima casa no alto de uma colina. A propriedade era repleta de belas palmeiras e jardins exuberantes em um cenário pitoresco e tranquilo, com vista panorâmica para o oceano.

Quando o homem pôs os olhos na magnífica casa, comentou com a sua esposa e o amigo: "Não consigo sequer me imaginar morando em um lugar como esse".

Bem ali, algo dentro dele disse: *Não se preocupe. Você não fará isso. Você nunca viverá em um ótimo lugar como esse.*

Assustado com seus próprios pensamentos, o homem perguntou a si mesmo: *O que você quer dizer com isso?* A resposta foi: *Enquanto você não conseguir imaginar, enquanto você não for capaz de ver, não acontecerá para você.*

O homem percebeu corretamente que seus próprios pensamentos e atitudes estavam condenando-o à mediocridade. Ele se determinou, ali mesmo naquele momento, a começar a acreditar mais em si mesmo e a crer mais em Deus.

Assim também acontece conosco. Precisamos conceber uma ideia internamente, antes de recebê-la externamente. Se você não pensa que poderá ter algo bom, nunca o terá. A barreira está em sua mente. Não é a falta de recursos de Deus ou a sua falta de talento que o impedem de prosperar. Seu próprio pensamento errado pode impedi-lo de receber o melhor de Deus.

Você também pode ter presumido já ter alcançado seus limites na vida, e que nunca será bem-sucedido. Talvez você pense: *Eu nunca terei importância, nem farei algo significativo ou desfrutarei das coisas boas da vida que vi outros desfrutarem.*

> **SEU PRÓPRIO PENSAMENTO ERRADO PODE IMPEDI-LO DE RECEBER O MELHOR DE DEUS.**

É triste dizer que você está exatamente certo... *A menos que* esteja disposto a mudar o seu pensamento. É por isso que o primeiro passo para viver em seu pleno potencial é *ampliar a sua visão*. Para viver a sua melhor vida agora, você precisa começar a olhar para a vida com os olhos da fé, ver-se atingindo novos patamares. Veja o seu negócio decolar. Veja o seu casamento restaurado. Veja a sua família prosperando. Veja os seus sonhos se realizando. Você precisa conceber algo e acreditar que é possível, se quiser ter a esperança de vivê-lo um dia.

Para concebê-lo, você precisa ter uma imagem interna da vida que quer viver externamente. Essa imagem tem de se tornar uma parte de você, em seus pensamentos, em sua conversa, no fundo da sua mente subconsciente, em suas ações, em cada parte do seu ser.

VISUALIZE O SEU SUCESSO

Desde menina, Tara Holland sonhava tornar-se Miss Estados Unidos. Em 1994, entrou no concurso para Miss Flórida e ganhou o título de vice-campeã. Tara decidiu tentar novamente no ano seguinte. Ela entrou no mesmo concurso e, mais uma vez, ganhou o prêmio de vice-campeã. Tara estava propensa a ficar deprimida e desanimada, mas não o fez. Ela permaneceu focada em seu objetivo.

A jovem decidiu que precisava mudar de ambiente, então mudou-se para o Kansas e, em 1997, entrou no concurso de Miss Kansas e conquistou o título. Nesse mesmo ano, avançou em seu sonho e foi coroada Miss Estados Unidos. Tara Holland viu o seu sonho realizar-se.

Em uma entrevista após o concurso, alguém perguntou a Tara o segredo do seu sucesso. Ela admitiu que, após ter perdido duas vezes seguidas

Ampliando a Sua Visão 19

nas competições de nível estadual, ficara propensa a desistir, mas, em vez disso, saiu de casa e alugou dezenas de vídeos de concursos locais, estaduais, Miss Adolescente, Miss Universo, Miss Mundo — tudo que conseguiu encontrar. Ela alugou centenas de vídeos de vários concursos e os assistiu vezes seguidas.

Enquanto observava cada jovem ser coroada vencedora, Tara se imaginava naquela situação. Ela se via recebendo a coroa. Imaginava-se andando na passarela da vitória. Por vezes seguidas ela se visualizou vencendo. Ver-se como vencedora, disse Tara, foi a chave para o sucesso.

Outro repórter perguntou se ela ficara nervosa andando na passarela diante de milhões de pessoas assistindo pela televisão e com o locutor cantando a famosa canção do concurso.

A resposta de Tara foi interessante. "Não, eu não estava nem um pouco nervosa", disse ela. "Sabe, eu já havia percorrido aquela passarela milhares de vezes."

Você já andou naquela passarela? Já se viu realizando os seus sonhos? Você mantém essa visão de vitória diante de você? Tara Holland soube que nunca seria uma vencedora até se ver pela primeira vez como uma. Ela teve de reprogramar a sua mente e se livrar o máximo possível das memórias dolorosas das perdas anteriores. Ela teve de substituir, em sua mente, aquela visão de si mesma como "Miss Segunda Colocada". Tara teve de desenvolver uma atitude de "eu posso fazer isso". Ela se viu pisando no palco como vencedora. Ela se viu andando pela passarela da vitória. Ela criou um ambiente de fé e sucesso.

O que você mantiver diante de seus olhos o afetará. Você produzirá o que estiver vendo continuamente em sua mente. Se promover uma imagem de derrota e fracasso, você terá esse tipo de vida. Mas se desenvolver uma imagem de vitória, sucesso, saúde, abundância, alegria, paz e felicidade, nada na terra será capaz de impedi-lo de atingir essas coisas.

Por muitas vezes ficamos presos a uma rotina, pensando ter alcançado os nossos limites. Realmente não ampliamos a nossa fé; não cremos que haverá algo maior. Mas Deus quer que prosperemos constantemente, que alcancemos novas alturas. Ele quer aumentar em você a Sua sabedoria e ajudá-lo a tomar melhores decisões. Deus quer desenvolvê-lo financeiramente, dando-lhe promoções, novas ideias e criatividade.

A Bíblia diz que Deus quer derramar "a incomparável riqueza de sua graça".[1] Deus quer que este seja o melhor momento de sua vida. Mas para

20   *Sua Melhor Vida Agora*

receber esse favor, você precisa ampliar a sua visão. Não pode sair por aí com pensamentos negativos, derrotados, limitantes, como: *Bem, eu fui até onde a minha formação permite.* Ou: *Tenho essa doença* há anos. Acho que ela é o meu fardo *na vida.*

Para experimentar esse favor imensurável, você precisa livrar-se dos pensamentos pequenos e começar a esperar as bênçãos de Deus, ver a promoção e o crescimento sobrenatural. Você precisa desenvolver essas coisas em seu coração e em sua mente antes de poder recebê-las. Em outras palavras, você deve abrir espaço para o crescimento em seu próprio pensamento, e então Deus fará essas coisas acontecerem. Enquanto você não aprender a ampliar a sua visão, vendo o futuro por seus olhos de fé, seu próprio pensamento errado evitará que coisas boas aconteçam em sua vida. Deus não derramará ideias e bênçãos novas e criativas sobre velhas atitudes.

> **VOCÊ PRECISA CONCEBER ESSAS COISAS EM SEU CORAÇÃO E EM SUA MENTE ANTES DE PODER RECEBÊ-LAS.**

LIVRE-SE DOS ODRES VELHOS

Séculos atrás, o vinho era armazenado em odres de couro, em vez de garrafas. Peles de animais eram secas e curadas até o couro poder ser moldado em recipientes para conter o vinho. Quando novos, os odres eram macios e maleáveis, mas à medida que envelheciam, com frequência perdiam a elasticidade, deixando de ceder. Eles se tornavam endurecidos e firmes, não conseguindo expandir-se. Se uma pessoa derramasse vinho novo em um odre velho, o recipiente arrebentava e o vinho era perdido.

Curiosamente, quando Jesus quis incentivar Seus seguidores a ampliar suas visões, Ele os lembrou: "Nem se põe vinho novo em odres velhos" (ARA).[2] Jesus estava dizendo que você não pode ter uma vida ampla com atitudes restritas. Essa lição ainda é relevante nos dias de hoje. Estamos endurecidos em nossos costumes, limitados por nossas perspectivas e presos em nosso modo de pensar. Deus está fazendo algo novo, mas a menos que estejamos dispostos a mudar, a menos que estejamos dispostos a expandir e ampliar a nossa visão, perderemos as Suas oportunidades para nós.

Porém, o fato de estar lendo este livro diz que você está pronto para ir para um nível superior; você quer atingir todo o seu potencial. A boa notícia é que Deus quer lhe mostrar o Seu incrível favor. Ele quer preencher a sua vida com "vinho novo", mas será que você está disposto a livrar-se de

Ampliando a Sua Visão 21

seus odres velhos? Você quer começar a pensar maior? Você quer ampliar a sua visão e se livrar daquelas velhas mentalidades negativas que o impedem de avançar?

Um sujeito cujo casamento estava à beira da dissolução me disse: "Joel, eu tenho vivido assim há muito tempo. Nada de bom acontece comigo. Não vejo como o meu casamento poderia ser restaurado. Nós sempre tivemos esses problemas".

"Esse tipo de pensamento impedirá você de receber as coisas boas que Deus quer derramar em sua vida", eu disse a ele. "Essas atitudes erradas bloquearão o fluxo. Você precisa parar de abrigar pensamentos destrutivos e negativos que o mantêm preso. Sua vida não mudará enquanto você não mudar o seu modo de pensar."

Certo dia, no início de nosso casamento, Victoria e eu estávamos caminhando por nosso bairro quando vimos uma bela casa em fase final de construção. As portas estavam abertas, então entramos e demos uma olhada. Era uma casa fabulosa, muito mais bonita do que qualquer uma das outras casas daquela comunidade. Muitas das casas à nossa volta eram térreas, em estilo de fazenda, com 45 anos de idade, mas essa casa era um casarão de dois andares, com pés-direitos altos e enormes janelas que proporcionavam uma atraente visão do quintal. Era um local adorável e inspirador.

Quando saímos da casa, Victoria estava empolgada. Ela se virou, olhou para ela e disse: "Joel, algum dia nós vamos viver em uma bela casa, exatamente como esta!" Naquela época, morávamos em uma casa extremamente antiga, com alguns problemas de alicerce que impediam todas as nossas portas internas de se fecharem adequadamente. Nós havíamos estendido a nossa fé e gastado tudo que tínhamos, apenas para comprar aquela casa e entrar naquele bairro. Pensando em nossa conta bancária e em minha renda naquele momento, parecia impossível um dia chegarmos a ter uma casa como a que visitamos.

Sendo o "grande homem de fé" que sou, eu disse: "Victoria, aquela casa está tão além do nosso alcance, que não vejo como poderíamos pagar por algo assim".

Mas Victoria tinha muito mais fé do que eu, e não desistiria. Ficamos parados na frente daquela casa durante trinta minutos e debatemos o assunto. Ela me disse todas as razões pelas quais aquilo poderia acontecer. Eu lhe disse todas as razões pelas quais eu duvidava.

Ela disse: "Não, Joel. Eu sinto isso profundamente dentro de mim. Vai acontecer".

Ela estava tão cheia de alegria, que eu não queria desanimá-la. Então, deixei o assunto morrer. Mas Victoria não! Ao longo dos meses seguintes, ela continuou falando palavras de fé e vitória e, finalmente, me convenceu de que poderíamos viver em uma casa elegante como a que vimos. Eu me livrei do meu pensamento limitado e comecei a concordar com ela. Comecei a acreditar que, de algum modo, de alguma maneira, Deus poderia fazer aquilo acontecer. Continuamos a acreditar naquilo, a ver aquilo e a falar naquilo.

Vários anos mais tarde, vendemos a nossa propriedade e, por meio de outro negócio imobiliário, fomos capazes de construir uma casa exatamente como a que havíamos visto. Nós a vimos tornar-se realidade. Mas não acredito que isso teria acontecido se não a tivéssemos, primeiramente, idealizado internamente. Não creio que teria acontecido se Victoria não me convencesse a ampliar a minha visão.

Deus tem muito mais guardado para você também. Comece a abrir espaço para isso em seu pensamento. Idealize-o internamente. Veja a si mesmo ascendendo a um novo nível, fazendo algo importante, vivendo naquela casa dos seus sonhos. Se você quiser ver "a incomparável riqueza" do favor de Deus, precisará substituir os odres velhos.

"Eu fui tão longe quanto os meus pais foram capazes de ir", Steve me disse. "Eu fui tão longe quanto todas as outras pessoas de minha família. Isso é suficientemente bom, não é?"

Eu lhe respondi: "Não. Você não tem de ser limitado pelas barreiras do passado. Deus quer que você vá mais longe do que seus pais. Tenho certeza que seus pais eram ótimas pessoas trabalhadoras, mas não caia nessa armadilha de apenas sentar-se e aceitar as coisas como são. Você precisa tomar a decisão de que não viverá uma vida medíocre. Ao levantar-se pela manhã, precisa ter a seguinte atitude: *Eu vou fazer algo grande. Vou ser excelente em minha carreira. Vou servir entusiasticamente outras pessoas. Vou me libertar deste molde e ascender a novas alturas.*

Digo aos meus filhos o tempo todo: "Você irá muito mais longe do que o papai. Você tem muito potencial. Você realizará coisas grandiosas!"

Não estou simplesmente procurando incutir orgulho em nossos filhos; quero que eles tenham uma grande visão. Quero que visualizem grandes possibilidades em uma idade precoce. Quero que cresçam com a expec-

Ampliando a Sua Visão

tativa do favor de Deus, de serem líderes, de se destacarem em tudo que fazem. E sei que eles precisam ter isso internamente antes de Deus poder fazer acontecer externamente.

Certo dia, eu estava dirigindo por Houston com meu filho de oito anos de idade, Jonathan. Quando estávamos na estrada, vimos o Compaq Center, a arena de dezesseis mil lugares que foi a antiga sede do time de basquetebol profissional Houston Rockets e logo viria a ser a sede da Lakewood Church. Diminuí a velocidade e apontei. "Jonathan, olhe lá. É ali que, algum dia, você estará pregando."

Ele disse: "Oh, não, papai. Quando eu tiver idade suficiente, vou pregar no Reliant Stadium!" (O Reliant Stadium é a sede do time de futebol americano Houston Texans, com setenta mil lugares.)

Pensei: *Gosto do fato de ele ter um grande sonho*. Na primeira vez em que contei essa história em Lakewood, há vários anos, após o culto uma senhora se aproximou e entregou a Jonathan um cheque de cem dólares para aquele novo estádio. Ele ficou muito empolgado e disse: "Papai, eu gostaria que você falasse de mim com mais frequência em seus sermões!"

Mesmo que você venha de uma família extremamente bem-sucedida, Deus ainda quer que você vá mais longe. Meu próprio pai realizou grandes coisas em sua vida. Ele inspirou pessoas no mundo todo. Mas não me satisfarei em fazer apenas o que meu pai fez. Não quero simplesmente agarrar o que é meu e ficar preso a isso. Ao contrário, quero prosseguir em direção a novas alturas.

Se você olhar atentamente, verá que Deus tem procurado incentivá-lo. Ele permitiu que cruzassem o seu caminho pessoas com muito mais sucesso do que você, que têm casamentos mais sólidos, que estão desfrutando o Seu favor de maneiras maravilhosas. Quando você vir ou ouvir acerca de outras pessoas tendo sucesso ou fazendo o que você quer fazer, sinta-se incentivado em vez de enciumado. Não diga: "Isso nunca poderia acontecer comigo. Eu não sou assim talentoso. Nunca conseguirei ter esse tipo de oportunidade. Eu nunca terei tanto dinheiro assim".

Livre-se desses odres velhos. Mude a sua maneira de pensar. Ultrapasse as barreiras do passado e comece a ter a expectativa de que Deus fará grandes coisas em sua vida.

"VOCÊS NÃO A RECONHECEM?"

Entenda que Deus está constantemente querendo plantar novas sementes em seu coração. Ele está fielmente procurando levá-lo a imaginar, a desistir de ideias antiquadas e a gerar novas explosões internas de criatividade. A chave é crer, para deixar a semente enraizar-se e crescer.

E se Victoria tivesse concordado a respeito daquela casa e dissesse: "Sim, Joel, você está certo. Somos apenas jovens. Nós nunca teremos dinheiro para isso. Aquela casa está totalmente fora de alcance". Provavelmente, ainda estaríamos morando em nossa primeira casa torta. Felizmente, ela ampliou a sua visão e mentalizou o que Deus estava lhe dizendo. Talvez Deus esteja falando com você também, procurando movê-lo a um novo nível. Ele colocou pessoas em sua vida como exemplos para inspirá-lo. Ao ver as realizações, alegrias e vitórias dessas pessoas, algo dentro de você deve dizer: "Sim, Deus! Eu sei que Tu podes me abençoar de maneira semelhante. Sei que posso ter um ótimo casamento. Sei que posso ser assim feliz e alcançar esses novos patamares".

Há uma semente dentro de você querendo criar raízes. Isso é Deus procurando levá-lo a conceber. Ele está tentando enchê-lo de esperança e expectativa de que a semente crescerá e produzirá uma grande colheita. É a sua vez. Você pode ter estado doente durante um longo tempo, mas este é o seu momento de ser curado. Você pode estar preso a todos os tipos de vícios e maus hábitos, mas este é o momento de ser colocado em liberdade. Você pode estar com dificuldades financeiras, com todos os tipos de dívidas, mas este é o momento da promoção. Este é o seu momento de prosperar. Amigo, se você entrar em acordo com Deus, este poderá ser o maior momento de sua vida. Este poderá ser o tempo de Deus derramar a imensurável e incomparável riqueza da Sua graça.

Deus diz: "Vejam, estou fazendo uma coisa nova! Ela já está surgindo! Vocês não a reconhecem?"[3] Observe que Deus está sempre pronto para fazer coisas novas em nossas vidas. Ele está procurando nos promover, prosperar e nos dar mais. Contudo, é interessante Deus ter feito a pergunta "Vocês não a reconhecem?" Em outras palavras, você está abrindo espaço para isso em seu próprio pensamento? Você crê nessa prosperidade? Crê em ter excelência no seu trabalho? Acredita que pode ser um líder mais eficaz ou um pai melhor?

É tempo de ampliar a sua visão.

Talvez Deus queira melhorar o seu casamento, restaurar a sua família ou promovê-lo no trabalho. Mas aquela semente de oportunidade não pode criar raízes devido às suas dúvidas.

"Como minha empresa poderia decolar e começar a prosperar? Eu tenho muitos obstáculos. É simplesmente impossível."

Ampliando a Sua Visão 25

Deus está dizendo a você algo semelhante ao que Ele disse à virgem Maria e a outros ao longo de toda a Bíblia. Não será pela sua força. Não será pelo seu poder. Deus disse que será pelo Espírito *Dele*. O poder do Deus Altíssimo virá sobre você e fará acontecer. Com Deus ao seu lado, você não tem chance de perder. Ele pode fazer um caminho onde parece não haver caminho algum. Ele pode abrir portas que homem algum consegue fechar. Ele pode fazer você estar no lugar certo no momento certo. De maneira sobrenatural, Deus pode transformar totalmente a sua vida. Jesus disse: "Tudo é possível àquele que crê".[4]

A pergunta que lhe faço é: você acreditará? Permitirá que aquela semente crie raízes? O anjo disse a Maria que ela conceberia sem conhecer homem algum. Em outras palavras, Deus estava dizendo que aquilo poderia acontecer por meios sobrenaturais. Poderá acontecer sem que o banco lhe empreste dinheiro. Poderá acontecer mesmo que você não tenha a formação educacional correta. Poderá acontecer a despeito do seu passado. Poderá acontecer a despeito do que os críticos lhe dizem. Com Deus tudo é possível.

Quando recebemos a notícia de que o Compaq Center estaria disponível para venda, alguns dos meus pensamentos iniciais foram semelhantes aos de Maria. *Como isso seria possível? Como poderíamos adquirir esse prédio? Custará caro demais. A cidade nunca deixará uma igreja usar aquele espaço. É um espaço de muito destaque.* Mas, dessa vez, expandi a minha visão. Deixei a semente criar raízes. Concebi internamente. Comecei a "ver" a nossa congregação adorando a Deus no Compaq Center, na região central de Houston.

Ao longo dos meses seguintes, muitas pessoas disseram a membros de nossa congregação, à equipe e a mim: "Isso nunca acontecerá. Vocês não têm a menor chance. Vocês estão desperdiçando o seu tempo".

Mas não importava. A semente estava crescendo internamente. Quando parecia impossível e enfrentávamos todos os tipos de desafios, eu apenas dizia: "Pai, eu Te agradeço por Tu estares lutando as nossas batalhas por nós. Eu Te agradeço porque Tu nos mostrarás um pouco daquela imensurável e incomparável riqueza da Tua graça". A semente continuava crescendo, ficando cada vez mais forte. E sem dúvida alguma, três anos e meio depois, contra uma forte adversidade, Deus transformou a situação e nos deu vitória.

Deus quer fazer grandes coisas em sua vida também. Não se contente com uma visão pequena de Deus. Nós servimos ao Deus que criou o universo. Temos de eliminar essa mentalidade de mera sobrevivência. "Deus,

26   *Sua Melhor Vida Agora*

se Tu me deres um aumento de cinquenta centavos, penso que conseguirei neste ano." "Deus, se Tu me ajudares a suportar esse casamento…" "Deus, tudo que eu quero é um pouco de felicidade."

Livre-se desses odres velhos. Livre-se do pensamento tacanho e comece a pensar como Deus pensa. Pense grande. Pense em prosperidade. Pense em abundância. Pense em mais do que o suficiente.

Anos atrás, um famoso jogador de golfe foi convidado pelo rei da Arábia Saudita para jogar em um torneio. Ele aceitou o convite, e o rei pilotou o seu jato particular até os Estados Unidos para buscar o profissional. Eles jogaram golfe durante vários dias e passaram um tempo agradável. Quando o golfista estava entrando no avião para voltar para o seu país, o rei o parou e disse: "Quero dar-lhe um presente por ter vindo até aqui e tornar esse tempo tão especial. Qualquer coisa que você quiser. O que eu poderia lhe dar?"

Sempre cavalheiro, o jogador respondeu: "Oh, por favor; não me dê coisa alguma. Você foi um excelente anfitrião. Eu passei um tempo maravilhoso. Não poderia pedir mais nada".

O rei foi inflexível. Ele disse: "Não, eu insisto em dar-lhe algo para que você sempre se lembre de sua viagem ao nosso país".

Percebendo que o rei estava decidido, o golfista disse: "Tudo bem. Eu coleciono tacos de golfe. Por que você não me dá um?"

Ele embarcou no avião e, em seu voo de volta para casa, não pôde deixar de imaginar que tipo de taco de golfe o rei poderia lhe dar. Ele imaginou que poderia ser um taco de finalização de ouro maciço com seu nome gravado nele. Ou talvez fosse um taco para areia cravejado com diamantes e joias. Afinal de contas, seria o presente de um rei da Arábia Saudita, rico em petróleo.

De volta ao lar, o jogador consultava diariamente o e-mail e os serviços de entrega, para ver se seu taco de golfe já havia chegado. Finalmente, várias semanas depois, ele recebeu uma carta registrada do rei da Arábia Saudita. O jogador achou aquilo um tanto estranho. *Onde está o meu taco de golfe?*[*] — imaginou ele. Abriu o envelope e, para a sua surpresa, dentro dele havia a escritura de um campo de golfe de duzentos hectares nos Estados Unidos.

---

[*] (N. do T.) Em inglês, a expressão "golf club" significa "taco de golfe", mas também "campo de golfe".

Às vezes, os reis pensam de maneira diferente de nós. E, amigo, nós servimos ao Rei dos reis. Nós servimos ao Deus Altíssimo, e o sonho de Deus para a sua vida é muito maior e melhor do que você pode sequer imaginar. É tempo de ampliar a sua visão!

CAPÍTULO 2

Eleve o Seu Nível de Expectativa

Um antigo adágio dá a entender que, para ser bem-sucedido, você precisa seguir os seus sonhos. Embora eu jamais tenha sugerido que alguém deva abandonar os seus sonhos, a verdade é que a sua vida seguirá as suas *expectativas*. O que você espera é aquilo que você alcançará. Se você mantiver pensamentos positivos, a sua vida se moverá nessa direção; se tiver continuamente pensamentos negativos, você viverá uma vida negativa. Se esperar derrota, fracasso ou mediocridade, a sua mente subconsciente se certificará de que você perderá, falhará ou sabotará qualquer tentativa de elevar-se acima da média. É por isso que um dos elementos-chave para ampliar a sua visão é *elevar o seu nível de expectativa*. Você precisa mudar o seu modo de pensar antes de conseguir mudar a sua maneira de viver.

PROGRAME A SUA MENTE PARA O SUCESSO

É importante programar a sua mente para o sucesso. Isso não acontecerá automaticamente. A cada dia, você precisará optar por viver com uma atitude que espera que coisas boas lhe aconteçam. A Bíblia diz: "Mantenham o pensamento nas coisas do alto".[1] Ao se levantar pela manhã, a primeira coisa que deve fazer é voltar a sua mente para a direção certa. Diga algo como: "Este será um grande dia. Deus está guiando e orientando os meus passos. O Seu favor está me envolvendo. Bondade e misericórdia estão me seguindo. Estou empolgado com o dia de hoje!" Comece o seu dia com fé e esperança, e depois viva-o com a expectativa de coisas boas.

Espere que circunstâncias mudem em seu favor. Espere que pessoas saiam de seus caminhos para ajudar você. Espere estar no lugar certo no momento certo.

Talvez você trabalhe em vendas e tenha planejado fazer uma apresentação importante. Você está realmente esperando fechar aquele grande contrato. Não se surpreenda se ouvir uma voz sussurrando em sua mente:

ESPERE QUE AS COISAS MUDEM EM SEU FAVOR.

Você não tem a menor chance. Este será um dia ruim para você. Nada de bom jamais acontece a você. Você nem mesmo poderia alimentar esperanças. Desse modo, quando você não fechar aquele grande contrato, não ficará decepcionado demais.

Não dê ouvidos a tais mentiras! Deus *quer* que você alimente esperanças. Nós não podemos sequer ter fé sem esperança. A Bíblia diz: "A fé é a certeza daquilo que esperamos".[2] Uma definição desse tipo de esperança é "expectativa confiante". Devemos nos levantar pela manhã esperando confiantemente o favor de Deus. Comece a esperar que portas de oportunidade abram-se para você. Espere sobressair-se em sua carreira. Espere sobrepor-se aos desafios da vida.

Deus costuma nos dar segundo o nosso nível de expectativa. Se você não desenvolve o hábito de esperar que coisas boas lhe aconteçam, não tem probabilidade de receber alguma coisa boa. Se você não esperar que as coisas melhorem, provavelmente elas não melhorarão. Se tudo que você espera é mais da mesma coisa, isso é tudo que você terá. Nossas expectativas estabelecem os limites para a nossa vida. Jesus disse: "Que lhes seja feito segundo a fé que vocês têm!"[3] Em outras palavras, "Recebam o que a sua fé espera".

DEUS COSTUMA NOS DAR SEGUNDO O NOSSO NÍVEL DE EXPECTATIVA.

Algumas pessoas tendem a esperar o pior. Estão sempre com aquela "mentalidade de pobre de mim", sempre negativas, sempre deprimidas. "Deus, por que Tu não fazes alguma coisa a respeito da minha situação?", reclamam elas. "Isso não é justo!" Elas têm aquilo que sua fé espera.

Outras pessoas sentem-se honestamente tão oprimidas por seus problemas, que têm dificuldade de acreditar que algo de bom possa lhes acontecer. Você as ouve dizer coisas como: "Oh, eu tenho tantos problemas. Meu casamento está em ruínas. Meus filhos não fazem o que é certo. Meu negócio não está indo bem. Minha saúde está se deteriorando. Como posso viver com entusiasmo? Como você espera que eu me levante e diga que este será um bom dia, quando tenho essa grande confusão em minhas mãos?"

Amigo, é disso que se trata a fé. Você precisa começar a acreditar que coisas boas estão vindo em sua direção, e elas virão!

O que você está esperando na vida? Você está prevendo coisas boas ou coisas ruins? Excelência ou mediocridade? Você está esperando que as coisas mudem em seu favor? Você está esperando experimentar a bondade de Deus? Ou está permitindo que suas circunstâncias ou sentimentos entorpeçam o entusiasmo pela vida e o aprisionem em uma mentalidade negativa?

SAIA DA PRISÃO QUE VOCÊ MESMO CRIOU!

Uma das frases mais comuns entre homens e mulheres que cumprem longas penas em penitenciárias é: "Você não tem futuro". É uma declaração triste e desanimadora, que tira dos detentos a pouca esperança que lhes resta. "Você não tem renda; seus filhos têm vergonha de dizer que são seus parentes; sua esposa não virá vê-lo e, provavelmente, logo se divorciará de você; nada mudará em sua vida. Não espere algo melhor. Você está recebendo o que merece. Você não tem futuro."

Infelizmente, muitas pessoas estão "do lado de fora", mas também vivem atrás de grades, em prisões criadas por elas mesmas, enquanto sucumbem ao mesmo tipo de pensamento. *Isso é o melhor que você pode esperar. Não vai melhorar, então você pode muito bem sentar-se, ficar quieto e aguentar.*

Não! Você pode sair dessa prisão! A porta está destrancada. Tudo que tem a fazer é começar a esperar coisas boas em sua vida e crer que Deus lhe dará um grande futuro. Você tem futuro!

OLHOS DE FÉ

Você precisa olhar com seus "olhos de fé" e começar a ver-se feliz, saudável e completo. Isso significa que, mesmo quando a sua situação parecer sombria e você se sentir tentado a ficar desanimado ou deprimido, deve encorajar a si mesmo orando: "Deus, eu sei que Tu estás no controle e, mesmo que isso pareça impossível, eu sei que hoje pode ser o dia em que as coisas mudarão. Hoje pode ser o dia em que Tu restaurarás o meu casamento. Este pode ser o dia em que Tu trarás o meu filho para casa. Hoje pode ser o dia em que meu negócio começará a prosperar exponencialmente. Este pode ser o dia em que verei o meu milagre".

Então, continue crendo e esperando que essas coisas boas venham a se concretizar em sua vida. Você precisa tomar uma decisão consciente, um ato de sua vontade, manter uma atitude de expectativa e conservar a sua mente repleta de pensamentos de esperança.

> **ESTE PODE SER O DIA EM QUE VEREI O MEU MILAGRE.**

"E se eu fizer tudo isso e não funcionar?", você pode estar perguntando.

E se você fizer isso e *funcionar*? Ora, o que você tem a perder ao manter viva a sua esperança?

Posso lhe garantir que a sua situação difícil nunca melhorará enquanto você permanecer com uma mentalidade negativa. Mas se desenvolver uma atitude de fé e esperar que os eventos mudem positivamente, no momento certo aquela situação mudará. É certo que, às vezes, as coisas boas não acontecem com a rapidez que gostaríamos, mas em vez de lançar-nos a expectativas negativas, precisamos manter nossas mentes fixadas em Deus. Sua atitude deve ser: "Deus, eu sei que Tu estás operando em minha vida. Embora o milagre pelo qual venho esperando não tenha acontecido hoje, sei que estou um dia mais perto dele! Estou um dia mais perto de minha oração ser respondida e não vou ficar chateado. Não me permitirei ficar desanimado. Sei que o Teu tempo é perfeito; então, permanecerei em uma atitude de fé e continuarei confiando em Ti para fazer o que é melhor".

Perto de completar 50 anos de idade, Brian sentia como se tudo em seu mundo estivesse desmoronando e caindo sobre os seus ombros. Seu negócio falira. Ele perdera sua família por causa do divórcio. Sua saúde estava se deteriorando. Houve mesmo um tempo em que ele foi um homem extremamente bem-sucedido. Mas agora, havia muitos anos que ele meramente existia, vivendo sem alegria, sem paz, sem entusiasmo.

Certo dia, um amigo que se importava o suficiente para falar com Brian de igual para igual lhe disse: "Eu amo você, amigo, mas você precisa parar de focar em tudo o que é negativo; pare de olhar para tudo que perdeu e comece a olhar para tudo que lhe restou". O amigo de Brian o desafiou: "Comece a acreditar que as coisas vão mudar para melhor, não porque você merece, mas simplesmente porque Deus o ama a esse ponto!" As palavras do amigo ressoaram no espírito de Brian e, de modo lento, mas firme, ele começou a levar o conselho a sério. Brian estabeleceu novos padrões em sua vida. Ele decidiu que todas as manhãs, antes de sair da cama, escreveria dez coisas pelas quais poderia ser grato. Durante todo o dia ele pensava constantemente naquela lista. Ele manteve esse hábito dia após dia, semana após semana, mês após mês.

O que Brian estava fazendo? Estava reprogramando a sua mente. Estava rompendo os velhos hábitos negativos e desenvolvendo uma atitude de fé.

Em questão de meses, sua situação começou a mudar. Primeiro, ele teve a sua alegria de volta. Depois, a sua saúde e a vitalidade retornaram. Ele logo conseguiu o seu emprego de volta e, finalmente, muitos de seus relacionamentos foram restaurados. Mais importante, ele teve sua vida de volta! Por ter estabelecido suas expectativas em um nível mais alto, ele conseguiu escapar daquela velha mentalidade negativa. Parou de concentrar-se no que não tinha, no que perdera, em seus erros e fracassos do passado. Em vez disso, Brian começou a refletir sobre a bondade de Deus. Ele encheu a sua mente com pensamentos de esperança, fé e vitória. Ele desenvolveu uma nova visão, esperando que as coisas mudassem para melhor. Com certeza, foi aí que a sua vida mudou.

Muitas pessoas sabotam as suas expectativas com comentários negativos. Você conhece pessoas que dizem coisas do tipo:

"Nunca me acontece nada de bom."

"Acho que nunca me casarei. Eu nem sequer tive um encontro em dez anos!"

"Posso entrar em falência a qualquer instante; estou tão atolado em dívidas e contas, que não consigo enxergar qualquer alternativa."

"Não vejo como eu poderia ser feliz novamente. Tenho sofrido muita dor na vida."

Evite declarações desse tipo a todo custo, porque suas ações seguirão as suas expectativas. Baixas expectativas irão prendê-lo na mediocridade. Você precisa ter pensamentos positivos de vitória, pensamentos de abundância, pensamentos de favor, pensamentos de esperança; pensamentos bons, puros, excelentes.

Eleve o Seu Nível de Expectativa 33

A carreira do profeta Elias, do Antigo Testamento, proporciona algumas compreensões fascinantes. Elias vivenciou numerosos milagres, e seu pupilo, Eliseu, testemunhou muitos deles. Ao se aproximar do fim de sua vida, Elias perguntou a Eliseu o que ele gostaria de receber do seu mentor.

"Quero uma porção dobrada do seu espírito", respondeu Eliseu com ousadia. "Quero ser duas vezes mais poderoso, duas vezes mais forte, duas vezes mais abençoado. Eu quero ver o dobro de milagres."

Curiosamente, Elias não repreendeu o seu pupilo. Ele simplesmente respondeu: "Eliseu, você pediu uma coisa muito difícil. Não obstante, se conseguir me ver quando eu for tirado de você, será feito assim. Caso contrário, não será assim". Certamente, em um sentido literal, Elias estava dizendo a Eliseu: "Se Deus permitir que veja, você saberá que o seu pedido será concedido", mas não podemos deixar de imaginar se Elias estava também dizendo: "Se você conseguir ver, então poderá ser assim. Se visualizar em seu coração e em sua mente, vendo através da tela da Palavra de Deus com os seus 'olhos espirituais', isso poderá tornar-se uma realidade em sua vida".

Deus está extremamente interessado no que você vê com os seus "olhos espirituais". Na Bíblia, sete vezes Ele pergunta: "O que você vê?" Deus está nos dizendo algo semelhante hoje. Se você tiver uma visão de vitória para a sua vida, conseguirá subir a um novo nível. Mas enquanto mantiver a sua cabeça para baixo, olhando para o chão em vez de para as possibilidades, você corre o risco de mover-se na direção errada e perder as coisas grandiosas que Deus quer fazer em você e por seu intermédio. Este é um princípio espiritual e também um fato psicológico: nós nos movemos em direção ao que vemos em nossas mentes. Se você não conseguir enxergar, não é provável que venha a acontecer em sua vida.

E você? Quando olha para o seu futuro, o que vê? Você se vê cada vez mais forte, mais saudável, mais feliz, com sua vida cheia de bênçãos, favor e vitória de Deus? Se você conseguir enxergar isso, poderá vir a acontecer.

Vários anos atrás, Bill e Cindy, amigos meus, mudaram-se para uma nova cidade. Na época, Bill tinha dois empregos para sustentar a família, enquanto Cindy ficava em casa com os filhos pequenos. Foi um momento difícil em suas vidas, e eles mal ganhavam o suficiente para pagar o aluguel e comprar alimentos. Sentindo-se fracassados, eles foram tentados a desistir e voltar para casa. Teria sido fácil permitir que atitudes de derrota os colocassem para baixo, mas eles não fizeram isso. Em vez disso, durante aquele momento difícil eles fizeram algo extremamente incomum.

Muitas noites, após Bill chegar em casa vindo do trabalho, em vez de se sentar em seu pequeno apartamento sentindo pena de si mesmos, eles se vestiam, entravam no carro e se dirigiam a um dos grandes hotéis de luxo da cidade. Não tinham dinheiro suficiente para pagar pelo estacionamento do hotel, então estacionavam na rua de baixo e caminhavam de volta ao hotel. Eles entravam no lindo prédio, sentavam-se naquele elegante saguão e sonhavam. Tempos depois, Bill me contou: "Eu queria me expor a uma atmosfera de sucesso. Queria estar em um lugar onde pudesse manter as minhas esperanças elevadas. Queria entrar em um ambiente onde pudesse sonhar com vitórias".

O que eles estavam fazendo? Estavam expandindo sua visão, concentrando-se no que poderiam ser. Eles estavam olhando para além de onde estavam, para onde queriam estar e, ao fazê-lo, deixavam a fé crescer em seus corações. Cindy disse: "Muitas vezes, nós nos sentávamos ali no saguão literalmente durante horas, conversando e sonhando, e quando saíamos, nossa fé e visão estavam renovadas".

Talvez você também precise mudar seu ambiente. Pare de sentar-se sentindo pena de si mesmo. Pare de pensar que nada jamais melhorará em sua vida. Em vez disso, encontre um lugar onde você possa sonhar. Pode ser em uma igreja; pode ser nas margens de um riacho ou em um parque. Encontre algum lugar onde você possa ousar

ENCONTRE ALGUM LUGAR ONDE VOCÊ POSSA SONHAR.

sonhar grandes sonhos; um lugar onde a sua fé será elevada. Saia daquele ambiente negativo e entre em uma atmosfera de vitória, onde as pessoas edificam você em vez de derrubá-lo. Encontre um lugar onde as pessoas o encorajarão e desafiarão a ser o melhor que pode ser. Encontre um lugar onde as pessoas o inspirem a atingir novas alturas. Amigo, você precisa imaginar coisas boas acontecendo a você antes que elas aconteçam.

A Bíblia diz: "Aquele que anda com os sábios será cada vez mais sábio".[4] Se você se associar a pessoas bem-sucedidas, em pouco tempo se tornará bem-sucedido. O entusiasmo delas será contagiante e você captará aquela visão. Se ficar em uma atmosfera de vitória, em pouco tempo terá uma imagem de vitória. Se andar com pessoas de fé, em pouco tempo estará cheio de fé. Mas você não poderá voar com as águias enquanto estiver ciscando com as galinhas.

Deixe-me incentivá-lo a elevar as suas expectativas; comece a ver a si mesmo recebendo coisas boas. Espere o favor de Deus. Espere as Suas bênçãos. Espere prosperar. Espere promoção. Levante-se e enfrente cada dia com entusiasmo, sabendo que Deus tem grandes coisas guardadas para você. E, mesmo quando as circunstâncias não lhe forem favoráveis, não deixe isso derrubá-lo. Mantenha a sua mente apontada para a direção certa.

Se você fizer a sua parte contemplando continuamente a bondade de Deus, vivendo com fé e esperança de que Deus o levará a lugares com os quais nunca sonhou, você viverá em um nível que nunca ousou imaginar. Deus tem coisas boas guardadas para você! Deixe-me mostrar-lhe como descobri-las.

CAPÍTULO 3

Deus Tem Mais Guardado!

Todd Jacobs sonhava iniciar o seu negócio de programas para computador, mas quando ele e Amy se casaram, ele conseguiu um emprego comum apenas para pagar as contas. Em seguida, o bebê veio e o orçamento da família desmoronou, juntamente com os sonhos de Todd.

De início, encaixotar os sonhos não incomodou Todd, mas, em pouco tempo, ele e Amy reconheceram o ressentimento silencioso, mas muito real, fervendo logo abaixo da superfície de todas as conversas acerca de dinheiro e de todas as decisões relacionadas ao futuro. Ironicamente, quando surgiu uma oportunidade para Todd desenvolver um *software* para uma empresa famosa, trabalhando com um de seus melhores amigos, ele a recusou. "Eu não tenho talento suficiente", disse ele. "Estive afastado do mundo dos negócios durante muito tempo."

"Todd, você tem certeza?", perguntou o amigo. "Esta é uma grande oportunidade. Você pode começar a sua própria empresa, ajudar a projetar programas para a empresa principal, e pode até ganhar dinheiro extra com os *royalties*. Você tem certeza de que quer abrir mão desse emprego?"

"Sim, eu tenho certeza", respondeu Todd. "Não posso me dar o luxo de arriscar. Meu emprego não paga muito, mas é estável. É melhor eu ficar onde estou."

Como Todd, muitas pessoas perdem oportunidades cruciais em suas vidas todos os dias, porque se acomodam à condição em que as coisas estão. Não esperam algo melhor. Deus está abrindo uma nova porta para elas; tudo que elas têm de fazer é passar por ela, mas, lamentavelmente, elas dão as costas para as bênçãos de Deus. Por quê? Elas se recusam a abrir espaço em seu próprio pensamento para as coisas novas que Deus quer fazer em suas vidas. Quando aparece uma grande oportunidade, em vez de se agarrarem a ela, se lançarem com fé e crerem no melhor, elas dizem: "Ora, isso nunca poderia acontecer comigo. É bom demais para ser verdade".

Infelizmente, o que receberá está diretamente ligado a como você crê e ao que você espera. Se quiser que Deus faça o extraordinário, precisa começar a crer nele para coisas maiores.

Como Todd, você poderá estar pensando: *Vou trabalhar neste mesmo emprego, nesta mesma posição, o restante da vida. Afinal de contas, isso é tudo que sei fazer.*

> **O QUE VOCÊ RECEBERÁ ESTÁ DIRETAMENTE LIGADO A COMO VOCÊ CRÊ.**

Não faça isso! Pare de limitar Deus! Ele pode querer abrir outra oportunidade ou uma posição melhor para você. Deus pode intervir na sua situação, substituindo o seu supervisor para que você possa ser promovido. Algum dia, você poderá gerenciar toda a empresa! Quando você começa a esperar por mais, o segundo elemento-chave para ampliar a sua visão é crer que *Deus tem mais guardado para você!*

Há uma antiga história acerca de um sapinho que nasceu no fundo de um pequeno poço redondo, semelhante aos que vemos nas fazendas rurais típicas. Ele e sua família moravam ali e ele se contentava em brincar na água, nadando por todo aquele pequeno poço. Ele pensava: *A vida não fica melhor do que isso. Eu tenho tudo de que necessito.*

Certo dia, contudo, ele olhou para cima e percebeu a luz no topo do poço. O sapinho ficou curioso, imaginando o que havia lá em cima. Subiu lentamente pela parede do poço. Quando chegou ao topo, espiou cautelosamente por cima da borda, e eis que a primeira coisa que viu foi uma lagoa. Ele não conseguia acreditar. Ela era mil vezes maior do que o poço. Ele se aventurou a ir mais longe e descobriu um enorme lago. Ele ficou ali, olhando admirado. Finalmente, o sapinho foi pulando durante um longo caminho e chegou ao oceano, onde tudo que ele conseguia ver era água, onde quer que olhasse. Ficou extremamente admirado. Ele começou a perceber quão limitado o seu pensamento havia sido. Ele pensava ter tudo no poço, mas tudo que realmente tinha era uma gota num balde em comparação com o que Deus queria que ele desfrutasse.

O sonho de Deus para a sua vida é muito maior e grandioso do que você pode imaginar. Se Deus lhe mostrasse tudo o que tem guardado para você, isso confundiria a sua mente. Muitas vezes, nós somos como aquele sapinho. Vivemos fechados em nosso próprio pequeno poço. Ele tem sido o nosso ambiente confortável, como e onde fomos criados. É tudo o que já conhecemos: aquele certo nível de vida e aquela determinada maneira de pensar. Enquanto isso, Deus tem muito mais guardado para nós. Vá um pouco mais longe do que você já foi. Ouse sonhar um pouco maior. Olhe para fora, acima da borda, como aquele sapinho. Deus tem oceanos que Ele quer que você desfrute.

VOCÊ ESTÁ LIMITANDO DEUS?

Quando Deus estabelece um sonho em seu coração, quando Ele coloca oportunidades em seu caminho, você sai corajosamente com fé, esperando o melhor, avançando com confiança, sabendo ser capaz de fazer o que Deus quer que você faça? Ou você se encolhe de medo e diz: "Isso é grande demais para mim. Não sou qualificado. Não sou capaz. Nunca conseguiria fazer isso".

Deus quer fazer uma coisa nova em sua vida. Mas você tem de fazer a sua parte e sair da sua caixinha. Comece a pensar grande!

Muitas pessoas contentam-se com pouco demais. "Eu fui até onde a minha formação educacional me permitiu."

"Avancei em minha carreira até onde sou capaz de chegar. Cheguei ao topo. Nunca conseguirei ganhar mais dinheiro do que ganho agora."

Por quê? Seu trabalho não é sua fonte. Deus é a sua fonte, e Sua criatividade e Seus recursos são ilimitados! Deus pode lhe dar uma ideia para uma invenção, um livro, uma canção ou um filme. Deus pode lhe dar um sonho. Uma ideia de Deus pode mudar para sempre o curso da sua vida. Deus não é limitado pela sua formação educacional ou pela falta dela. Ele não é limitado pelo que você tem ou pelo que você não tem. Deus poderá fazer qualquer coisa se você crer. Ele poderá fazer qualquer coisa se você simplesmente parar de limitá-lo no seu pensamento.

Recentemente, uma mulher escreveu para Victoria e eu, contando-nos a história de como recebeu pelo correio um cheque de um parente que morrera e lhe deixara 90 mil dólares de herança. Ela nunca conheceu aquele homem nem sabia que eles eram parentes.

Quando ela nos contou essa história, não pude deixar de sorrir e pensar: *Deus, dê-me alguns parentes como esse!*

Falando sério, fiquei empolgado com a mulher. Ela havia crido em mais e a herança inesperada fora parte da resposta de Deus.

Você também pode começar a esperar por prosperidade. Não apenas prosperidade financeira, mas você pode começar a esperar por crescimento sobrenatural em todas as áreas de sua vida.

QUEBRE A MALDIÇÃO

Com demasiada frequência, nós nos sentimos confortáveis com onde estamos, e usamos isso como desculpa para permanecer na mediocridade. "Meus pais eram pobres", dizemos com uma expressão de pena. "Antes deles, meus avós eram pobres. Ninguém de minha família teve muito, então acho que eu também não terei."

Não acredite nessa mentira. Deus é um Deus progressivo. Ele quer que você vá mais longe do que os seus pais jamais foram. Ele quer que você seja aquele que sairá desse molde. Talvez você tenha sido criado em um ambiente negativo. Todos ao seu redor eram negativos e críticos, deprimidos, abatidos e desanimados. Sem dúvida, você é tentado a usar sua criação negativa como desculpa para viver da mesma maneira. Mas você pode ser a pessoa que mudará a sua árvore genealógica! Não transfira esse lixo para os seus filhos, mantendo em ação esse ciclo negativo. Você poderá ser aquele que quebrará a maldição de sua família. Você poderá ser aquele que estabelecerá um padrão mais elevado. Você pode afetar as gerações futuras com as decisões que tomar hoje.

Meu pai veio do mais pobre das famílias pobres. Seus pais eram agricultores de algodão e perderam tudo que possuíam na Grande Depressão. Minha avó trabalhava aproximadamente quinze horas por dia lavando roupas para outras pessoas, ganhando dez centavos por hora. Muitas noites, eles chegavam em casa e não tinham comida suficiente para uma refeição. Com frequência, meu pai ia à escola com fome, com furos nas calças e buracos nos sapatos.

Eram boas pessoas, mas ninguém de nossa linhagem familiar havia tido muito. Eles viviam sob uma maldição de pobreza e derrota. Mas, certo dia, aos 17 anos de idade, papai entregou sua vida a Cristo, e Deus colocou em seu coração o sonho de pregar.

Certamente, as probabilidades estavam contra ele. Ele vinha da família errada do lado errado da cidade. Ele não tinha dinheiro algum e tinha

40 *Sua Melhor Vida Agora*

pouquíssimo estudo. Olhando para o aspecto natural, não tinha futuro ou esperança. Mas Deus não é limitado por ambientes, antecedentes familiares ou circunstâncias presentes. Deus é limitado somente pela nossa falta de fé.

Papai manteve aquele sonho em seu coração. Ele teve esperança de, algum dia, superar aquela mentalidade de derrota e mediocridade. Não surpreende que todos à sua volta tenham tentado desencorajá-lo. Eles diziam: "John, nunca conseguirá fazer isso por sua própria conta. É melhor você ficar aqui conosco e colher algodão. Isso é tudo que você sabe fazer. Fique aqui, onde é seguro".

Sou muito grato por meu pai não ter dado ouvido aos opositores. Ele não estava satisfeito com o lugar onde estava. Não ficou preso àquele caminho de derrota e mediocridade. Ele se recusou a limitar Deus. Ele acreditava que Deus

> **NÓS AFETAMOS AS GERAÇÕES VINDOURAS COM AS DECISÕES QUE TOMAMOS HOJE.**

tinha mais guardado para ele. E por permanecer focado naquele sonho e estar disposto a dar um passo de fé, devido a estar disposto a transpor as barreiras do passado, ele quebrou aquela maldição de pobreza em nossa família. Agora, meus irmãos e eu, nossos filhos, netos e até mesmo nossos bisnetos, experimentarão mais da bondade de Deus, em decorrência do que um homem fez.

Nós afetamos as gerações vindouras com as decisões que tomamos hoje. Se você não está experimentando a vida abundante de Deus, deixe-me desafiá-lo a acreditar em mais. Não se limite a sentar-se e aceitar as coisas como são. Não caminhe durante os próximos cinquenta anos para acabar no mesmo lugar em que está hoje. Tome a decisão de sair dessa rotina. Não se limite a contentar-se com o que seus pais tiveram. Você pode ir mais longe do que isso. Você pode fazer mais, ter mais, ser mais.

Fui abençoado por ser criado em uma boa família. Tive ótimos pais que foram excelentes exemplos. Minha mãe e meu pai tocaram as vidas de pessoas do mundo todo. Mas, ao mesmo tempo em que respeito o que meus pais fizeram, não ficarei satisfeito com simplesmente herdar o que eles têm e fazer o que eles fizeram. Deus quer que cada geração vá mais longe do que a anterior. Ele quer que cada geração seja mais abençoada, que experimente mais de Seu amor, bondade e influência no mundo. Ele não quer que você fique onde está.

Quando papai morreu, em 1999, e assumi como pastor da Lakewood Church em Houston, com frequência as pessoas se aproximavam de mim e perguntavam: "Joel, você realmente pensa que consegue manter isso em movimento? Você pensa conseguir dar conta do recado? Você irá ocupar o lugar de um grande homem".

Entendi o que eles queriam dizer e valorizei as suas observações, porque eles amavam meu pai e ele foi um grande líder. Além disso, poucas outras igrejas do tamanho da Lakewood sobreviveram muito tempo após a perda do pastor fundador, e a imprensa local foi rápida em apontar as poucas chances de termos sucesso. Mas nenhuma dessas questões me preocupou, porque eu sabia que Deus não quer que uma geração brilhe e, em seguida, a geração seguinte desapareça na obscuridade. Deus quer que cada geração prospere.

Além disso, eu sabia que não tinha de ocupar o lugar de meu pai. Só tinha de ocupar o meu próprio lugar. Precisava apenas ser a pessoa que Deus me fez para ser. Quando me tornei o líder, às vezes as pessoas me perguntavam: "Joel, você pensa que será capaz de fazer tanto quanto o seu pai?"

Eu nunca respondia com arrogância, mas sempre dizia: "Acredito que farei mais do que o meu pai". Essa é apenas a maneira como o nosso Deus é. Ele é um Deus progressivo. E sei que meu pai ficaria descontente e desonrado se eu me limitasse ao que ele havia feito ou permanecesse exatamente onde ele estava. Meu pai levou a família do nada até onde ela está hoje. Quando começou a ministrar, ele sabia pouco acerca da Bíblia. Ninguém de sua família frequentara a igreja, muito menos ensinara a respeito da Bíblia. Quando começou, certa vez meu pai pregou uma mensagem inteira acerca de Sansão e, no fim de seu sermão, percebeu que chamara o herói da história de *Tarzan*!

Mas papai melhorou e, como resultado, eu herdei uma infinidade de vantagens. Tenho a vida dele da qual posso extrair inspiração, experiência e sabedoria. Todavia, e digo isso com humildade, acredito que farei muito mais do que meu pai foi capaz de fazer. E acredito que meu filho fará muito mais do que eu fizer; e, algum dia, o filho dele fará muito mais do que todos nós juntos.

Amigo, jamais se satisfaça com o lugar onde você está. Talvez você tenha vindo de uma família como a de meu pai, na qual não tinham muito materialmente. Ou quem sabe você tenha vindo de uma família com grande riqueza, prestígio e posição. Independentemente disso, você pode experimentar mais do que a geração anterior.

Talvez você venha de uma longa linha de divórcio, fracasso, depressão, mediocridade ou outros problemas pessoais ou familiares. Você precisa dizer: "Basta. Eu não transmitirei essas atitudes negativas aos meus filhos. Quebrarei esse ciclo e mudarei as minhas expectativas. Começarei a crer em Deus para coisas maiores e melhores".

Essa foi a atitude de Phyllis, um de nossos membros em Lakewood. Aos 16 anos de idade, Phyllis ficou grávida e teve de deixar o ensino médio. Seus sonhos foram destruídos e ela ficou com o coração partido. Ela alugou um pequeno apartamento apertado para viver e criar o seu filho. Mas logo percebeu que nunca daria certo. Não tinha dinheiro suficiente e estava vivendo de esmolas. Finalmente, teve de recorrer à assistência social. Ela mal sobrevivia em condições de pobreza, derrota e desespero.

Mas Phyllis recusou-se a viver na mediocridade. Ela disse: "Basta. Eu me recuso a transmitir este estilo de vida aos meus filhos. Eu farei diferença com a minha vida. Cumprirei o meu destino dado por Deus. Serei a pessoa que Deus quer que eu seja". Ela se levantou e começou a crer em coisas maiores e melhores. Ela começou a esperar pelo favor sobrenatural de Deus. Ela se livrou de seus antigos pensamentos de derrota e fracasso, e desenvolveu uma mentalidade de "posso fazer". Quando os tempos se mostravam difíceis, ela não desistia. Ela apenas seguia adiante. Phyllis fazia a parte dela e Deus fazia a dele.

Phyllis conseguiu um emprego em uma lanchonete de escola, recolhendo vales-refeição. O trabalho pagava o salário mínimo e Phyllis era grata por isso. Mas ela não estava satisfeita com isso. Ela sabia que Deus tinha coisas melhores guardadas para ela. Phyllis tinha um sonho maior para a sua vida, e não se sentou e aceitou as coisas como eram. Ela decidiu que queria voltar à escola e conseguiu seu diploma do ensino médio. Mas ela ainda não estava satisfeita.

Phyllis queria cursar uma faculdade. Ela trabalhava o dia todo na escola e assistia às aulas da faculdade à noite. Em apenas quatro anos, formou-se na faculdade com honras. Mas Phyllis ainda não estava satisfeita. Voltou à escola e fez o seu mestrado.

Hoje, ela está colhendo as recompensas desse esforço. Não depende mais da assistência social e é a diretora daquela mesma escola de bairro onde costumava recolher vales-refeição. Também quebrou a maldição de pobreza e carência em sua família. Phyllis disse: "Eu fui da assistência social para uma boa situação social!"

Você pode fazer algo semelhante. Pare de se contentar com a mediocridade. Deixe de se conformar com as coisas como são. Deus tem mais guardado para você. Muito mais! Sonhe sonhos maiores. Amplie a sua visão. Viva com expectativa. Abra espaço em seu pensamento para as coisas grandes que Deus quer fazer. Os seus melhores dias estão por vir. Deus quer fazer mais do que você pode sequer pedir ou pensar, mas lembre-se de que tudo é segundo o poder que opera em você. Mexa-se; abandone a complacência; não fique satisfeito com as glórias do passado.

Deus tem mais guardado para você! Mas para crer em coisas maiores e melhores, você terá de romper algumas barreiras do passado. Vamos em frente, e eu lhe mostrarei o que quero dizer. Isso será emocionante!

CAPÍTULO 4

Rompendo as Barreiras do Passado

A cada quatro anos, a atenção do mundo se volta para os Jogos Olímpicos de verão. Durante alguns dias, homens e mulheres de todo o mundo se reúnem para competir contra os melhores. Assistindo aos jogos de verão nos dias de hoje, é quase difícil lembrar-se de que, poucas décadas atrás, os especialistas em corridas declaravam pomposamente que nenhum corredor poderia romper a barreira dos 1.600 metros em quatro minutos. Aparentemente, um ser humano não seria capaz de correr tão longe, tão rápido e em tão pouco tempo. Os "especialistas" realizaram todos os tipos de estudos profundos para demonstrar que era impossível romper a barreira dos quatro minutos. E, durante anos, eles estiveram certos. Ninguém jamais correra 1.600 metros em menos de quatro minutos.

Mas, certo dia, apareceu um jovem que não acreditou nas opiniões dos peritos. Não se prendeu às impossibilidades. Ele se recusou a deixar todas aquelas palavras negativas construírem uma fortaleza em sua mente. Ele começou a treinar, acreditando que iria quebrar aquele recorde. E, de fato, certo dia rompeu a barreira dos 1.600 metros em quatro minutos. Ele fez o que os especialistas diziam que não poderia ser feito. Seu nome era Roger Bannister, e ele fez história no esporte.

Ora, eis o que acho muito interessante a respeito da história de Roger Bannister. Dez anos após Roger Bannister quebrar esse recorde, 336 outros corredores também já haviam quebrado o recorde dos quatro minutos para os 1.600 metros! Pense nisso. Durante centenas de anos, desde que os profissionais da estatística tinham registros de corridas, ninguém correu 1.600

metros em menos de quatro minutos; então, dentro de uma década, mais de três centenas de pessoas de diversas localizações geográficas conseguiram fazê-lo. O que aconteceu?

Simples. A barreira contra correr 1.600 metros em quatro minutos estava na mente dos atletas. Durante todos aqueles anos os corredores acreditaram no que os especialistas diziam. Eles estavam convencidos de que era impossível correr 1.600 metros em menos de quatro minutos.

A BATALHA EM SUA MENTE

Aqui está o ponto-chave: você nunca ultrapassa as barreiras de sua própria mente. Se você pensar que é incapaz de fazer algo, nunca conseguirá fazê-lo. A batalha está em sua mente. Se você é derrotado em sua mente, já perdeu a batalha. Se pensar que seus sonhos nunca se realizarão, eles jamais se realizarão. Se não pensar que tem capacidade para se levantar e definir aquele novo padrão, isso não acontecerá. A barreira está em sua mente.

Isso é o que a Bíblia chama de uma "fortaleza".[1] É um padrão de pensamento errado que nos mantém presos na derrota. E é por isso que é tão importante termos pensamentos positivos de esperança, fé e vitória.

Talvez alguém tenha semeado palavras negativas em sua vida. Quem sabe alguns assim chamados especialistas tenham dito que você nunca será bem-sucedido; nunca subirá ao topo; você simplesmente não tem condições de fazê-lo. Não dê ouvidos a essas mentiras. Se Deus é por você, quem se atreve a ser contra você? Rompa essas limitações do passado e deixe sua mente debruçar-se sobre novas e positivas atitudes de fé. Romper essas barreiras mudará a sua vida e a vida dos seus filhos.

Hoje, é comum corredores profissionais romperem a barreira dos 1.600 metros em quatro minutos. Não é grande coisa. Roger Bannister estabeleceu um novo padrão. Ele abriu o caminho. De semelhante modo, se você romper as barreiras de sua mente e começar a dar passos de fé, ultrapassará essas velhas barreiras e o mesmo acontecerá em sua família. Seus filhos, netos e as gerações futuras ultrapassarão essas barreiras. Continuarão a ir mais longe do que jamais as pessoas pensaram ser possível. E assim será porque você se dispôs a dar um passo de fé, estabelecer um novo padrão e abrir o caminho para as futuras gerações.

Se não conseguir romper essas barreiras do passado, você correrá o risco de ficar girando em círculos. Por exemplo, quando Deus conduziu os hebreus para fora do Egito, onde viveram em escravidão durante 400 anos, eles se dirigiram diretamente para a Terra Prometida. Seria uma viagem de onze dias, mas eles levaram 40 anos para chegar lá. Por quê? Por que eles desejariam vaguear pelo deserto, volteando a mesma montanha vez após vez, não fazendo progresso algum?

Afinal de contas, Deus havia preparado a terra que manava leite e mel. Era um lugar de grande abundância, um lugar de grande liberdade. Mas o povo de Deus tinha sido abatido por seus opressores durante um tempo tão longo — sendo maltratado, usado e aproveitado — que, agora, mesmo Deus querendo fazer uma coisa nova, eles eram incapazes de concebê-la. Eles não conseguiam abrir espaço para ela em seu próprio pensamento. Em vez de avançar com uma atitude de fé, esperando boas coisas, eles insistiram em seguir com uma mentalidade pobre e derrotada. Davam volta após volta concentrando-se em seus problemas, sempre reclamando, preocupando-se com os obstáculos entre eles e o seu destino.

Deus finalmente os sacudiu para fora de sua acomodação. Ele lhes disse: "Vocês já ficaram tempo demais nesta montanha".[2] Creio que Deus está nos dizendo algo semelhante. Você tem ficado atolado onde está há tempo demais. É tempo de seguir em frente, livrar-se das mágoas, dores ou falhas do passado. É hora de acreditar em coisas maiores. É tempo de prosperidade, tempo de promoção, tempo de favor sobrenatural. Mas, para isso acontecer, você não pode continuar andando em círculos, fazendo a mesma coisa da mesma maneira ano após ano. A terceira chave para o desenvolvimento de uma nova visão para a sua vida é *romper as barreiras do passado*.

HOJE É UM NOVO DIA

Independentemente do que lhe aconteceu no passado, não importa quantos contratempos você tem sofrido ou quem ou o que tentou impedir o seu progresso, hoje é um novo dia e Deus quer fazer algo novo em sua vida. Ele tem grandes coisas guardadas para você. Não deixe o seu passado determinar o seu futuro.

Talvez você tenha vivido em uma situação abusiva em que alguém o maltratou, abandonou ou lhe fez um grande mal. Por favor, não impeça o grande futuro que Deus tem para você detendo-se nas dores de seu passado.

A Bíblia promete que Deus nos dará "recompensa dobrada pela nossa humilhação".[3] Isso significa que, se você mantiver a atitude correta, Deus lhe restituirá o dobro pelo seu problema. Ele somará toda a injustiça, toda a mágoa e toda a dor que as pessoas lhe causaram, o abuso e o constrangimento, e lhe dará o dobro na forma de alegria, paz e felicidade. Esse é o desejo de Deus para você. Mas você precisa fazer a sua parte e começar a esperar por coisas boas. Mantenha sua mente movendo-se na direção certa. Você não pode ter uma mentalidade de vítima e esperar viver em vitória. Você não pode viver sentindo pena de si mesmo continuamente e, depois, imaginar por que as situações não estão melhorando em sua vida.

Deus é justo. Ele sabe quando as pessoas não estão nos tratando corretamente. Ele sabe quando estamos fazendo a coisa certa, mas a coisa errada continua nos acontecendo. Ele sabe quando agimos com integridade, mas alguém vem e nos engana para não recebermos o que deveria ter sido nosso. Deus viu cada vez que alguém se aproveitou de você. Ele vê cada vez que você oferece a outra face e deixa uma ofensa passar. Ele vê todas as vezes que você perdoa ou procura restaurar um relacionamento rompido, mesmo que não tenha sido por culpa sua. Deus vê tudo isso; Ele está mantendo um bom registro. E Ele prometeu tomar todo o mal que veio à sua vida, transformá-lo e usá-lo para o seu bem.

> **SE VOCÊ SE DISPUSER A MUDAR O SEU PENSAMENTO, DEUS PODERÁ MUDAR A SUA VIDA.**

Mas, eis aqui a questão-chave: você está disposto a mudar o seu modo de pensar? Está disposto a remover os limites do que Deus é capaz de fazer em sua vida? Você está disposto a começar a crer nele para coisas maiores e melhores?

A mudança começa bem aqui. Se você se dispuser a mudar o seu pensamento, Deus poderá mudar a sua vida. Você não pode sair por aí tendo pensamentos de derrota e fracasso, e esperar que Deus o encha de alegria, poder e vitória. Você não pode sair por aí tendo pensamentos de pobreza e carência, e esperar que Deus o encha de abundância. Os dois conceitos são incompatíveis. Surpreendentemente, muitas pessoas têm uma mentalidade estreita, limitada. Elas pensam pequeno, acreditam pequeno e esperam pequeno. E, depois, imaginam por que nunca lhes acontece algo grande. É o próprio pensamento delas o que as mantém em derrota.

Com frequência, estabelecemos nossos padrões em nível muito baixo:

- *"Não sou realmente feliz em meu casamento, mas nos damos bem; acho que isso é o melhor que podemos esperar."*

48 Sua Melhor Vida Agora

- *"Não sou realmente saudável, mas, pelo menos, consigo sair da cama pela manhã."*
- *"Realmente não tenho dinheiro suficiente, mas, com um pouco de sorte, conseguirei pagar algumas dessas contas."*

Esse não é o estilo de vida que Deus tinha em mente para você. Deus quer que você viva uma vida de abundante vitória. Ele não quer que você mal consiga sobreviver. Ele é chamado de *El Shaddai*, "o Deus do mais do que suficiente". Ele não é o Deus do minimamente suficiente!

Não deixe alguém convencê-lo de que Deus quer que você mal sobreviva. A Bíblia diz: "Alargue o lugar de sua tenda, estenda bem as cortinas de sua tenda, não o impeça; estique suas cordas, firme suas estacas".[4] Que imagem poderosa do desejo de Deus para você! Deus está dizendo: prepare-se para mais. Abra espaço para a prosperidade. Aumente as suas tendas. Ele está dizendo: espere por mais favor, mais bênçãos sobrenaturais. Não esteja satisfeito com o lugar onde você está.

Um colega me disse: "Joel, se Deus quiser me abençoar, Ele me abençoará. Afinal, Ele é Deus. Eu não serei muito insistente. Não esperarei muito".

Infelizmente, isso é exatamente o oposto de como Deus opera. Deus opera por fé. Você precisa, primeiramente, crer; depois, receberá. Talvez você esteja esperando em Deus para agir, mas Ele está esperando você ampliar a sua fé. Abra espaço em seu próprio modo de pensar e, então, você começará a experimentar um pouco da Sua prosperidade sobrenatural.

Perceba as palavras que Deus usa. Ele diz para "alargar, estender, esticar". Devemos sempre confiar em Deus para mais. Você pode ter tudo de que necessita, mas não seja egoísta. Por que não ampliar a sua fé e crer em Deus por mais, para que você possa ajudar alguém necessitado? Deus está dizendo: "Se você abrir espaço para mais das Minhas bênçãos, Eu não o decepcionarei. Em pouco tempo, você estará transbordando".

Se você tem andado em círculos por bastante tempo, habitado nessa montanha por tempo suficiente, é hora de pôr-se em movimento. Não seja passivo, sentando-se e contentando-se com uma vida de mediocridade. Deus quer que você seja aquele que se levantará e porá um fim nessa mentalidade de derrota em sua família. Ele quer que você seja aquele que estabelecerá um novo padrão. Não transmita à geração seguinte uma atitude de fracasso e derrota.

FRACASSO GERA FRACASSO

Dez anos atrás, havia apenas uma dúzia de prisões em meu Estado natal, o Texas. Hoje, há mais de 140 prisões, com planos para construir mais. Cada prisão está cheia de indivíduos aos quais foram transmitidos todos os tipos de derrota e fracasso. Oitenta e cinco por cento dos presidiários do Texas tiveram um dos pais ou um parente próximo encarcerado em um momento ou outro. Certamente, todo indivíduo precisa aceitar a responsabilidade por seus próprios atos, mas não nos atrevemos a ignorar o fato de que prisioneiros geram prisioneiros. Com frequência, crianças abusadas tornam-se pais abusadores. Filhos de pais divorciados têm maior probabilidade de ter um casamento fracassado. Fracasso gera fracasso.

Recentemente, um homem veio ao meu escritório em busca de conselho. Ele estava prestes a entrar em seu terceiro divórcio. Após conversarmos durante algum tempo, perguntei-lhe:

— Alguém mais de sua família já se divorciou?

— Oh, sim — ele disse. — Minha mãe se divorciou quatro vezes e meu pai acabou de terminar o sexto casamento.

Esse espírito de divórcio, derrota e fracasso foi perpetuado na linhagem familiar e continuou sendo transmitido de geração a geração. Oramos juntos e o homem decidiu:

— Isso para por aqui. Eu não permitirei que o meu casamento desmorone.

Ele voltou para casa e para sua esposa, determinado a trabalhar em seu relacionamento, e o casal deteve a onda de divórcios em sua família.

Talvez você esteja vivendo com circunstâncias que estão em sua linhagem familiar há duas, três ou mais gerações. Alcoolismo, dependência de drogas, pobreza, depressão, raiva, baixa autoestima — seja qual for o problema, a boa notícia é que você tem uma oportunidade de interromper o ciclo negativo. Você pode optar por levantar-se e dizer: "Com a ajuda de Deus, estou mudando essa história. Estou confiando em Deus e assumindo a responsabilidade por meus próprios atos. Estou estabelecendo um novo padrão".

Deus o ajudará a quebrar essa maldição em sua família, mas isso requererá, de sua parte, perseverança e disposição para mudar. Além disso, não é suficiente dizer uma pequena oração banal uma vez. Você precisa mudar o seu modo de pensar e começar a crer em Deus para coisas melhores. Sua atitude deve ser: *não me importa quão derrotada esta família foi no passado. Este é um novo dia. Eu declaro corajosamente que somos mais do que vencedores. Não importa quão pobres fomos. Eu declaro que vamos emprestar e não vamos tomar emprestado. Não me importa quão grandes são os nossos obstáculos. Eu declaro que nenhuma arma forjada contra nós prosperará. Não me importa quão poderosos são os nossos inimigos. Maior é Aquele que está em nós do que aquele que está no mundo. Nós não somos mais vítimas. Somos os vencedores. Somos abençoados e não podemos ser amaldiçoados.*

Tenha alguma determinação; peça a Deus para colocar um pouco de fogo em seu espírito. Comece a falar em termos de vitória em vez de derrota. Suas palavras têm um poder incrível; portanto, pare de falar sobre o que você é incapaz de fazer e comece a falar do que Deus pode fazer. Preserve a sua mente focada na bondade de Deus. Mantenha-se em uma atitude de fé e vitória, e você não viverá mais sob o jugo recebido de gerações anteriores. Posicione-se e seja aquele que fará a diferença. Ultrapasse as velhas barreiras do passado. Não aceite simplesmente o que lhe acontece na vida. Você nasceu para vencer; você nasceu para a grandeza; você foi criado para ser um campeão na vida.

> **PEÇA A DEUS PARA COLOCAR UM POUCO DE FOGO EM SEU ESPÍRITO.**

Você poderá dizer: "Mas, em minha família, nunca alguém foi bem-sucedido. Não vejo como conseguirei fazê-lo".

Talvez, em sua família, ninguém tenha realmente crido na Palavra de Deus. Rompa essas barreiras do passado. Este é um novo dia e Deus quer fazer uma coisa nova. Amplie a sua visão. Estenda a sua fé. Você pode ser o primeiro. Pode ser aquele que "elevará o padrão". Se você crê, tudo é possível.

Muitas vezes, nós oramos quase como se estivéssemos incomodando a Deus. Nós dizemos: "Deus, será que Tu poderias me dar um apartamento um pouco maior? Eu não quero incomodar-Te demais".

Não, Deus quer lhe dar a sua própria casa. Deus tem um grande sonho para a sua vida.

"Como isso poderia acontecer comigo?", você pergunta. "Eu não ganho dinheiro suficiente."

Talvez não, mas o nosso Deus é totalmente capaz. Ele não tem dificuldades financeiras. Ele é dono de tudo. Por que não crer nele por coisas maiores?

Às vezes, nós oramos: "Deus, Tu poderias mostrar ao meu parente solitário quanto o amas? Não estou pedindo muito, somente essa pessoa".

Mas Deus quer ter um relacionamento com toda a família. É tempo de ampliar a sua visão.

Nós oramos: "Deus, Tu poderias dar-me essa nova conta para que eu possa ganhar a minha comissão este mês, a fim de conseguir pagar as minhas despesas?"

Mas Deus quer fazer mais do que você pode pedir ou pensar. Talvez Deus queira que você seja o campeão de vendas de sua empresa.

Amigo, Deus está dizendo que você já viveu demais nessa montanha. É tempo de ir para um novo nível. É tempo de ter uma nova visão. Ultrapasse as barreiras do passado. Derrube essas fortalezas em sua mente. Lembre-se de que você tem de mudar o seu modo de pensar. Independentemente do que alguém de sua família fez ou não fez, não deixe isso impor limitações a você. Decida a ser aquele que estabelecerá o novo padrão. Seja aquele que impactará as gerações vindouras.

CAPÍTULO 5

Crescendo em Favor

Um casal queria matricular o filho em determinada escola particular, mas o menino completaria a idade mínima para matricular-se somente quatro dias após a data limite de inscrições, obrigando-o a uma espera de um ano. Eles sentiam fortemente que seu filho se sairia melhor iniciando a escola com crianças de sua idade, então telefonaram para a escola para ver se eles poderiam abrir uma exceção.

— De jeito algum — disse-lhes a secretária. — Sinto muito; isso é contra as regras e nós nunca abrimos exceções. Seu filho terá de esperar mais um ano.

O casal permaneceu cordial; eles não eram rudes. Eles não pularam na garganta da secretária ou tentaram manipulá-la. Sabiam que tinham o favor de Deus; por isso, disseram educadamente:

— Está bem, mas nós gostaríamos de falar com o seu superior.

A secretária os encaminhou ao vice-diretor da escola. Meus amigos telefonaram para ele e explicaram a situação. Ele deu a mesma resposta:

— Gostaríamos muito de ajudar, mas simplesmente não podemos quebrar as regras. Vocês terão de esperar até o próximo ano.

— Está bem — disse o pai — mas nós gostaríamos de falar com o *seu* superior.

Finalmente, eles se reuniram com o diretor da escola, mas ele respondeu de maneira semelhante.

— Regras são regras — disse ele. — Sinto muito. Nós não podemos mudá-las. Vocês terão de esperar.

Eles disseram:

— Muito bem. Mas gostaríamos de ter uma reunião com o *seu* superior.

O diretor disse:

— Eu me reporto diretamente ao superintendente. Providenciarei uma reunião para vocês.

O casal reuniu-se com o superintendente da escola particular e explicou a situação. O homem não fez qualquer comentário. Ele não disse sim; ele não disse não. Apenas ouviu. Quando eles terminaram de apresentar o caso deles, ele disse:

— Terei de analisar a situação e voltar a falar com vocês.

O casal saiu da reunião ainda declarando o favor de Deus. Eles estavam esperando obter uma resposta positiva, acreditavam que as coisas tomariam um bom rumo.

Cerca de um mês após essa conversa, receberam um telefonema da secretária da escola, a primeira mulher com quem falaram. Ela parecia perplexa ao dizer:

— Nos quinze anos em que estou aqui, nunca fizemos isso. Nem sequer sabemos por que estamos fazendo isso agora, mas abriremos uma exceção e permitiremos que o seu filho frequente a escola neste semestre.

Amigo, esse é o favor de Deus. Os administradores da escola podem não ter sabido por que fizeram aquilo, mas nós sabemos. É porque o favor de Deus nos envolve como um escudo. Não importa a aparência das circunstâncias em sua vida. Independentemente de quantas pessoas lhe disserem que o que você está tentando fazer não pode ser feito, se você perseverar, declarando o favor de Deus e mantendo uma atitude de fé, Deus abrirá portas para você e mudará as circunstâncias para o seu bem.

SE VOCÊ PERSEVERAR... DEUS ABRIRÁ PORTAS PARA VOCÊ.

O quarto aspecto — e um dos mais importantes — para o desenvolvimento de uma nova visão para a sua vida é *descobrir como experimentar mais do favor de Deus*. A Bíblia diz claramente que Deus nos coroou de glória e de honra.[1] A palavra *honra* também pode ser traduzida como "favor", e *favor* significa "ajudar, proporcionar vantagens especiais e receber tratamento preferencial". Em outras palavras, Deus quer tornar a sua vida mais fácil. Ele quer ajudá-lo, promovê-lo, dar-lhe vantagens. Ele quer que você tenha tratamento preferencial. Mas para experimentarmos mais do favor de Deus, precisamos viver mais "com mentalidade de favor". Ter mentalidade de favor significa simplesmente que esperamos a ajuda especial de Deus e estamos liberando a nossa fé, sabendo que Deus quer nos ajudar.

Toda a minha vida eu tive consciência do favor de Deus. Desde quando meus irmãos e eu éramos crianças, todos os dias, antes de sairmos para a escola, nossa mãe orava: "Pai, eu Te agradeço porque Teus anjos guardam os meus filhos e Tua mão de favor sempre estará sobre eles".

Por conseguinte — e digo isso com humildade —, passei a esperar ser tratado de forma especial. Aprendi a esperar que as pessoas quisessem me ajudar. Minha atitude é: eu sou um filho do Deus Altíssimo. Meu Pai criou todo o universo. Ele me coroou com favor; por isso, posso esperar tratamento preferencial. Posso esperar que as pessoas queiram me ajudar.

Por favor, não interprete mal o que estou dizendo. De modo algum devemos ser arrogantes, pensando ser melhores do que outra pessoa, que todos nos devem o sustento ou devem curvar-se diante de nós. Mas, como filhos de Deus, podemos viver com confiança e ousadia, esperando coisas boas. Podemos esperar tratamento preferencial, não em função de *quem* somos, mas graças *a quem* pertencemos. Podemos esperar que as pessoas queiram nos ajudar em razão de quem o Pai é.

Estou profundamente consciente de que recebi um tremendo favor simplesmente por meu pai terreno ser quem era. John Osteen, meu pai, era muito respeitado e fortemente influente em nossa comunidade. Muitas vezes, pessoas fizeram boas coisas para mim simplesmente porque amavam o meu pai. Certa vez, quando adolescente, fui parado por um policial por excesso de velocidade. Eu acabara de receber minha carteira de habilitação e fiquei extremamente nervoso quando vi aquelas luzes piscando se aproximarem atrás de mim e, depois, o policial de ar sinistro agigantando-se em minha janela. Mas ao ver a minha habilitação, aquele policial reconheceu que eu era filho de John Osteen. Ele sorriu para mim como se fôssemos amigos e me deixou ir com apenas uma advertência.

Outra vez, fui parado por um policial em uma rodovia bem perto da Lakewood Church, onde papai era o pastor principal. Eu estava dirigindo rápido demais e desta vez o policial não foi tão amigável. Ele parecia cruel e rude. Ele resmungou quando lhe entreguei a minha carteira de habilitação. Ele simplesmente olhou para ela durante o que pareceu uma eternidade. (Na realidade, foi cerca de um minuto, mas pareceu uma eternidade para

Crescendo em Favor 55

mim!) Nunca me esquecerei do que ele me falou e do jeito como ele o disse. O policial resmungou:

— Você é parente daquele, ahh..., daquele, ahhh, daquele *pregador?*

Pela maneira como ele cuspiu as palavras, eu não sabia se seria bom ser parente de papai. E não sei por que lhe respondi desta maneira, mas acho que foi porque eu estava nervoso. Eu sorri e disse:

— Bem, policial, tudo depende.

Ele olhou para mim e disse:

— Rapaz, do que você está falando?

Eu disse:

— Tudo depende se você gosta dele ou não.

Ele olhou para cima durante um longo tempo, pelo menos o suficiente para eu pensar: *Humm, não é um bom sinal ele ter de pensar nisso.*

Então, ele me olhou, esboçou um sorriso e disse:

— Sim, eu gosto dele. Eu gosto muito dele.

— Que bom — eu disse — porque esse é o meu pai, e tenho certeza que ele não gostaria que você me multasse.

Acredite ou não, o policial me deixou ir. Descobri que o tempo dos milagres não havia terminado! A questão é, claro, que eu recebi tratamento preferencial, não por minha causa, mas por causa do meu pai.

Existe uma correlação no reino espiritual. Nós não recebemos favor em função de quem ou o que somos. Não é por sermos algo especial por nosso próprio mérito ou que mereçamos ser tratados assim. Também não é por sermos melhores do que as outras pessoas. Não, muitas vezes você receberá tratamento preferencial simplesmente porque o seu Pai é o Rei dos reis, e Sua glória e honra transbordam sobre você.

Não obstante, por mais estranho que possa parecer, quando você viver com uma mentalidade de favor, declarando a bondade de Deus, você se surpreenderá com a maneira como as pessoas irão ajudá-lo. Elas podem até não saber por que estão fazendo isso, mas você saberá que é por causa do favor de Deus.

Um jovem e bem-sucedido empresário me pediu para orar com ele acerca de uma entrevista de emprego que representava uma chance de ter um importante avanço em sua carreira. Um senhor mais velho havia deixado o cargo, abrindo uma posição de destaque em uma grande empresa. Numerosos executivos de perfil elevado e altamente elogiados chegavam voando do mundo todo para serem entrevistados para a posição. A maior parte deles, meu amigo admitia, tinha muito mais experiência do que ele e era muito mais bem qualificada. Pelo menos no papel, seus currículos pareciam muito melhores.

Não obstante, ele já havia sido entrevistado várias vezes por essa empresa e voltaria para a sua avaliação final no fim dessa semana.

Depois de orarmos, encorajei-o:

"Você deve se levantar todos os dias e declarar que tem o favor de Deus. Não importa como a situação pareça, seja ousado e declare com confiança que você tem o favor de Deus. Ao longo do dia todo, declare: 'O favor de Deus está fazendo com que essa empresa queira me contratar. O favor de Deus está me fazendo sobressair na multidão. Ele está me fazendo brilhar acima dos demais'". Eu disse: "Declare isso o dia todo. Mantenha uma atitude de fé e espere obter essa posição".

Poucos meses depois, vi-o na igreja, e ele estava radiante de alegria. Pela sua expressão, percebi que ele havia conseguido o emprego. Mais tarde, ao descrever a sua entrevista com os executivos da empresa, ele disse algo extremamente interessante:

— Quando me apresentei àquele conselho de diretores, eles estavam, literalmente, coçando suas cabeças. Eles disseram: "Realmente não sabemos por que o estamos contratando. Você não era o mais qualificado. Você não era o mais experiente. Você não tem o melhor currículo". Eles falaram: "Há simplesmente algo em você de que gostamos". O conselho disse: "Nós não conseguimos realmente identificar. Não sabemos o que é, mas há algo em você que o faz brilhar acima dos demais".

Esse é o favor de Deus.

DECLARE O FAVOR DE DEUS

Deixe-me encorajá-lo a começar a esperar e declarar o favor de Deus em sua vida. Todas as manhãs, antes de sair de casa, diga algo como: "Pai, eu Te agradeço por ter o Teu favor. O Teu favor está abrindo portas de oportunidade. O Teu favor está trazendo sucesso à minha vida. O Teu favor está fazendo com que as pessoas queiram me ajudar". Então, saia com confiança, esperando que coisas boas aconteçam, esperando que se abram para você portas que não podem se abrir para outra pessoa, sabendo que você tem uma vantagem. Há algo especial em você. Você tem o favor de Deus.

Quando for dormir, continue agradecendo a Deus e declarando o Seu favor e bondade em sua vida. Toda vez em que você se vir em uma situação na qual precise de favor, aprenda a declará-lo. Você não tem de transmiti-lo em voz alta para o mundo. Você poderá sussurrá-lo, se preferir. O volume da sua voz é irrelevante; é a sua fé o que faz a diferença. Mesmo nos aspectos mundanos da vida você pode receber a bondade de Deus ao declarar o Seu favor. Ele quer que você aja com base nisso. Por exemplo, talvez você se encontre em um restaurante lotado, com tempo limitado, e precisa conseguir uma mesa o mais cedo possível. Você poderá dizer: "Pai, eu Te agradeço por eu encontrar favor nessa atendente, que me acomodará logo".

Talvez você esteja procurando uma vaga em um estacionamento cheio. Diga: "Pai, eu Te agradeço por ir à minha frente e me guiar. O Teu favor me fará conseguir uma boa vaga".

"Mas, e se eu fizer tudo isso e não conseguir uma boa vaga de estacionamento?", você pergunta.

Então, você sai e anda e, a cada passo, agradece a Deus por ser forte e saudável e ter a capacidade de andar. A Bíblia promete: "Deus age em todas as coisas para o bem daqueles que o amam".[2] Se você ama a Deus, Ele está agindo em sua vida em seu favor e tudo cooperará para o seu bem.

Não muito tempo atrás, Victoria, nossos dois filhos e eu fomos até o Parque Hermann, perto do centro de Houston. Mas, ao chegarmos, o lugar estava totalmente lotado; pessoas e carros em toda parte! Não havíamos percebido, mas chegamos bem no meio do feriado de primavera.

De início, não parecia que encontraríamos um lugar para estacionar. Alguns carros estavam circulando no estacionamento, esperando alguém sair para que pudessem estacionar. Eu me divertia, tendo um pouco de tempo com minha família; então, disse a todos no carro: "Observem o papai. Eu vou conseguir uma vaga na primeira fila. Posso sentir isso. O favor de Deus está totalmente sobre mim!"

Segui em frente, realmente fazendo daquilo algo importante. Então, para a surpresa de todos, assim que virei o carro para entrar na primeira fila de carros estacionados, um carro saiu quando me aproximei. Foi quase como se tivéssemos programado perfeitamente; ele saiu e eu virei à direita na vaga aberta. Eu mal tive de diminuir a velocidade. Melhor ainda, aquela era a melhor vaga do estacionamento.

Inclinei-me para Victoria e brinquei: "Victoria, chegue até aqui e tire de mim um pouco desse favor. Não aguento todo ele!"

Victoria apenas revirou os olhos.

Virei-me para o nosso menino e disse: "Vamos lá, Jonathan, toque o papai. Você precisa de um pouco desse favor. Apenas pegue-o".

Ele olhou para mim e disse: "Papai, você é realmente estranho". Com certeza, a vida nem sempre funciona de uma maneira tão conveniente. Você nem sempre conseguirá a melhor vaga. Alguns meses atrás, encontrei-me em uma situação semelhante. Entrei em um estacionamento lotado, com o carro cheio de gente. Eu estava me gabando, dizendo-lhes: "Eu tenho o favor de Deus. Vou conseguir uma ótima vaga para estacionar". Mas, dessa vez, ninguém saiu para eu entrar. Nós ficamos andando ao redor e, quinze minutos mais tarde, todos pegamos um ônibus. Mas o fato de eu não ter conseguido o que queria não significa que vou deixar de crer no favor de Deus. Sei que Deus cuida dos meus melhores interesses, que Ele está operando em tudo para o meu bem. Um atraso pode me poupar de um acidente. Ou um atraso pode me fazer encontrar alguém que precisa ser encorajado, alguém que necessita ver um sorriso. Independentemente do que acontecer ou não acontecer, continue crendo ter o favor de Deus em sua vida.

Viva com uma mentalidade de favor. Levante-se a cada dia, espere por ele e declare-o. Diga: "Eu tenho o favor de Deus". Não se sente passivamente. Faça a sua parte e Deus fará a dele. E você terá tudo de que precisa.

FAÇA A SUA PARTE E DEUS FARÁ A DELE.

CAPÍTULO 6

Viva com uma Mentalidade de Favor

Deus quer ajudá-lo em todas as áreas de sua vida, não apenas nas grandes questões. Quando você viver com uma mentalidade de favor, começará a ver a bondade de Deus nos detalhes comuns cotidianos no supermercado, no campo de futebol, no *shopping center*, no trabalho ou em casa. Você pode estar preso no trânsito. A pista ao lado está se movendo bem, mas você simplesmente não consegue chegar lá. Então, de repente, sem motivo aparente, alguém diminui a velocidade e acena para você entrar. Isso é o favor de Deus.

Você pode estar em um supermercado, numa fila de caixa extremamente longa, e você está com pressa. Outro caixa bate no seu ombro e diz: "Venha comigo. Estou abrindo este caixa adicional aqui". Esse é o favor de Deus ajudando você. O favor de Deus faz as outras pessoas lhe darem tratamento preferencial.

Você pode estar almoçando fora quando, "por acaso", esbarra em alguém com quem estava querendo encontrar. Talvez essa pessoa seja alguém que você admira ou de quem espera aprender algo ou, eventualmente, alguém com quem você vinha esperando fazer negócios, mas não conseguia chegar até ela. Isso não é uma coincidência. É o favor de Deus fazendo você estar no lugar certo na hora certa.

Quando esse tipo de coisa acontecer, seja grato. Não considere o favor de Deus como algo comum. Diga: "Pai, obrigado por Teu favor. Obrigado por me ajudar".

> **NÃO CONSIDERE O FAVOR DE DEUS COMO ALGO COMUM.**

Certo dia, Victoria e eu fomos ao *shopping* juntos. Não gosto de fazer compras, mas a minha esposa adora! Ela escolheu alguns itens em uma loja de roupas e eu os levei ao caixa para pagar enquanto ela olhava outra coisa. Enquanto eu estava no caixa, distraído em meus pensamentos, a mulher por trás do balcão sorriu e disse:

— Esta blusa estará em promoção daqui a alguns dias. Eu vou lhe cobrar o preço da promoção antecipadamente.

— Sério? Ora, muito obrigado — eu disse. — Eu realmente agradeço.

Quando ela começou dobrar a blusa, percebeu algo mais. Ela disse:

— Veja isso — e apontou para a parte inferior da blusa. — Parece haver uma marca. Se ela estiver com defeito, terei de dar um desconto. O que você acha?

Eu disse:

— Oh, sim, a aparência é péssima.

Ela disse:

— Bem, se você concordar, eu cortarei o preço pela metade.

Eu disse:

— Acho que isso será ótimo!

Mais tarde, eu disse a Victoria:

— Terei de ir às compras com você com mais frequência. Isso poderá nos poupar algum dinheiro!

Esse é o favor de Deus. A funcionária não tinha de nos cobrar o preço da promoção. Eu não saberia a diferença. E ela não tinha de dar um desconto no preço da roupa com base naquele pequeno defeito. Eu nem o vira até ela chamar a minha atenção para ele.

Mas, quando você vive com uma mentalidade de favor, diz a Bíblia, "estas bênçãos virão sobre você e o acompanharão". Em outras palavras, você não será capaz de escapar das coisas boas de Deus. Aonde quer que for, as coisas mudarão em seu favor. Toda vez que você se voltar, alguém desejará fazer algo bom para você, ajudá-lo de alguma maneira. As pessoas poderão nem saber por quê. Mas é o favor de Deus o que faz você se destacar na multidão.

Certa vez, eu estava sentado em um avião aguardando a decolagem. De repente, ouvi o meu nome ser chamado no sistema de alto-falantes do avião e a comissária me pediu para apertar o botão de chamada para que ela pudesse localizar-me. De início, fiquei assustado. Pensei que talvez eu tivesse deixado algo na inspeção de segurança, ou que algo estivesse errado.

A comissária veio pelo corredor, inclinou-se e falou em voz baixa. "Gostaríamos que viesse conosco. Temos um assento para você na primeira classe."

As pessoas sentadas à minha volta olharam, sem dúvida imaginando: *Por que ele está sendo separado? O que há com ele?*

Segui a comissária ao longo de toda a aeronave e sentei-me no banco indicado por ela... na primeira classe. Mais tarde, durante o voo, perguntei-lhe:

— Por que você me escolheu?

Ela acenou com a mão e disse:

— Oh, nós precisávamos de espaço na classe econômica, então o computador escolheu aleatoriamente alguém para ir para a primeira classe.

Pensei: *Isso é o que você pensa!* Eu sabia que era o meu Pai celestial me dando tratamento preferencial. Eu sabia que era o favor de Deus destacando-me acima dos demais.

Esse é o tipo de coisa que acontece "naturalmente" quando vivemos com uma mentalidade de favor. É por isso que devemos adquirir o hábito de declarar constantemente o favor de Deus sobre as nossas vidas. E não simplesmente sobre as nossas próprias vidas, mas sobre os nossos negócios, os nossos funcionários, os nossos filhos e as nossas famílias.

Se você trabalha em vendas, deve declarar que tem favor junto aos seus clientes. Todos os dias você deve dizer: "Pai, eu Te agradeço por meus clientes serem leais a mim e quererem fazer negócios comigo". Se você trabalha no setor imobiliário, deve declarar o favor de Deus sobre a sua propriedade: "Pai, graças Te dou porque esta propriedade será vendida. Eu Te dou graças porque Teu favor está me levando às pessoas certas. O Teu favor está fazendo com que as pessoas queiram comprar esta casa". Aprenda a declarar o favor de Deus sobre todas as áreas de sua vida. Se você não está experimentando tanto favor quanto gostaria, comece a declará-lo com mais frequência. Torne-se mais diligente em expressá-lo. E você nem precisa, necessariamente, ter de dizê-lo em voz alta; você pode sussurrá-lo. Você pode declará-lo enquanto se dirige ao trabalho. Você pode declará-lo imediatamente antes daquela grande apresentação. Lembre-se de que quanto mais você tiver sua mente voltada para o favor, mais do favor de Deus você experimentará.

A graça de Deus pode levar pessoas a fazerem exceções e mudarem suas políticas, ou fazerem algo incomum — até mesmo o que nunca foi feito. Alguns anos atrás, eu estava fazendo *check-in* no aeroporto para um voo ao exterior. Eu levava uma câmera de televisão cara e realmente não queria despachá-la como bagagem. Perguntei à funcionária se havia alguma maneira de levar a câmera a bordo comigo.

APRENDA A DECLARAR O FAVOR DE DEUS SOBRE TODAS AS ÁREAS DE SUA VIDA.

— Não, eu sinto muito — ela disse. — Nossa política é muito rigorosa. Se uma bagagem de mão não se encaixa sob o assento à sua frente ou no compartimento superior, ela deve ser despachada.

Eu entendia isso. Ela estava seguindo as regras. Mas eu também sabia que a graça de Deus pode fazer exceções; então, respeitosamente, perguntei-lhe:

— Há mais alguém com quem eu possa falar sobre levar minha câmera a bordo?

Ela disse:

— Não, eu sinto muito; não adianta. Não há uma maneira de você levar sua câmera a bordo.

Naquele momento, um homem vestido com um uniforme de capitão se aproximou de mim. Eu não o conhecia, nunca o vira antes, mas ele caminhou até mim e perguntou:

— Como posso ajudá-lo?

— Estou tentando levar minha câmera a bordo — eu disse — para que ela não fique batendo com a bagagem despachada.

— Para onde você está indo? — ele perguntou.

— Estou indo para Nova Délhi, na Índia, para encontrar o meu pai — respondi.

— Sério? — ele disse, levantando as sobrancelhas. — Esse é o voo que está sob o meu comando. — Então, ele disse: — Quando você entrar a bordo, entregue a câmera a mim e eu a colocarei logo atrás da cabine de comando.

A funcionária atrás do balcão olhou para mim e balançou a cabeça, claramente irritada. Eu apenas sorri e disse:

— Desculpe, senhora; é o favor de Deus.

O favor de Deus pode levar pessoas a saírem de seu caminho para querer ajudá-lo. O favor de Deus pode levar pessoas a abrirem exceções para você. Pense nisso. O que fez o capitão vir até mim no meio daquele aeroporto movimentado? Havia quinze ou vinte balcões de passagens e centenas de pessoas em filas. Por que ele me escolheu?

O favor de Deus.

Aquilo foi Deus me dando vantagens especiais, dando-me tratamento preferencial, não porque eu era filho de um pregador, ou até mesmo filho de um pastor conhecido, mas porque eu sou Seu filho! Deus quer fazer coisas semelhantes pela sua vida.

Uma jovem de nossa igreja me contou acerca de um incidente em que ela teve de ser submetida a uma cirurgia de emergência que, por algum motivo, não era coberta pelo seu plano de saúde. Em consequência disso, ela devia ao hospital 27 mil dólares. O hospital elaborou um plano de pagamento e ela estava saldando a conta um pouco a cada mês. Mas ela estava realmente tendo dificuldades. Como mãe solteira, ela não tinha condições de fazer esse pagamento extra. Não obstante, ela não desanimou. Ela não saiu por aí reclamando de quão difícil sua vida era, ou de como o hospital teve a audácia de cobrar tanto. Em vez disso, ela manteve uma atitude de fé e esperança, declarando o favor de Deus sobre a sua vida. Ela estava à procura da bondade de Deus.

Logo antes do Natal, ela recebeu uma carta do hospital. Basicamente, a carta dizia: "Todos os anos nós gostamos de escolher algumas famílias e fazer algo de bom para elas. E este ano nós escolhemos você. Queremos informar-lhe que estamos cancelando a sua dívida de 27 mil dólares". A carta prosseguiu: "Não só perdoaremos a sua dívida, mas lhe reembolsaremos o que você já nos pagou".

Esse é o favor de Deus.

Você poderá dizer: "Joel, isso parece ótimo, mas você não conhece a minha vida. Não sabe dos erros que cometi. Fiz muitas coisas erradas. Não consigo imaginar Deus querendo me abençoar assim.

Você está certo. Isso jamais acontecerá — a menos que você mude o seu modo de pensar. Você precisa tornar-se alguém que tem uma mentalidade de favor. Você tem de começar a esperar que as bênçãos de Deus o alcancem, esperar que a bondade de Deus se mostre em sua vida de uma nova maneira. Todos nós já cometemos erros e tivemos de pedir perdão. Se você já fez isso, siga em frente, sabendo que Deus ainda quer derramar o Seu favor em sua vida, e fazer grandes coisas em, por meio de e por você.

UM NOVO COMEÇO

O segundo governante de Israel, o rei Davi, cometeu muitos erros. Cometeu adultério e até mesmo ordenou o assassinato de um homem. Mas, quando se arrependeu e pediu perdão, Deus o perdoou e lhe deu um novo começo. A Bíblia elogia Davi, dizendo que ele era um homem segundo o coração de Deus.[1] Davi não se concentrou em suas faltas ou nas coisas erradas que fizera. Ao contrário, ele viveu com uma mentalidade de favor. Foi Davi quem escreveu: "Sei que a bondade e a fidelidade me acompanharão todos os dias da minha vida".[2] Observe que ele estava esperando por bondade e misericórdia, não parte do tempo, mas todos os dias de sua vida. Gosto do modo como a Bíblia *A Mensagem* traduz esse versículo: "Tua bondade e teu amor correm atrás de mim todos os dias da minha vida". A atitude de Davi era: "Eu simplesmente não consigo fugir das coisas boas de Deus!"

Em vez de esperar obter pouco, por que não começar a esperar que as bênçãos de Deus corram atrás de você? Em vez de esperar quase não ter recursos na vida, comece a esperar que a bondade de Deus o alcance. Você poderá dizer: "Isso tudo é ótimo, mas tenho muitos problemas. Estou passando por alguns momentos difíceis. Muitas coisas negativas estão acontecendo em minha vida".

A graça de Deus pode tirá-lo de suas dificuldades e transformar totalmente as suas adversidades. Davi disse: "O favor de Deus impede os meus inimigos de triunfarem sobre mim". A Bíblia é repleta de exemplos de pessoas que estavam passando por grande necessidade, mas, então, o favor de Deus veio sobre elas de uma maneira nova e sua situação mudou completamente.

Pense em Noé enfrentando o maior desafio de sua vida. Toda a terra estava prestes a ser destruída por um dilúvio e Deus lhe deu o grande trabalho de construção de um barco enorme, para não mencionar a reunião dos animais. Sem dúvida, Noé ficou inclinado a desanimar. Contudo, surpreendentemente, a Bíblia diz: "A Noé, porém, o Senhor mostrou benevolência".[3] Em outras palavras, Deus se agradou de Noé, de modo que o favor de Deus veio sobre ele de uma maneira nova e revigorante, dando-lhe capacidade incomum. Deus o ajudou e ele foi capaz de construir aquela arca para salvar a sua família, os animais e a si mesmo.

Considere Rute. Seu marido havia morrido, a terra passava por uma grande fome e ela e sua sogra, Noemi, não tinham comida. Elas estavam praticamente morrendo de fome. Rute ia aos campos todos os dias e seguia atrás dos segadores, pegando toda sobra de grãos que eles deixavam para trás. E a Bíblia indica que, em meio àquela adversidade, Rute encontrou favor junto ao proprietário do campo.[4] Aquele proprietário disse aos seus trabalhadores para deixarem, de propósito, punhados de grãos para Rute. Perceba novamente que o favor de Deus veio durante a crise e, em pouco tempo, as circunstâncias de Rute e Noemi mudaram, e suas necessidades foram supridas com abundância.

José é outro exemplo bíblico de alguém que encontrou o favor de Deus na adversidade. Ele foi vendido como escravo no Egito, maltratado e explorado. Mas a Bíblia diz: "O Senhor estava com José".[5] Independentemente do que os outros lhe faziam, não importa onde o colocavam, ele continuava a prosperar. Mesmo quando a mulher de Potifar mentiu a respeito dele, acusando-o injustamente de estupro e ele foi jogado na prisão, José continuou a prosperar. Finalmente, o favor de Deus o levou a ser liberto e ele ficou encarregado de todos os assuntos agrícolas do Egito.

Em cada um desses exemplos, o favor de Deus veio em meio a uma provação. O favor veio em um dilúvio. O favor veio na fome. O favor veio quando alguém estava sendo maltratado. Em outras palavras, o favor veio em meio aos desafios da vida. Quando você estiver passando por tempos difíceis — quando, como José, alguém estiver maltratando você; ou, como Rute, você estiver passando por dificuldade financeira; ou, como Noé, todo o seu mundo estiver desmoronando —, em vez de ficar desanimado e desenvolver uma atitude de amargura, mais do que nunca você deverá optar por ter uma mentalidade de favor. Comece a declarar o favor de Deus. Comece a esperar o favor de Deus.

VIVA COM UMA ATITUDE DE FÉ

Alguém está maltratando você hoje? Comece a dizer: "Pai, eu Te agradeço porque o Teu favor está chegando a mim de uma maneira nova, e ele reverterá essa situação. Ele fará com que essas pessoas comecem a me tratar bem".

De modo semelhante, se você estiver com dificuldades financeiras, diga algo como: "Pai, eu Te agradeço porque Tu estás fazendo com que eu esteja no lugar certo na hora certa. Tu estás me trazendo oportunidades financeiras maravilhosas".

Se você se dispuser a viver com uma atitude de fé, então, como os santos do passado, logo o favor de Deus aparecerá e essa situação será revertida em seu benefício. Pense em Jó. Ele passou por um dos períodos de maior provação que qualquer pessoa seria capaz de suportar. Em menos de um ano, ele perdeu sua família, seus negócios e sua saúde. Tinha feridas por todo o corpo e certamente sentia muitas dores. Mas em meio àquele momento tenebroso, Jó disse: "Foste bondoso para comigo".[6]

Agora, eis aqui a parte surpreendente da história: há 42 capítulos no livro de Jó. Jó fez essa declaração de fé no capítulo 10. Ele só foi livrado, curado e liberto no capítulo 42! Mas, logo no início, quando as circunstâncias pareciam as mais sombrias e sem esperança, Jó olhou para o alto e declarou: "Foste bondoso para comigo". Uau! Essa é a verdadeira fé. Jó estava dizendo: "Deus, eu não me importo com a aparência da situação. Não me importo com quão mal eu me sinto. Sei que Tu és um Deus bom. E o Teu favor reverterá essa situação".

É de admirar que Deus tenha restaurado a Jó o dobro do que ele tinha? É de admirar que os seus inimigos não tenham conseguido triunfar sobre ele?

Amigo, se você conseguir aprender a manter uma atitude de fé e, em seu momento mais tenebroso, declarar corajosamente o favor de Deus, nada será capaz de mantê-lo para baixo. Hoje, você pode estar em uma situação que parece impossível, mas não desista do favor de Deus. Um toque do favor de Deus pode transformar tudo em sua vida.

A Bíblia diz para esperarmos até o fim pelo favor divino que está vindo a nós (ver 1 Pedro 1:13). Em outras palavras, não desista. Continue acreditando, esperando, declarando. Continue a viver com uma mentalidade de favor, pois Deus promete que coisas boas virão a você. Deus diz que se você se dispuser a manter a sua esperança no Senhor, o favor divino chegará. Você pode não ser capaz de ver isso agora. As coisas podem não parecer bem no natural, mas a boa notícia é que, se você continuar esperando por ele e declarando-o, o favor de Deus aparecerá. E quando o favor de Deus aparecer, as coisas mudarão. O favor de Deus fará você se elevar acima dos problemas. O favor de Deus impedirá os seus inimigos de derrotá-lo. Independentemente das suas circunstâncias, continue declarando com ousadia: "Deus, eu sei que o Teu favor está vindo em minha direção".

> **NADA SERÁ CAPAZ DE MANTÊ-LO PARA BAIXO.**

Em 2001, nós queríamos expandir o nosso alcance televisivo em uma rede específica. Pedi ao nosso representante para entrar em contato com a rede e verificar a possibilidade de adquirirmos o horário das onze horas da noite de domingo.

Ele disse:

— Joel, não há maneira alguma. Essa é uma rede nacional. Esse tempo é valioso demais. Eles nunca o concederão.

Eu disse:

— Bem, a Bíblia diz: "Não têm, porque não pedem". Então, vamos tentar.

Nosso agente foi até a sede da rede e se reuniu com os executivos de lá. Eles responderam exatamente como previsto:

— Não, esse horário da programação é valioso demais. Não podemos dá-lo a vocês. Vocês precisam tentar outra coisa.

Eu disse:

— Tudo bem. Nós apenas continuaremos crendo no favor de Deus.

Todos os dias, eu declarava: "Pai, eu Te agradeço porque o Teu favor está vindo de uma nova maneira. O Teu favor está abrindo portas que os homens dizem ser impossível abrir. Eu Te agradeço porque o Teu favor está fazendo essa empresa nos dar tratamento preferencial". Meses se passaram e eu nunca ouvi uma palavra sequer. Mas não desanimei. Não desisti. Eu me mantive esperando em fé. Eu sabia que, se não desistisse, Deus prometeu que o favor divino viria. Eu podia não ser capaz de vê-lo, mas sabia que ele estava a caminho.

Cerca de seis meses depois, recebi um telefonema do nosso representante. Ele disse:

— Alguma coisa deve estar acontecendo, porque a rede de televisão me pediu para voltar e reunir-me com eles novamente.

— Ótimo — eu disse. — Mas eu tenho de lhe dizer que mudei de ideia. Eu não quero mais o horário das onze. Quero o horário das dez horas. Quero começar imediatamente após o programa número um deles.

— Joel, você está brincando? — disse o nosso agente, com uma risada. — Você sabe o que eles vão me dizer quando eu lhes pedir isso?

— Ouça — eu disse — nós temos o favor de Deus. Deus está abrindo portas que nenhum homem pode fechar. Vá lá com confiança, com coragem, sabendo que o favor de Deus está totalmente sobre você.

Ele riu e disse:

— Tudo bem. Farei isso.

Ele se reuniu com os funcionários da rede e, depois, me telefonou. Ele disse:

— Joel, eu fiz o meu melhor. Eu dei tudo de mim, mas eles ainda nos recusaram.

Eu disse:

— Está bem. Nós apenas continuaremos crendo. Sei que o favor de Deus está chegando. Sei que, se eu não desistir, o favor divino abrirá um caminho.

Cerca de um mês depois dessa reunião, nosso representante nos telefonou. Ele estava nas nuvens! Ele disse:

— Você nunca acreditará no que aconteceu. O proprietário daquela rede acabou de me telefonar. Não o representante de vendas, mas o proprietário. E ele disse: "Escute, sei que você anda interessado naquele horário do domingo à noite, e eu realmente gosto daquele jovem ministro. Então, eu os fiz liberar aquela programação especialmente para vocês. Vocês podem começar quando quiserem".

Amigo, esse é o favor de Deus. Nunca desista de Deus. A Bíblia diz: "Coloquem toda a esperança na graça que lhes será dada".[7]

Quando realmente entender que esse favor está disponível a você, viver com confiança ficará muito mais fácil. Você poderá ousar ser corajoso. Pedirá coisas que normalmente não pede e verá as suas adversidades de uma nova maneira. Lá no fundo, você saberá que tem uma vantagem na vida. E você tem uma vantagem: o favor de Deus.

PARTE 2

DESENVOLVA UMA AUTOIMAGEM SAUDÁVEL

CAPÍTULO 7

Quem Você Pensa Ser?

Pela maioria dos padrões, Carly não deveria ter tido sucesso. Com excesso de peso e uma perna ligeiramente mais curta do que a outra devido a um acidente na infância, ela era a única mulher empregada em uma área fortemente dominada por homens. Precisava conquistar o seu direito de ser ouvida quase todos os dias. Algumas pessoas riam de sua aparência ou de seu caminhar hesitante; umas faziam comentários sarcásticos pelas costas, outras eram abertamente irreverentes, mas Carly dava pouca atenção. Ela sabia quem era, e sabia ser boa no que fazia; por isso, quando outras pessoas tentavam colocá-la para baixo, ela as considerava problemáticas. "Emocionalmente deficientes", era assim que Carly costumava rir de seus críticos.

Apesar dos fatores contrários a ela, Carly continuou recebendo uma promoção após outra, acabando por se tornar a diretora executiva de sua empresa e uma especialista muito requisitada em sua área de atuação. Como ela fez isso?

O segredo de Carly é sua autoimagem incrivelmente positiva. Cristã devota, Carly acredita que foi feita à imagem de Deus e que Ele dá à sua vida um valor intrínseco. Ela não luta para ter a aprovação de outras pessoas ou depende de elogios de seus superiores ou colegas para sentir-se bem consigo mesma. Brilhante, amigável, articulada e extremamente competente em seu trabalho, Carly enfrenta a vida com um sorriso. Enquanto as pessoas apenas ficam admiradas por sua atitude, Carly está vivendo a sua melhor vida agora!

UMA AUTOIMAGEM SAUDÁVEL

O segundo passo para viver a *sua* melhor vida agora é *desenvolver uma autoimagem saudável*. Isso significa que é preciso fundamentar sua autoimagem no que a Palavra de Deus diz acerca de você, em vez de em padrões falsos e inconstantes como o bairro em que vive, o tipo de carro que você dirige ou a opinião das pessoas. Como você se vê e como se sente a respeito de si mesmo terá um tremendo impacto sobre quão longe você irá na vida e se cumprirá ou não o seu destino. A verdade é que você nunca subirá além da imagem que tem de si mesmo em sua própria mente.

Qual é a sua autoimagem? Com tantas informações sobre autoconsciência dos dias atuais, é fácil ficar confuso com essa terminologia. Minha *autoimagem* é a mesma coisa que minha *autoestima* e meu *autoconceito*? Como faço para medir o meu *autovalor*? Embora os psicólogos clínicos gostem de analisar as ligeiras diferenças entre os significados, a maioria das pessoas usa as palavras *autoimagem, autoestima, autoconceito* e *amor-próprio* indistintamente. Isso é o suficiente para o nosso propósito neste livro.

> **VOCÊ NUNCA SUBIRÁ ALÉM DA IMAGEM QUE TEM DE SI MESMO EM SUA PRÓPRIA MENTE.**

A autoestima, então, é aquele sentimento íntimo que você tem a respeito de si mesmo. É como você considera a si mesmo, a sua opinião ou o julgamento de seu próprio valor, até que ponto você pensa ter importância na vida. É o sentimento que diz: "Eu gosto de mim mesmo" ou "Eu não gosto de mim mesmo". De semelhante modo, a sua *autoimagem* é muito parecida com um autorretrato; ela é quem e o que você imagina ser. Curiosamente, sua autoimagem pode ou não ser um reflexo exato de quem você realmente é, mas ela é como você *percebe* a si mesmo. Quem você pensa ser?

Inquestionavelmente, uma autoimagem saudável é um dos fatores-chave para o sucesso e a felicidade de qualquer indivíduo. A razão pela qual o autoconceito que tem de si mesmo é tão importante é porque você provavelmente falará, agirá e reagirá como a pessoa que *pensa* ser. Psicólogos provaram que nós tendemos a agir em harmonia com a imagem que temos de nós mesmos. Logicamente, mesmo com um autoconceito negativo, você poderá ocasionalmente sair do padrão e conseguir um grande negócio, conquistar um novo amigo ou arremessar uma bola a grande distância no piquenique da empresa. Do mesmo modo, até mesmo os indivíduos dotados de autoimagens saudáveis falham de vez em quando. Mas, em geral, a sua mente completará a imagem que você lhe transmitir de si mesmo.

Se você se vir como não qualificado, insignificante, sem atrativos, inferior ou inadequado, provavelmente agirá em conformidade com os seus pensamentos. Se a sua avaliação de si mesmo for baixa, você se imaginará como um perdedor nato, um fiasco, indigno de ser amado e aceito.

"Nunca consigo fazer nada direito."

"Por que eu?"

"Nunca vou ser nada na vida."

Essas são apenas algumas das frases que dominam as conversas de uma pessoa com baixa autoestima. No entanto, os indivíduos que se veem como Deus os vê costumam ser felizes com relação a quem são. Eles sabem que foram criados à imagem de Deus e que Ele os coroou com tremenda honra.[1] Eles se sentem bem consigo mesmos, porque sabem que Deus os ama e Ele se sente bem com eles! Podem dizer honestamente: "Obrigado, Pai, por me criares da maneira como Tu o fizeste. Sei que Tu tens um propósito e um plano para mim, e eu prefiro ser eu a qualquer pessoa na terra. Tu prometeste que tens coisas boas guardadas para mim, e eu mal posso esperar para descobri-las!"

Sua autoimagem não é uma parte física do seu corpo. Ela está mais para um "governante" subconsciente que controla as suas ações e o seu desempenho. Funciona de modo semelhante ao piloto automático de um automóvel. Quando o dispositivo é estabelecido em 70 quilômetros por hora, o carro poderá acelerar ou desacelerar ao encontrar diferentes terrenos, mas o piloto automático retornará o veículo à velocidade definida. Igualmente, quando você excede as suas expectativas ou vai um pouco longe demais, a sua autoimagem coloca você na linha de novo. Se você cair abaixo do estabelecido, a sua autoimagem o levará de novo para cima.

Onde você conseguiu a sua autoestima? Ironicamente, a sua autoimagem atual pode ser o resultado do que outras pessoas têm dito acerca de você, de como os seus pais ou colegas o consideraram, ou pode originar-se de suas próprias imagens — retratos que você pintou de si mesmo em sua própria mente a respeito de sua personalidade, sua aparência, suas capa-

74   *Sua Melhor Vida Agora*

cidades ou suas realizações. Cada pessoa tem uma imagem de si mesma. A pergunta é: sua imagem de quem você é se alinha corretamente com o que Deus diz que você é? Deus quer que tenhamos autoimagens saudáveis e positivas, que nos vejamos como tesouros de valor inestimável. Ele quer que nos sintamos bem com relação a nós mesmos. Deus sabe que não somos perfeitos, que todos temos defeitos e fraquezas; que todos cometemos erros. Mas a boa notícia é que Deus nos ama de qualquer maneira. Ele nos criou à Sua imagem e está continuamente nos moldando, conformando-nos ao Seu caráter, ajudando-nos a nos tornarmos ainda mais semelhantes à pessoa que Ele é. Por conseguinte, precisamos aprender a amar a nós mesmos, com falhas e tudo, não porque somos egoístas ou porque queremos ter uma desculpa para as nossas deficiências, mas porque é assim que o nosso Pai celestial nos ama. Você pode manter a sua cabeça erguida e caminhar com confiança, sabendo que Deus o ama incondicionalmente. Seu amor por você se alicerça no que você é, não no que você faz. Ele o criou como um indivíduo único — nunca houve, nem nunca haverá, outra pessoa exatamente como você, mesmo que você tenha um irmão gêmeo — e Ele o vê como Sua obra-prima especial!

Além disso, Deus o vê como um campeão. Ele acredita em você até mais do que você acredita em si mesmo! Muitas vezes, sentimos Deus nos dizendo que tem algo grande para nós fazermos. Mas em função de uma autoimagem ruim, dizemos: "Deus, eu não consigo fazer isso. Sou apenas uma pessoa comum. Encontre alguém mais qualificado, alguém com mais estudo. Deus, eu não tenho a qualificação necessária".

Foi assim que um sujeito chamado Gideão respondeu nos tempos bíblicos. Um anjo apareceu a Gideão e disse: "O Senhor está com você, poderoso guerreiro" (outra versão da Bíblia diz "homem valente").

Acredite ou não, é assim que Deus o vê também. Ele o considera uma pessoa forte, corajosa, bem-sucedida e vencedora.

"Oh, Joel, Ele não diria isso de mim", você pode estar dizendo. "Não sou qualquer uma dessas coisas. Não sou forte. Não sou bem-sucedido. Corajoso? Você está brincando? Eu? Provavelmente Deus disse essas coisas maravilhosas a Gideão porque ele era seguro e confiante, porque ele era um grande líder."

Não foi bem assim. Quando o anjo disse a Gideão como Deus queria que ele salvasse o povo de Israel dos midianitas, um povo pagão perverso que invadira as suas terras, Gideão mostrou o seu verdadeiro eu. Ele respondeu: "Como posso libertar Israel? Meu clã é o menos importante de Manassés, e eu sou o menor da minha família".

Isso lhe parece familiar?

Mas é interessante perceber a diferença entre a maneira como Gideão via a si mesmo e a forma como Deus o considerava. Embora Gideão se sentisse não qualificado, cheio de medo e sem confiança, Deus ainda se dirigiu a ele como um homem poderoso de destemida coragem. Gideão se sentia fraco; Deus o via como forte. Gideão não se sentia qualificado; Deus o via como competente para fazer o trabalho. Gideão se sentia inseguro; Deus o via com confiança e ousadia suficientes para liderar o Seu povo à batalha e sair vitorioso. E Gideão o fez!

De semelhante modo, Deus o vê como um campeão. Você pode não se ver dessa maneira, mas isso não muda em nada a imagem que Deus tem de você. Deus ainda o vê exatamente como a Sua Palavra descreve. Você pode se sentir não qualificado, inseguro ou oprimido pela vida; você pode se sentir fraco, medroso e insignificante, mas Deus o vê como um vencedor!

MUDE A SUA AUTOIMAGEM

Saiba disto: você é capaz de mudar a imagem que tem de si mesmo. Como? Comece por concordar com Deus. Lembre-se de que Deus o vê como forte e corajoso, como um homem ou uma mulher de grande honra e valor. Ele vê você como mais do que um conquistador. Comece a se ver como Deus o vê. Pare de dar desculpas e dê passos de fé, fazendo o que Deus o chamou para fazer.

Você está permitindo que as suas fraquezas e inseguranças o impeçam de ser o seu melhor? Está dando desculpas para não assumir uma nova posição de liderança no trabalho, envolver-se em algum programa de sua igreja, servir em sua comunidade ou ajudar um amigo necessitado? Observe que Deus não desqualificou Gideão, mas também não o dispensou do serviço. Você pode estar deixando os seus sentimentos de inadequação impedi-lo de crer em Deus para coisas maiores. Deus quer usar você apesar de suas fraquezas. Não se concentre em suas fraquezas; concentre-se em seu Deus. Se Deus escolhesse usar somente pessoas perfeitas, Ele não teria quem usar.

Deus ama usar pessoas comuns como você e eu, com falhas e tudo, para fazer coisas extraordinárias. Você pode não se sentir capaz por sua própria força, mas não há problema. O apóstolo Paulo disse: "Quando sou fraco é que sou forte".[2] A Palavra de Deus diz que Ele sempre nos faz triunfar. Ele espera que vivamos vitoriosamente. Ele não se agrada quando ficamos nos lastimando com uma atitude "pobre de mim" e uma mentalidade de "verme fraco do pó". Quando você faz isso, você está permitindo que sua autoimagem seja moldada pelos conceitos não bíblicos que são contrários à opinião de Deus a seu respeito.

NÃO SE CONCENTRE EM SUAS FRAQUEZAS; CONCENTRE-SE EM SEU DEUS.

Contudo, muitas pessoas fazem exatamente isso. Por conseguinte, sofrem de baixa autoestima, sentem-se insignificantes e indignas de receber a atenção de Deus, muito menos as Suas bênçãos. Esse tipo de autoimagem pobre impede as pessoas de exercerem seus dons e autoridade dados por Deus, tirando-lhes a oportunidade de experimentar a vida abundante que seu Pai celestial quer que elas tenham. Na maioria das vezes, a falta de alegria e significado em suas vidas é um resultado direto de como essas pessoas se veem.

Cuidado com associar-se ou adotar as atitudes de pessoas que, por sua perspectiva negativa e falta de autoestima, irão roubar a grandiosidade que Deus tem para você. Uma ilustração clássica dessa associação negativa é registrada no Antigo Testamento, após Deus ajudar sobrenaturalmente Moisés a libertar mais de dois milhões de pessoas hebreias da escravidão no Egito. Elas viajaram por todo o deserto e chegaram à fronteira de Canaã, a terra que manava leite e mel. Acamparam junto à Terra Prometida, a "terra dos sonhos" de Deus para elas. Deus prometera ao Seu povo uma rica posse e um futuro fantástico. Havia um único problema: sua terra dos sonhos já era habitada.

Sabendo que poderiam ter de encarar uma luta difícil, Moisés enviou doze espias a Canaã, para analisarem a oposição e começarem a conhecer a terra antes de iniciarem a batalha. Após seis semanas, os espias voltaram com o relato deles.

— É exatamente como ouvimos! — Compartilharam eles animadamente com o comitê de boas-vindas.

E todo o povo disse:

— Amém!

— É realmente uma terra que mana leite e mel — continuaram os espias. — Vejam estas uvas. Vejam estas romãs! Ora, elas são as maiores e mais saborosas que já vimos. E tomem, provem um pouco deste mel. Não é surpreendente?

E o povo disse:

— Amém!

Então, veio a má notícia.

— Mas há gigantes na terra e, em comparação com eles, nós parecemos um punhado de gafanhotos.

E todo o povo disse:

— Oh! Que coisa!

Dez dos doze espias disseram:

— Ela é, de fato, uma terra que mana leite e mel, mas não temos chance. Nunca derrotaremos esse povo. Eles são muito grandes e muito fortes. Além disso, Moisés, parecíamos gafanhotos aos nossos próprios olhos.

Perceba a frase "aos nossos próprios olhos". Em outras palavras, em comparação com a oposição e os obstáculos à sua frente, a imagem mental que eles tinham de si mesmos era de gafanhotos pequenos, fracos e derrotados, prontos para ser esmagados, indefesos diante dos gigantes que se lhes opunham.

Aqueles dez espias voltaram com um relatório negativo porque se concentraram nas circunstâncias. Eles perderam a batalha antes mesmo de começar. Mas os outros dois espias, Josué e Calebe, fizeram um relato totalmente diferente. Eles tinham as mesmas informações que seus dez colegas, mas parecia que foram a um lugar diferente.

— Moisés, somos totalmente capazes de tomar posse da terra — eles disseram. — Sim, há gigantes lá, e os gigantes são pavorosos, mas o nosso Deus é muito maior. Sim, o povo é forte, mas o nosso Deus é mais forte. Graças a Ele, somos muito capazes. Entremos de uma vez e tomemos posse da terra.

Que tremenda verdade! Você e eu somos pessoas "totalmente capazes". Não por *sermos* poderosos, mas porque o nosso Deus é poderoso! Quando enfrentamos adversidades e dificuldades na vida, podemos levantar com ousadia e confiança, sabendo que, por causa de Deus, somos totalmente capazes de superá-las.

Josué e Calebe não eram ingênuos. Eles enfrentaram os mesmos fatos que os demais espias. Eles admitiram a existência dos gigantes, a oposição

78   *Sua Melhor Vida Agora*

e os obstáculos, mas a diferença estava em suas atitudes. Eles acreditavam em Deus e tinham uma autoimagem sadia, portanto, se recusaram a ver-se como gafanhotos prontos para ser pisados. Em vez disso, eles se viam como homens de Deus, liderados por Deus e capacitados por Ele. Josué e Calebe tiveram acesso aos mesmos dados daqueles que duvidaram, mas tiraram conclusões diferentes.

Amigo, Deus já tem "gafanhotos" suficientes. Ele quer que você seja uma pessoa do tipo "posso fazer", alguém disposto, pronto e "totalmente capaz" de fazer o que Ele mandar.

Infelizmente, de todo o povo que saiu do Egito, somente dois homens, Josué e Calebe, entraram na terra que Deus planejara para eles. Os outros (exceto Moisés e Arão) foram uma vergonha para Deus; eles o desonraram e, como resultado, passaram o restante de suas vidas vagando em círculos por todo o deserto, até finalmente morrerem. Sua falta de fé e a falta de autoestima lhes roubou o futuro frutífero que Deus tinha guardado para eles.

Lembre-se de que Deus já havia garantido a vitória aos hebreus, porém, por causa de sua autoimagem pobre, eles nunca chegaram à Terra Prometida. Nunca cumpriram o seu destino, tudo por causa da maneira como viam a si mesmos.

Como você se vê? Você se vê como bem-sucedido? Saudável? Otimista? Feliz? Você se vê como sendo usado por Deus? Você se vê como "totalmente capaz" de fazer o que Deus quer que você faça, como alguém forte no Senhor e no poder da Sua força? Ou se permitiu adotar uma "mentalidade de gafanhoto"?

A mentalidade de gafanhoto diz: "Nunca terei sucesso na vida. Meus sonhos nunca acontecerão. Meu casamento está acabado; estou endividado até o pescoço. Nunca sairei do buraco em que estou".

> **VEJA-SE COMO DEUS O VÊ: COMO UM VENCEDOR, UM SUPLANTADOR DE OBSTÁCULOS.**

Você precisa aprender como lançar fora esses pensamentos negativos e começar a ver-se como Deus o vê: como um vencedor, um suplantador de obstáculos. Ele o vê como "totalmente capaz". Se você quer que as circunstâncias mudem para melhor em sua vida, precisa primeiro vê-las mudando pelos "olhos da fé". Você precisa ver a si mesmo como feliz, realizado e bem-sucedido, vivendo uma vida vitoriosa.

Quem Você Pensa Ser? 79

Entenda que você não é um acidente cósmico, vagando pela vida aleatoriamente e sem rumo. Deus tem um propósito específico para a sua vida. Ele não quis que você passasse a vida miserável, deprimido, solitário, enfermo e derrotado. Você pode estar tão abatido pelas lutas em sua vida, que se acostumou a ficar desanimado. Talvez tenha sido levado ao engano de aceitar uma vida muito inferior ao melhor de Deus. Talvez, em algum momento, você tenha tido uma boa imagem de si mesmo, mas agora se vê como um simples sobrevivente. A imagem que Deus quer que você tenha de si mesmo foi distorcida; os espelhos em que você tem se visto — refletido nas palavras, ações ou opiniões de seus pais, de seus amigos ou de pessoas que o magoaram — se estilhaçaram, proporcionando uma imagem deformada de si mesmo. Ao aceitar essa imagem alterada, você se abre para a depressão, a pobreza ou coisa pior. Se não tomar cuidado, em pouco tempo começará a pensar que a imagem que você vê nesses espelhos rachados é um reflexo verdadeiro da maneira como a vida deve ser. Você não esperará algo melhor. Não almejará as bênçãos e vitórias de Deus. Você transitará pela vida a esmo, aceitando o que quer que venha pela frente, "patinando" até morrer.

Meu amigo, não é isso que Deus pretende para você! Deus é um Deus bom e dá boas coisas aos seus filhos. Independentemente de quem o tenha desprezado ou de quanta dor você sofreu na vida, não importa quantas adversidades sofreu, você não pode se permitir aceitar isso como a maneira como a vida deve ser. Não, Deus tem coisas melhores guardadas para você. Reprograme a sua mente com a Palavra de Deus; mude essa autoimagem negativa e derrotada, e comece a ver-se como vencedor, saindo por cima da situação. Veja o seu casamento restaurado. Veja seu negócio dar certo. Veja os seus filhos como desfrutando das boas coisas de Deus. Você precisa ver as coisas pelos olhos da fé; em seguida, elas começarão a acontecer.

Aprenda a guardar a sua mente, controle os seus pensamentos e reflita nas boas coisas de Deus. Se você sempre pensar em pouco, crer pouco e esperar pouco, receberá pouco. E se sempre pensar em derrota, fracasso, quão fraco você é e quão impossíveis as circunstâncias parecem, você desenvolverá uma "mentalidade de gafanhoto" igual à dos dez espias dos tempos bíblicos.

Um jovem me disse: "Joel, meus avós eram pobres e, antes deles, meus bisavós viveram na pobreza. Meus pais nunca conseguiram muito. Imagino que esse seja o meu legado na vida".

Essa é uma mentalidade de gafanhoto.

"Não, você precisa sair dessa mentalidade de pobreza e mudar essa autoimagem negativa", encorajei-o. "Não deixe que o passado determine o seu destino ou influencie a sua autoimagem. Veja-se da maneira como Deus o vê. Imagine-se encontrando as coisas maravilhosas que Deus tem guardado para você."

Como mencionei, meu pai foi criado em uma família pobre de colhedores de algodão, que perderam tudo que possuíam quando passaram pela Grande Depressão no fim da década de 1920 e no início da década de 1930. Em 1939, porém, aos 17 anos de idade, o meu pai entregou o coração a Deus. Anos mais tarde, ele me contou: "A partir daquele momento, tomei uma decisão de qualidade, de que meus filhos e minha família nunca teriam de experimentar a pobreza e a falta de recursos em que fui criado". E ele começou a ver-se de maneira diferente. Ele deixou de ver-se como um pobre e derrotado filho de agricultor, sem esperança, sem estudo e sem futuro. Em vez disso, passou a ver-se como um filho do Deus Altíssimo. Ele começou a pesquisar a Bíblia para descobrir o que Deus dizia sobre ele.

Papai percebeu que Deus tinha planos grandes e maiores para a sua vida. Ao longo dos anos, ele desenvolveu uma compreensão melhor de quem ele era como filho de Deus, e o que lhe pertencia por direito como resultado daquele relacionamento. Começou a ver-se como Deus o via. Descobriu que Deus era um Deus de prosperidade. Com essa verdade em mente, papai foi além do que as condições de seu tempo ditavam e quebrou a maldição da pobreza em nossa família. Mas tudo começou quando ele teve uma visão de quem ele era aos olhos de Deus. Não admira que ele erguesse sua Bíblia em todos os cultos e dissesse: "Esta é a minha Bíblia. Eu sou o que ela diz que eu sou. Eu tenho o que ela diz que eu tenho".

Você poderia ficar admirado se realmente entendesse o quanto Deus quer abençoá-lo. Deus quer que você realize grandes coisas na vida. Ele quer que você deixe a sua marca neste mundo. Ele colocou em você incríveis dons, talentos e potencial, prontos para serem usados quando você começar a ver-se como Deus o vê, dando um passo de fé e agindo de acordo com os sonhos e os desejos que Ele colocou em seu coração.

É empolgante, não é? Você está começando a ver-se como Deus o vê. Você está se livrando daquela mentalidade de gafanhoto. Sim, poderá haver alguns grandes obstáculos em seu caminho, mas o seu Deus é muito,

muito maior. Você é uma pessoa que pensa "sim, eu posso". Você está desenvolvendo uma atitude de "totalmente capaz de", vendo-se como o campeão que Deus o fez para ser. Siga em frente; continue crescendo. Deus tem muito mais guardado para você!

CAPÍTULO 8

Compreendendo o Seu Valor

Meu pai foi assistir a um jogo de futebol norte-americano com Jesse, um querido amigo nosso. O filho de Jesse, Jeff, jogava na defesa, então raramente tocava a bola durante o jogo. Mas, em certa jogada, o adversário fez um lançamento curto e Jeff aproveitou. Correu, pegou a bola, deu meio passo para a direita e meio passo para trás para a esquerda, com os olhos percorrendo todas as direções, em busca de algum espaço. Mas não havia para onde correr. Então, cerca de dez jogadores do time adversário o derrubaram. Ou seja, ele não avançou com a bola um centímetro sequer.

Durante um longo e incômodo momento, papai ficou sentado em silêncio olhando para o campo enquanto o árbitro desembaraçava a pilha de jogadores que estavam sobre Jeff. Papai se sentia mal por Jesse e procurou pensar em algo bom para dizer, mas a jogada fora um desastre. Nem mesmo papai conseguia produzir algo positivo. Naquele momento, Jesse o cutucou nas costelas. Havia um grande sorriso em seu rosto enquanto ele balançava a cabeça em direção ao campo onde Jeff começava a levantar-se. Ele disse: "Pastor, você viu essas duas boas jogadas?" Somente um pai amoroso conseguiria ver as duas "boas jogadas" de seu filho, em vez do fato de o garoto acabar de ser derrubado por todos, com exceção das líderes de torcida!

DEUS VÊ AS NOSSAS DUAS BOAS JOGADAS

Mas, amigo, essa é a maneira como o nosso Pai celestial olha para nós. Ele não se detém nos momentos em que somos derrubados. Ele não se detém em nossas faltas. Deus vê as nossas duas boas jogadas. Deus se concentra nas coisas que você está fazendo certo; Ele vê o melhor de você. Talvez você nem sempre controle o seu temperamento como sabe que deveria. Ou pode escorregar e dizer coisas que desejaria não ter dito. Busque o perdão de Deus e de qualquer pessoa que você possa ter ofendido, mas não saia por aí esmurrando-se, vivendo em condenação. Desde que você esteja se esforçando, mantenha a cabeça erguida, sabendo que você é uma "obra em andamento" e que Deus está no processo de transformá-lo. Ele está olhando para as suas duas boas jogadas.

Isso não é tolerar a transgressão, mas a verdade é que todos nós temos áreas em que precisamos melhorar. Não podemos nos tornar tão focados em nossas faltas a ponto de deixarmos de desfrutar o que Deus nos fez para sermos. Você tem de ser feliz com quem é agora e aceitar a si mesmo, com falhas e tudo.

Um fator importante em ver a si mesmo da maneira de Deus é compreender o seu senso intrínseco de valor, quer você faça as jogadas certas ou as jogadas erradas. Com demasiada frequência, nós nos concentramos em nossas falhas, fraquezas, erros do passado e fracassos. Rejeição e outras experiências dolorosas roubam a nossa autoestima e nos fazem sentir indesejados e inseguros.

O seu senso de valor não pode se fundamentar em suas conquistas, seu bom desempenho, a maneira como alguém trata você, ou quão popular ou bem-sucedido você é. O seu senso de valor deve se alicerçar exclusivamente no fato de você ser um filho do Deus Altíssimo. Como Sua singular criação, você tem algo a oferecer a este mundo que ninguém mais tem, que ninguém mais pode ser.

É vital você aceitar-se e aprender a ser feliz com quem Deus o fez para ser. Para realmente desfrutar de sua vida, você precisa estar em paz consigo mesmo. Muitas pessoas se sentem constantemente mal acerca de si mesmas. Elas são excessivamente críticas de si mesmas, vivendo com todo tipo de

> **APRENDA A SER FELIZ COM QUEM DEUS O FEZ PARA SER.**

culpa e condenação que impuseram a si mesmas. Não admira não serem felizes; há uma guerra acontecendo dentro delas. Elas não estão em paz consigo mesmas. E se você não conseguir se dar bem consigo mesmo, nunca se dará bem com outras pessoas. O ponto de partida é ser feliz com quem Deus o fez para ser.

Você pode não ser perfeito — ninguém é! É claro que você tem algumas deficiências — todos nós temos! Mas para ser verdadeiramente livre, você precisa ter um respeito saudável por si mesmo, apesar dessas "imperfeições".

Algumas pessoas estão sempre se colocando para baixo. "Eu sou tão lento." "Nunca vou largar esses maus hábitos." "Sou pouco atraente. Veja o meu nariz; o que eu faço com o meu cabelo?"

Não seja tão duro consigo mesmo! Certamente, pode haver algumas coisas em sua vida com as quais você não esteja feliz; você pode ter alguns hábitos que precisa largar. Mas lembre-se de que Deus não terminou a obra em você. Ele está no processo de transformá-lo.

A Bíblia diz que somos feitura de Deus.[1] A palavra *feitura* implica que você ainda não é um produto acabado; você é uma "obra em andamento". Ao longo de toda a nossa vida, Deus está continuamente nos dando o formato e nos moldando para sermos as pessoas que Ele quer que sejamos. A chave para o sucesso futuro é não ficar desanimado com o seu passado ou presente enquanto você está no processo de ser "concluído". A Bíblia afirma que avançamos de glória em glória ao sermos transformados na imagem de Deus.[2] Quer você perceba quer não, neste momento Deus está lhe fazendo avançar em direção a coisas maiores. O caminho do justo fica cada vez mais brilhante.[3]

Quando você for tentado a ficar desanimado, lembre-se de que, de acordo com a Palavra de Deus, o seu futuro está se tornando mais brilhante; você está a caminho de um novo nível de glória. Você pode pensar que tem um longo caminho a percorrer, mas precisa olhar para trás, para ver quão longe já chegou. Talvez ainda não seja tudo o que quer ser, mas, pelo menos, pode agradecer a Deus por não ser o que você era antes.

Nosso valor é intrínseco. Ele não é algo que você ou eu conquistamos; de fato, não temos como conquistá-lo. Deus construiu valor em nós quando nos criou. Para Deus, nós somos as Suas criações definitivas. Isso significa que você pode parar de ficar obcecado com todos os seus defeitos e descansar. Toda pessoa tem pontos fracos. Até mesmo os grandes homens e mulheres da Bíblia cometeram erros. Todos eles tinham deficiências, mas isso não impediu Deus de amá-los, abençoá-los e usá-los para realizar grandes feitos. Além disso, precisamos aprender a manter as nossas falhas sob a perspectiva correta. Você pode pensar que há muita coisa errada em você, mas há também muitas coisas certas.

Compreendendo o Seu Valor   85

A ótima notícia é que Deus sabe tudo sobre você, tanto as coisas boas quanto as ruins, e Ele ainda o ama e valoriza incondicionalmente. Deus nem sempre aprova o nosso comportamento. Ele não se agrada quando vamos contra a Sua vontade e, quando o fazemos, sempre sofremos as consequências e temos de trabalhar com Ele para corrigir nossos pensamentos, palavras, ações ou atitudes. E, embora você deva trabalhar para melhorar nas áreas em que deixa a desejar, nada do que você fizer fará com que Deus o ame menos... ou mais. O Seu amor é uma constante em que você pode confiar.

Entenda, o seu valor aos olhos de Deus nunca muda. Algumas pessoas querem que pensemos que, no momento em que fazemos algo errado ou saímos do caminho, Deus pega o Seu grande pincel atômico, risca o nosso nome de Sua lista e diz: "Eu sabia que ele não ia conseguir. Sabia que ele não tem o necessário". Não, Deus é um Deus de perdão. Ele é um Deus de segundas chances. Independentemente de quantas vezes você o desaponta ou de quantos erros comete, o seu valor aos olhos de Deus permanece exatamente o mesmo.

Imagine que eu lhe dê uma nota novinha de cem dólares. Você gostaria de ganhá-la? Provavelmente, sim! Mas suponha que eu a tenha amassado e ela perdeu a aparência que tinha no dia em que saiu do banco. Você ainda a desejaria? Certamente! Mas, espere — e se eu a levasse até o pátio do estacionamento, a jogasse no chão e pisasse nela até a imagem impressa ficar quase imperceptível? Agora ela está suja e manchada. Você ainda a desejaria?

É claro que sim. Por quê? Porque ela ainda é valiosa, apesar do duro tratamento que sofreu. Cem dólares são cem dólares (esqueça, no momento, de taxas de câmbio, inflação e outros fatores). Ela não perde o seu valor simplesmente porque está envelhecida, não está tão bonita quanto era antes ou levou algumas pancadas na vida.

Essa é a maneira como Deus vê cada um de nós. Todos nós passamos por desafios e lutas. Às vezes, sentimo-nos como aquela nota de cem dólares, toda amassada e suja. Mas assim como aquela nota de cem dólares ainda tem valor, nós também temos! De fato, nós nunca perderemos o nosso valor. Ele nos foi dado pelo Criador do universo, e ninguém pode tirá-lo.

Não deixe outras pessoas, sistemas ou circunstâncias influenciarem a estimativa do seu próprio valor. Você pode ter passado por algumas experiências traumáticas e dolorosas em que alguém o maltratou, usou ou rejeitou. Talvez o seu marido ou a sua esposa o tenha abandonado e você passou por um divórcio amargo. Talvez um bom amigo se voltou contra você sem motivo e, agora, você se sente solitário e sem valor. Ou talvez você tenha se sentido rejeitado quando criança e esteja vivendo com sentimentos de culpa e vergonha. Talvez você já tenha até se convencido de que as coisas negativas que aconteceram em seu passado são todas culpa sua, que você nada merece além de dor de cabeça, dor, culpa e condenação. Amigo, nada poderia estar mais distante da verdade.

DEUS CONHECE O VALOR QUE VOCÊ TEM

Lembro-me de uma conversa com Steve, um jovem que sofreu uma forte rejeição quando criança. Os pais de Steve o humilhavam com palavras todos os dias, dizendo-lhe que ele nunca daria certo na vida, que ele jamais conseguiria nada. Dia após dia, aquelas mensagens destrutivas penetravam em seus pensamentos e sua mente subconsciente, destruindo sua autoimagem e seu senso de valor. Mais tarde, Steve me contou como descobriu que a raiz do problema foi o fato de que seus pais desejavam ter uma filha. Eles ficaram muito decepcionados quando ele nasceu. Dezessete anos depois, ele ainda estava vivendo com uma imensa culpa e vergonha. E por quê? *Por ter nascido!* Infelizmente, Steve estava convencido de que ele era o culpado de toda a dor de sua família, de que ele era o motivo de seus pais serem tão infelizes, de que fizera algo errado, de que a sua vida era um terrível erro.

Eu lhe disse:

— Steve, você não pode permitir que a sua autoestima e o seu senso de valor sejam determinados pela maneira como as outras pessoas o tratam. A Bíblia nos diz que Deus nos aceita, mesmo que todas as demais pessoas deste mundo nos rejeitem.

Pude ver um brilho de esperança refletido nos olhos de Steve, então continuei a encorajá-lo.

— Amo o que o salmista disse em Salmos 27:10: "Ainda que me abandonem pai e mãe, o Senhor me acolherá". Deus nunca rejeitará você, Steve. Ele sempre o aceita. Não permita que a rejeição de outras pessoas faça você rejeitar a si mesmo.

Levou um tempo para Steve aceitar a verdade do que eu estava lhe dizendo, mas hoje ele está a caminho de viver uma vida feliz e produtiva.

Talvez você viva ou trabalhe com alguém emocionalmente abusivo, que sempre o coloca para baixo e critica, dizendo-lhe que pessoa terrível você é. Deixe essa má informação entrar por um ouvido e sair pelo outro. Lembre-se constantemente de que você é feito à imagem do Deus Todo-Poderoso. Lembre-se de que Ele o coroou com glória e honra, que você é obra-prima do próprio Deus. Não deixe que outras pessoas joguem com a sua mente, enganando-o, levando-o a pensar que o seu valor diminuiu.

Você pode sentir que as suas grandes aspirações foram frustradas pelas escolhas que fez ou pelas escolhas impostas a você por outros. Pode sentir que está preso em um barranco, mas há esperança! Deus quer restaurar o seu senso de valor. Davi escreveu: "[Deus] me tirou de um poço de destruição, de um atoleiro de lama; pôs os meus pés sobre uma rocha e firmou-me num local seguro. Pôs um novo cântico na minha boca".[4] Deus quer colocar uma nova canção em seu coração; Ele quer enchê-lo de esperança. Quer que você saiba que Ele o ama mais do que você consegue imaginar e pode transformar os seus sonhos frustrados em algo lindo.

Recentemente, li a versão de um conto que atravessa gerações: *As Três Árvores*. Esse livro infantil conta a história das grandes aspirações de uma oliveira, um carvalho e um pinheiro. Cada uma dessas árvores tinha um grande sonho de tornar-se algo especial na vida. A oliveira sonhava tornar-se um baú de tesouro finamente trabalhado. Ela queria conter ouro, prata e pedras preciosas. Certo dia, um lenhador escolheu aquela oliveira entre todas as árvores da floresta e a cortou. A oliveira ficou muito emocionada. Mas quando os artesãos começaram a trabalhar nela, a árvore percebeu que eles não a estavam transformando em um belo baú de tesouro; eles a estavam transformando em uma manjedoura para conter alimentos para animais sujos e malcheirosos. Desolada, seus sonhos foram destruídos. Ela se sentiu inútil e humilhada.

De semelhante maneira, o carvalho sonhava em tornar-se parte de um enorme navio que levaria reis importantes através do oceano. Quando o lenhador cortou o carvalho, ele ficou muito animado. Mas, com o passar do tempo, percebeu que os artesãos não o estavam transformando em um navio enorme. Eles o estavam transformando em um pequeno barco de pesca. Ele ficou muito desanimado e decepcionado.

O pinheiro vivia no topo de uma montanha alta. Seu único sonho era sempre permanecer ereto e lembrar as pessoas da grandiosa criação de Deus. Mas, em uma fração de segundo, um raio o fez cair ao chão, destruindo os seus sonhos. O lenhador veio, o pegou e o levou para a pilha de restos de madeira.

Todas essas três árvores sentiram que perderam o seu valor e dignidade; elas ficaram muito desanimadas e decepcionadas. Nenhum dos seus sonhos se tornara realidade. Mas Deus tinha outros planos para aquelas árvores. Muitos anos mais tarde, Maria e José não conseguiam encontrar um lugar onde seu bebê pudesse nascer. Finalmente, eles encontraram um estábulo e, quando Jesus nasceu, eles o colocaram numa manjedoura feita — você adivinhou — da oliveira. A oliveira desejara conter joias preciosas, mas Deus tinha planos melhores, e ela agora continha o maior tesouro de todos os tempos, o Filho de Deus.

Alguns anos se passaram e Jesus cresceu. Certo dia, Ele precisou de um barco para atravessar para o outro lado do lago. Ele não escolheu um navio grande e extravagante, e sim um pequeno e simples barco de pesca feito — você adivinhou — do carvalho. O carvalho quis levar reis importantes através do oceano, mas Deus tinha planos melhores. Agora, o carvalho levava o Rei dos reis.

Mais alguns anos se passaram e, certo dia, alguns soldados romanos estavam remexendo na pilha de restos de madeira, onde estava o pinheiro descartado. Aquele pinheiro imaginou que eles estivessem vindo para cortá-lo a fim de fazer lenha para a fogueira. Mas, para a sua surpresa, tomaram suas toras e dele formaram uma cruz. E foi nesse pinheiro que Jesus foi crucificado. Até hoje, aquela árvore ainda aponta as pessoas para o amor e a compaixão de Deus.

O objetivo dessa história clássica é claro: todas as três árvores pensaram ter perdido o seu valor, que suas histórias haviam acabado, mas elas se tornaram partes integrantes da maior história já contada.

Deus conhece o seu valor; Ele vê o seu potencial. Talvez você não compreenda tudo pelo que está passando neste momento. Mas mantenha a sua cabeça erguida, sabendo que Deus está no controle e que Ele tem um grande plano e propósito para a sua vida. Seus sonhos podem não ter tomado exatamente o rumo que você esperava, mas a Bíblia diz que os caminhos de Deus são melhores e mais elevados do que os nossos caminhos. Mesmo quando todas as demais pessoas rejeitarem você, lembre-se de que Deus está diante de você com os braços abertos. Ele sempre o aceita. Ele sempre confirma o seu valor. Deus vê suas duas boas jogadas! Você é o Seu bem mais valioso. Não importa que adversidades você atravesse na vida ou quantas decepções sofra, o seu valor aos olhos de Deus permanece sempre o mesmo. Você sempre será a menina dos Seus olhos. Ele nunca desistirá de você; por isso, não desista de si mesmo.

CAPÍTULO 9

Torne-se Aquilo em que Você Crê

Nossos pensamentos e expectativas exercem enorme poder e influência em nossas vidas. Nem sempre recebemos o que merecemos na vida, mas, habitualmente, não recebemos mais do que esperamos; nós recebemos aquilo em que acreditamos. Infelizmente, esse princípio funciona tão fortemente no negativo quanto no positivo.

Nick era um homem grande, forte e durão que trabalhou nas linhas ferroviárias durante muitos anos. Ele era um dos melhores empregados de sua empresa — sempre pontual, um trabalhador confiável e dedicado, que se dava bem com os outros empregados. Mas Nick tinha um grande problema: sua atitude era cronicamente negativa. Ele era conhecido nas linhas ferroviárias como o homem mais pessimista da companhia de trens. Sempre temia o pior e constantemente se preocupava que algo ruim pudesse acontecer.

NÓS RECEBEMOS AQUILO EM QUE ACREDITAMOS.

Certo dia de verão, as equipes de trabalho foram informadas de que poderiam ir para casa uma hora mais cedo, para comemorarem o aniversário de um dos empregados. Todos os trabalhadores saíram, mas, de algum modo, Nick se trancou acidentalmente em um vagão de carga refrigerado que fora trazido para a manutenção. O vagão estava vazio e não estava ligado a qualquer um dos trens.

Quando percebeu que estava trancado dentro do vagão de carga refrigerado, Nick entrou em pânico. Ele começou a bater nas portas com tanta força que seus braços e punhos sangraram. Gritou e gritou, mas seus colegas de trabalho já haviam partido para se aprontarem para a festa. Ninguém pôde ouvir os chamados desesperados de Nick por ajuda. Ele continuou gritando até que, finalmente, sua voz se tornou um sussurro rouco.

Consciente de estar em um vagão de carga refrigerado, Nick imaginou que a temperatura no interior da unidade estava bem abaixo de zero, talvez até vinte a 23 três graus negativos. Nick temeu o pior. Ele pensou: *O que farei? Se eu não sair daqui, morrerei congelado. Não poderei ficar aqui a noite toda.* Quanto mais pensava em suas circunstâncias, mais frio ele sentia. Com a porta fechada e nenhum modo aparente de fuga, ele se sentou para esperar a inevitável morte por congelamento ou asfixia, o que ocorresse primeiro.

Para passar o tempo, decidiu escrever acerca de sua morte. Encontrou uma caneta no bolso da camisa e viu um velho pedaço de papelão no canto do vagão. Tremendo quase incontrolavelmente, ele rabiscou uma mensagem para a sua família. No bilhete, Nick anotou suas terríveis perspectivas: "Estou ficando gelado. Corpo entorpecido. Se não sair em breve, estas provavelmente serão minhas últimas palavras".

E foram.

Na manhã seguinte, quando as equipes chegaram para trabalhar, abriram o vagão e encontraram o corpo de Nick encolhido no canto. Quando a autópsia foi concluída, ela revelou que Nick havia realmente congelado até a morte.

Agora, aqui há um enigma fascinante: os investigadores descobriram que a unidade de refrigeração do carro em que Nick ficara preso nem sequer estava ligada! Na verdade, ela estava inoperante havia algum tempo e não funcionava no momento da morte do homem. A temperatura no interior do carro naquela noite — a noite em que Nick congelou até a morte — era de dezesseis graus positivos. Nick morreu congelado a uma temperatura pouco abaixo da do ambiente normal, porque acreditava estar em um vagão frigorífico. Ele esperava morrer! Estava convencido de que não tinha chance. Esperava o pior e se via como um condenado sem saída. Ele perdeu a batalha em sua própria mente.[1]

Para Nick, a coisa que ele temia e esperava que acontecesse aconteceu. O velho ditado "A vida é uma profecia autorrealizadora" foi verdadeiro para ele. E normalmente, ele será verdadeiro em sua vida também. Hoje em dia, muitas pessoas são semelhantes a Nick. Elas sempre esperam o pior. Elas esperam a derrota. Esperam o fracasso. Esperam a mediocridade. E, geralmente, recebem o que esperam: elas se tornam aquilo em que acreditam.

ACREDITE EM COISAS BOAS

Mas você pode acreditar em coisas boas. Com base nas melhorias que está fazendo em sua autoimagem, é possível acreditar em mais, ver-se com níveis cada vez maiores de desempenho em todas as áreas da vida. Quando você encontrar tempos difíceis, não espere permanecer ali. Espere sair dessa dificuldade. Espere que Deus a reverta sobrenaturalmente. Quando os negócios começarem a ficar um pouco lentos, não espere ir à falência; não faça planos para o fracasso. Ore e espere que Deus lhe trará clientes.

Se você passar por dificuldades em seu casamento, não desista simplesmente nem diga: "Eu deveria ter imaginado que este casamento estava condenado desde o início".

Não faça isso! Se o fizer, estará reagindo como Nick. Suas baixas expectativas destruirão o seu casamento; o seu próprio pensamento errado o derrubará. Você tem de mudar o seu pensamento. Mude o que você espera. Pare de esperar fracassar. Comece a acreditar que você terá sucesso.

Mesmo que o mundo pareça desabar sobre você, a sua atitude deve ser: "Deus, eu sei que Tu transformarás essa situação e a usará para o meu bem. Deus, eu creio que Tu me farás sair mais forte do que nunca".

Como já estabelecemos, é aqui que a autoimagem realmente entra em jogo. É crucial nos vermos como Deus nos vê, já que nunca chegaremos acima da imagem que temos de nós mesmos. Se nos virmos como incapazes, sempre tendo problemas, nunca felizes, subconscientemente nos moveremos em direção a esse tipo de vida. Para avançar na vida, precisamos mudar o nosso foco. Precisamos crer.

Entenda isto: Deus o ajudará, mas você é quem dá o voto decisivo. Se escolher permanecer focado em elementos negativos de sua vida, se você se focar no que é incapaz de fazer e no que não tem, então, por sua própria escolha, estará concordando com ser derrotado. Você estará conspirando com o inimigo para abrir a porta e permitir que pensamentos, palavras, atos e atitudes destrutivos dominem a sua vida.

No entanto, se entrar em concordância com Deus e centrar-se nas suas possibilidades, a sua fé poderá fazer com que Deus se mostre e opere sobrenaturalmente em sua vida. A fé irá ajudá-lo a superar os seus obstáculos e irá permitir que você atinja novos níveis de vitória. Mas depende de você. Depende da sua perspectiva. Você está focado nos seus problemas ou está focado no seu Deus?

No Novo Testamento há um fascinante relato de dois cegos que ouviram dizer que Jesus estava de passagem, e a fé começou a crescer em seus corações. Eles devem ter pensado: *Nós não temos de continuar assim. Deus pode reverter essa situação. Há esperança de um futuro melhor.* Então, começaram a clamar: "Jesus, Filho de Davi, tem misericórdia de nós e cura-nos".

Ao ouvir seus gritos, Jesus se deteve. Foi até eles e fez uma pergunta muito intrigante.

— Vocês creem que eu sou capaz de fazer isso?[2] — Ele perguntou.

Jesus sabia o que eles queriam; Ele quis saber o que eles criam, se eles tinham fé genuína. Os cegos responderam com grande confiança:

— Sim, Senhor; nós cremos. Não temos a menor sombra de dúvida de que Tu podes nos curar. Sabemos que Tu és capaz. Temos confiança e convicção em Ti.

A Bíblia diz: "E ele, tocando nos olhos deles, disse: 'Que lhes seja feito segundo a fé que vocês têm!' E a visão deles foi restaurada".[3] Aqueles homens acreditavam que Deus poderia fazer algo espetacular em suas vidas... e receberam a visão!

Observe que foi a fé deles o que transformou a situação. Foi a sua crença o que lhes trouxe a cura. Ninguém pode ter fé por você. Certamente, outras pessoas podem orar por você, elas podem crer por você, podem citar a Bíblia para você, mas você precisa exercer a fé por si mesmo. Se estiver sempre dependendo de alguém para mantê-lo feliz, alguém para encorajá-lo ou tirá-lo de problemas, você viverá em perpétua fraqueza e decepção. É preciso tomar a decisão de ser crente. Assuma o controle de sua vida e decida: "Independentemente do que vier contra mim, eu creio em Deus. Terei uma perspectiva positiva para a minha vida". A fé de outras pessoas pode, realmente, reforçar a sua. Mas a sua própria fé lhe trará um milagre muito mais rapidamente do que a de outra pessoa. Aquilo em que *você* crê tem um impacto muito maior em sua vida do que aquilo em que outra pessoa crê.

A versão bíblica *A Mensagem* relata a história dos homens cegos com uma diferença interessante: "Ele tocou os olhos deles e disse: 'Seja como vocês creem'".

Que declaração poderosa! Em outras palavras, *torne-se aquilo em que você crê*! Em que você está crendo? Você está crendo ir mais alto na vida, ultrapassar os seus obstáculos, viver com saúde, abundância, cura e vitória? Você se tornará aquilo em que você crer. A verdade é que eu sou o que sou hoje graças ao que acreditei a respeito de mim ontem. E serei amanhã o que eu creio acerca de mim neste momento.

> AQUILO EM QUE *VOCÊ* CRÊ TEM UM IMPACTO MUITO MAIOR EM SUA VIDA DO QUE AQUILO EM QUE OUTRA PESSOA CRÊ.

Cuidado com aquilo que você crê. Se você andar por aí com uma mentalidade "pobre de mim", pensando que não merece as bênçãos de Deus, focado em suas faltas, sempre se sentindo mal acerca de si mesmo, terá uma vida sombria, na melhor das hipóteses. Mas se você mudar a sua crença e começar a ver-se como Deus o vê — como mais que um conquistador, totalmente capaz de ter sucesso, forte no Senhor, cabeça e não cauda, vencedor e não vítima —, então você subirá a um novo nível de realização. Você decide. Deixe que lhe seja feito conforme a sua fé.

OUSE CRER EM COISAS MAIORES

Você ousará começar a crer que Deus fará coisas grandes? Deus não quer que você se arraste ao longo da vida, mal conseguindo sobreviver. Ele não quer que você tenha de viver apertado, tentando conseguir dinheiro suficiente para pagar comida, abrigo, transporte, contas ou se preocupando em como seus filhos farão uma faculdade. Ele não quer que você seja infeliz em seu casamento. Não é o plano de Deus que você viva em dor perpétua.

Deus quer que você tenha uma boa vida, cheia de amor, alegria, paz e realização. Isso não significa que ela sempre será fácil, mas quer dizer que ela sempre será *boa*. Deus faz com que todas as coisas colaborem para o bem daqueles que o amam.[4] Você pode ousar começar a crer nele por um casamento melhor. Comece a crer nele por uma melhor saúde. Creia em alegria, paz e felicidade. Comece a crer em prosperidade e abundância. Torne-se um verdadeiro crente, sabendo que você se tornará aquilo em que você crer.

Deus disse a Abraão: "[Eu] o abençoarei... e você será uma bênção".[5] Deus está dizendo a mesma coisa a você. Ele quer abençoá-lo com abundância, para que você possa vir a ser uma bênção para outras pessoas.

Talvez você tenha sofrido decepções terríveis. Coisas negativas indizíveis podem ter lhe acontecido, a ponto de você ter deixado de acreditar que alguma coisa boa acontecerá em sua vida. Você perdeu os seus sonhos. Está à deriva na vida, aceitando tudo que lhe acontece. Você pode estar tentado a dizer a si mesmo: "Tenho vivido dessa maneira há tempo demais. Nunca melhorarei. Orei, acreditei, fiz tudo que sei fazer. Nada mudou. Nada funcionou. Eu poderia muito bem desistir".

Pessoas me disseram: "Joel, eu não quero alimentar esperanças. Já passei por muitas mágoas. Se eu não alimentar esperanças e nada de bom acontecer comigo, pelo menos não ficarei decepcionado".

Amigo, essa atitude é contrária aos desejos de Deus para você. Independentemente de quantos contratempos você tenha sofrido, Deus ainda tem um grande plano para a sua vida. Você *precisa* alimentar esperanças. Se você não tiver esperança, não terá fé. E se você não tiver fé, não poderá agradar a Deus e não verá o Seu poder revelado em sua vida. Mantenha a esperança viva em seu coração. Nunca desista de seus sonhos. Não deixe que o desânimo ou outros contratempos o impeçam de crer no que Deus diz acerca de você.

DUPLA PORÇÃO PELA SUA AFLIÇÃO

Se você mantiver a atitude certa, Deus removerá todas as suas decepções, sonhos desfeitos, mágoas e dores. Ele somará todos os problemas e sofrimentos infligidos a você e lhe restituirá com uma porção dupla: o dobro de paz, alegria, felicidade e sucesso. A Bíblia diz: "Em lugar da vergonha que sofreu, o meu povo receberá porção dupla".[6] Se você apenas crer, se colocar a sua confiança em Deus, Ele lhe dará dupla porção pela sua aflição.

Deus quer que a última parte da sua vida seja melhor do que a primeira. Quando caminha com Deus, sempre há mais adiante. Algumas pessoas dizem: "Sim, mas depois que os limões são espremidos, não há como voltar atrás e ter limões outras vez", e isso é verdade. Mas Deus pode pegar esses limões espremidos e fazer uma refrescante limonada. Nada é demasiadamente difícil para o nosso Deus.

A Bíblia diz acerca de Deus: "Estou convencido de que aquele que começou boa obra em vocês vai completá-la".[7] Isso significa que Deus quer levá-lo até o fim. Deus não se cansará e parará no meio do processo; nem renegará as Suas promessas. Ele continuará até você chegar ao lugar onde Ele o está levando. Deus não quer que você seja "um pouco" feliz. Ele não quer que você seja levemente abençoado. Não quer que você seja parcialmente curado. Deus quer que a sua vida se caracterize por alegria, e que a sua alegria seja completa. Ele quer que você viva em abundância e deseja lhe dar os desejos do seu coração. Ele quer que você seja completo e contente.

Quando os tempos ficarem difíceis ou as coisas não acontecerem como você gostaria, mantenha a sua confiança. Quando desânimos surgirem ou pessoas lhe disserem que os seus sonhos nunca se realizarão, que você nunca será feliz e que nunca conseguirá mudar, lembre-se corajosamente de quem está operando em sua vida. Deus está mudando as coisas em seu favor. Ele está abrindo portas de oportunidade para você. Está restaurando relacionamentos; Ele está amolecendo o coração das pessoas em seu benefício. Deus está completando o que começou. Você pode não ver as coisas acontecendo com os seus olhos naturais, mas precisa crer que, no mundo invisível, Deus está agindo pelo seu bem.

Lembre-se de que nenhuma arma forjada contra você prosperará. Isso não significa que não haverá oposição em sua vida; haverá armas forjadas contra você, e elas poderão ser grandes e assustadoras. Mas, em última análise, elas não poderão prejudicá-lo. Seu futuro está intacto com Deus. Você não irá para baixo, você irá adiante. A Bíblia diz: "O justo passa por muitas adversidades, mas o Senhor o livra de todas".[8]

A Bíblia diz que, quando você tiver feito tudo que sabe fazer, apenas permaneça forte.[9] Você tem de mostrar ao seu inimigo que é mais determinado do que ele. Continue orando, continue crendo, continue cantando canções de louvor. Continue lutando o bom combate da fé. Deus promete que, se você fizer isso, ele o fará sair vitorioso.

Gosto da maneira como a versão da Bíblia *A Mensagem* traduz Filipenses 1:6 — "Nunca tive a menor dúvida de que o Deus que iniciou esta grande obra em vocês irá preservá-los e conduzi-los a um final grandioso, no dia em que Cristo Jesus se manifestar". O melhor ainda está por vir. Você pode levantar-se todas as manhãs esperando que as coisas mudem a seu favor. Comece esperando a bondade de Deus. Comece esperando as Suas bênçãos. Jesus disse que, se você crê, "todas as coisas são possíveis". Permita-me desafiá-lo a ser um crente. Deixe a fé crescer em seu coração.

Entre em acordo com Deus e Ele fará mais do que você será capaz de pedir ou pensar.

Você precisa acreditar que coisas boas estão a caminho. Tem de acreditar que Deus está operando em sua vida, que está restaurando você ao seu lugar de direito. Em outras palavras, você tem de ver essas coisas se realizando. Deve ver o seu casamento sendo restaurado. Deve ver aquele filho rebelde voltando para casa. Você precisa ver aquele negócio dando uma reviravolta. Isso tem de ser concebido em seu coração. Olhe para a vida com os seus olhos da fé no mundo invisível e veja os seus sonhos se realizando.

Lembre-se de que "a fé é a certeza daquilo que esperamos e a prova das coisas que não vemos".[10] Observe que a fé tem a ver com o mundo invisível. Talvez hoje você não seja capaz de perceber, com os seus olhos naturais, algo positivo acontecendo em sua vida. De fato, tudo pode estar caindo aos pedaços — as suas finanças, a sua saúde, a sua empresa, os seus filhos. Você pode ter todos os tipos de problemas e, na ordem natural, não parece que algo esteja mudando. Mas não desanime. Olhe para o mundo invisível, para o mundo sobrenatural e, com os seus olhos da fé, veja essa situação se reverter. Veja sua alegria e paz sendo restauradas.

O mundo lhe diz: "É preciso ver para crer". Mas Deus diz exatamente o oposto. Somente quando crer, você verá. É preciso olhar com os seus olhos da fé e ver. Quando você vir algo pela fé, isso pode vir à existência no mundo físico.

Em que você acredita acerca de si mesmo? Você vê as coisas melhorando em sua vida? Ou está apenas à deriva, aceitando o que vier? "Eu sabia que não conseguiria aquela promoção. Nada de bom acontece comigo. Essa é apenas a minha sina na vida. Sabia que nunca me casaria. Sabia que nunca seria abençoado."

Amigo, Deus quer fazer uma coisa nova em sua vida. Não o limite com o seu pensamento pequeno. Tenha uma grande visão para a sua vida. Sonhe sonhos maiores. Viva com fé e esperança. Você se tornará aquilo em que crer.

Amo o relato do Antigo Testamento de quando Deus disse a Abraão que ele e sua esposa Sara teriam um filho, mesmo tendo quase cem anos de idade. Ao ouvir a notícia, Sara riu. Provavelmente, ela disse: "Abraão, você só pode estar brincando. Eu não vou ter um bebê. Sou velha demais. Isso nunca vai acontecer comigo. E, além disso, olhe para você. Você também não é um jovenzinho!"

Sara não teve a visão correta. O estado de seu coração não era correto. Ela não podia se ver tendo aquele filho; ela não conseguia concebê-lo em seu coração.

E, provavelmente você se lembra da história: anos se passaram, e Abraão e Sara não tiveram filhos. Depois de algum tempo, eles decidiram "ajudar" Deus a cumprir a Sua promessa. Sara disse a Abraão para dormir com a sua criada, Hagar. Eles acreditaram na promessa, coabitaram, e ela deu à luz um filho chamado Ismael. Mas isso não era o melhor de Deus. Deus queria dar a Sara um bebê que ela mesma desse à luz.

Ainda mais anos se passaram, e nenhuma criança. Finalmente, Sara engravidou. O que mudou? A promessa de Deus era a mesma o tempo todo. Estou convencido de que a chave para a promessa se cumprir era que Sara tinha de conceber em seu coração antes de ser capaz de conceber em seu corpo físico. Ela precisava crer que poderia acontecer antes de engravidar de fato.

Quase vinte anos após Deus ter feito a promessa, o pequeno Isaque nasceu de Abraão e Sara. E acredito que o principal motivo de ele não ter nascido mais cedo, um dos principais atrasos no cumprimento da promessa ano após ano, foi simplesmente o fato de que Sara não conseguia concebê-lo em seu coração. Ela não conseguia ver com os olhos da fé. Imagino quantas coisas grandes Deus está querendo fazer em sua vida. Nós somos iguais a Sara. Não conseguimos conceber. Não estamos em acordo com Deus, por isso perdemos as Suas bênçãos. Jesus disse: "Eu vim para que tenham vida, e a tenham plenamente".[11] Muitas vezes, quando lemos passagens da Bíblia como essa, a primeira coisa que pensamos é por que aquilo não pode acontecer conosco. "Deus, eu jamais poderia ser saudável. Há coisas demais erradas comigo. Acabei de receber um diagnóstico negativo do médico." "Deus, eu jamais poderia ser próspero. Eu simplesmente não sou capacitado. Nunca fiz faculdade." Continuamente, dizemos a Deus todas as razões pelas quais coisas boas não podem acontecer a nós. "Sou velho demais. Sou jovem demais. Sou do sexo errado. Minha pele é da cor errada. Não tenho estudo suficiente." Todo esse tempo, Deus está plantando dentro de nós a nova semente de vitória. Ele está nos levando a conceber. Ele sabe que, se não concebermos em nossos corações por fé, nunca acontecerá.

Demasiadas vezes, como Sara, atrasamos a promessa de Deus. Nós atrasamos o Seu favor em virtude do nosso pensamento limitado. O estado do nosso coração não é correto. Somos cheios de dúvidas e incredulidade. A tragédia é que, se não mudarmos a nossa crença, poderemos passar nossas vidas inteiras perdendo as grandes coisas que Deus tem guardado para nós. Amigo, por favor, pare de limitar Deus com o seu pensamento tacanho. Aprenda a visualizar. Mantenha em sua mente a imagem daquilo que você quer se tornar. Você se tornará aquilo em que crer. Talvez Deus lhe tenha dito alguma coisa e, no natural, ela pareça totalmente impossível. Quando olha para a sua situação, assim como Sara olhou para o seu corpo físico, você é levado a pensar: *Deus, eu não vejo como Tu farás isso acontecer. Não vejo como Tu poderás tirar o meu filho das drogas. Não vejo como poderei ser curado. Eu não vejo como Tu podes abençoar a minha carreira.* Pare de focar-se no que você não pode fazer e comece a focar-se no que Deus pode fazer. A Bíblia diz: "O que é impossível para os homens é possível para Deus".[12] Deixe a semente enraizar-se dentro de você. Você não tem de descobrir como Deus resolverá os seus problemas. Não cabe a você ver como Ele fará algo acontecer. Isso é responsabilidade dele, não sua. O seu trabalho é ser crente. É viver com fé e esperança. Apenas entregue essa situação a Deus e confie que Ele cuidará dela. Deus é um Deus sobrenatural. A Bíblia diz que os caminhos de Deus não são os nossos caminhos. Eles são maiores e melhores do que os nossos caminhos.[13] Deus é capaz de fazer o que os seres humanos não conseguem ou não querem fazer. Ele não é limitado pelas leis da natureza. E se você deixar aquela semente se enraizar para que ela possa crescer e colocar a sua confiança no Senhor, Deus certamente fará acontecer. Se você conseguir ver o invisível, Deus fará o impossível.

Não restrinja a sua visão; em vez disso, comece a ver-se como filho de Deus. Veja-se recebendo boas coisas de seu Pai celestial. Amigo, se você fizer a sua parte crendo, tendo uma grande visão para a sua vida, vivendo com fé e esperança e vendo a si mesmo como Deus o vê, Deus o levará a lugares que outras pessoas disseram ser impossíveis de experimentar aqui nesta terra. Você se tornará aquilo em que crê!

CAPÍTULO 10

Desenvolvendo uma Mentalidade Próspera

Um dos aspectos mais importantes de nos vermos como Deus nos vê envolve o desenvolvimento de uma mentalidade próspera. Como já estabelecemos, a maneira como nos vemos nos levantará ou derrubará.

Entenda que Deus já o equipou com tudo de que você precisa para viver uma vida próspera. Ele plantou em você "sementes" cheias de possibilidades, incrível potencial, ideias criativas e sonhos. Mas o fato de essas coisas estarem dentro de você não significa que elas lhe farão algum bem. É preciso começar a explorá-las. Em outras palavras, você tem de crer, sem sombra de dúvida, que possui os recursos necessários. Precisa ter em mente que é um filho do Deus Altíssimo e foi criado para coisas grandiosas. Deus não fez você para ser mediano. Ele o criou para ser excelente e lhe deu capacidade, visão, talento, sabedoria e o Seu poder sobrenatural para isso. Você tem tudo que precisa, agora mesmo, para cumprir o seu destino dado por Deus.

A Bíblia diz que "Deus nos abençoou com todo tipo de bênção espiritual". Perceba que essa descrição está no tempo passado. Deus já fez isso. Ele já depositou em nós tudo de que precisamos para sermos bem-sucedidos. Agora cabe a nós começar a atuar sobre o que já possuímos.

> **DEUS NÃO FEZ VOCÊ PARA SER MEDIANO.**

Lembre-se de que isso era o que Abraão tinha de fazer. Vinte anos antes de ter um filho, Deus falou com ele, dizendo: "Abraão, eu fiz de você o pai de muitas nações".

Abraão poderia ter dito: "Quem, eu? Eu não sou um pai. Não tenho filhos". Em vez disso, ele escolheu crer no que Deus disse a seu respeito. Sua atitude foi: "Deus, não parece possível em qualquer sentido natural, mas eu não duvidarei da Tua palavra. Não tentarei desvendar isso racionalmente. Apenas concordarei contigo. Se dizes que Sara e eu podemos ter um bebê em nossa idade, por mais estranho que isso possa parecer, eu creio em Ti".

Curiosamente, a promessa de Deus foi feita a Abraão no tempo passado e, embora contivesse uma realidade no tempo presente e também um cumprimento futuro, Deus a considerou como se já tivesse acontecido. "Eu fiz de você o pai de muitas nações." Deus planejava dar um filho a Abraão, mas, para Deus, aquilo já estava realizado. Não obstante, Abraão tinha a responsabilidade de confiar em Deus e crer. E aproximadamente vinte anos depois, Abraão e Sara tiveram um filho, a quem deram o nome de Isaque.

De semelhante maneira, em toda a Bíblia, Deus disse grandes coisas acerca de você. Mas essas bênçãos não acontecerão automaticamente. Você tem de fazer a sua parte, crendo que é abençoado, vendo-se como abençoado, agindo como se fosse abençoado. Quando o fizer, a promessa se tornará realidade em sua vida.

Por exemplo, a Bíblia diz: "somos mais que vencedores".[1] Não diz que seremos mais que vencedores quando ficarmos mais fortes, formos mais velhos ou atingirmos algum nível superespiritual. A Bíblia diz que somos mais que vencedores *neste momento*.

"Bem, Joel, isso não poderia ser verdade em minha vida", ouço você dizer. "Eu tenho tantos problemas, tantas coisas contra mim. Talvez, quando eu sair dessa confusão, serei mais que vencedor."

Não, Deus declara que você é mais que vencedor neste momento. Se quiser começar a agir assim, falar assim, ver-se como mais que vencedor, você viverá uma vida próspera e vitoriosa. Você precisa compreender que já foi pago o preço para que tenha alegria, paz e felicidade. Isso faz parte do pacote que Deus disponibilizou para você.

NÃO PERCA O MELHOR DE DEUS

Anos atrás, antes de o voo transatlântico ser comum, um homem queria viajar da Europa para os Estados Unidos. Ele trabalhou com afinco, economizou cada centavo extra que pôde e finalmente conseguiu a quantia apenas suficiente para comprar uma passagem de navio. Naquele tempo, atravessar o oceano significava uma viagem de duas ou três semanas. Ele comprou uma mala e a encheu de queijo e biscoitos. Aquilo era tudo que ele podia pagar.

Uma vez a bordo, todos os outros passageiros iam ao grande e ornamentado salão de jantar para fazerem suas refeições. Enquanto isso, o pobre homem ia para um canto e comia o queijo e seus biscoitos. Isso continuou dia após dia. Ele sentia o cheiro da comida deliciosa sendo servida na sala de jantar. Ouvia os outros passageiros falarem o quanto a refeição estava saborosa ao esfregarem suas barrigas queixando-se de quão cheios estavam, e de como teriam de fazer uma dieta após aquela viagem. O pobre viajante queria juntar-se aos outros hóspedes no salão de jantar, mas não tinha dinheiro para isso. Às vezes, ele ficava acordado à noite sonhando com as refeições suntuosas descritas pelos outros hóspedes.

Perto do fim da viagem, outro homem veio até ele e disse: "Senhor, não posso deixar de observar que você está sempre ali comendo queijo e biscoitos nas horas das refeições. Por que você não vem para o salão de banquetes e come conosco?"

O rosto do viajante corou de vergonha. "Bem, para lhe dizer a verdade, eu só tinha dinheiro suficiente para comprar a passagem. Não tenho nenhum dinheiro extra para comprar refeições extravagantes."

O outro passageiro ergueu as sobrancelhas, surpreso. Ele balançou a cabeça e disse: "Senhor, não sabia que as refeições estão incluídas no preço da passagem? Suas refeições já foram pagas!"

Quando ouvi essa história pela primeira vez, não pude deixar de pensar em quantas pessoas são semelhantes àquele viajante ingênuo. Elas estão perdendo o melhor de Deus porque não percebem que as boas coisas da vida já foram pagas. Podem estar a caminho do céu, mas não sabem o que foi incluído no preço da passagem.

A todo o momento em que andamos por aí com essa mentalidade fraca de pobre de mim, estamos comendo queijo e biscoitos. Toda vez que nos encolhemos e dizemos: "Bem, eu não consigo; não tenho os recursos necessários", estamos comendo mais queijo e biscoitos. Toda vez em que andamos por aí cheios de medo, preocupação, ansiedade ou ficamos tensos acerca de algo, estamos comendo mais queijo e biscoitos. Amigo, não sei quanto a você, mas eu estou cansado de queijo e biscoitos! É tempo de ir à mesa de jantar de Deus. Deus preparou um banquete fabuloso para você, completo com todas as coisas boas imagináveis. E ele já foi pago. Deus tem tudo de que você precisa — alegria, perdão, restauração, paz, cura — o que quer que você precise está esperando por você na mesa do banquete de Deus; basta puxar a sua cadeira e ocupar o lugar que Ele preparou para você.

Você pode ter passado por algumas grandes decepções na vida ou enfrentado alguns sérios contratempos. Bem-vindo ao mundo real! Mas precisa se lembrar de que é um filho do Deus Altíssimo. Se alguma coisa não aconteceu como você queria ou alguém o decepcionou, isso não muda quem você é. Se um sonho morrer, sonhe outro sonho. Se for derrubado, levante-se e tente de novo. Quando uma porta se fechar, Deus sempre abrirá uma porta maior e melhor. Mantenha sua cabeça erguida e esteja atento para a novidade que Deus quer fazer em sua vida. Mas não se retire para o canto de vida e comece a comer queijo e biscoitos.

Você pode ter tido um começo difícil na vida. Talvez tenha passado por uma horrível pobreza, desespero, abuso ou outras coisas negativas durante a sua infância. Você pode ser levado a deixar que essas experiências negativas definam o rumo do restante de sua vida.

> **SE UM SONHO MORRER, SONHE OUTRO SONHO.**

Mas ter começado a vida dessa maneira não significa que você tem de terminar assim. Tenha uma nova visão do que Deus pode fazer em sua vida e desenvolva uma mentalidade próspera.

Meu pai teve de fazer algo semelhante. Como mencionei, papai cresceu com uma "mentalidade de pobreza". Aquilo era tudo que ele conhecia. Quando começou a pastorear, a igreja só podia pagar-lhe 115 dólares por semana. Papai e mamãe mal conseguiam sobreviver com aquela pequena quantia, especialmente quando os meus irmãos e eu chegamos. O aspecto mais crucial de sua vida, porém, foi que meu pai aprendera a esperar pobreza. Durante vários anos, ele não foi sequer capaz de aceitar uma bênção quando ela vinha.

Durante um tempo de cultos especiais na igreja, embora nossa família mal tivesse comida suficiente para o dia a dia, meus pais hospedaram em

Desenvolvendo uma Mentalidade Próspera 103

sua casa o ministro convidado durante uma semana completa. No domingo seguinte, um homem de negócios da igreja disse: "Pastor, eu sei que você cuidou do nosso orador convidado em sua casa durante toda a semana. As coisas estão apertadas e percebo que você não pode pagar essas despesas extras. Quero que você receba esse dinheiro para usar pessoalmente, só para ajudá-lo". Ele entregou ao meu pai um cheque de mil dólares, o equivalente a dez mil dólares hoje!

Papai ficou sem palavras diante da generosidade do homem, mas, naquela época, o seu pensamento era tão limitado, que ele segurou aquele cheque pela borda do canto, como se pudesse ser contaminado se o agarrasse mais fortemente, e disse: "Oh, não, irmão, eu nunca poderia receber esse dinheiro. Precisamos colocá-lo na oferta da igreja".

Mais tarde, meu pai admitiu que, bem lá no fundo, ele realmente preferia ter ficado com o dinheiro. Ele sabia que precisava daquele dinheiro, mas tinha um falso senso de humildade. Ele não conseguia receber a bênção e achava que estava fazendo um favor a Deus permanecendo pobre.

Mais tarde, ele contou: "A cada passo que eu dava enquanto caminhava até a frente da igreja para colocar aquele cheque no gazofilácio, algo dentro de mim dizia: *Não faça isso. Receba as bênçãos de Deus. Receba a bondade de Deus*".

Mas ele não deu ouvido. Relutantemente, depositou o cheque no gazofilácio. Mais tarde, ele disse: "Quando fiz aquilo, senti o meu estômago revirar".

Deus estava querendo aumentar os recursos de meu pai. Ele pretendia prosperá-lo, mas, devido à sua arraigada mentalidade de pobreza, ele não conseguia receber. O que papai estava fazendo? Comendo mais queijo e biscoitos. Deus desejava levá-lo à mesa do banquete, mas, por causa de sua mentalidade limitada, ele não conseguia ver-se ganhando um extra de mil dólares.

Sou muito feliz por, mais tarde, meu pai ter aprendido que, como filhos de Deus, somos capazes de viver uma vida abundante, que é bom prosperar; que devemos até mesmo esperar ser abençoados. De fato, é tão importante aprender a receber uma bênção quanto aprender a estar disposto a abençoar.

Talvez você tenha vindo de um ambiente pobre, ou quem sabe não tenha muitos bens materiais no momento. Não há problema; Deus tem coisas boas para você mais adiante. Mas deixe-me adverti-lo: não permita que aquela imagem de pobreza se torne arraigada dentro de você. Não se acostume a viver com menos, fazer menos e ser menos até o ponto de acabar se acomodando e aceitando a situação. "Nós sempre fomos pobres. É assim que tem de ser." Ao contrário, comece a olhar com olhos de fé, vendo-se subindo a novos níveis. Veja-se prosperando e mantenha essa imagem em seu coração e mente. Você pode estar vivendo na pobreza no momento, mas nunca deixe a pobreza viver em você.

A Bíblia diz: "Deus tem prazer em prosperar os Seus filhos". Quando os Seus filhos prosperam espiritual, física e materialmente, sua prosperidade dá prazer a Deus.

O que você pensaria se eu apresentasse os nossos dois filhos a você e eles estivessem com buracos nas roupas, cabelo despenteado, sem sapatos e com sujeira debaixo das unhas? Provavelmente, você diria: "Aquele homem não é um bom pai. Ele não cuida bem dos filhos dele". De fato, a pobreza de meus filhos se refletiria diretamente em mim, por ser o pai deles.

De semelhante modo, quando passamos a vida com uma mentalidade de pobreza, isso não glorifica a Deus. Isso não honra o Seu grande nome. Deus não se agrada quando nos arrastamos pela vida, derrotados, deprimidos, perpetuamente desanimados por nossas circunstâncias. Deus se agrada quando nós desenvolvemos uma mentalidade próspera.

Com demasiada frequência nos tornamos satisfeitos e complacentes, aceitando o que quer que venha pela frente. "Eu cheguei até onde posso ir. Nunca conseguirei mais promoção alguma. Esta é a minha sina."

Isso não é verdade! A sua "sina" é prosperar continuamente. Sua sina é ser vencedor, viver prosperamente em todas as áreas. Pare de comer queijo e biscoitos e entre no salão de banquetes. Deus criou você para coisas grandiosas.

Que tragédia seria passar a vida toda como um filho do Rei aos olhos de Deus, mas como um modesto mendigo aos nossos próprios olhos. Isso foi exatamente o que aconteceu com um jovem do Antigo Testamento, chamado Mefibosete. (Convenhamos: que nome! Por que ele não se chamava apenas Bob?)

NÃO SE CONTENTE COM A MEDIOCRIDADE

Mefibosete era neto do rei Saul e filho de Jônatas. Você deve se lembrar de que o filho de Saul, Jônatas, e Davi eram os melhores amigos. Eles

Desenvolvendo uma Mentalidade Próspera

realmente celebraram uma aliança, semelhante ao antigo pacto de serem "irmãos de sangue". Isso significa que tudo que um tinha pertencia também ao outro. Se Jônatas precisasse de comida, roupas ou dinheiro, ele podia ir à casa de Davi e pegar o que quer que necessitasse. Além disso, no relacionamento de aliança, se algo acontecesse a um desses dois homens, o outro "irmão" seria obrigado a cuidar de sua família.

O rei Saul e Jônatas foram mortos em batalha no mesmo dia e, quando a notícia chegou ao palácio, uma serva agarrou Mefibosete, filho pequeno de Jônatas, levantou-o e saiu correndo. Saindo de Jerusalém apressada, a serva tropeçou e caiu enquanto carregava a criança. Mefibosete ficou aleijado em decorrência da queda. A serva transportou o filho de Jônatas até uma cidade chamada Lo-Debar, uma das cidades mais atingidas pela pobreza e assoladas de toda aquela região. Foi ali que Mefibosete, neto do rei, viveu quase toda a sua vida. Pense nisto: ele era neto do rei, mas estava vivendo naquelas condições terríveis.

Davi sucedeu Saul como rei e, anos mais tarde, muito depois de Saul e Jônatas já serem meras memórias na mente da maioria das pessoas, Davi perguntou ao seu pessoal: "Existe algum remanescente da casa de Saul a quem eu poderia demonstrar bondade, por amor a Jônatas?" Lembre-se de que isto fazia parte da aliança que Jônatas e Davi fizeram: se algo acontecer a mim, você cuidará de minha família. Mas, agora, a maior parte da família de Saul estava morta e, por isso, Davi fez aquela pergunta.

Um dos servos de Davi respondeu:

— Sim, Davi. Jônatas tem um filho que ainda está vivo, mas é aleijado. Ele mora em Lo-Debar.

Davi disse:

— Vão buscá-lo e tragam-no ao palácio.

Ao chegar, Mefibosete estava, sem dúvida, amedrontado. Afinal, seu avô havia perseguido Davi em todo o país, tentando matá-lo. Agora que a família de Saul fora dizimada e não era mais uma ameaça, Mefibosete pode ter imaginado que Davi planejava executá-lo também.

Mas Davi lhe disse:

— Não tenha medo. Demonstrarei bondade para com você por causa de seu pai, Jônatas. Eu lhe devolverei todas as terras que pertenceram ao seu avô Saul. E de hoje em diante, você comerá à minha mesa como se fosse um de meus filhos.

Davi tratou Mefibosete como realeza. Afinal, ele era neto do rei. E Davi tinha uma aliança com seu pai.

A vida de Mefibosete foi transformada instantaneamente — essa é a boa notícia —, mas pense em todos os anos em que ele viveu naquela cidade suja chamada Lo-Debar. Todo o tempo, ele sabia que pertencia à realeza. Além disso, todos sabiam da aliança que havia sido feita entre Davi e Jônatas. Com base apenas nisso, Mefibosete sabia que tinha direitos. Por que ele simplesmente não foi ao palácio e disse: "Rei Davi, eu sou filho de Jônatas. Estou vivendo em pobreza lá em Lo-Debar e sei que fui feito para mais do que isso. Estou aqui para reclamar o que me pertence pela aliança de meu pai com você".

Por que Mefibosete se contentou com a mediocridade? Temos uma pista em sua resposta inicial a Davi. Quando Davi lhe disse que cuidaria dele, a Bíblia diz: "Mefibosete prostrou-se e disse: 'Quem é o teu servo, para que te preocupes com um cão morto como eu?'" Você pode perceber a imagem que Mefibosete tinha de si mesmo? Ele se via como um derrotado, um perdedor, um cachorro morto. Ele se via como um pária. Sim, ele era neto do rei, mas sua autoimagem o impedia de receber os privilégios que por direito lhe pertenciam.

Quantas vezes fazemos o mesmo? Nossa autoimagem é tão contrária à maneira como Deus nos vê, que perdemos o melhor de Deus. O Senhor nos vê como campeões. Nós nos vemos como cães mortos.

E assim como Mefibosete tinha de lançar fora aquela "mentalidade de cachorro morto", substituindo-a por uma mentalidade próspera, você e eu precisamos fazer algo semelhante. Você pode ter cometido alguns erros na vida, mas se houve um arrependimento sincero de sua parte e, desde então, fez o seu melhor para proceder corretamente, você já não tem mais de viver com culpa e vergonha. Você pode não ser tudo que deseja ser. Pode ser física, espiritual ou emocionalmente incapacitado, porém, isso não muda a aliança de Deus com você. Você ainda é um filho do Deus Altíssimo. Ele ainda tem grandes coisas guardadas para você. Só é preciso ser ousado e reivindicar o que lhe pertence. Você não dá prazer a Deus ao viver em sua "Lo-Debar" pessoal, em pobreza, com baixa autoestima, com aquela mentalidade de cachorro morto.

Como se sentiria se os seus filhos tivessem esse tipo de atitude em relação a você? Imagine que é hora do jantar e você trabalhou diligentemente para preparar uma refeição deliciosa. A comida é colocada à mesa; você está pronto para comer. Mas um de seus filhos entra com a cabeça baixa e se recusa a sentar-se à mesa com a família. Ele rasteja pelo chão esperando que caiam algumas sobras ou migalhas. Você diria: "Filho, filha, o que você está fazendo? Levante-se e tome o seu lugar. Eu preparei tudo isso para você. Você faz parte da família. Você me insulta quando age como um cão, implorando por sobras".

Deus está dizendo algo semelhante: "Você é parte da família. Deixe o queijo e os biscoitos de lado. Levante-se e receba o que, por direito, pertence a você".

Em nossa casa, Victoria e eu temos duas grandes poltronas estofadas em nosso quarto. Elas são deliciosamente confortáveis e, às vezes, quando quero assistir a um jogo, ler ou simplesmente ficar sozinho para pensar ou orar, vou para o quarto, fecho a porta e me afundo em uma daquelas poltronas. É um ótimo lugar para simplesmente relaxar.

Certo dia, cheguei em casa e não consegui encontrar meu filho Jonathan em lugar algum. Como ele tinha cerca de quatro anos de idade na época, fiquei preocupado. Olhei em todos os lugares habituais — ele não estava em seu quarto, na sala de jogos ou na cozinha. Até saí e olhei em volta da garagem, mas não consegui encontrá-lo. Finalmente, fui para o meu quarto e vi que a porta estava fechada. Quando abri, ali estava o pequeno Jonathan em minha cadeira favorita. Ele tinha as pernas levantadas e estava reclinado confortavelmente. Havia uma tigela de pipoca em uma de suas mãos e o controle remoto da televisão na outra. Olhei para ele e sorri, aliviado por tê-lo encontrado.

Jonathan olhou para mim e disse: "Papai, isto é que é vida".

Procurei evitar o riso, mas a observação de Jonathan me fez sentir bem como pai. Eu estava feliz por ele se sentir suficientemente confiante para ir diretamente ao meu quarto e sentar-se na minha poltrona favorita. Eu estava feliz por ele saber que era parte da família e que tudo que eu tinha era dele.

Amigo, você quer deixar seu Pai celestial feliz? Então, comece ir à mesa de jantar. Comece a desfrutar de Suas bênçãos. Deixe o queijo e os biscoitos de lado e entre no salão de banquetes. Você não tem de viver com culpa e condenação por mais tempo; não precisa passar a vida preocupado e amedrontado. O preço foi pago. Sua liberdade está incluída na sua passagem, basta você se levantar e tomar o seu lugar. Suba em sua "poltrona do papai" e desenvolva uma mentalidade próspera, vendo-se como a realeza que Deus o fez para ser.

CAPÍTULO 11

Seja Feliz com Quem Você É

Você pode ousar ser feliz com quem é neste momento e aceitar a si mesmo, com falhas e tudo. A maioria não se dá conta, mas a raiz de muitos problemas sociais, físicos e emocionais é simplesmente o fato de as pessoas não gostarem de si mesmas. Elas se sentem incomodadas com a sua aparência, com o seu modo de falar ou agir. Não gostam de sua personalidade e estão sempre se comparando a outras pessoas, desejando ser algo diferente. "Se eu tivesse a personalidade dele." "Se eu me parecesse com ela." "Se as minhas pernas simplesmente não fossem tão grandes." "Se eu tivesse menos aqui e mais em outro lugar, ficaria feliz."

Pare de pensar assim! Você pode ser feliz com quem Deus o fez para ser e parar de desejar ser algo diferente. Se Deus quisesse que você se parecesse com uma modelo famosa, um artista de cinema, um atleta de sucesso ou qualquer pessoa, Ele teria feito você se parecer com eles. Se Deus quisesse que você tivesse uma personalidade diferente, Ele teria dado a você aquela personalidade. Não se compare com outras pessoas; aprenda a ser feliz com o que Deus o fez para ser.

Muitas pessoas são inseguras acerca de quem são, por isso procuram constantemente obter a aprovação de todos à sua volta para poder se sentir melhor a respeito de si mesmas. Acabam vivendo para agradar os outros, querendo encaixar-se em seus moldes para serem aceitas. Elas agem de uma maneira para com o seu chefe, de outra forma para com o seu cônjuge, e de outro modo para com os seus amigos. Vivem uma vida de fingimento, usando diversas máscaras na esperança de agradar a todos. Em essência, não estão sendo fiéis a qualquer pessoa, especialmente a si mesmas.

Seja Feliz com Quem Você É 109

No entanto, para desfrutar de sua vida ao máximo, você precisa aprender a ser confiante como o indivíduo que Deus o fez para ser. Entenda que você não foi criado para imitar outra pessoa. Você foi criado para ser você. Quando sai por aí copiando os outros e querendo ser como outra pessoa, isso não só o humilha, mas também rouba a sua diversidade, a sua criatividade e a sua singularidade.

Deus não quer um punhado de clones. Ele gosta de variedade, e você não deve deixar as pessoas lhe pressionarem ou fazê-lo sentir-se mal acerca de si mesmo porque não se encaixa na imagem que elas criaram de quem você deveria ser. Algumas pessoas passam a maior parte do tempo tentando ser outra pessoa. Que tolice!

Seja um original, não uma imitação. Ouse ser diferente; tenha segurança em quem Deus o criou para ser e, então, seja o melhor que você pode ser. Não procure ser ou agir como qualquer outra pessoa. Deus nos deu a todos, propositalmente, diferentes dons, talentos e personalidades. Você realmente não precisa da aprovação de ninguém para fazer o que sabe que Deus quer que você faça.

Logicamente, você deve sempre estar aberto a conselhos sábios. Não estou sugerindo que você seja tolo ou rebelde. Também não estou insinuando que você use mal a sua liberdade e passe a viver em licenciosidade em sua vida espiritual. Nós nunca temos permissão para viver uma vida ímpia. Mas temos a bênção de Deus para sermos confiantes, não deixando pressões externas nos moldarem em algo ou alguém que não somos. Se você quiser usar o cabelo de certa maneira, isso é sua prerrogativa. Você não tem de verificar com todos os seus amigos para certificar-se de que pode fazer isso. Esteja seguro de quem você é. Se quiser entrar para o coral da igreja, iniciar um novo negócio ou comprar um novo carro ou casa, não precisa da aprovação de quem quer que seja antes de poder fazer o que você sabe que Deus quer que você faça. Sua atitude deve ser: *Sou confiante em quem sou. Não vou sair por aí fingindo, desejando ser outra coisa, tentando me encaixar no molde de todo mundo. Sou livre para correr a minha própria corrida.*

Não há problema em ser você! Deus o fez propositalmente da maneira que você é. Ele fez um grande esforço para certificar-se de que cada um de nós seja um original. Não devemos nos sentir mal porque nossa personalidade, gostos, *hobbies* ou até mesmo tendências espirituais não são os mesmos que os de outra pessoa. Algumas pessoas são extrovertidas e cheias de energia. Outras são mais tímidas e tranquilas. Alguns gostam de usar ternos e gravatas. Outros se sentem mais confortáveis vestindo *jeans*. Algumas pessoas fecham os olhos e levantam as mãos quando adoram a Deus. Outras adoram a Deus de um modo mais moderado. E — adivinhe? Deus gosta de tudo isso! Deus ama a variedade.

Não pense que precisa se encaixar no molde de outra pessoa e, do mesmo modo, não fique chateado quando outras pessoas não se encaixam nos seus moldes. Apenas seja a pessoa que Deus o fez para ser.

Curiosamente, Victoria e eu somos totalmente opostos em muitos aspectos. Eu sou uma pessoa muito rotineira, extremamente estruturada e organizada. Levanto-me à mesma hora todos os dias. Faço as mesmas coisas, mantenho o mesmo esquema semana após semana. Vou aos mesmos restaurantes e como a mesma comida. Na maioria dos casos, não tenho sequer de olhar o cardápio, porque sei que pedirei as mesmas coisas que sempre peço. Victoria, no entanto, não gosta de rotina. Ela gosta de variedade. É extrovertida, cheia de energia, divertida, aventureira e ousada. Não há como adivinhar o que ela fará no minuto seguinte! Minha oração é sempre: "Por favor, Deus, só não a deixe ser presa!"

E aqui está a parte maravilhosa: Deus a fez dessa maneira! Um dos motivos pelos quais temos um bom relacionamento é porque eu não passo o meu tempo tentando mudá-la, e ela não me faz sentir-me mal com relação à minha maneira de ser, nem me importuna porque não sou igual a ela. Aprendemos a valorizar as nossas diferenças. Aprendemos a desfrutar da pessoa que Deus fez cada um de nós para ser.

Nesse processo, equilibramo-nos mutuamente. Eu sou estruturado e rotineiro; ela é divertida e aventureira. Sem ela, minha vida seria chata; sem mim, ela estaria na prisão! (Estou brincando.)

APRENDA A VALORIZAR AS DIFERENÇAS

A verdade é que todos nós precisamos aprender a valorizar as nossas diferenças. Não tente espremer todo mundo para caber em sua caixinha. E não permita que outra pessoa iniba o seu estilo. Certamente, podemos sempre aprender com outras pessoas e, às vezes, devemos estar abertos a mudanças. Mas você não precisa se sentir inseguro por não ter as mesmas características físicas, emocionais ou intelectuais de outra pessoa. Seja feliz com o que Deus o fez para ser.

A razão de muitas pessoas estarem descontentes hoje é por se compararem às outras pessoas. Você sabe como é. Começa com um perfeito bom humor, o mais feliz possível, mas então vê um de seus colegas de trabalho dirigindo um carro novinho em folha. Você pensa: *Gostaria de ter um carro novo. Aqui estou eu, dirigindo esta lata velha.* Em pouco tempo, o seu bom humor se foi, e você fica desanimado e descontente.

Ou talvez você veja uma amiga entrar na sala, escoltada por seu belo marido que parece ter acabado de sair de uma revista de fisiculturismo. Então você dá uma olhada em seu marido... E... bem, você entende o que quero dizer.

Mas é tão tolo comparar o seu cônjuge com o de outra pessoa quanto comparar o seu talento, habilidades ou formação educacional aos de outra pessoa. Comparações assim são quase sempre inúteis e, pior ainda, podem ter um resultado negativo, fazendo-lhe perder a sua alegria. Apenas corra a sua corrida. Não se preocupe com os demais corredores.

Não muito tempo atrás, ouvi um ministro dizer na televisão que saía da cama todos os dias às quatro horas da manhã e orava durante duas horas. Meu primeiro pensamento foi: *Meu Deus! Eu não oro durante duas horas por dia e, certamente, não me levanto tão cedo. Quanto mais eu pensava nisso, pior me sentia!*

Finalmente, tive de conter-me e dizer: "Isso é ótimo para ele, mas, graças a Deus, não é ótimo para mim! Vou correr a minha corrida e não vou me sentir culpado ou mal com relação a mim mesmo só porque não estou fazendo o que ele está fazendo".

Deus tem um plano individual para cada um de nós. Só porque algo funciona para outra pessoa não significa necessariamente que funcionará para você. Deus dá a cada um de nós uma graça especial para fazermos o que Ele nos chamou a fazer. Se cometermos o erro de tentar copiar outras pessoas, ficaremos com frequência frustrados e desperdiçaremos muito tempo e energia. Pior ainda, poderemos perder as coisas boas que Deus reservou para nós realizarmos!

Tenho visto mães sempre correndo com os seus filhos para cima e para baixo, investindo muito tempo neles. Seus filhos estão envolvidos com todo tipo de clube e esporte; isso costuma ser ótimo. Mas algumas mães simplesmente querem copiar outra pessoa ou matriculam seus filhos em todos os tipos de atividades por um sentimento de culpa e condenação. Alguns pais frenéticos e esgotados estão tentando tão desesperadamente manter o ritmo que veem em seus amigos (em *seus* amigos, não nos amigos de seus filhos!), que estão perdendo todo o sentido dos programas de expansão de horizontes. Não só isso, mas toda aquela correria para lá e para cá está desgastando os pais!

Eis uma boa notícia: você não precisa manter o ritmo de qualquer pessoa. Pode correr a sua própria corrida e ser um indivíduo. Deus lhe deu a graça de fazer o que Ele o chamou para fazer. Ele não lhe deu a graça de fazer o que todas as outras pessoas estão fazendo. Você não precisa ser a melhor mãe do mundo; basta ser a melhor mãe que puder ser.

Posso não ser o maior pastor do mundo. Posso não ser o melhor marido ou o melhor pai, mas estou determinado a ser o melhor que consigo ser. E não vou me sentir mal acerca de mim mesmo. Se alguém for capaz de fazer melhor o que faço, tudo bem. Não estou em um concurso; não estou me comparando a ninguém. No que me diz respeito, eu sou o número um! E sei que estou fazendo o melhor que consigo fazer.

Isso é o que a Bíblia ensina. Ela diz: "Cada um examine os próprios atos".[1] Em outras palavras, pare de olhar para o que todos os outros estão fazendo e corra a sua própria corrida. Você pode orgulhar-se de si mesmo sem se comparar a qualquer pessoa. Se correr a sua corrida e for o melhor que *você* puder ser, então poderá sentir-se bem acerca de si mesmo.

Não tenho dúvidas de que você enfrentará uma enorme pressão para fazer o que todas as outras pessoas estão fazendo, para querer agradar a todos e atender a todas as expectativas deles.

> SEJA O MELHOR QUE *VOCÊ* PUDER SER; ENTÃO, PODERÁ SENTIR-SE BEM ACERCA DE SI MESMO.

Se não tomar cuidado, porém, sua vida poderá se tornar um borrão, uma pálida imitação em vez de um original. Mas você não tem de agradar a todas as outras pessoas; você precisa agradar somente a Deus. A verdade é que, se decidir correr a própria corrida, você poderá não ser capaz de atender às expectativas das outras pessoas. Você não pode ser tudo para todos. E terá de aceitar o fato de que algumas pessoas podem não gostar de você. Nem todos concordarão com cada decisão que você tomar. Provavelmente, você não será capaz de manter feliz cada pessoa de sua vida. Mas você não pode deixar as exigências, pressões e expectativas dos demais o impedirem de fazer o que você sabe que Deus quer que faça.

Melanie é uma jovem brilhante, que equilibra maravilhosamente suas responsabilidades de esposa e mãe com seus desejos de uma carreira fora de casa. Mas ela se sentiu pressionada a manter-se em ascensão na empresa.

Quando uma nova posição se abriu, seu chefe a desafiou a aceitar uma promoção. Seu marido concordou e Melanie sabia que era uma grande oportunidade. Mas algo dentro dela a levou a fazer uma pausa. Ela não se sentia bem em aceitar a nova posição. Não queria trabalhar em um ambiente tão estressante e, além disso, estava realizada e contente em sua posição atual. Ela era altamente competente em seu trabalho, gostava de sua carreira e conseguia trabalhar em horários flexíveis, o que lhe permitia passar bastante tempo com a sua família.

— Sinto-me honrada por meu chefe querer promover-me — disse Melanie — mas estou feliz com a maneira como as coisas estão. Receio, porém, que decepcionarei a todos se não aceitar o novo cargo. Sinto que não estarei à altura das expectativas deles se recusar a nova oportunidade. O que você acha que devo fazer?

— Melanie, você não pode viver para agradar a todas as outras pessoas — eu lhe disse. — E, embora essas pessoas possam ter boas intenções e querer o melhor para você, só você sabe, no fundo de si mesma, o que é certo para você. Precisa aprender a seguir o seu coração. Você não pode deixar que outras pessoas a pressionem a ser algo que não é. Se quer o favor de Deus em sua vida, você precisa ser a pessoa que Ele a fez para ser, não a pessoa que seu chefe quer que você seja, não a pessoa que seus amigos querem que você seja, nem mesmo a pessoa que seus pais ou o seu marido querem que você seja. Você não pode deixar que expectativas externas a impeçam de seguir o próprio coração.

Melanie recusou a oferta do novo cargo, e ela e sua família estão prosperando. Em seu caso, uma promoção teria sido um passo para trás.

PROCURE BONS CONSELHOS

Quando você enfrenta decisões difíceis ou escolhas incertas, é saudável procurar o conselho de alguém que você respeita. Certamente, como diz a Bíblia, "há segurança em uma multidão de conselheiros" e nunca devemos ser obstinados e teimosos. Devemos sempre permanecer abertos e estar dispostos a aceitar conselhos. Mas, após ter orado sobre algo e analisado todas as opções, se você ainda não se sentir bem com a questão, seja suficientemente ousado para tomar uma decisão que seja certa para você. Se estiver procurando agradar a todas as outras pessoas fazendo coisas que realmente não quer fazer, para não ferir os sentimentos de alguém, ou se

114 Sua Melhor Vida Agora

estiver tentando manter todos felizes, você estará enganando a si mesmo. Poderá correr em círculos tentando ser algo que você não é, e correrá o risco de perder o melhor de Deus para a sua própria vida.

Às vezes, você pode até ouvir conselhos demais. Se não tiver cuidado, opiniões conflitantes simplesmente causarão confusão. Às vezes, os amigos que estão lhe aconselhando sequer conseguem administrar as próprias vidas. Mas eles são muito bons em dizer-lhe como administrar a sua! Tenha cuidado ao escolher quem você permite influenciar o seu processo de tomada de decisão. Certifique-se de que as pessoas que a estão aconselhando sabem do que estão falando e que conquistaram o seu respeito como fonte de sabedoria. Além disso, as pessoas seguras confiam em sua direção interior 75% do tempo e em sua direção exterior apenas 25% do tempo. Isso significa que, para a maioria das decisões que você toma, não é preciso procurar opiniões e a aprovação de todos os demais. Você precisa seguir o seu próprio coração à luz da Palavra de Deus e fazer o que sente ser certo e bom para você.

De modo semelhante, pais, vocês não devem pressionar os seus filhos a realizarem os seus sonhos. Devem permitir que eles realizem os sonhos que Deus colocou nos corações deles. É claro que é bom dar aos nossos filhos direção e orientação, mas não seja controlador ou manipulador. Não coloque expectativas irreais sobre os seus filhos.

Uma das coisas que valorizo no estilo de criação de filhos de minha mãe e meu pai foi que eles nunca planejaram a vida de meus irmãos ou a minha. Certamente, eles nos apontaram a direção certa, oferecendo conselhos sábios. Eles nos ajudaram a identificar os nossos dons e talentos, mesmo os que estavam enterrados. Mas sempre nos deixavam realizar os nossos próprios sonhos. Desde garotinho, eu sabia que meu pai queria que eu pregasse, mas nunca tive esse desejo. Apesar de sua decepção, papai nem uma única vez tentou me enfiar o chamado de pregador goela abaixo. Ele nunca tentou me fazer sentir culpado ou uma pessoa inferior, porque eu não

VOCÊ ESTÁ SENDO A PESSOA QUE DEUS O FEZ PARA SER?

estava fazendo exatamente o que ele queria que eu fizesse. De fato, muitas vezes ele me dizia: "Joel, eu quero que você realize os seus sonhos para a sua vida, não os meus sonhos para a sua vida". Hoje, posso pregar com a liberdade de saber que eu não estou fazendo apenas o que agrada ao meu pai ou a outros membros da família; estou fazendo o que agrada a Deus.

Você está sendo a pessoa que Deus o fez para ser? Ou está apenas fingindo, procurando ser o que todas as outras pessoas querem que você seja, vivendo de acordo com as expectativas delas e seguindo os sonhos delas para a sua vida? Quando meu pai partiu para o Senhor e eu comecei a pastorear a Lakewood, uma das minhas maiores preocupações foi: "Como todos me aceitarão?" Afinal, papai estivera naquela posição durante quarenta anos e todos estavam acostumados a ele. Seu estilo e personalidade eram muito diferentes dos meus. Meu pai era uma bola de fogo como pregador, sempre cheio de energia e empolgante. Eu sou um pouco mais tranquilo.

Certa noite, eu estava orando, perguntando a Deus o que deveria fazer. "Devo procurar ser mais parecido com meu pai? Devo copiar o seu estilo? Devo pregar as suas mensagens?" E assim por diante. Eu estava muito preocupado com aquilo. Mas o Senhor falou comigo, não em voz alta, mas no fundo do meu coração, dizendo: *Joel, não copie ninguém. Apenas seja você mesmo. Seja quem eu o criei para ser. Eu não quero uma duplicata de seu pai. Eu quero um original.*

Essa verdade me libertou!

Amo o lembrete do livro de Josué. Moisés acabara de morrer e Deus queria que Josué assumisse como líder de Seu povo. Deus disse a Josué: "Assim como estive com Moisés, estarei com você". Perceba que Ele não disse: "Josué, você precisa tentar ser exatamente como Moisés, então você estará bem". Deus disse a ele simplesmente: "Seja um original. Seja quem eu o fiz para ser e, então, você será bem-sucedido".

Se eu tive qualquer sucesso na Lakewood — e sei que tudo vem de Deus — foi devido ao fato de ser eu mesmo. Não tentei ocupar o lugar de meu pai ou o de qualquer pessoa. Não tentei ser algo que não sou nem copiar outra pessoa. Não subo ao púlpito e ajo de uma maneira e, depois, vou para casa e ajo de outra maneira. Não, comigo, o que você vê é o que sou. Isso é tudo que Deus exige que eu seja.

E isso é tudo que Ele espera de você, também. Se você aprender a ser o original que Deus o fez para ser, Deus lhe levará a lugares com os quais você nunca sonhou. Você pode ter algumas falhas, algumas áreas que você e Deus estão trabalhando. Mas lembre-se de que Deus está no processo de transformá-lo. E se você apenas ficar feliz com o que Deus o fez para ser e decidir que será o melhor que puder, Deus derramará o Seu favor em sua vida, e você viverá a vida de vitória que Ele tem guardada para você.

PARTE 3

DESCUBRA O PODER DE SEUS PENSAMENTOS E PALAVRAS

CAPÍTULO 12

Escolhendo os Pensamentos Certos

Uma guerra está sendo travada ao seu redor, mas, surpreendentemente, você pode nem mesmo estar ciente disso. A batalha não é por um pedaço de terra ou por recursos naturais como gás, petróleo, ouro ou água. O prêmio nessa guerra é muito mais valioso. A batalha é pela sua mente.

O terceiro passo que você precisa dar se quiser viver em seu pleno potencial é *descobrir o poder de seus pensamentos e palavras.* Abordaremos primeiramente os seus pensamentos.

O alvo número um de seu inimigo é a arena dos seus pensamentos.[1] Ele sabe que, se conseguir controlar e manipular o modo como você pensa, será capaz de controlar e manipular toda a sua vida. Verdadeiramente, os pensamentos determinam as ações, as atitudes e a autoimagem. Realmente, os pensamentos determinam o destino. É por isso que a Bíblia nos adverte a guardarmos as nossas mentes. Precisamos ser extremamente cuidadosos não apenas com o que absorvemos através dos nossos olhos e ouvidos, mas também com aquilo que pensamos. Se você se debruçar em pensamentos depressivos, viverá uma vida deprimente. Se você gravitar continuamente em torno a pensamentos negativos, girará em volta de pessoas, atividades, filosofias e estilos de vida negativos. Sua vida sempre seguirá os seus pensamentos.

Quase como um ímã, nós atraímos aquilo que pensamos constantemente. Se você sempre tiver pensamentos positivos, felizes e alegres, será uma pessoa positiva, feliz e alegre, e atrairá outras pessoas positivas, felizes e alegres.

Nossos pensamentos também afetam as nossas emoções. Nós nos sentiremos exatamente da maneira como pensarmos. Você nunca será feliz se não tiver pensamentos felizes como ponto de partida. Do mesmo modo, é impossível ficar desanimado se não tiver pensamentos desanimadores como ponto de partida. Portanto, grande parte do sucesso ou fracasso na vida começa em nossas mentes e é influenciada por aquilo que nos permitimos debruçar.

FIXE A MENTE EM COISAS MAIS ELEVADAS

Muitos não percebem isso, mas podemos escolher os nossos pensamentos. Ninguém pode nos fazer pensar em algo. Deus não o fará e o inimigo não pode fazê-lo. Você decide o que abrigará em sua mente. O simples fato de o inimigo plantar um pensamento negativo e desanimador em seu cérebro não significa que você tem de "regá-lo", alimentá-lo, mimá-lo e ajudá-lo a crescer.

Você pode optar por lançá-lo fora e rejeitá-lo de sua mente. Sem dúvida, sua mente é semelhante a um computador gigante no sentido de que seu cérebro armazena todo pensamento que você já teve. Isso é encorajador quando você está tentando encontrar as chaves do carro, mas não é uma notícia tão boa quando considera a quantidade de obscenidade, linguagem depreciativa, conceitos ímpios e outras informações negativas com as quais somos inundados todos os dias de nossas vidas. Não obstante, o simples fato de um pensamento destrutivo ser armazenado em seu computador mental não significa que você tem de acessá-lo e executá-lo na tela principal de sua mente.

Se você cometer esse erro e começar a se dedicar a esse pensamento, ele afetará as suas emoções, suas atitudes, e — se você continuar a dar-lhe rédea livre em sua mente —, isso inevitavelmente afetará os seus atos. Você será muito mais propenso a desânimo e depressão e, se continuar ponderando sobre aquele pensamento negativo, ele terá o potencial de eliminar a sua energia e força. Você perderá a sua motivação para avançar em uma direção positiva.

Quanto mais nos atemos às mentiras do inimigo, mais permitimos que ele despeje lixo em nossas mentes. É como se tivéssemos escancarado a porta e colocado uma placa que diz: "Jogue o lixo aqui".

Qualquer pessoa pode estar temporariamente desanimada e deprimida. A vida é dura e, às vezes, nos impõe um custo. Todos somos derrubados ocasionalmente. Mas você não precisa permanecer para baixo. Se você está deprimido, deve compreender que *ninguém* está fazendo você ficar deprimido.[2] Se não está feliz, ninguém está lhe forçando a ser infeliz. Se você está negativo e tem uma atitude ruim, ninguém está coagindo você a ficar entediado, não cooperativo, sarcástico ou mal-humorado. Você escolhe permanecer nessa condição, e o primeiro passo para sair dessa bagunça é reconhecer que a única pessoa que pode melhorar a situação é você!

Precisamos assumir a responsabilidade por nossos próprios atos. Enquanto continuarmos a dar desculpas e culpar a nossa genética, o ambiente que nos cerca, relacionamentos passados com outras pessoas, as nossas circunstâncias e atribuindo culpa a Deus, Satanás, *qualquer pessoa* ou *qualquer coisa*, nunca seremos verdadeiramente livres e emocionalmente saudáveis. Precisamos perceber que, em grande parte, podemos controlar os nossos próprios destinos.

Algumas pessoas dizem: "Bem, as circunstâncias me deprimem. Você simplesmente não sabe pelo que eu estou passando".

Na realidade, as circunstâncias não deprimem você. Os seus *pensamentos* acerca das circunstâncias é que fazem isso. No entanto, você pode estar em uma das maiores batalhas de sua vida e ainda estar cheio de alegria, paz e vitória — se simplesmente aprender a escolher os pensamentos corretos. É tempo de refletir a respeito do que você está pensando.

A que tipo de coisas você tem permitido que a sua mente dê atenção? Está focado em seus problemas? Você se detém constantemente em coisas negativas? A maneira como vê a vida faz toda a diferença no mundo — especialmente para você!

Obviamente, não podemos ignorar os problemas e viver em negação, fingindo que nada de ruim acontece conosco. Isso não é realista. Às vezes, coisas ruins

> **É TEMPO DE REFLETIR A RESPEITO DO QUE VOCÊ ESTÁ PENSANDO.**

acontecem a pessoas boas, assim como, muitas vezes, coisas boas acontecem a pessoas más. Fingimento não é a resposta; nem fazer jogos semânticos para parecer mais espiritual. Se você está doente, não há problema em admitir isso; mas mantenha os seus pensamentos em Deus, Aquele que cura. Se o seu corpo está cansado, se o seu espírito está abatido, tudo bem; todos nós entendemos isso. Às vezes, a coisa mais espiritual que você pode fazer é descansar um pouco. Mas concentre os seus pensamentos naquele que prometeu: "Aqueles que esperam no Senhor renovam as suas forças".[3]

Tempos difíceis vêm a todos nós. Jesus disse: "Neste mundo vocês terão aflições; contudo, tenham ânimo! Eu venci o mundo".[4] Ele não disse que tempos difíceis não viriam; Jesus disse que, quando eles vêm, nós podemos escolher as nossas atitudes. Podemos escolher crer que Ele é maior do que os nossos problemas; podemos escolher os pensamentos corretos.

À medida que se debruçar sobre as promessas da Palavra de Deus, você será preenchido com esperança. Você desenvolverá uma atitude positiva de fé e atrairá a vitória. Como limalhas de metal puxadas ao longo de uma mesa por um ímã, você atrairá as boas coisas de Deus.

Muitas pessoas dizem: "Bem, assim que a minha situação mudar, eu me animarei. Assim que eu sair dessa bagunça, terei uma atitude melhor".

Infelizmente, isso não acontecerá. O seu processo está invertido. Você precisa animar-se primeiro e, então, Deus transformará a situação. Enquanto abrigar aquela perspectiva pobre e derrotada, você continuará a ter uma vida pobre e derrotada.

Curiosamente, a Bíblia diz para nos despirmos da velha natureza e nos revestirmos do novo homem. Ela diz: "Sejam renovados no modo de pensar".[5] Você não pode acomodar-se passivamente e esperar que essa nova pessoa apareça de repente; também não pode passar a vida com uma mentalidade negativa e esperar que qualquer coisa mude para melhor. Não, você precisa remover aqueles velhos pensamentos negativos e "revestir-se de" uma nova atitude. Em outras palavras, precisa mudar os seus padrões de pensamento e começar a deter-se nas boas coisas de Deus. Quando você perde o foco e começa a deter-se em pensamentos negativos, torna-se fácil ficar desanimado.

O primeiro lugar em que precisamos conquistar a vitória está em nossas próprias mentes. Se você não pensar que pode ser bem-sucedido, nunca o será. Se você não pensar que o seu corpo pode ser curado, ele nunca será. Se você não pensar que Deus pode reverter a sua situação ao redor, Ele provavelmente não a reverterá. Lembre-se: "Como imagina em sua alma, assim ele é".[6] Quando você tem pensamentos de fracasso, está destinado a fracassar. Quando você tem pensamentos de mediocridade, está destinado a ter uma vida média, de sobrevivência. Mas, amigo, quando você alinhar os seus pensamentos com os pensamentos de Deus e começar a focar nas promessas da Sua Palavra, quando você constantemente abrigar pensamentos acerca de Sua vitória, favor, fé, poder e força, nada poderá impedi-lo. Quando você tiver pensamentos positivos e excelentes, será impelido em direção à grandeza, inevitavelmente ligada à prosperidade, promoção e bênçãos sobrenaturais de Deus.

Precisamos continuamente escolher manter as nossas mentes nas coisas mais elevadas. A Bíblia diz: "Mantenham o pensamento nas coisas do alto".[7] Perceba novamente que há algo que devemos fazer: precisamos continuamente escolher, dia após dia, 24 horas por dia, manter as nossas mentes fixadas nas coisas mais elevadas. Quais são as coisas de cima, as coisas mais elevadas? Muito simplesmente, elas são as coisas positivas de Deus. O apóstolo Paulo proporciona uma extensa lista pela qual podemos avaliar os nossos pensamentos: "Tudo o que for verdadeiro, tudo o que for nobre, tudo o que for correto, tudo o que for puro, tudo o que for amável, tudo o que for de boa fama, se houver algo de excelente ou digno de louvor, pensem nessas coisas".[8]

> QUANDO VOCÊ TIVER PENSAMENTOS POSITIVOS E EXCELENTES, SERÁ IMPELIDO EM DIREÇÃO À GRANDEZA.

Às vezes, pessoas me provocam: "Joel, você fala tanto em ser positivo". Mas Deus é positivo! Nada há de negativo nele. Se você quiser viver à maneira de Deus e ser a pessoa que Ele quer que você seja, precisa alinhar a sua visão com a dele e aprender a viver com uma mentalidade positiva. Aprenda a buscar o melhor em todas as situações.

Não importa o que você esteja passando, se procurar suficientemente e mantiver a atitude certa, poderá encontrar algo bom com relação à experiência. Se você for despedido do emprego, pode optar por ser negativo e amargo e culpar Deus. Ou você pode dizer: "Deus, eu sei que Tu estás no controle da minha vida e, quando uma porta se fecha, Tu sempre abres uma porta maior e melhor. Então, Pai, não posso esperar para ver o que o Senhor tem guardado para mim".

Quando você estiver preso no trânsito, pode escolher ficar irado e frustrado ou pode escolher dizer: "Pai, Tu disseste que todas as coisas cooperam para o bem daqueles que amam ao Senhor. Então, eu Te agradeço por guiar-me, proteger-me e manter-me na Tua vontade perfeita".

Você precisa fazer a escolha de manter a mente nas coisas mais elevadas. Isso não acontecerá automaticamente. Você precisa ser determinado e fazer algum esforço para manter a sua mentalidade nas boas coisas de Deus e experimentar o Seu melhor.

124   *Sua Melhor Vida Agora*

Precisamos estar especialmente atentos nos tempos de adversidade, nos tempos de desafio pessoal. Quando os problemas surgem, com frequência os primeiros pensamentos que vêm à mente não são pensamentos elevados; não são pensamentos positivos. Pensamentos negativos nos bombardeiam de todos os ângulos possíveis. Nesse momento, precisamos escolher confiar em Deus por coisas boas e não nos permitir ficar deprimidos e desanimados, ou simplesmente desistir.

Nossa mente é semelhante à transmissão de um automóvel. Temos uma marcha à frente e uma marcha à ré; podemos escolher em que direção queremos ir. Não é preciso mais esforço para ir para a frente do que para retroceder. Tudo está no processo de decisão. De modo semelhante, determinamos, por nossas próprias escolhas, a direção em que nossas vidas seguirão. Se você decidir manter-se focado no positivo e com a mente nas coisas boas de Deus, todas as forças das trevas não serão capazes de impedi-lo de seguir adiante e cumprir o seu destino. Mas se você cometer o erro de dar atenção ao negativo, concentrando-se em seus problemas e em suas impossibilidades, isso será semelhante a colocar o carro em marcha a ré e afastar-se da vitória que Deus tem guardado para você. Você precisa decidir para onde quer ir.

FOCO NO POSITIVO

Ouvi uma história acerca de dois agricultores: um com uma atitude positiva e outro com uma atitude negativa. Quando a chuva caía sobre a terra, o agricultor positivo dizia: "Obrigado, Senhor, por regar as nossas lavouras".

O agricultor negativo dizia: "Sim, mas se essa chuva continuar, ela vai apodrecer as raízes e nós nunca teremos uma colheita".

O sol saiu e o agricultor positivo dizia: "Obrigado, Senhor, pela luz do sol. Nossas lavouras estão obtendo as vitaminas e os minerais de que necessitam. Teremos uma grande colheita este ano".

O agricultor negativo dizia: "Sim, mas se continuar assim, ele vai queimar as plantas. Nós nunca conseguiremos ganhar nosso sustento".

Certo dia, os dois agricultores foram juntos caçar gansos e o agricultor positivo levou o seu novo cão de caça. Ele estava tão orgulhoso daquele cão que não podia esperar para exibi-lo. Eles saíram em um pequeno barco e esperaram. Em pouco tempo, um grande ganso voou por cima deles. *Bum!* O agricultor positivo derrubou a ave no meio do lago. Ele se virou para o seu amigo e disse: "Agora, observe o que esse cão é capaz de fazer". O cão pulou para fora do barco, *correu acima d'água*, pegou o ganso, correu de volta todo o caminho em cima da água e soltou a ave perfeitamente no barco. O agricultor positivo ficou sorrindo de orelha a orelha. Ele se virou para o seu amigo e disse: "O que você acha disso?"

O agricultor negativo balançou a cabeça, descontente. "Era o que eu pensava", disse ele. "Esse cão nem sabe nadar!"

É claro que essa história é apenas uma piada, mas você não conhece pessoas assim? Elas estão sempre focadas no negativo. Se você tiver de estar perto de um pessimista, não se esqueça de impedir que as atitudes negativas dele infectem o seu pensamento!

Mantenha-se focado nas coisas positivas da vida. Os psicólogos estão convencidos de que as nossas vidas se movem na direção dos nossos pensamentos mais dominantes. Se pensamentos de alegria, paz, vitória, abundância e bênçãos dominarem os seus pensamentos durante todo o dia, você se moverá em direção a essas coisas, atraindo-as para si ao mesmo tempo. Sua vida seguirá os seus pensamentos.

Quando os seus pensamentos já estão seguindo determinado padrão durante um longo tempo, é como se você tivesse cavado um leito profundo de rio e a água pudesse fluir em uma única direção. Imagine uma pessoa que, habitualmente, se inclina ao pensamento negativo mês após mês, ano após ano. A cada pensamento pessimista, ela aprofunda um pouco mais aquele leito de rio. O fluxo se acelera, ficando cada vez mais forte à medida que avança. Após certo tempo, a água está fluindo com tanta força, que todo pensamento que vem do rio é negativo; essa é a única direção em que a água está fluindo. A pessoa programou a sua mente para um padrão de pensamento negativo.

Felizmente, podemos cavar um novo rio, que flui por uma direção positiva. Nossa maneira de fazer isso é um pensamento por vez. Quando você se debruça sobre a Palavra de Deus e começa a ver o melhor nas situações, pouco a pouco, um pensamento por vez, está redirecionando o fluxo daquele rio. No início, apenas um pouco de água será redirecionado para fora da corrente negativa e gotejará sobre a corrente positiva. Pode não parecer muito no início, mas no momento em que você continuar a rejeitar pensamentos negativos e a redirecionar o fluxo, à medida que você escolher fé em vez de medo, esperando coisas boas e assumindo o controle de sua vida de pensamentos, pouco a pouco aquele fluxo negativo diminuirá e o rio positivo fluirá com muito mais força. Se você continuar assim, aquele velho rio negativo acabará secando e você descobrirá um rio totalmente novo fluindo com pensamentos de vitória positivos e cheios de fé.

Ocasionalmente, você poderá ser tentado a ter pensamentos desanimadores, como: "Você nunca conseguirá; seus problemas são grandes demais, eles são insuperáveis".

Nos velhos tempos, você voltaria ao mesmo velho rio negativo e pensaria: *Oh, meu Deus. O que posso fazer? Deus, como sairei dessa encrenca?*

Mas não desta vez; você tem um novo rio fluindo. Você pode levantar-se e dizer: "Não, maior é o que está em mim do que aquele que está no mundo. Posso todas as coisas por meio de Cristo e sairei dessa".

Você pode começar a explorar esse novo rio e, cada vez que fizer isso, estará cavando esse novo rio positivo um pouco mais profundamente e a água fluirá mais livremente.

Pensamentos negativos atacam você: *Você nunca sairá da dívida. Você nunca será bem-sucedido. Você sempre viverá em pobreza e necessidade.*

Nos velhos tempos, você voltaria àquele rio deprimente e diria: "Bem, sim, minha família sempre foi pobre. Ninguém foi coisa alguma. Acho que essa é a minha sina".

Mas não desta vez. Agora, você volta àquele rio positivo de fé. Você diz: "Eu Te agradeço, Pai, por Tu teres me chamado para ser cabeça e não cauda. Eu estou em cima e não embaixo. Tu disseste que eu serei capaz de emprestar dinheiro e não terei de pedir emprestado. Tu disseste que tudo em que coloquei as minhas mãos para fazer prosperará. Então, Pai, Te agradeço por eu ser abençoado e não poder ser amaldiçoado".

O que você está fazendo? Você está reprogramando a sua mente.

Amigo, não fique passivo, acomodando-se e permitindo que pensamentos negativos, críticos e pessimistas influenciem a sua vida. Aprenda a dedicar-se às coisas boas; reprograme o seu pensamento. A Bíblia nos diz que precisamos ser "transformados pela renovação da nossa mente".[9] Se você se dispuser a transformar a sua mente, Deus transformará a sua vida.

> **SE VOCÊ SE DISPUSER A TRANSFORMAR A SUA MENTE, DEUS TRANSFORMARÁ A SUA VIDA.**

Sejamos, porém, realistas. Você pode ter cavado um rio profundo de negatividade, e isso requererá uma grande força de vontade para mudar. Aquele rio não foi formado da noite para o dia, nem será redirecionado sem algum

Escolhendo os Pensamentos Certos

esforço consciente e extenuante de sua parte. Deus o ajudará, mas você terá de tomar decisões de qualidade todos os dias, escolhendo o que é bom e rejeitando o que é mau. Determine-se a manter a sua mente fixada nas coisas boas de Deus. Comece a esperar boas coisas. Levante-se a cada dia sabendo que Deus tem grandes coisas guardadas para você. Ao sair da cama, diga: "Pai, estou empolgado com o dia de hoje. Este é um dia que Tu fizeste; eu me alegrarei e serei feliz nele. Deus, eu sei que Tu recompensas aqueles que Te buscam, então eu Te agradeço antecipadamente por Tuas bênçãos, favor e vitória em minha vida hoje". Então, saia e viva com esperança; viva com fé.

Nossos pensamentos têm um tremendo poder. Lembre-se de que nós atraímos para as nossas vidas aquilo em que pensamos constantemente. Se sempre nos ativermos ao negativo, atrairemos pessoas, experiências e atitudes negativas. Se sempre nos ativermos aos nossos medos, atrairemos mais medo. Você estabelece o rumo de sua vida com os seus pensamentos.

A escolha é sua. Você não tem de acolher cada pensamento que vem à sua mente. A primeira coisa que você precisa fazer é determinar de onde esse pensamento está vindo. É de Deus, é o seu próprio pensamento ou é um pensamento destrutivo do inimigo?

Como você pode distinguir? É fácil. Se é um pensamento negativo, é do inimigo. Se é um pensamento desanimador e destrutivo, se ele traz medo, preocupação, dúvida ou descrença, se ele faz você se sentir fraco, inadequado ou inseguro, posso garantir-lhe que o pensamento não é de Deus. Você precisa lidar com ele imediatamente.

A Bíblia diz: "Destruímos argumentos e toda pretensão... e levamos cativo todo pensamento".[10] Isso significa simplesmente: não dê atenção a ele. Livre-se dele imediatamente. Escolha pensar em algo positivo. Se cometer o erro de dar atenção às mentiras do inimigo, permitirá que a semente negativa crie raízes. E, quanto mais você pensar nela, mais ela crescerá, criando em sua mente uma fortaleza do inimigo, da qual ataques podem ser lançados. Noite e dia, o inimigo golpeará a sua mente com ideias como: *Você nunca será bem-sucedido. Ninguém da sua família já teve muito. Você não é suficientemente inteligente. Seus pais eram pobres. Sua avó estava sempre deprimida. Seu avô não conseguia manter um emprego. Até o seu cão de estimação estava sempre doente! Você simplesmente nasceu na família errada.*

Se você acreditar nesses tipos de mentiras, definirá em sua vida limites quase impossíveis de superar. Você precisa adquirir o hábito de lançar fora os pensamentos do inimigo e começar a crer no que Deus diz acerca de você. Deus não é limitado pela sua árvore genealógica. Ele não é limitado por sua formação educacional, posição social, posição econômica ou raça. A única coisa que limita Deus é a sua falta de fé.

> **NÃO EXISTE ALGO COMO "MORO DO LADO POBRE DA CIDADE" COM O NOSSO DEUS.**

Não existe algo como "moro do lado pobre da cidade" com o nosso Deus. Se você se dispuser a depositar a sua confiança em Deus, Ele tornará a sua vida importante. Deus deseja fazer de sua vida algo grandioso. Ele pegará um zé-ninguém e o transformará em alguém. Mas você precisa cooperar com o plano de Deus; precisa começar a pensar em si mesmo como o campeão que Deus o fez para ser.

DEUS TEM CONFIANÇA EM VOCÊ

Se você conseguir ter um vislumbre de quanto Deus tem confiança em você, nunca mais se encolherá de volta a um complexo de inferioridade. Você se levantará com ousadia. Quando sabemos que alguém que respeitamos tem confiança em nós, com frequência isso nos inspira a ter mais confiança em nós mesmos. Geralmente, nos mostraremos à altura dos acontecimentos e satisfaremos as expectativas daquela pessoa.

Certa vez, eu estava jogando basquete com um grupo de jogadores muito melhores do que eu. A maioria deles havia jogado na faculdade; eu, não. Nós estávamos em um jogo acalorado, duro e competitivo. Perto do fim do jogo, o placar estava empatado e nós pedimos tempo. Ao nos reunirmos para uma última jogada, um de meus companheiros de equipe sussurrou em meu ouvido: "Joel, nós queremos que você faça o último arremesso. Estamos sob marcação muito cerrada".

Ora, aquilo foi um belo voto de confiança, mas para dizer a verdade, eu não havia feito um arremesso sequer naquele jogo inteiro! Meu marcador era uns 45 centímetros mais alto do que eu.

No início, pensei: *Essa não é uma boa ideia.* Mas, então, comecei a pensar: *Se os meus companheiros de time têm toda essa confiança em mim, se eles acreditam em mim o suficiente para querer que eu faça o arremesso mais crítico do jogo, então eu devo ser capaz de fazê-lo.*

Colocamos a bola em jogo, descemos a quadra, coloquei-me em uma posição aberta e os meus companheiros me passaram a bola. Meu marca-

Escolhendo os Pensamentos Certos 129

dor parecia uma torre acima de mim, mas driblei um jogador e lancei a bola por cima dos seus braços estendidos — eu não conseguia sequer ver a cesta! A bola subiu no ar como um arco-íris, muito mais alto do que eu normalmente a arremessaria. Vi a bola deslizar pelo ar, quase como se estivesse assistindo a mim mesmo em câmera lenta. Penso ainda ter tido tempo para orar: "Oh, Deus, por favor, ajude aquela bola a entrar!" A bola desceu, escorregou direto pelo centro do aro, e nós ganhamos aquele jogo! (Então, eu soube que Deus ainda responde às orações!)

Quando alguém tem confiança e acredita em você, coisas anteriormente consideradas impossíveis se tornam possíveis. Minha esposa, Victoria, pensa que eu consigo fazer qualquer coisa. Ela tem muita confiança em mim. Eu não estaria onde estou hoje se ela não estivesse constantemente me dizendo: "Joel, você consegue fazê-lo. Você tem capacidade". Anos atrás, quando ela e eu frequentávamos os cultos em Lakewood, Victoria costumava me dizer: "Joel, um dia você estará lá em cima, liderando esta igreja. Um dia, será você".

Eu dizia: "Victoria, por favor, pare de dizer isso. Fico nervoso só de pensar nisso. Além disso, eu nem sei pregar".

"Claro que sabe", dizia ela com uma piscada maliciosa. "Apenas pregue às pessoas como você prega para mim!"

Ano após ano, Victoria me incentivava: "Joel, você tem muito a oferecer. Deus vai usar você. Você vai ser o pastor da Lakewood". Essa semente estava sendo plantada dentro de mim. E, quando meu pai partiu para o Senhor, acredito que um dos principais motivos de eu ser capaz de substituí-lo tão rapidamente foi o fato de Victoria ter acreditado em mim e ter ajudado a despertar essa confiança em meu interior.

A crença de Victoria em mim não só me ajudou a ampliar a minha visão, mas também a entender quanta confiança o Deus Todo-Poderoso tem em mim. Imediatamente após papai morrer, uma das primeiras coisas que fiz foi cancelar a nossa transmissão em cadeia nacional de televisão. Na época, estávamos no Family Channel nas noites de domingo. Pensei: *eu não sou um pregador de TV em cadeia nacional. Nem sei se estou apto a pregar. Quem desejará ouvir-me?* Telefonei para o nosso representante e lhe expliquei que o meu pai havia morrido e nós teríamos de abrir mão daquele tempo na televisão.

Quando contei a Victoria o que eu havia feito, ela disse: "Joel, creio que você deveria ligar de novo e dizer-lhe que queremos o nosso tempo de volta. Nós não vamos regredir. Nós não nos encolheremos de medo. Há pessoas em todo o mundo assistindo, esperando para ver o que acontecerá com a Lakewood, e nós precisamos daquele tempo na TV".

Eu sabia que Victoria estava certa. Algo simplesmente concordou em meu espírito. Era uma tarde de sexta-feira, então liguei para o homem, mas não consegui encontrá-lo. Deixei-lhe uma mensagem, e também lhe enviamos alguns faxes e *e-mails*. Nós sabíamos que aquele tempo seria essencial se quiséssemos resgatar o nosso programa de televisão. Aquele espaço na programação era extremamente valioso; a rede de TV a cabo conseguiria vendê-lo fácil e rapidamente a outro programador.

Segunda-feira era feriado, mas, no início da manhã da terça-feira, recebemos o retorno do representante de vendas. Ele disse: "Joel, eu já havia vendido o seu tempo na semana passada. Mas quando fui assinar o contrato na sexta-feira, algo dentro de mim disse: *Não assine até a semana seguinte*. Ele continuou: "Quando cheguei aqui, esta manhã, descobri o que era. Deus queria que você tivesse aquele tempo de volta". Ele me contou que rasgara o outro contrato e, então, disse: "Você pode ter o seu tempo original". Creio que aquela decisão foi providencial. Hoje, estamos em mais de duzentas emissoras de televisão em várias partes do mundo. Deus fez mais do que sequer conseguimos pedir ou pensar.

Mas o que quero que você entenda é que uma parte fundamental desse processo aconteceu quando alguém confiou em mim. Victoria me ajudou a ampliar a minha visão, a mudar a minha maneira de pensar. Ela acreditou em mim mais do que eu acreditava em mim mesmo. Uma coisa é as pessoas que amamos e respeitamos acreditarem em nós, mas, quando compreendemos quanto Deus acredita em nós, nada pode nos impedir de cumprir os nossos destinos.

O inimigo diz, em sua mente, que você não tem capacidade; Deus diz que você tem. Em quem você vai acreditar? O inimigo diz que você não é capaz de ter sucesso; Deus diz que você pode fazer todas as coisas por meio de Cristo. O inimigo diz que você nunca sairá da dívida; Deus diz que não só você sairá da dívida, mas também emprestará e não tomará emprestado. O inimigo diz que você nunca ficará bem; Deus diz que Ele restaurará a sua saúde. O inimigo diz que você nunca será alguma coisa na vida; Deus diz que irá levantá-lo e tornará a sua vida importante. O inimigo diz que os seus problemas são grandes demais, não há esperança; Deus diz que Ele resolverá esses problemas; além disso, ele os reverterá e os usará para o seu

Escolhendo os Pensamentos Certos 131

bem. Amigo, comece a crer no que Deus diz acerca de você e comece a pensar os pensamentos de Deus. Os pensamentos de Deus o encherão de fé, esperança e vitória. Os pensamentos de Deus irão edificá-lo e incentivá-lo. Eles lhe darão a força de que você precisa para continuar seguindo em frente. Os pensamentos de Deus lhe darão aquela mentalidade de "eu posso fazer isso"!

CAPÍTULO 13

Reprogramando o Seu Computador Mental

Um menino foi ao quintal para brincar com um taco de beisebol e uma bola. Ele disse a si mesmo: "Eu sou o melhor rebatedor do mundo". Então, lançou a bola ao ar e a golpeou com o taco, mas errou. Sem hesitar um momento sequer, ele pegou a bola e a lançou ao ar, dizendo enquanto agitava o taco: "Eu sou o melhor rebatedor de todo o mundo". Ele golpeou e errou. Rebatida dois. Ele lançou a bola para cima novamente, concentrando-se mais intensamente, com ainda maior determinação, dizendo: "Eu sou o melhor rebatedor do mundo!" Ele girou o bastão com toda a força. *Zás!* Rebatida três. O menino largou o taco e deu um enorme sorriso. "Quer saber de uma coisa?", ele disse. "Eu sou o melhor arremessador de todo o mundo!"

Ora, essa é uma boa atitude! Às vezes, você simplesmente tem de escolher ver o lado positivo das situações. Quando as coisas não saírem conforme o planejado, em vez de reclamar, procure algo de bom nas circunstâncias que o cercam. Encha a sua mente com bons pensamentos.

Sua mente é semelhante a um computador. A programação que você coloca nela determina a maneira como ela funcionará. Quão tolo seria reclamar: "Eu odeio esse computador! Ele nunca me dá a resposta certa; ele nunca faz o que eu quero que ele faça". Pense nisto: você pode ter o computador mais poderoso do mundo, mas se programá-lo com o *software* errado ou com informações incorretas, ele nunca funcionará como o fabricante pretendia.

Além disso, agora temos uma infinidade de vírus de computador à espreita no ciberespaço, à espera de uma oportunidade para destruir o seu disco rígido e as informações armazenadas em seu computador. Esses vírus podem entrar em um computador em perfeito estado e contaminar o *software*. Em pouco tempo, o computador desenvolverá uma lentidão; ele funcionará mal. Você poderá não conseguir acessar os programas de que precisa ou recuperar documentos importantes. Com muita frequência, você, inadvertidamente, envia o vírus a um amigo, membro da família ou cliente, exacerbando o problema pela contaminação dos sistemas deles com o mesmo vírus que infectou o seu. Habitualmente, esses problemas ocorrem não porque o computador esteja com defeito, mas porque alguém reprogramou o *software* ou contaminou programas ou informações bons e valiosos contidos nele.

DEUS FEZ VOCÊ E O PROGRAMOU PARA A VITÓRIA.

De maneira semelhante, com demasiada frequência nós permitimos que pensamentos negativos, palavras e outros vírus acessem as nossas mentes, sutilmente alterando o nosso *software* ou corrompendo as nossas informações e valores. Fomos criados à imagem de Deus. Ainda antes de termos sido formados, Ele nos programou para termos vida em abundância, para sermos felizes, saudáveis e íntegros. Mas quando o nosso pensamento se torna contaminado, perde o alinhamento com a Palavra de Deus. Cometemos erros graves e escolhas erradas. Passamos a vida com baixa autoestima, preocupações, medos, sentimentos de inadequação e insegurança. Para piorar as coisas, transferimos as nossas atitudes negativas aos outros.

Ao reconhecer essas coisas acontecendo, você precisa reprogramar o seu computador. Precisa mudar a sua maneira de pensar. Entenda, *você* não é defeituoso. Deus fez você e o programou para a vitória. Mas até alinhar o seu pensamento ao seu manual do proprietário, a Palavra de Deus, você nunca funcionará em seu pleno potencial.

TRATA-SE DE UM PROBLEMA DE PENSAMENTO

Recentemente, conversei com um homem que disse:

— Joel, estive assistindo na televisão às suas mensagens acerca de ser feliz e desfrutar a vida, mas isso simplesmente parece não funcionar comigo.

Ele explicou que, cinco ou seis anos antes, enfrentara uma separação muito dolorosa. Seu coração estava partido e devastado. Ele disse:

— Simplesmente não consigo superar essas emoções. Levanto-me deprimido todas as manhãs. Ao longo do dia, não consigo livrar-me da tristeza. Volto para casa e vou dormir deprimido.

Ele me contou que havia passado por várias sessões de aconselhamento, mas não estava vendo qualquer progresso.

— Você acredita que pode me ajudar a resolver esses problemas emocionais? — ele perguntou.

— Senhor, realmente não acredito que você tem um problema emocional — respondi sem rodeios. Acredito que você tem um problema de pensamento.

— O que você quer dizer com isso?

— Qual é a primeira coisa que você pensa ao levantar-se pela manhã?

— Penso em quão solitário sou e em como fui ferido — ele respondeu.

— Qual é a coisa que você mais pensa durante o seu dia de trabalho?

— Penso no grande caos que a minha vida está, em quantos erros cometi e em como eu gostaria de poder fazer tudo de novo.

— E em que você pensa quando vai dormir?

— Na mesma coisa.

— Senhor, não sou psicólogo ou psiquiatra, mas penso que as suas emoções estão funcionando muito bem. Elas estão funcionando exatamente como Deus planejou. Nossas emoções simplesmente respondem àquilo em que estamos pensando. Não são positivas, nem negativas. Elas meramente nos permitem sentir aquilo em que estamos pensando. Se você se mantiver tendo pensamentos tristes o tempo todo, irá sentir-se triste. Se você se mantiver tendo pensamentos de raiva, ficará com raiva. Mas se procurar ter pensamentos felizes, pensamentos de vitória, você será feliz. Será vitorioso. Você não pode manter-se pensando o dia todo em pessoas que o magoaram e em todos os erros que cometeu, e esperar ter qualquer tipo de vida feliz e positiva. Precisa deixar o passado e começar a atentar para o fato de que Deus tem um grande futuro guardado para você. Ele tem um novo começo para você. Comece a focar-se no fato de que Deus prometeu que reverterá essa situação, e tire vantagem disso. Escolha pensar em coisas boas. Você tem de reprogramar o seu computador mental; quando fizer isso, as suas emoções acompanharão.

Reprogramando o Seu Computador Mental 135

A Bíblia diz: "Coloquei diante de vocês a vida e a morte, a bênção e a maldição. Agora escolham a vida".[1] Essa não é uma questão de uma vez por todas: é uma escolha que temos de fazer momento a momento. Precisamos escolher abraçar o positivo, o bom. Mas o negativo sempre estará à nossa volta. Temos de escolher abrigar o que é certo, não o que é errado. Escolha concentrar-se no que você tem, não no que você não tem. Escolha pensar os pensamentos corretos.

Você não pode impedir os pensamentos negativos de baterem à sua porta, mas pode controlar ou não a decisão de abrir a porta e lhes permitir entrar. A Bíblia diz que, se você vai montar guarda nessa porta e mantiver a mente focada nas coisas boas de Deus, Ele o guardará em perfeita paz.[2] Você pode ter paz em meio às suas tempestades se simplesmente aprender a escolher os pensamentos corretos. Isso significa que, nos momentos difíceis da vida, em vez de concentrar-se em seus problemas, você deverá decidir que se concentrará no seu Deus. Concentre-se no fato de que Deus Todo-Poderoso está do seu lado. Concentre-se no fato de que Ele prometeu lutar as suas batalhas por você. Concentre-se no fato de que nenhuma arma forjada contra você pode prosperar. Se começar a ter esses tipos de pensamentos, você será preenchido com fé e confiança, não independentemente do que lhe aconteça na vida.

Você pode ter passado por algumas decepções, e coisas em sua vida podem não ter saído como você esperava. Pessoas podem tê-lo tratado mal. Você pode ter sofrido alguns grandes contratempos. Mas você nunca chega a um beco sem saída com Deus. Ele sempre tem um novo começo disponível para você. Comece a focar-se na solução. Concentre-se no fato de que Deus ainda tem um grande plano guardado para a sua vida. Quando uma porta se fechar, Deus sempre abrirá uma porta maior e melhor. Mas você tem de fazer a sua parte e permanecer em uma atitude de fé, permanecer repleto de esperança.

Entenda que essa é uma batalha contínua. Nós nunca chegamos a um lugar onde não temos de lidar com pensamentos negativos e destrutivos. Então, quanto mais cedo aprendermos a guardar as nossas mentes e controlar os nossos pensamentos, melhor será para nós.

Independentemente de quantos anos tenhamos confiado em Deus ou de quão positivamente vivamos, todos nós, ocasionalmente, seremos suscetíveis ao desânimo. Isso faz parte do preço que pagamos por viver em um mundo pecaminoso. Por mais que eu queira manter a minha atitude positiva, não sou imune a tais ataques.

136   *Sua Melhor Vida Agora*

PERMANEÇA FIRME

Em dezembro de 2001, quando a Lakewood Church decidiu arrendar o seu novo espaço, em Houston, assinamos com o município um contrato de arrendamento por sessenta anos para nos mudarmos para a arena de basquetebol do time dos Rockets, o Compaq Center, com capacidade para dezesseis mil pessoas sentadas. Nossa congregação estava empolgada e não podia esperar para começar a fazer as reformas no espaço. Mas outra empresa que queria a propriedade moveu uma ação para impedir a nossa mudança. Naturalmente, ficamos decepcionados com o atraso, mas, após orarmos acerca disso, soubemos que Deus queria que seguíssemos adiante com os nossos planos. Em março de 2002, nossa congregação fez um grande compromisso de dedicar-se a isso.

Infelizmente, no outono daquele ano, a ação judicial começou a andar. As disputas legais continuaram durante todo o inverno. Finalmente, soubemos que iríamos a julgamento na primavera de 2003. Nossos advogados já tinham nos avisado de que não havia uma chance sequer de o nosso adversário fazer um acordo conosco. Eles perderiam demais. Discutimos as nossas opções, delineando as várias possibilidades, e os advogados deixaram muito claras quais seriam as nossas chances de ganhar ou perder, a enorme quantia que poderia custar e quanto tempo poderia demorar. Quando li os relatórios sombrios, a situação parecia impossível. Mesmo que ganhássemos a causa, ela poderia ficar amarrada durante anos no judiciário, por meio de apelos. Durante todo esse tempo, grandes somas de dinheiro nosso permaneciam em risco.

Durante aquele longo e arrastado período, eu muitas vezes acordava no meio da noite, com a minha mente sendo bombardeada por todos os tipos de pensamentos perturbadores: *Homem, você cometeu um erro terrível. Você disse a todas aquelas pessoas que conseguirá o Compaq Center. Você lhes mostrou os planos. Você as fez dar dinheiro. O que acontecerá se você perder a ação judicial? Você parecerá um idiota. Pior ainda, o que acontecerá se ela ficar amarrada durante oito ou nove anos no judiciário? Todo aquele dinheiro está em risco. Você não pode fazer plano algum. O que você fará, então?*

Pensamentos de fracasso e perda apedrejavam a minha mente: É impossível. Nunca dará certo. É melhor você pegar o seu dinheiro de volta e seguir em frente. E fui tentado a resolver tudo aquilo em meu próprio raciocínio. Fui tentado a perder a minha alegria. Mas, durante aquele tempo, tive de decidir se eu me ateria às mentiras do inimigo, ficaria deprimido e impediria Deus de operar, ou se manteria a minha confiança e creria que Deus estava lutando as nossas batalhas por nós. Eu me ateria ao fato de que Deus estava no controle e que Ele estava guiando e orientando os nossos passos?

Tomei a decisão de ficar com Deus. Quando aqueles pensamentos de dúvida e descrença me assolavam, eu fazia o meu melhor para lançá-los fora e rejeitá-los. Tomei uma decisão consciente de não me focar no problema, mas em Deus.

Quando aquele pensamento vinha dizendo: É impossível, eu o rejeitava e me lembrava de que, com Deus, tudo é possível. Quando vinham pensamentos dizendo: *Essa foi uma má decisão; nunca vai funcionar*, eu os lançava fora e me lembrava de que todas as coisas cooperam para o bem daqueles que amam ao Senhor. Quando vinham pensamentos dizendo: *A empresa oponente é muito poderosa. Você nunca a derrotará*, eu rejeitava isso e me lembrava de que nenhum homem — ou empresa — pode resistir ao nosso Deus. Se Deus é por nós, quem se atreve a ser contra nós? Quando os pensamentos ameaçavam: *Será um caos. Você arrastará a igreja por todos os tipos de lama e tudo terminará em uma grande decepção*, aprendi a levantar minhas mãos

> **DEUS OPERA ONDE HÁ UMA ATITUDE DE FÉ.**

e declarar: "Pai, Tu disseste que, quando andamos em integridade, Tu impedirás os nossos pés de tropeçarem. Então, Pai, eu Te agradeço porque Tu estás nos impedindo de cometer um erro".

Toda vez que esses pensamentos negativos e desanimadores surgiam em minha mente, eu usava aquilo como uma oportunidade para agradecer a Deus porque a vitória estava a caminho. Eu sabia que, se déssemos espaço para a dúvida e a descrença, Deus não poderia operar naquela situação. E eu não queria que o que quer que eu estivesse fazendo impedisse Deus de levar aquela vitória a concretizar-se.

Quando estamos sempre preocupados, chateados ou deprimidos, tudo que estamos realmente fazendo é atrasar Deus em trazer a vitória. Deus opera onde há uma atitude de fé. Jesus disse: "Se vocês crerem, todas as coisas serão possíveis", e o oposto disso também é verdadeiro. Se você não crer, se for negativo, resmungão, preocupado ou chateado, mudanças sobrenaturais não serão possíveis para você. Quando estiver passando por um momento difícil em sua vida, mesmo que não se sinta disposto a manter uma atitude positiva — e, às vezes, provavelmente não se sentirá

138 Sua Melhor Vida Agora

— você deverá fazê-lo mesmo assim, sabendo que cada minuto em que se permitir cair em uma atitude negativa será um minuto em que Deus não poderá operar naquela situação.

Certa noite, em meio à ação judicial do Compaq Center, acordei e peguei a minha Bíblia. O Senhor pareceu estar me conduzindo a uma passagem em que o povo de Judá enfrentava um terrível inimigo, uma situação realmente impossível. Deus lhes disse: "Vocês não precisarão lutar nessa batalha... permaneçam firmes e vejam o livramento que o Senhor lhes dará".[3] Quando li aquilo, duas palavras saltaram da página: *permaneçam firmes*. Isso significa manter a calma, ficar em paz. Não fique frustrado. Não queira resolver as coisas com o seu próprio raciocínio. Em vez disso, permaneça firme. Seja confiante. Mantenha uma boa atitude. Deus diz: "Eu lutarei as suas batalhas por você".

Poucas semanas depois, recebemos um telefonema de nossos advogados — os mesmos advogados que nos disseram que nossos adversários nunca fariam um acordo. A empresa que movera a ação queria sentar e conversar conosco na manhã seguinte. Em menos de 48 horas, chegamos a um acordo e resolvemos totalmente aquela ação judicial!

A Bíblia diz: "Quando os caminhos de um homem são agradáveis ao Senhor, ele faz que até os seus inimigos vivam em paz com ele".[4] E foi exatamente isso o que Deus fez por nós. Ele não apenas liquidou a ação judicial, mas a empresa, antes tão inflexivelmente contrária à locação da área para a nossa igreja, concordou em nos locar quase dez mil vagas de estacionamento cobertas no Compaq Center durante os sessenta anos seguintes. Aquilo não só nos economizou milhões de dólares, mas nos permitiu mudar para aquelas novas instalações aproximadamente um ano antes do planejado.

Se você mantiver a sua confiança em Deus, Ele lutará as suas batalhas por você. Se permanecer firme, verá o livramento do Senhor. Não importa pelo que você está passando ou quão grandes são seus oponentes. Mantenha uma atitude de fé. Permaneça calmo. Permaneça em paz. Permaneça naquele estado de espírito positivo. E não tente fazer tudo do seu próprio jeito. Deixe Deus fazer do jeito dele. Se você simplesmente obedecer aos Seus mandamentos, Ele mudará as coisas em seu favor.

Você pode estar passando por grandes dificuldades e ser tentado a pensar: *Eu nunca sairei desta. Isso nunca mudará. Jamais vencerei nesta situação.* A Bíblia diz: "Não se cansem nem desanimem".[5] Lembre-se de que você precisa, em primeiro lugar, vencer a batalha em sua mente. Permaneça forte. Quando pensamentos negativos vierem, rejeite-os e substitua-os por pensamentos de Deus. Quando tiver essa atitude de fé, você estará abrindo a porta para Deus operar na sua situação. Talvez você não veja as coisas acontecendo com os seus olhos naturais, mas não deixe isso desanimá-lo. No reino invisível, no mundo espiritual, Deus está operando. Ele está mudando as coisas em seu favor. E se você apenas fizer a sua parte e continuar crendo, no devido tempo, no momento certo, Deus fará com que você saia vitorioso.

A chave é escolher os pensamentos certos, manter a sua mente focada. Não apenas quando você se sente bem, não apenas quando as coisas lhe são favoráveis, não apenas quando não tem problemas, mas até mesmo nos momentos difíceis da vida — especialmente nos momentos difíceis — você precisa manter a sua mente focada nas boas coisas de Deus. Mantenha-se focado. Permaneça cheio de fé. Permaneça cheio de alegria. Permaneça cheio de esperança. Tome uma decisão consciente que você permanecerá com uma mentalidade positiva.

Algumas pessoas dão um passo à frente e, em seguida, dois passos atrás. Estão felizes e têm uma boa atitude em um dia; depois, no dia seguinte, sentem-se negativas e deprimidas. Elas fazem um pequeno progresso e voltam. Por causa de sua fé vacilante, nunca realmente chegam ao lugar em que Deus quer que estejam. Nunca experimentam as vitórias que Ele tem guardado para elas. Amigo, você precisa ser constante. Focalize a sua mente em sucesso, vitória e progresso. Lance fora qualquer coisa negativa, qualquer pensamento que traga medo, preocupação, dúvida ou descrença. Sua atitude deve ser: *Eu me recuso a regredir. Estou seguindo adiante com Deus. Eu serei a pessoa que Ele quer que eu seja. Cumprirei o meu destino.*

Se você se dispuser a fazer isso, Deus operará continuamente em sua vida. Ele lutará as suas batalhas por você. Ele lhe dará paz em meio a uma tempestade e irá ajudá-lo a viver a vida de vitória que Ele tem guardada para você.

CAPÍTULO 14

O Poder das Suas Palavras

José Lima foi arremessador do time de beisebol Houston Astros durante vários anos no fim da década de 1990. José era um jogador jovem, extrovertido, afável e cheio de energia, que costumava exalar uma atitude positiva. Mas quando os Astros construíram o seu novo estádio, agora conhecido como Minute Maid Park, José ficou chateado. A cerca no campo esquerdo ficava muito mais próxima do que a cerca do antigo estádio, o Astrodome. De fato, de todos os estádios do beisebol profissional dos Estados Unidos, o Minute Maid Park tem uma das menores distâncias da posição do arremessador até a cerca esquerda do campo. Os rebatedores amam isso, mas o campo esquerdo curto dificulta as coisas para os arremessadores, especialmente quando eles estão trabalhando contra rebatedores destros que tendem a lançar a bola em direção ao campo esquerdo.

Na primeira vez em que pisou no novo estádio, José Lima caminhou até o lugar do arremessador e, quando olhou para a parte externa do campo, percebeu imediatamente a grande proximidade daquela cerca do campo esquerdo. "Nunca serei capaz de arremessar aqui", ele disse.

Na temporada seguinte, apesar do entusiasmo dos fãs e da empolgação de jogar naquele estádio novíssimo, José teve o pior ano de sua carreira. Ele despencou de vencedor de vinte jogos para um perdedor de dezesseis jogos em temporadas consecutivas. Nunca na história do Astros algum arremessador passara por uma queda tão intensa.

PROFECIAS AUTORREALIZÁVEIS

O que aconteceu a José? A mesma coisa que acontece a muitos de nós todos os dias: recebemos aquilo que dizemos. Nossas palavras tornam-se profecias autorrealizáveis. Se você permitir que seus pensamentos o derrotem e, depois, originem ideias negativas por meio de suas palavras, as suas ações seguirão o mesmo caminho. É por isso que temos de ser extremamente cuidadosos quanto ao que pensamos, e especialmente cuidadosos com o que dizemos. Nossas palavras têm um poder tremendo e, queiramos ou não, daremos vida ao que dissermos, seja bom ou ruim.

Infelizmente, muitas pessoas estão vivendo desanimadas devido às suas palavras. Elas dizem coisas como:

- *"Nunca me acontece algo bom."*
- *"Nunca serei bem-sucedido."*
- *"Não tenho a capacitação necessária. Não sou capaz de fazer isso."*
- *"Nunca sairei desta bagunça."*

Algumas pessoas chegam a amaldiçoar a si mesmas! "Que idiota! Você nunca consegue fazer algo certo". Elas não percebem, mas as suas próprias palavras estão pavimentando o caminho para o fracasso.

Palavras são semelhantes a sementes. Quando as pronunciamos em voz alta, elas são plantadas em nosso subconsciente e assumem vida própria; elas se enraízam, crescem e produzem frutos da mesma espécie. Se falarmos palavras positivas, nossa vida se moverá nessa direção. De modo semelhante, palavras negativas produzirão maus resultados. Não podemos falar palavras de derrota e fracasso, mas esperar viver em vitória. Colheremos exatamente o que semeamos.

A Bíblia compara a língua ao leme de um enorme navio.[1] Embora o leme seja pequeno, ele controla a direção do navio todo; de modo semelhante, a língua controlará a direção de sua vida. Se costumar falar palavras de fracasso, você se moverá na direção de uma vida derrotada e desanimada. Se sua conversa inclui regularmente frases como "Não consigo. Não sou capaz. Não sou capacitado" ou outros comentários negativos, você está se preparando para a derrota. Aquelas palavras negativas o impedirão de ser a pessoa que Deus quer que você seja.

Ouvi falar de um médico que compreendia o poder das palavras. Uma receita que ele dava a todos os seus pacientes era eles dizerem pelo menos uma vez a cada hora: "Todos os dias, em todos os sentidos, estou cada vez melhor". Seus pacientes tinham resultados surpreendentes, muito melhores do que os pacientes tratados por muitos de seus colegas.

Quando você diz algo com bastante frequência, com entusiasmo e paixão, em pouco tempo a sua mente subconsciente começa a agir sobre o que você está dizendo, fazendo o que for necessário para realizar esses pensamentos e essas palavras. Infelizmente, a maioria das pessoas insiste em dizer coisas negativas acerca de suas vidas, maculando continuamente a si mesmas com as próprias palavras. Não percebem que suas próprias palavras dizimarão a sua confiança e destruirão a sua autoestima. De fato, se você está lutando contra a baixa autoestima, precisa falar constantemente palavras de vitória positivas e cheias de fé acerca de sua vida. Levante-se a cada manhã, olhe-se no espelho e diga: "Eu sou valioso. Eu sou amado. Deus tem um grande plano para a minha vida. Tenho favor onde quer que eu vá. As bênçãos de Deus estão me seguindo e me ultrapassando. Tudo que toco prospera e tem sucesso. Estou empolgado com o meu futuro!" Comece a falar esse tipo de palavras e, em pouco tempo, você subirá a um novo nível de bem-estar, sucesso e vitória. Realmente há poder em suas palavras.

Temos de ser particularmente cuidadosos com o que dizemos em momentos de adversidade ou dificuldade, quando as coisas não nos são favoráveis. A maneira como você reagir nas adversidades da vida e o que você disser em meio às dificuldades terá um grande impacto sobre quanto tempo você permanecerá nessas situações. Como regra, quanto mais positivos forem os seus pensamentos e palavras, mais forte você será e mais cedo superará o que quer que o aflija. Reconhecidamente, em tempos difíceis, a nossa natureza humana tende a querer reclamar, a falar do problema, dizer a todos que quiserem ouvir quão ruim a vida está nos tratando. Mas essas conversas são autodestrutivas. Para atravessar um momento difícil mais rapidamente e com melhores resultados, precisamos aprender a falar da maneira mais positiva possível.

> **O QUE VOCÊ DISSER EM MEIO ÀS DIFICULDADES TERÁ UM GRANDE IMPACTO SOBRE QUANTO TEMPO VOCÊ PERMANECERÁ NESSAS SITUAÇÕES.**

Com demasiada frequência, cometemos o erro de adotar atitudes negativas e reclamações.

"Eu sabia que o meu casamento não daria certo."

"Não imagino que algum dia possa ficar livre das dívidas."

"Acho que terei de aguentar esse problema de saúde pelo restante de minha vida."

Quando começa a falar assim, você se torna seu pior inimigo. Se há um momento em que precisa guardar o que diz, é nos momentos de dificuldade. Quando você se sente sobrecarregado, quando está estressado, quando tudo no mundo está contra você, quando aquela cerca do campo esquerdo parece um lugar difícil para rebater, é então que você precisa estar alerta. Esses são os momentos em que você está mais vulnerável e mais propenso a escorregar em uma atitude negativa, fazendo comentários negativos. Seu subconsciente captura as suas palavras, trata-as como declarações verdadeiras e válidas, e então começa a tentar cumpri-las. Quando isso acontece, a única pessoa que você tem para culpar é a si mesmo; você foi prejudicado pelos seus próprios pensamentos e palavras.

GUARDE O QUE VOCÊ DIZ

Se hoje você estiver debaixo de uma tempestade, agora mais do que nunca você precisa ter cuidado com o que diz e não permitir que nenhuma palavra negativa e destrutiva saia de sua boca. A Bíblia diz: "A língua tem poder sobre a vida e sobre a morte; os que gostam de usá-la comerão do seu fruto".[2] Em outras palavras, você cria um ambiente para o bem ou para o mal com as suas palavras, e terá de viver nesse mundo que você criou. Se estiver sempre murmurando, queixando-se e falando sobre como a vida lhe trata mal, você viverá em um mundo miserável e muito deprimente. Você pode ser tentado a usar as suas palavras somente para descrever situações negativas, mas Deus quer que as usemos para *mudar* as nossas situações negativas. Não fale sobre o problema, fale da solução.

A Bíblia nos diz claramente para falarmos com as nossas montanhas.[3] Talvez a sua montanha seja uma doença; talvez a sua montanha seja um relacionamento conturbado; talvez a sua montanha seja um negócio em dificuldades. Seja qual for a sua montanha, você precisa fazer mais do que pensar nela, mais do que orar a respeito dela; você precisa falar a esse obstáculo. A Bíblia diz: "Diga o fraco: 'Sou um guerreiro!'"[4]

Comece a chamar-se curado, feliz, íntegro, abençoado e próspero. Pare de

> **PARE DE DIZER A DEUS QUÃO GRANDES SÃO AS SUAS MONTANHAS E COMECE A DIZER ÀS SUAS MONTANHAS QUÃO GRANDE É O SEU DEUS!**

dizer a Deus quão grandes são as suas montanhas e comece a dizer às suas montanhas quão grande é o seu Deus!

Amo o que Davi fez quando enfrentou o gigante Golias. Ele não murmurou, reclamou nem disse: "Deus, por que eu sempre tenho esses problemas enormes?" Não, ele mudou toda a sua atmosfera por meio das palavras que saíram de sua boca. Ele não se entregou ao fato de Golias ter três vezes o seu tamanho. Nem se ateve ao fato de Golias ser um guerreiro habilidoso e ele, apenas um garoto pastor. Davi não colocou o foco na grandeza do obstáculo diante dele. Em vez disso, escolheu colocar o foco na grandeza do seu Deus.

Quando Golias viu quão jovem e pequeno era Davi, começou a rir. Ele zombou: "Por acaso sou um cão, para que você venha contra mim com pedaços de pau?"

Mas Davi o olhou bem nos olhos e, com grande determinação, disse: "Você vem contra mim com espada, com lança e com dardos, mas eu vou contra você em nome do Senhor... Deus... de Israel".[5]

Ora, essas são palavras de fé! Perceba, também, que ele falou as palavras em voz alta. Ele não se limitou a *pensá-las*; ele não se limitou a *orá-las*. Ele falou diretamente à montanha (o homem à sua frente) e disse: "Eu o matarei e... hoje mesmo darei os cadáveres do exército filisteu às aves do céu!"

Esses são os tipos de palavras que você precisa aprender a falar em suas circunstâncias cotidianas e, especialmente, em tempos de crise e adversidade. Quando você está enfrentando obstáculos em seu caminho, precisa dizer corajosamente: "Maior é Aquele que está em mim do que aquele que está no mundo.[6] Nenhuma arma forjada contra mim prosperará.[7] Deus sempre me faz triunfar". Pare de preocupar-se e reclamar do obstáculo e comece a falar com ele. Pare de reclamar da pobreza e da falta e comece a declarar: "Deus supre todas as minhas necessidades em abundância". Pare de aborrecer aquele amigo ou membro da família que não está servindo a Deus e comece a declarar: "Eu e a minha casa serviremos ao Senhor". Pare de reclamar que nada de bom lhe acontece e comece a declarar: "Tudo que toco prospera e tem sucesso". Precisamos parar de amaldiçoar as trevas. Comecemos mandando a luz entrar.

Amigo, há um milagre em sua boca. Se você quiser mudar o seu mundo, comece mudando as suas palavras. Quando as coisas ficarem difíceis, não ceda à murmuração, discussão e reclamação. Fale a esses problemas. Se você aprender a falar as palavras certas e mantiver a atitude correta, Deus reverterá aquela situação.

Você pode estar pensando: *Isso parece bom demais para ser verdade, Joel.* Eu sei que é verdade! Eu vi o poder de nossos pensamentos e palavras transformar uma situação impossível em minha própria família em um milagre médico moderno. Venha comigo, deixe-me contar-lhe sobre isso.

CAPÍTULO 15

Falando Palavras Transformadoras de Vida

Em 1981, minha mãe foi diagnosticada com câncer e os médicos lhe deram apenas algumas semanas de vida. Nunca me esquecerei do choque que a notícia foi para a nossa família. Nem um único dia de toda a minha vida eu vira a minha mãe doente. Ela era extremamente saudável e ativa. Adorava estar ao ar livre, trabalhando no quintal, cuidando de seus canteiros.

Eu estava longe de casa, na faculdade, quando chegou o relatório do médico. Meu irmão, Paul, me telefonou e disse:

— Joel, a mãe está muito, muito doente.

— Como assim, Paul? Ela está gripada ou algo assim?

— Não, Joel — respondeu Paul. — Ela está perdendo peso. Sua pele está amarela e ela está extremamente fraca; algo está seriamente errado com ela.

Mamãe ficou hospitalizada durante 21 dias, enquanto os médicos faziam exame após exame. Eles enviaram os seus resultados laboratoriais para todo o país, na esperança de encontrar alguma solução para ajudá-la. Finalmente, voltaram com o temido relatório de que ela estava com câncer metastático de fígado. Eles chamaram o meu pai ao corredor e disseram:

— Pastor, nós odiamos dizer-lhe isso, mas a sua esposa tem apenas algumas semanas de vida. Não meses, mas semanas...

Falando Palavras Transformadoras de Vida   147

A ciência médica havia alcançado os limites do que eles poderiam fazer. Os melhores e mais brilhantes médicos do mundo esgotaram os seus esforços, de modo que, basicamente, enviaram mamãe para morrer em casa.

Nós expressamos a nossa sincera gratidão aos médicos e funcionários do hospital pelo seu trabalho árduo, mas nos recusamos a aceitar as suas opiniões. Sou grato por médicos, hospitais, medicina e ciência, mas os profissionais médicos só podem apresentar o que os seus prontuários lhes dizem. Graças a Deus, você e eu podemos apelar para uma Autoridade superior. Nós sempre podemos ter outro relatório. O relatório de Deus diz: "Eu restaurarei a sua saúde e curarei as suas feridas".

Servimos a um Deus sobrenatural. Ele não é limitado pelas leis da natureza. Ele consegue fazer o que os seres humanos não são capazes de fazer. Ele pode fazer um caminho em nossas vidas onde parece não haver nenhum caminho. Foi isso o que nós oramos para que Ele fizesse na vida de mamãe.

E minha mãe nunca desistiu. Ela se recusou a falar palavras de derrota. Não reclamou de quão doente ou fraca se sentia, ou de quão terrível a sua vida era, ou de quão desesperada a sua situação parecia. Ela escolheu colocar as palavras de Deus em sua mente e em sua boca.

Começou a falar palavras cheias de fé. Ela começou a chamar por saúde e chamar por cura. Durante todo o dia, nós a ouvíamos andar pela casa falando em voz alta: "Eu viverei e não morrerei, e declararei as obras do Senhor". Ela era como uma Bíblia ambulante!

Eu dizia: "Mãe, o que você está fazendo?"

Ela dizia: "Joel, eu sou forte no Senhor e na força do Seu poder". Ela se debruçou sobre a Bíblia e encontrou cerca de trinta ou quarenta passagens bíblicas favoritas referentes a cura. Ela as anotou e as lia todos os dias, declarando-as corajosamente em voz alta. Nós a víamos andando para lá e para cá na rampa da garagem, dizendo: "Com longa vida Ele me satisfaz e me mostra a Sua salvação".

Mamãe misturava as suas palavras às Palavras de Deus, e algo poderoso começou a acontecer. Suas circunstâncias começaram a mudar. Não da noite para o dia, mas pouco a pouco, ela começou a sentir-se melhor. Seu apetite voltou e ela ganhou peso. Lenta, mas seguramente, seu vigor retornou.

O que estava acontecendo? Deus estava cuidando de cumprir a Sua Palavra. Deus estava restaurando a saúde dela e curando-a de suas feridas. Algumas semanas se passaram e mamãe melhorou um pouco. Alguns meses se passaram e ela melhorou ainda mais. Alguns anos se passaram e ela apenas continuou confessando a Palavra de Deus. Hoje, mais de vinte anos se passaram desde que recebemos o relatório de que mamãe tinha apenas algumas semanas de vida; no momento em que escrevo estas palavras, mamãe está totalmente livre daquele câncer, curada pelo poder da Palavra de Deus!

E ela ainda está confessando a Palavra de Deus. Ela se levanta todas as manhãs e revê aquelas mesmas passagens relacionadas à cura. Ela ainda fala aquelas palavras de fé, vitória e saúde sobre a sua vida. Não sai de casa antes de fazê-lo. Além disso, minha mãe gosta de lembrar à "Dona Morte" que ela não tem controle sobre a sua vida. Toda vez que passa por um cemitério, minha mãe literalmente grita bem alto: "Com longa vida Ele me satisfaz e me mostra a Sua salvação!" Na primeira vez em que ela fez isso quando eu estava no carro com ela, quase pulei fora do meu banco!

Mas mamãe se recusa a dar apoio ao inimigo.

CONFESSE COM OUSADIA A PALAVRA DE DEUS

Mamãe usou suas palavras para mudar o seu mundo; você pode fazer o mesmo. Talvez você esteja enfrentando uma situação "sem esperança". Não desista. Deus é um Deus que opera milagres. Ele sabe pelo que você está passando e não o decepcionará. Ele é um amigo mais chegado do que um irmão. Se você se dispuser a confiar nele e começar a falar palavras de fé, as circunstâncias começarão a mudar.

> **DEUS É UM DEUS QUE OPERA MILAGRES.**

É claro que não temos de estar em situações de risco de vida para usar a Palavra de Deus. Podemos falar a Palavra de Deus em nossa vida cotidiana. Pais, vocês devem falar a Palavra de Deus sobre os seus filhos todos os dias, antes de eles irem à escola. Basta dizer: "Pai, Tu me prometeste no Salmo 91 que Tu encarregarás Teus anjos de nós e que nenhum mal se aproximará de nossa casa. Então, eu Te agradeço por meus filhos estarem sobrenaturalmente protegidos e por Tu estares guiando-os e cuidando deles. Pai, Tu disseste que nós somos cabeça e não cauda, e que Tu nos cercará de favor. Por isso, eu Te agradeço porque meus filhos são abençoados e vão se sobressair em tudo que colocarem suas mãos a fazer".

Falar a Palavra de Deus sobre os seus filhos pode fazer uma enorme diferença nas vidas deles. Sei que minha mãe orava sobre os meus irmãos e eu todos os dias, antes de irmos à escola. Ela orava especificamente para que nunca quebrássemos algum osso. Criou cinco crianças saudáveis e muito ativas. Todos nós praticávamos esportes e fazíamos muitas coisas loucas, mas, até hoje, pelo que sei, nenhum de nós quebrou qualquer osso.

Assim como é imperativo nos vermos como Deus nos vê e pensarmos em nós mesmos como Deus pensa, é igualmente importante dizermos acerca de nós mesmos o que Deus diz. Nossas palavras são vitais para fazerem nossos sonhos se realizarem. Não é suficiente simplesmente ver isso pela fé ou em sua imaginação. Você tem de começar a falar palavras de fé sobre a sua vida. Suas palavras têm um enorme poder criativo. No momento em que declara alguma coisa, você a dá à luz. Esse é um princípio espiritual e ele funciona, quer o que você está dizendo seja bom ou mau, positivo ou negativo.

A esse respeito, muitas vezes nós somos os nossos piores inimigos. Culpamos tudo e todos, mas a verdade é que somos profundamente influenciados pelo que dizemos acerca de nós mesmos. A Bíblia diz: "Caiu na armadilha das palavras que você mesmo disse".[1]

"Nada de bom acontece comigo. Meus sonhos nunca se realizarão. Eu sabia que não seria promovido." Declarações como essas literalmente irão impedi-lo de avançar na vida. É por isso que você precisa aprender a guardar a sua língua e falar somente palavras cheias de fé acerca de sua vida. Esse é um dos princípios mais importantes que você poderá compreender. Dizendo de maneira simples, as suas palavras podem edificá-lo ou destruí-lo.

Deus nunca nos ordenou verbalizar repetidamente a nossa dor e sofrimento. Ele não nos instruiu a sair por aí discutindo as nossas situações negativas, divulgando a nossa "roupa suja" a todos os nossos amigos e vizinhos. Em vez disso, Deus nos disse para falarmos constantemente de Sua bondade, falarmos de Suas promessas pela manhã à mesa do desjejum, à noitinha ao redor da mesa de jantar, à noite antes de dormir, atentando continuamente para as boas coisas de Deus.

Você poderá experimentar uma nova sensação de alegria em seu lar se simplesmente parar de falar acerca das coisas negativas de sua vida e começar a falar a Palavra de Deus.

Se você está sempre falando sobre os seus problemas, não se surpreenda se viver em perpétua derrota. Se você tem o hábito de dizer: "Nada de bom me acontece", adivinhe? Nada de bom lhe acontecerá! Você precisa parar de falar acerca do problema e começar a falar sobre a solução. Pare de falar palavras de derrota e comece a falar palavras de vitória. Não use as suas palavras para descrever a sua situação; use as suas palavras para *mudá-la*!

Todas as manhãs, ao sair da cama, eu digo: "Pai, eu Te agradeço porque sou forte em Ti e na força do Teu poder. Sou muito capaz de fazer o que Tu me chamaste a fazer". Cito várias passagens da Bíblia acerca do favor de Deus em minha vida. O que estou fazendo? Estou começando meu dia com uma nota positiva, alinhando os meus pensamentos e palavras aos de Deus.

Defina o tom para o dia inteiro assim que sair da cama. Se esperar até terminar de ler o jornal da manhã, você começará o seu dia com todos os tipos de notícia triste e lúgubre. Procure começar o seu dia com alguma boa notícia, falando a Palavra de Deus sobre a sua vida! Não espere para ver primeiro o relatório de ações, ou você estará eufórico em um dia e deprimido no dia seguinte. No momento em que você acordar, comece a dar nova vida aos seus sonhos, falando palavras de fé e vitória.

Entenda que evitar conversa negativa não é o suficiente. Isso é semelhante a um time de futebol que tem uma boa defesa, mas não tem ataque. Se o seu time está constantemente jogando na defesa, você tem pouca chance de marcar um gol. Você precisa pegar a bola e fazê-la avançar pelo campo; você precisa chegar ao ataque. Você tem de ser agressivo.

> **EVITAR CONVERSA NEGATIVA NÃO É O SUFICIENTE... VOCÊ PRECISA CHEGAR AO ATAQUE.**

De modo semelhante, você precisa começar confessando ousadamente a Palavra de Deus, usando as suas palavras para avançar na vida, para trazer à vida as grandes coisas que Deus tem guardado para você. A Bíblia diz: "Com o coração se crê para justiça, e com a boca se confessa para salvação".[2] Esse mesmo princípio é verdadeiro em outras áreas. Quando crê na Palavra de Deus e começa a declará-la, misturando-a com a sua fé, você está, de fato, confirmando aquela verdade e tornando-a válida em sua própria vida.

Se você está enfrentando uma doença hoje, deve confirmar a Palavra de Deus acerca de cura. Diga algo como: "Pai, eu Te agradeço por Tu teres me prometido, em Salmos, que eu viverei e não morrerei, e declararei as

Falando Palavras Transformadoras de Vida   *151*

obras do Senhor". Ao declarar isso com ousadia, você está confirmando essa verdade em sua própria vida.

Se está enfrentando dificuldades financeiras, em vez de falar do problema, precisa declarar corajosamente: "Tudo em que coloco as minhas mãos prospera e tem sucesso!"

Amigo, quando você faz esses tipos de declarações ousadas, todo o céu entra em atenção para apoiar a Palavra de Deus.

Deus não nos deu centenas de promessas para simplesmente lermos e apreciarmos. Deus nos concedeu as Suas promessas para que possamos declará-las ousadamente para que nos tragam vitória, saúde, esperança e vida abundante.

Em 1997, Victoria e eu tivemos a oportunidade de criar a última emissora completa de televisão disponível em Houston, o canal 55. Foi uma tremenda oportunidade, mas também um enorme empreendimento. Tudo que tínhamos era uma licença de construção — basicamente, um pedaço de papel nos dando o direito de construir a emissora. Não tínhamos um estúdio, não tínhamos um transmissor ou uma torre onde colocá-lo. Ah, e não tínhamos uma programação! Estávamos começando totalmente do zero. E tínhamos menos de um ano para colocar a emissora no ar, ou perderíamos a licença. Nós realmente necessitávamos da sabedoria sobrenatural de Deus para lidar com os detalhes do dia a dia da construção de uma emissora de televisão.

Decidi fazer o que minha mãe fez. Todas as manhãs, ao ler minha Bíblia, eu anotava qualquer versículo ou passagem da Bíblia que tinha a ver com sabedoria ou orientação. Após algumas semanas, eu havia registrado vinte ou trinta passagens e, todos os dias, antes de sairmos de casa, Victoria e eu líamos aquelas passagens e, corajosamente, as declarávamos.

Uma de minhas passagens favoritas era: "Pois o Senhor é quem dá sabedoria; de sua boca procedem o conhecimento e o discernimento. Ele reserva a sensatez para o justo; como um escudo protege quem anda com integridade, pois guarda a vereda do justo e protege o caminho de seus fiéis. Então você entenderá o que é justo, direito e certo, e aprenderá os caminhos do bem".[3] Nós dizíamos: "Pai, nós Te agradecemos por termos a Tua sabedoria sobrenatural e a capacidade de sempre tomarmos a decisão certa. Pai, Tu disseste que os passos de um homem bom são confirmados pelo Senhor; por isso, Te agradeço por Tu estares guiando e dirigindo os nossos passos". Não consigo lhe contar quantas vezes, durante o desenvolvimento daquela emissora de televisão, Deus sobrenaturalmente nos protegeu e nos impediu de cometer erros.

Por exemplo, eu estava prestes a pegar o telefone e pedir uma peça extremamente cara e essencial de equipamento, provavelmente a mais importante de uma emissora de televisão. Pouco antes de fazê-lo, um homem me telefonou de maneira totalmente imprevista e discutimos várias questões. Perto do fim de nossa conversa, ele disse algo que me deu uma visão e mudou totalmente a decisão que eu estava prestes a tomar.

O que estava acontecendo? Deus estava usando aquele homem para ajudar a guiar-nos; Deus estava nos protegendo de tomar uma decisão errada e nos dando bom senso para tomar a decisão correta. Deus estava cuidando de cumprir a Sua Palavra.

Deus quer fazer algo semelhante por você, mas você não pode ser preguiçoso. Examine a sua Bíblia e destaque as passagens que se aplicam particularmente à sua situação de vida. Anote-as e adquira o hábito de declará-las.

Deus já fez tudo. Agora, a bola está no seu campo. Se quiser sucesso, se quiser sabedoria, se quiser ser próspero e saudável, você terá de fazer mais do que meditar e crer; precisará declarar ousadamente palavras de fé e vitória acerca de si mesmo e de sua família.

No capítulo seguinte, descobriremos como você pode fazer exatamente isso!

CAPÍTULO 16

Declarando uma Bênção

Como pais, podemos influenciar profundamente a direção da vida de nossos filhos pelas palavras que lhes dizemos. Acredito que, como maridos e mulheres, nós podemos estabelecer a direção para toda a nossa família. Como proprietário de um negócio, você pode ajudar a estabelecer a direção para os seus funcionários. Com as nossas palavras, temos a capacidade de ajudar a moldar o futuro de qualquer pessoa sobre a qual temos influência.

E cada um de nós tem influência sobre alguém. Você pode não se considerar um líder, mas, mesmo assim, tem uma esfera de influência — alguém ou algum grupo que o respeita. Mesmo que seja um adolescente, alguém valoriza a sua opinião. É vital falarmos "boas coisas" sobre a vida daqueles em relação aos quais temos influência. Isso não significa que nunca discordaremos deles ou que nunca teremos de confrontá-los e corrigi-los. Mas o teor geral das nossas palavras para eles e sobre eles deve ser positivo.

Certa mãe bem-intencionada importunava constantemente o seu filho adolescente. "Você é muito preguiçoso; você nunca será nada na vida! Se não entrar na linha, nunca chegará à faculdade. Você, provavelmente, acabará se metendo em problemas".

Esses tipos de palavras negativas destruirão uma pessoa mais rápido do que você pode imaginar. Você não pode falar negativamente acerca de alguém e, em seguida, virar-se e esperar que a pessoa seja abençoada. Se você quer que o seu filho ou filha seja produtivo e bem-sucedido, precisa começar a declarar palavras de vida sobre eles, em vez de previsões de desgraça e desespero. A Bíblia nos lembra de que, com as nossas palavras, podemos abençoar as pessoas ou podemos amaldiçoá-las.

No Antigo Testamento, as pessoas entendiam claramente o poder da bênção. Quando o patriarca da família se aproximava da decrepitude ou da morte, os filhos mais velhos se reuniam ao lado do pai. Então, o pai impunha as mãos sobre a cabeça de cada filho e lhes falava palavras amorosas e cheias de fé acerca do futuro deles. Esses pronunciamentos compreendiam o que foi conhecido, desde então, como "a bênção". A família percebia que aquilo era mais do que os últimos desejos de seu pai; essas palavras eram carregadas de autoridade espiritual e tinham a capacidade de levar sucesso, prosperidade e saúde ao futuro deles.

Muitas vezes, os filhos chegavam a disputar a bênção do pai. Eles não lutavam por uma soma de dinheiro que poderiam herdar. Nem disputavam os negócios da família. Eles brigavam por palavras cheias de fé porque percebiam que, se recebessem a bênção do pai, riqueza e sucesso seriam uma consequência natural. Muito além daquilo, eles desejavam profundamente a bênção de alguém a quem eles amavam e respeitavam.

Um dos registros bíblicos mais surpreendentes quanto ao poder da bênção se refere à vida de Jacó e Esaú, os dois filhos de Isaque.[1] Jacó queria a bênção de seu pai — não apenas qualquer bênção, mas a bênção que, por direito, pertencia ao primogênito da família. Isaque estava velho, perto da morte e praticamente cego. Certo dia, ele chamou seu filho Esaú e disse: "Esaú, vá caçar algum animal e prepare-me uma refeição, e eu lhe darei a bênção que pertence ao primogênito". Mas a mãe de Jacó, Raquel, ouviu essa conversa. Raquel amava a Jacó mais do que a Esaú; então, ela disse a Jacó para vestir a roupa de Esaú, em uma tentativa de enganar Isaque em dar-lhe a bênção. Em seguida, ela preparou um dos pratos favoritos de Isaque.

Enquanto Esaú estava no campo caçando, ela disse a Jacó: "Vá até seu pai e apresente-lhe esta comida. E ele dará a bênção que, realmente, pertence a seu irmão".

Jacó reconhecia a seriedade dessa duplicidade. Ele disse: "Mas, Mãe, e se ele descobrir que eu estou mentindo e me amaldiçoar em vez de me abençoar? Eu serei amaldiçoado pelo restante de minha vida!"

Pense nisto: Jacó compreendia que estava arriscando todo o seu futuro naquela jogada. Ele reconhecia que as palavras que seu pai falasse sobre ele iram impactá-lo, para o bem ou o para mal, pelo restante de sua vida.

DECLARE O FAVOR DE DEUS

Quer percebamos, quer não, as nossas palavras afetam o futuro de nossos filhos, para o bem ou para o mal. As nossas palavras têm o mesmo tipo de poder que as palavras de Isaque tinham. Nós precisamos falar palavras amorosas de aprovação e aceitação, palavras que encorajam, inspiram e motivam os nossos filhos a alcançarem novas alturas. Quando fazemos isso, estamos declarando bênçãos em suas vidas. Estamos falando abundância e crescimento. Estamos declarando o favor de Deus em suas vidas.

Com demasiada frequência, porém, nos tornamos duros e críticos com os nossos filhos, constantemente encontrando falhas em algo que eles estão fazendo. "Por que você não pode tirar notas melhores? Você não corta a grama do jeito certo. Vá limpar o seu quarto — ele parece um chiqueiro! Você não consegue fazer uma única coisa certa, não é?"

> **AS NOSSAS PALAVRAS AFETAM O FUTURO DE NOSSOS FILHOS, PARA O BEM OU PARA O MAL.**

Tais palavras negativas farão nossos filhos perderem o senso de valor que Deus colocou dentro deles. Como pais, nós temos, diante de Deus e da sociedade, a responsabilidade de ensinar nossos filhos, discipliná-los quando eles desobedecem, corrigi-los amorosamente quando fazem escolhas erradas. Mas não devemos ser constantemente negativos com os nossos filhos. Se falar continuamente palavras que desencorajam e desanimam, em pouco tempo você destruirá a autoimagem de seu filho. E, com as suas palavras negativas, você abrirá uma porta, permitindo que o inimigo leve todos os tipos de insegurança e inferioridade à vida de seu filho. Atualmente, milhões de adultos ainda estão sofrendo em decorrência das palavras negativas que os seus pais falavam sobre eles quando eram crianças.

Lembre-se de que se você cometer o erro de, constantemente, falar palavras negativas sobre os seus filhos, estará amaldiçoando o futuro deles. Além disso, Deus irá responsabilizá-lo por destruir o destino deles. Com a autoridade vem a responsabilidade, e você tem a responsabilidade, como autoridade espiritual sobre o seu filho, de certificar-se de que ele se sente amado, aceito e aprovado. Você tem a responsabilidade de abençoar os seus filhos.

Além disso, a maioria das crianças obtém por meio de seus pais os conceitos de quem Deus é e de como Ele é. Se o pai for agressivo, crítico e severo, inevitavelmente os filhos crescerão com uma visão distorcida de

Deus. Se o pai for amoroso, gentil, compassivo e justo, a criança terá uma melhor compreensão do caráter de Deus.

Um dos motivos pelos quais eu falo tanto acerca da bondade de Deus é eu tê-la visto no exemplo dado por meu pai. Ninguém poderia ter representado Deus para nós melhor do que o meu pai. Mesmo quando cometíamos erros ou perdíamos o rumo, embora papai fosse firme, ele era também amoroso e gentil. Ele nos colocava de volta no caminho certo e nunca nos batia para entrarmos na linha; ele fazia isso com amor. Embora fosse muito ocupado, ele sempre tinha tempo para nós. Ele nos incentivava a fazer grandes coisas, a realizarmos os nossos sonhos. Meu pai costumava dizer: "Joel, não faça o que eu quero que você faça. Faça o que você quer fazer. Siga os seus próprios sonhos".

Papai acreditava em meu irmão, em minhas irmãs e em mim. Ele nos dizia que éramos ótimos, mesmo quando sabíamos que não éramos. Ele se referia a nós como bênçãos quando sabíamos que não estávamos agindo como bênçãos. Às vezes, nós o deixávamos louco e ele dizia: "Estou a ponto de matar uma pequena bênção de tanta pancada!"

Mamãe e papai criaram cinco crianças em nossa casa. Quando estávamos crescendo, não tínhamos atividades infantis na igreja, como muitas igrejas têm agora. Todos nos reuníamos no mesmo auditório. Minha irmã mais nova, April, e eu costumávamos nos sentar na fileira da frente daquele pequeno espaço de culto com capacidade para cerca de duzentas pessoas. Jogávamos jogo da velha durante todo o culto. (Estou confessando para que você saiba que ainda há esperança para os seus filhos. Eu não prestava atenção e Deus me fez pastor. Quem sabe o que Deus fará aos seus filhos?)

Papai ficava no púlpito e mamãe colocava todos os cinco filhos em fila. Ela ficava com as mãos levantadas, adorando a Deus com os olhos totalmente fechados. Contudo, tinha uma habilidade incrível, mesmo com os olhos fechados, de saber quando não estávamos nos comportando. Aquilo me surpreendia. Penso que aquela foi a minha primeira experiência com o poder sobrenatural de Deus! Eu observava mamãe para me certificar de que seus olhos estavam fechados antes de fazer alguma coisa para provocar meu irmão Paul. Sem perder o ritmo, mamãe abaixava lentamente uma das mãos, agarrava muito graciosamente o meu braço e me beliscava! Eu queria gritar, mas sabia o porquê daquilo. Então, ela voltava a levantar aquele braço e continuava adorando ao Senhor.

Declarando uma Bênção 157

Eu costumava pensar: *Mamãe, você tem um dom. Isso é sobrenatural!*

Estou brincando (um pouco), mas a questão é que meus irmãos e eu não éramos crianças perfeitas. Cometíamos muitos erros. Mas os meus pais nunca canalizaram a atenção sobre nossos pontos fracos ou nos problemas. Eles sempre se concentraram nas soluções. Eles nos diziam constantemente que éramos os melhores filhos do mundo. E nós crescemos seguros, sabendo que os nossos pais não só se amavam, mas também nos amavam e acreditavam em nós. Eles nos apoiariam em todas as situações. Sabíamos que eles nunca nos criticariam ou condenariam, mas sempre acreditariam no melhor que havia em nós.

Por ter crescido com aceitação e aprovação de meus pais, agora, que sou pai, estou praticando o mesmo tipo de coisas com os meus filhos. Estou falando em suas vidas palavras de bênção que serão transmitidas a outra geração. E sei que meus filhos transmitirão a bondade de Deus aos seus filhos, e assim por diante.

Uma das primeiras coisas que faço ao ver meu menino, Jonathan, na parte da manhã é dizer: "Jonathan, você é o melhor". Digo-lhe constantemente: "Jonathan, você é um presente de Deus para a sua mãe e para mim. Nós amamos você. Temos orgulho de você. Nós sempre iremos apoiá-lo". Eu digo à nossa filha, Alexandra, o mesmo tipo de coisas.

Antes de nossos dois filhos irem dormir, eu lhes digo: "Papai sempre será o seu melhor amigo". Victoria e eu lhes dizemos constantemente: "Não há coisa alguma que você não possa fazer. Você tem um futuro brilhante à sua frente. Você está cercado pelo favor de Deus. Tudo que você tocar prosperará".

Victoria e eu acreditamos que temos uma oportunidade e uma responsabilidade de falar as bênçãos de Deus aos nossos filhos agora, enquanto eles são jovens. Por que deveríamos esperar até eles serem adolescentes, ou com vinte e poucos anos e prestes a se casarem, para começar a orar pelas bênçãos de Deus em suas vidas? Não, nós estamos declarando as bênçãos de Deus sobre eles todos os dias de suas vidas. E estamos convencidos de que as nossas palavras impactarão os nossos filhos muito tempo depois de eles estarem crescidos e terem os seus próprios filhos.

O que você está transmitindo à próxima geração? Não é o suficiente pensar; você precisa colocar isso em palavras. Uma bênção não é uma bênção até ser falada. Seus filhos precisam ouvir você dizer palavras como: "Eu amo você. Eu acredito em você. Penso que você é grande. Não há outra pessoa como você. Você é único". Eles precisam ouvir a sua aprovação. Precisam sentir o seu amor. Precisam da sua bênção.

UMA BÊNÇÃO NÃO É UMA BÊNÇÃO ATÉ SER FALADA.

Seus filhos podem estar crescidos e ter saído de casa, mas isso não deve impedi-lo de pegar o telefone para ligar e incentivá-los, dizendo-lhes que você tem orgulho deles. Talvez você não tenha se saído bem em abençoar seus filhos enquanto eles cresciam. Não é tarde demais. Comece a fazê-lo agora.

PALAVRAS NÃO PODEM SER RETIRADAS

Jacó ficou diante de seu pai quase cego, Isaque, fingindo ser seu irmão, Esaú. Embora a visão de Isaque estivesse fraca, seu intelecto não estava. Ele perguntou: "Esaú, é realmente você?"

"Sim, pai; sou eu", mentiu Jacó.

Isaque não se convenceu, então chamou o filho para perto de si. Só quando cheirou a roupa de Esaú, que Jacó estava usando, ficou finalmente convencido. Então, ele deu a Jacó a bênção que realmente pertencia ao seu irmão mais velho. Ele disse algo como: "Que Deus lhe conceda muito cereal e muito vinho. Que as nações o sirvam e os povos se curvem diante de você. Seja senhor dos seus irmãos, e curvem-se diante de você os filhos de sua mãe. Malditos sejam os que o amaldiçoarem e benditos sejam os que o abençoarem".[2] Perceba que, em sua bênção, Isaque declarou grandes coisas acerca do futuro de Jacó, e um estudo da história lhe mostrará que aquelas coisas se realizaram.

No entanto, pouco depois de Jacó sair da sala, Esaú chegou. Ele disse: "Pai, sente-se; eu trouxe a refeição que preparei para você".

Agora, Isaque estava confuso. Ele disse: "Quem é você?"

"Pai, eu sou Esaú, o seu primogênito." Nesse ponto, a Bíblia registra que Isaque começou a tremer violentamente. Ele percebeu que fora enganado. Ele explicou a Esaú como o seu irmão, Jacó, havia entrado e, enganosamente, roubara a sua bênção.

Ora, eis aqui um aspecto surpreendente dessa terrível história de traição. Esaú começou a chorar em voz alta, dizendo: "Pai, você não pode ainda dar a mim a bênção que pertence ao primogênito?"

A resposta de Isaque foi perspicaz e poderosa: "Não, as palavras já foram proferidas e eu não posso trazê-las de volta. Eu disse que Jacó será abençoado, e ele será sempre abençoado".

Declarando uma Bênção

Você vê o poder das nossas palavras? Percebe o poder de falar bênçãos sobre os seus filhos? Isaque disse: "Uma vez proferidas as palavras, eu não posso trazê-las de volta". Ele deu a Esaú uma bênção menor, mas não tão importante quanto a que dera a Jacó.

Precisamos ser extremamente cuidadosos com o que permitimos sair de nossas bocas. Na próxima vez em que você ficar tentado a dizer palavras para diminuir alguém, para depreciar ou rebaixar o seu filho, lembre-se: você jamais poderá trazer essas palavras de volta. Uma vez ditas, elas adquirem vida própria.

Use suas palavras para declarar bênçãos sobre as pessoas. Pare de criticar o seu filho e comece a declarar que coisas grandiosas estão guardadas para o futuro dele.

Nunca devemos falar palavras destrutivas e negativas a alguém, especialmente pessoas sobre quem temos autoridade ou influência. O fato de você ter o seu próprio negócio ou de supervisionar um grande número de empregados não lhe dá o direito de diminuí-los com palavras e fazê-los sentir-se mal acerca de si mesmos. Muito ao contrário! Deus irá responsabilizá-lo pelo que você dirá aos indivíduos que estão sob a sua autoridade, e Ele o julgará segundo um padrão mais rigoroso. Você deve mudar o seu hábito para falar palavras positivas que edifiquem e incentivem.

De modo semelhante, é importante um marido compreender que suas palavras têm um poder tremendo na vida de sua esposa. Ele precisa abençoá-la com as suas palavras. Ela recebeu vida para amá-lo e cuidar dele, ser parceira dele, criarem uma família juntos, criar os seus filhos. Se ele estiver sempre encontrando defeitos em algo que ela está fazendo, sempre a depreciando, ele colherá problemas terríveis em seu casamento e em sua vida. Além disso, atualmente, muitas mulheres são deprimidas e se sentem emocionalmente abusadas porque seus maridos não as abençoam com suas palavras. Uma das principais causas de colapsos emocionais entre mulheres casadas é o fato de as mulheres não se sentirem valorizadas. Um dos principais motivos para essa deficiência é os maridos estarem, de modo intencional ou inadvertidamente, retendo as palavras de aprovação que as mulheres desejam tão desesperadamente. Se você quiser ver Deus fazer maravilhas em seu casamento, comece a elogiar a sua esposa. Comece a valorizá-le e incentivá-la.

"Ah, minha esposa sabe que eu a amo", disse um senhor idoso. "Eu não preciso dizer isso a ela. Eu disse quando nos casamos, 42 anos atrás."

160   *Sua Melhor Vida Agora*

Não, ela precisa ouvir isso repetidamente. Todos os dias, um marido deve dizer à sua esposa: "Eu amo você. Eu valorizo você. Você é a melhor coisa que já me aconteceu". A mulher deve fazer o mesmo para com o seu marido. Seu relacionamento melhoraria imensamente se você simplesmente começasse a falar palavras amáveis e positivas, abençoando o seu cônjuge em vez de amaldiçoá-lo.

DECLARE A BONDADE DE DEUS

Você precisa começar a declarar a bondade de Deus em sua vida. Comece declarando ousadamente: "A face de Deus está sorrindo para mim e Ele deseja ser bom para comigo". Isso não é gabar-se. É assim que Deus diz que seremos abençoados — quando começarmos a declarar a Sua bondade.

Permita-me fazer algumas declarações em sua vida:

- *Declaro que você é abençoado com a sabedoria sobrenatural de Deus, e você tem uma direção clara para a sua vida.*
- *Declaro que você é abençoado com criatividade, com coragem, com capacidade e com abundância.*
- *Declaro que você é abençoado com força de vontade, autocontrole e autodisciplina.*
- *Declaro que você é abençoado com uma ótima família, com bons amigos, com boa saúde e com fé, favor e realização.*
- *Declaro que você é abençoado com sucesso, com força sobrenatural, com crescimento e com proteção divina.*
- *Declaro que você é abençoado com um coração obediente e com uma perspectiva positiva da vida.*
- *Declaro que qualquer maldição que tenha sido falada sobre você, qualquer palavra negativa que tenha sido lançada contra você estão quebradas agora.*
- *Declaro que você é abençoado na cidade. Você é abençoado no campo. Você é abençoado quando entra. Você é abençoado quando sai.*
- *Declaro que tudo que você colocar as suas mãos a fazer prosperará e será bem-sucedido.*
- *Declaro que você é abençoado!*

Eu o encorajo a receber essas palavras e meditar nelas; deixe-as penetrar profundamente em seu coração e em sua mente, e tornar-se uma realidade em sua vida. Pratique fazendo algo semelhante com a sua família. Aprenda a declarar bênçãos sobre a sua vida, seus amigos, seu futuro. Lembrese de que uma bênção não é uma benção até ser falada. Se você fizer a sua parte e começar a falar ousadamente bênçãos sobre a sua vida e as vidas das pessoas ao seu redor, Deus proverá tudo de que você precisar para viver a vida de abundância que Ele quer que você tenha.

> **APRENDA A DECLARAR BÊNÇÃOS SOBRE A SUA VIDA, SEUS AMIGOS, SEU FUTURO.**

PARTE 4

ABANDONE O PASSADO

PARTE 4

ABANDONE O PASSADO

CAPÍTULO 17

Abandonando Feridas Emocionais

Vivemos em uma sociedade que gosta de dar desculpas, e uma de nossas frases favoritas é: "Não é minha culpa".

"Joel, sou uma pessoa negativa porque fui criado em um ambiente familiar doentio", disse-me um homem.

"Meu marido me abandonou. Fui rejeitada. É por isso que estou sempre tão deprimida", disse uma mulher de quarenta e poucos anos.

"Perdi a minha esposa e simplesmente não entendo o motivo. É por isso que estou com tanta raiva", disse outro jovem.

A verdade é que, se nos sentimos amargos e ressentidos, isso se dá porque nos permitimos permanecer dessa maneira. Coisas negativas já aconteceram a todos nós. Se você procurar com afinco, conseguirá facilmente encontrar motivos para ficar irritado. Qualquer um pode dar desculpas e culpar o passado por suas más atitudes, más escolhas ou temperamento instável.

Você pode ter motivos válidos para sentir-se como se sente. Pode ter enfrentado situações que ninguém merece passar na vida. Talvez você tenha sido abusado física, verbal, sexual ou emocionalmente. Quem sabe lutou contra uma doença crônica ou outro problema físico irreparável. Talvez alguém tenha se aproveitado de você nos negócios e você tenha perdido tudo, inclusive a autoestima. Não tenho a intenção de minimizar essas experiências tristes, mas, se você quiser viver em vitória, não poderá usar as feridas emocionais do passado como desculpa para fazer más escolhas hoje. Não se atreva a usar o que aconteceu como desculpa para a sua má atitude atual ou como justificativa para a sua falta de vontade de perdoar alguém. O quarto passo em direção a viver sua melhor vida agora é *abandonar o passado*.

É tempo de permitir que as feridas emocionais se curem, abandonar as desculpas e parar de sentir pena de si mesmo. É hora de livrar-se da mentalidade de vítima.

Ninguém — nem mesmo Deus — jamais prometeu que a vida seria justa. Pare de comparar a sua vida à de outra pessoa, e pare de prender-se ao que poderia ou deveria ter sido. Pare de fazer perguntas como: "Por que isso?" ou "Por que aquilo?" ou "Por que eu?"

PEGUE O QUE DEUS LHE DEU E TIRE O MAIOR PROVEITO DISSO.

Em vez disso, pegue o que Deus lhe deu e tire o maior proveito disso. Você pode ter sofrido muito, suportado grandes dificuldades ou experimentado muitas coisas negativas. Pode ter cicatrizes profundas de feridas emocionais, mas não deixe o seu passado determinar o seu futuro. Você nada pode fazer sobre o que lhe aconteceu, mas pode escolher como irá encarar o que está para acontecer. Não se prenda a sentimentos de amargura e ressentimento que podem envenenar o seu futuro. Abandone aquelas mágoas e dores. Perdoe as pessoas que lhe fizeram mal. Perdoe-se pelos erros que você cometeu.

Você pode até mesmo precisar perdoar a Deus. Talvez esteja culpando a Deus por levar um dos seus entes queridos. Quem sabe esteja com raiva de Deus porque Ele não respondeu às suas orações ou alguma situação não aconteceu da maneira como você esperava. Independentemente disso, você nunca será verdadeiramente feliz enquanto abrigar amargura em seu coração. Você chafurdará em autopiedade, sempre sentindo pena de si mesmo, pensando que a vida não lhe deu uma situação favorável. Você precisa abandonar as atitudes negativas e a raiva que as acompanha. Mude de canal e comece a se concentrar na bondade de Deus.

MUDE DE CANAL

Todos nós sabemos como usar o controle remoto para mudar os canais da tevê. Se virmos algo de que não gostamos, não há problema: apenas trocamos de canal. Precisamos aprender como mudar mentalmente de canal quando imagens negativas do pas-

Abandonando Feridas Emocionais

167

> sado surgem em nossas mentes inesperadamente. Infelizmente, quando algumas pessoas veem essas experiências negativas nas "telas" de suas mentes, em vez de mudar rapidamente de canal, puxam uma cadeira e pegam um pouco de pipoca, como se fossem assistir a um bom filme. De bom grado, elas se permitem reviver todas aquelas mágoas e dores. Depois, perguntam-se por que estão deprimidas, chateadas ou desanimadas.
>
> Aprenda a mudar de canal. Não deixe a sua mente ou as suas emoções arrastarem-no desesperadamente para a depressão. Em vez disso, fixe-se nas coisas boas que Deus fez em sua vida.

Provavelmente, você conhece algumas pessoas que transbordam de autopiedade. Gostam da atenção que lhes trazem. Viveram dessa maneira durante tanto tempo que a autocomiseração tornou-se a sua identidade. Pessoas assim são conhecidas como aqueles que passaram por alguma grande luta, alguma experiência horrível, a quem algo realmente terrível aconteceu. Certamente, quando alguém passa por uma experiência traumática, essa pessoa deve ser tratada com compaixão e cuidado durante o tempo que for preciso para recuperar a saúde e a força e voltar a levantar-se. Mas a verdade é que algumas pessoas não querem realmente ficar bem. Elas gostam demais de atenção.

Quinze anos atrás, o único filho de Phil e Judy morreu em um acidente no trabalho. Foi um daqueles acidentes inexplicáveis e sem sentido, para os quais não há palavras de conforto. Parentes e amigos cercaram o casal de cuidados durante vários meses, uniram-se a eles em sua dor e procuraram levá-los de volta a um grau de normalidade.

Independentemente dos esforços sensíveis de seus confortadores, Phil e Judy recusavam-se a abandonar a dor. Sempre que o nome de seu filho era mencionado, os olhos deles enchiam-se de lágrimas e seu pranto aflito começava de novo. De modo lento, mas constante, os confortadores pararam de procurá-los. As pessoas pararam de telefonar. Os membros da família evitavam visitá-los.

Toda vez que um incentivador tentava bravamente levantar o ânimo do casal, os seus esforços eram recebidos com rostos carrancudos e uma enxurrada de insultos.

"Você simplesmente não sabe o que é perder o seu único filho", Phil contestava.

"Não, mas Deus sabe", alguém lhes dizia.

No entanto, Phil e Judy permaneceram intocados. Em suas mentes, jamais alguém sentira dor como a deles. Nenhuma consolação parecia adequada às suas necessidades. Eles passaram a ser conhecidos como o casal que perdeu o filho tragicamente. Por conseguinte, quinze anos após o fato, Phil e Judy continuam a definhar em autocomiseração e isolamento. Por quê? Porque não querem ficar bem.

Se algo doloroso já aconteceu a você, não deixe que essa experiência seja o ponto focal de sua vida. Pare de falar sobre isso; pare de abordar o assunto com os seus amigos. Você precisa superar esse fato. Se você não abandonar o velho, Deus não trará o novo. É natural sentir tristeza e chorar, mas você não deve mais estar de luto cinco ou dez anos depois. Se você realmente quer ser são, se realmente quer ficar bem, precisa seguir com a sua vida.

Com demasiada frequência, continuamos revivendo as lembranças dolorosas do passado, negando o desejo de Deus de trazer cura. Quando estamos prestes a ser curados, começamos a falar novamente de nossa experiência dolorosa. Nós a abordamos com nossos amigos. Nós a trazemos à lembrança e a vemos em nossa imaginação. De repente, podemos sentir as mesmas emoções de novo, como se estivéssemos abrindo a velha ferida. Ela nunca cicatrizará corretamente até aprendermos a deixá-la em paz. Lembre-se de que as suas emoções acompanham os seus pensamentos. Quando você se debruça sobre as experiências negativas, as suas emoções voltam para lá com você, e você sente a dor no presente. Você pode reviver algo em sua mente e senti-lo hoje tão vividamente quanto quando aquilo aconteceu vinte anos antes.

Certo dia, alguns anos depois de o meu pai morrer, em 1999, eu estava sozinho na casa de meus pais. Fazia um bom tempo que eu não ia lá sozinho e, ao andar pela sala, sem motivo aparente comecei a pensar sobre a noite em que meu pai morreu. Papai teve um ataque cardíaco bem ali, naquele mesmo recinto. Na minha imaginação, eu podia ver tudo acontecendo. Podia ver papai no chão. Via os paramédicos cuidando dele. Podia ver a expressão no rosto de meu pai e comecei a sentir as mesmas emoções de desespero, tristeza e desânimo que conhecera na noite em que ele morreu.

Durante uns quinze ou vinte segundos fiquei ali paralisado, oprimido por minhas emoções. Finalmente, dei-me conta e pensei: *O que estou*

Abandonando Feridas Emocionais 169

fazendo? Para onde a minha mente está indo? Para onde essas emoções estão me levando?

Tive de tomar a decisão de que não me permitiria reviver aquela noite. Sabia que aquilo não me faria bem algum; só me deixaria chateado e desanimado. Em vez de ater-me à dor do passado, tive de começar, propositalmente, a recordar todos os bons momentos que meu pai e eu passamos naquela sala. Sorri ao lembrar-me de como costumávamos assistir ao programa de tevê *Roda da Fortuna* juntos naquela sala. Papai sempre conseguia adivinhar o quebra-cabeça muito antes dos competidores. Em minha mente, podia ver papai brincando com os nossos filhos naquela sala. Ele adorava ter crianças à sua volta e elas amavam estar com ele.

Lembrei-me de como, às vezes, eu entrava na sala e meu pai estava em sua cadeira favorita. Ele olhava para cima e dizia: "Joel, diga-me tudo o que sabe. Só vai levar um segundo". Papai achava-se muito engraçado. E era. Ele tinha um grande senso de humor.

Em pé naquela sala, tive de recusar voluntariamente a permitir que a minha mente voltasse às memórias dolorosas da morte de meu pai e, em vez disso, recordasse momentos alegres da vida dele. Mas, perceba que isso não aconteceu naturalmente; foi uma decisão que eu tive de tomar.

Você precisa fazer algo semelhante a respeito das experiências dolorosas de seu passado. Recuse-se a voltar lá emocionalmente; recuse-se a desenterrar memórias emocionais negativas. Elas não lhe farão bem algum; de fato, emoções negativas fortemente sentidas podem conter o potencial de sufocar o seu progresso.

Pense assim: cada pessoa tem dois arquivos principais em seu sistema de memória. O primeiro é um arquivo preenchido com todas as coisas boas que nos aconteceram. Ele está cheio de nossas vitórias e realizações, todas as coisas que nos trouxeram alegria e felicidade ao longo dos anos.

O segundo arquivo é exatamente o oposto. Ele é preenchido com as mágoas e dores do passado, todas as coisas negativas que nos aconteceram. Está cheio de nossas derrotas e fracassos, todas as coisas que nos trouxeram tristeza e pesar. Ao longo da vida, podemos escolher qual arquivo desejamos acessar. Algumas pessoas voltam repetidamente ao arquivo número dois e revivem as coisas dolorosas que lhes aconteceram. Estão sempre pensando nos momentos em que alguém lhes fez mal, nos momentos em que foram feridas ou sofreram horrível dor. Elas praticamente esgotam o arquivo número dois. Estão tão preocupadas com as coisas negativas, que

170   *Sua Melhor Vida Agora*

nunca se dedicam a explorar o arquivo número um. Quase não pensam nas coisas boas que lhes aconteceram.

Se quiser ser livre, se desejar superar a autocomiseração, jogue fora a chave do arquivo número dois. Não volte mais lá. Mantenha a sua mente focada nas coisas boas que Deus fez em sua vida.

NÃO VÁ LÁ

Uma antiga piada diz: "Se você quebrar o seu braço em três lugares, não vá mais a esses lugares". Nessa frase boba pode haver mais verdade do que imaginamos. Quando as dores do passado atraírem a sua atenção, não volte para lá. Em vez disso, lembre a si mesmo: *não, obrigado, eu pensarei em coisas de boa fama, coisas que me edificarão e não me derrubarão, coisas que me incentivam e me enchem de paz e felicidade, não coisas que tentam tirar a minha esperança e esvaziar o meu espírito.*

LEVANTE-SE E ANDE

Na Bíblia, lemos acerca de um homem de Jerusalém que era aleijado havia 38 anos. Ele passava todos os dias de sua vida deitado em uma maca junto ao tanque de Betesda, esperando por um milagre. Aquele homem tinha um distúrbio crônico profundamente arraigado.

Penso que, atualmente, muitas pessoas têm distúrbios crônicos. Suas doenças podem não ser físicas, e sim emocionais, mas do mesmo modo são distúrbios crônicos profundamente arraigados. Podem resultar de indisposição para perdoar, agarrar-se a ressentimentos do passado, culpar o passado por seu comportamento ou outras feridas emocionais. Esses distúrbios crônicos podem afetar a sua personalidade, relacionamentos e autoimagem. Assim como o homem deitado junto ao tanque, algumas pessoas acomodam-se ano após ano, esperando um milagre acontecer, esperando que algum grande evento venha tornar tudo melhor.

Certo dia, Jesus viu o homem deitado ali, com sua necessidade. Era óbvio que ele era aleijado, mas Jesus fez ao homem o que parecia uma pergunta estranha:

— Você quer ser curado?[1]

Acredito que Deus está nos fazendo uma pergunta semelhante hoje: "Você quer ficar bem ou quer continuar largado aí, sentindo pena de si mesmo?"

Jesus fez uma pergunta simples e direta, mas a resposta do homem foi interessante. Ele começou a listar todas as suas desculpas. "Estou sozinho. Não

"VOCÊ QUER SER CURADO?"

tenho ninguém para me ajudar. Outras pessoas me decepcionaram. Outras pessoas parecem sempre chegar antes de mim. Não tenho uma chance na vida."

É de admirar que ele tenha permanecido naquele estado durante 38 anos?

Amo a maneira de Jesus lhe responder. Ele sequer reagiu à sua história triste. Jesus não disse: "Sim, amigo, concordo com você. Você teve tempos difíceis. Vou me solidarizar com a sua dor".

Não! Na verdade, Jesus olhou para ele e disse:

— Se você realmente quer ficar curado, se realmente quer colocar a sua vida em ordem, se realmente quer sair dessa bagunça, eis o que você deve fazer: levante-se! Pegue a sua maca e ande.

Ao fazer o que Jesus lhe disse para fazer, o homem foi milagrosamente curado!

Essa é uma mensagem para nós, nos dias de hoje. Se você realmente quer ficar bem, se realmente quer ser tornar física e emocionalmente são, precisa levantar-se e seguir em frente com a sua vida. Chega de ficar largado aí, sentindo pena de si mesmo. Você precisa parar de voltar ao arquivo número dois o tempo todo. Pare de dar desculpas; pare de culpar pessoas ou circunstâncias que o decepcionaram. Em vez disso, comece a perdoar as pessoas que o feriram.

Hoje pode ser um ponto de virada na sua vida, um tempo de novos começos. Não perca mais um minuto tentando descobrir por que certas coisas ruins aconteceram com você ou com os seus entes queridos. Recuse-se a continuar vivendo com uma mentalidade de vítima.

Você pode estar dizendo: "Não consigo entender por que isso está acontecendo comigo. Não compreendo por que fiquei doente. Por que meu ente querido morreu? Por que meu casamento se desfez? Por que fui criado em um ambiente tão abusivo?"

Talvez você nunca saiba a resposta. Mas não use isso como desculpa para chafurdar em autopiedade. Deixe disso, levante-se e siga com a sua vida. Muitas das perguntas "por que" da vida continuarão a ser enigmas, mas confie em Deus e aceite o fato de que haverá algumas perguntas sem resposta. Tenha em mente que o fato de não saber a resposta não significa que ela não existe. Você simplesmente não a descobriu ainda.

Habitualmente, somos capazes de lidar com uma situação se conseguimos localizar um arquivo em nosso pensamento onde colocá-la. "Ele começou a ter problemas porque estava andando com a turma errada..."

Mas o que acontece quando as coisas não fazem sentido? Quando uma boa pessoa é acometida de uma doença grave? Ou uma criança nasce com um trauma de nascimento? Ou um cônjuge abandona um casamento? O que acontece quando a vida não se encaixa perfeitamente nas nossas categorias?

Cada um de nós deve ter o que eu denomino um arquivo "Não Entendo". Quando surgir algo para o que você não tiver uma resposta razoável, em vez de deter-se nisso e querer descobrir, simplesmente coloque-o em seu arquivo Não Entendo.

Enquanto isso, você precisa reunir fé suficiente para dizer: "Deus, eu não entendo isso, mas confio em Ti. E não vou usar todo o meu tempo tentando descobrir por que certas coisas aconteceram. Vou confiar em que Tu transformarás isso em algo bom. Tu és um Deus bom, e sei que Tu desejas os meus melhores interesses. Tu prometeste que todas as coisas cooperarão para o meu bem".

Isso é fé, e essa é a atitude que Deus honra.

Minha mãe teve poliomielite em sua fase de crescimento. Ela precisou usar um aparelho ortopédico pesado na perna durante muitos anos e, ainda hoje, uma perna continua mais curta do que a outra. Mamãe poderia facilmente ter dito: "Deus, isso não é justo. Por que isso aconteceu comigo?"

Mas, em vez disso, ela pegou a sua maca e seguiu com a vida dela. Em 1981, ao ser diagnosticada com câncer terminal, ela não desabou e disse: "Pobre de mim. Eu deveria ter sabido. Tive poliomielite; agora, tenho câncer. Sempre saio perdendo".

Mamãe não fez isso. Ela se firmou em seus calcanhares e lutou o bom combate da fé. Ela não saiu por aí reclamando, ao contrário, falou palavras de fé e vitória. Ela se recusou a ver-se como a vítima e viu-se como a vencedora. E Deus a tirou daquela dificuldade. Suas adversidades podem torná-lo amargo ou podem torná-lo melhor. Podem arrastá-lo para baixo e fazer de você uma pessoa ressentida ou podem inspirá-lo a buscar novas alturas.

Meu pai poderia ter dito: "Deus, por que Tu me deixaste nascer nessa família pobre? Não temos chance".

Mas ele não usou isso como desculpa para permanecer em derrota ou para sentir pena de si mesmo. Ele levantou e seguiu com a vida dele. Quando começou a pregar, aos dezessete anos de idade, ele não tinha uma igreja, então pregava nas ruas, nas casas de repouso, em prisões e cadeias, em qualquer lugar em que conseguisse. Ele não tinha carro, então ia a pé ou de carona para onde quer que fosse. Ele poderia ter facilmente se eximido e dito: "Deus, nós já passamos por muito na vida. Por favor, não me peça para fazer mais do que isso. Nós somos apenas pessoas pobres e miseráveis".

Mas não! Papai pegou a sua maca e seguiu em frente, e você precisa fazer o mesmo. Seu passado não tem de determinar o seu futuro. Todos nós podemos nos acomodar e dar desculpas para permanecer na mediocridade. Isso é fácil. Todos podemos nos acomodar e dar desculpas por ter uma má atitude ou uma autoimagem precária. Qualquer um é capaz disso. Mas se quisermos viver em vitória, precisamos eliminar a autopiedade e seguir com as nossas vidas.

Isso foi exatamente o que minha irmã Lisa teve de fazer. Ela passou por uma separação muito dolorosa em seu casamento. Não foi justo; ela foi maltratada e ofendida. Contudo, durante sete anos, Lisa orou e creu que seu casamento poderia ser restaurado. Ela fez tudo que sabia fazer. Mas, por algum motivo, simplesmente não funcionou.

Lisa poderia facilmente ter se tornado amarga. Ela poderia ter ficado deprimida e dizer: "Deus, isso não é justo. Por que isso aconteceu comigo?"

Mas Lisa decidiu que não ficaria sentada à beira do tanque durante 38 anos sentindo pena de si mesma. Ela não ficaria naquele buraco sombrio de depressão. Decidiu que era tempo de seguir com a vida. Lisa não ficou amarga. Ela se levantou das cinzas e disse: "Deus, eu não entendo, mas vou confiar em Ti de qualquer maneira. Tu conheces o meu coração. Sabes que fiz tudo que posso fazer. Estou colocando tudo nas Tuas mãos".

Não muito tempo após tomar essa decisão, Deus levou outra pessoa à vida de Lisa, e ela e meu cunhado Kevin estão muito bem casados há muitos anos.

Por favor, entenda que não estou dizendo que você deve desistir de seu casamento. Você precisa fazer o que Deus o está levando a fazer. O que quero que você veja é que, às vezes, passamos por coisas que simplesmente não entendemos. Ao longo de tudo isso, precisamos aprender a manter uma boa atitude e confiar que Deus ainda está no controle de nossas vidas, mesmo quando os eventos não estão tomando o rumo que havíamos planejado ou esperado.

Na Bíblia, encontramos um interessante relato de quando o bebê do rei Davi ficou terrivelmente doente, à beira da morte.[2] Davi ficou extremamente perturbado; ele orou dia e noite, crendo que Deus poderia curar o seu filho. Ele não quis comer nem beber; não se barbeou nem tomou banho. Ele não atendeu a qualquer assunto. Nada fez além de orar, clamando a Deus.

Apesar das intensas orações de Davi, no sétimo dia a criança morreu. Os servos de Davi ficaram preocupados em como dizer ao rei que o seu bebê estava morto. Eles pensaram que o rei ficaria tão devastado, tão angustiado que não conseguiria lidar com aquilo. Mas quando finalmente descobriu o que acontecera, Davi surpreendeu a todos. Ele se levantou do chão, lavou o rosto e colocou roupas limpas. Então, pediu aos seus servos para trazerem um pouco de comida, sentou-se e fez uma refeição.

Seus servos ficaram boquiabertos. Eles disseram: "Davi, quando seu filho estava vivo, você jejuou e orou. Mas, agora que ele se foi, você age como se nada houvesse de errado".

Davi respondeu: "Sim, eu jejuei e orei quando meu filho estava doente, pensando que Deus poderia curá-lo. Mas, agora que ele se foi, não posso trazê-lo de volta. Ele não voltará a mim, mas eu irei estar com ele". Perceba a atitude de Davi. Ele não ficou amargo. Não questionou Deus. Ele poderia ter se queixado: "Deus, eu pensava que Tu me amavas. Por que não respondeste às minhas orações?"

Davi não fez isso. Ele se atreveu a confiar em Deus em meio ao seu desapontamento. Ele lavou o rosto e seguiu com a sua vida.

Amigo, você e eu temos de aprender a fazer o mesmo. Pessoas podem ter lhe maltratado. Alguém pode ter lhe dado as costas ou talvez você tenha orado fervorosamente, mas Deus não respondeu à sua oração da maneira como você previu. Isso é passado. Você não pode mudar o passado; nada há que possa fazer sobre isso agora. Mas você precisa tomar uma decisão. Vai se sentar junto ao tanque durante 38 anos ou vai se levantar e seguir com a sua vida? Você continuará voltando ao arquivo número dois, revivendo todas aquelas lembranças dolorosas, ou manterá uma atitude de fé? Deus está perguntando: "Você realmente quer ser curado?"

Se quiser, você precisará sair de qualquer escravidão emocional em que tenha vivido. Ninguém pode fazer isso em seu lugar. Você precisa levantar-se daquelas cinzas. Precisa perdoar as pessoas que o magoaram. É preciso deixar de lado todas aquelas feridas e dores. Deixe o passado para trás.

Abandonando Feridas Emocionais

Quando você passar por situações que não entende, não se torne amargo. Não questione Deus. Aprenda a fazer o que Davi fez: simplesmente lave o rosto, mantenha uma boa atitude e siga em frente. Prepare-se para as coisas novas que Deus tem guardadas para você.

Deus prometeu que se você permanecer em uma atitude de fé e vitória, Ele reverterá aquelas feridas emocionais. Ele as usará em seu benefício e você se sairá melhor do que se elas não tivessem lhe acontecido.

CAPÍTULO 18

Não Deixe a Amargura Criar Raízes

Coisas injustas acontecem a todos nós; isso faz parte da vida. Quando somos magoados, podemos escolher agarrar-nos à dor e tornar-nos amargos ou podemos escolher deixá-la ir e confiar em que Deus nos compensará. Ouvi em algum lugar que, atualmente, 70% das pessoas têm raiva de alguma coisa. Imagine isso! Sete em cada dez pessoas que você encontrar hoje estarão com raiva. E isso sem contar as pessoas que passarem por você na via expressa!

Com frequência, as pessoas que abrigam raiva não percebem, mas estão envenenando as próprias vidas. Quando não perdoamos, não estamos ferindo a outra pessoa. Não estamos prejudicando a empresa que agiu mal conosco. Não estamos magoando Deus. Estamos prejudicando somente a nós mesmos.

Se quiser viver a sua melhor vida agora, deverá ser rápido em perdoar. Aprenda a abandonar as mágoas e dores do passado. Não deixe a amargura enraizar-se em sua vida. Talvez algo tenha lhe acontecido quando era mais jovem, alguém o maltratou, alguém se aproveitou de você. Quem sabe alguém o enganou para excluí-lo de uma promoção ou mentiu a seu respeito. Talvez um bom amigo o tenha traído e você tem um bom motivo para estar irado e amargo.

Para a sua saúde emocional e espiritual, você precisa abandonar isso. Não faz bem algum ficar odiando alguém. Também não faz qualquer sentido permanecer irado pelo que alguém já lhe fez. Você nada pode fazer sobre o passado, mas pode fazer algo a respeito do futuro. Você pode muito bem perdoar e começar a confiar em que Deus o compensará.

A Bíblia diz: "Cuidem que... nenhuma raiz de amargura brote e cause perturbação, contaminando muitos".[1] Perceba que a amargura é descrita como uma raiz. Pense nisto: você não pode ver uma raiz pois ela está situada profundamente na terra. Mas pode ter certeza disto: uma raiz amarga produzirá frutos amargos. Se tivermos amargura por dentro, isso afetará todas as áreas de nossas vidas.

Muitas pessoas tentam enterrar a mágoa e a dor no fundo de seus corações ou em seus subconscientes. Elas abrigam rancor e ressentimento, e depois ficam imaginando por que não conseguem realmente viver em vitória, por que não conseguem conviver com outras pessoas, por que não conseguem ser felizes. Não percebem, mas isso acontece porque os seus corações estão envenenados. A Bíblia diz: "Do coração saem os maus pensamentos, os homicídios, os adultérios, as imoralidades sexuais, os roubos, os falsos testemunhos e as calúnias".[2] Em outras palavras, se tivermos amargura dentro de nós, ela acabará contaminando tudo que sai de nós. Contaminará as nossas personalidades e as nossas atitudes, bem como a maneira como tratamos as outras pessoas.

> **UMA RAIZ AMARGA PRODUZIRÁ FRUTOS AMARGOS.**

Muitas pessoas estão tentando melhorar as suas vidas lidando com o fruto externo. Estão procurando corrigir seus maus hábitos, más atitudes, mau humor ou personalidades negativas e amargas. Estão lidando com o fruto de suas vidas, querendo mudar essas coisas, e isso é nobre. Mas a verdade é que, a menos que cheguem à raiz, nunca serão capazes de mudar o fruto. Porque, enquanto aquela raiz amarga estiver crescendo no interior, o problema persistirá e continuará surgindo outras vezes. Você pode ser capaz de controlar o seu comportamento durante algum tempo ou manter uma boa atitude durante um curto período, mas já se perguntou por que não consegue realmente ficar livre? Por que não consegue superar aquele hábito destrutivo?

Você tem de ir mais fundo. Precisa descobrir por que é tão irado, por que não consegue conviver com outras pessoas, por que é sempre tão negativo. Se buscar profundamente e chegar à raiz, será capaz de lidar com o problema, superá-lo e verdadeiramente começará a mudar.

VENENOS DO PASSADO

Lembro-me de uma jovem que procurou meu pai em busca de ajuda espiritual. Ela se casara e havia muitos anos não conseguia ter um relacionamento normal com o marido. Por algum motivo, ela simplesmente não conseguia entregar-se inteiramente àquele homem. Ela o amava, mas não suportava a proximidade e intimidade com ele. Como você pode imaginar, esse problema estava destruindo o relacionamento do casal.

Ela tentava mudar, mas não conseguia. Dizia: "Deus, o que há de errado comigo? Por que ajo dessa maneira? Por que não posso ser uma esposa normal?"

Certo dia, ela teve um sonho que a lembrou de algo que acontecera quando ela era menina. Nesse sonho, ela se viu no lago nadando, e vários meninos se aproximaram e abusaram sexualmente dela. Ela ficou com tanta raiva e tão cheia de ódio por aqueles meninos, que começou a gritar: "Eu odeio vocês! Eu odeio vocês! Nunca deixarei outro homem tocar-me enquanto eu viver".

Ao acordar, ela percebeu que ainda tinha, em seu coração, toda aquela raiva e ódio por aqueles meninos. Aquilo estava enterrado lá no fundo e, mesmo muitos anos depois, ainda afetava o seu relacionamento com o marido. Ela sabia que não seria fácil, mas reconheceu que tinha de lidar com aquela falta de perdão, ou nunca teria um relacionamento saudável. Ela decidiu liberar toda aquela mágoa e dor. Ela disse: "Deus, Tu sabes que não foi correto. Tu sabes o que fizeram para mim. Mas eu não me prenderei mais àquilo; não permitirei que a dor do passado envenene o meu presente e o meu futuro. Deus, eu perdoo aqueles meninos agora".

Curiosamente, a partir daquele momento, ela conseguiu desfrutar de um relacionamento saudável com o marido. Ela não poderia mudar lidando com o fruto; teve de descer à raiz. E, quando a raiz de amargura se foi, aquela mulher conseguiu libertar-se do seu passado.

Certamente, você não precisa voltar e reviver toda experiência negativa, recordando-se de todas as lembranças dolorosas do passado. De modo algum. Mas deve examinar o seu coração para ter certeza de não ter enterrado raiva e rancor em seu interior. Se você tiver áreas de sua vida com as quais está constantemente lutando, tentando mudar, mas se sente incapaz de fazê-lo, precisa pedir a Deus para lhe mostrar o que o está impedindo de ser livre. Peça a Deus para lhe mostrar se você tem raízes amargas que precisam ser desenterradas e extraídas. Se Deus trouxer algo à luz, seja rápido em lidar com isso. Esteja disposto a mudar. Não deixe os venenos do passado continuarem a contaminar a sua vida.

Anos atrás, houve um terrível surto de uma doença em uma pequena aldeia de uma região remota da África. Crianças e adultos estavam ficando doentes e tomados por náuseas. Muitas semanas se passaram e a doença se alastrou e as pessoas começaram a morrer. A notícia da doença chegou à cidade principal daquela região, e especialistas foram enviados para tentar desvendar o que estava causando o problema. Eles logo descobriram que a água estava contaminada. A aldeia recebia o seu abastecimento de água de um ribeiro alimentado por uma fonte; então, os especialistas decidiram percorrer o córrego e, esperançosamente, encontrar a origem da poluição. Viajaram durante vários dias e, finalmente, chegaram à foz do ribeiro. No entanto, nada encontraram de errado na superfície. Intrigados, decidiram enviar alguns mergulhadores para procurar o mais próximo possível da abertura da fonte.

A descoberta dos mergulhadores chocou os especialistas. Os corpos de uma grande porca e os seus filhotes estavam encravados bem na abertura da fonte. Evidentemente, eles haviam caído ali dentro, se afogaram e, de algum modo, ficaram presos. Agora, toda aquela água pura e cristalina da fonte da montanha estava sendo contaminada ao passar pelos restos em decomposição daqueles porcos mortos. Imediatamente após os mergulhadores conseguirem remover os porcos, a água começou a fluir limpa e pura novamente.

Algo semelhante acontece em nossas vidas. Coisas negativas já aconteceram a todos nós. Talvez na semana passada, no mês passado ou dez anos atrás, alguém nos feriu. E, com demasiada frequência, em vez de deixar passar e entregar a Deus, nós nos agarramos àquilo. Não perdoamos e, assim como aqueles porcos azedaram aquela água cristalina, nossas próprias vidas se tornaram contaminadas. A raiz de amargura apoderou-se de nós.

Pior ainda: após algum tempo, nós a aceitamos. Abrimos espaço em nossos corações para aquela amargura e aprendemos a viver com ela. "Bem, eu sou apenas uma pessoa com raiva. Minha personalidade é assim. Eu sou sempre assim. Sou sempre amargo. É assim que eu sou."

Com todo o respeito, não é assim que você é. Precisa livrar-se do veneno que está poluindo a sua vida. Você foi feito para ser um ribeiro cristalino. Deus o criou à Sua imagem. Ele quer que você seja feliz, saudável e íntegro. Deus quer que você desfrute da vida plenamente, não que viva com amargura e ressentimento, poluído e putrificado, contaminando todas as demais pessoas a quem você influencia.

180 Sua Melhor Vida Agora

Imagine-se como um ribeiro cristalino. Não importa quão poluído o ribeiro possa estar agora ou quão barrentas ou turvas as águas possam parecer em sua vida hoje. Se você se dispuser a começar a perdoar as pessoas que o ofenderam e libertar todas aquelas mágoas e dores, aquela amargura sairá e você começará a ver novamente aquela água cristalina. Experimentará a alegria, a paz e a liberdade que Deus afirmou que você teria.

Talvez seja por isso que Davi disse: "Sonda-me, ó Deus, e conhece o meu coração; prova-me, e conhece as minhas inquietações".[3] Precisamos sondar o nosso coração e nos certificar de não deixar qualquer raiz de amargura tomar posse dele.

O que está poluindo o ribeiro pode não ser uma coisa grande. Talvez o seu cônjuge não esteja passando tanto tempo ao seu lado quanto você gostaria, e você pode ficar ressentido. Você é lacônico com o seu companheiro; sarcástico, enigmático ou hostil. Você está intencionalmente se tornando difícil de conviver.

Cuidado! Essa raiz de amargura está contaminando a sua vida. Mantenha o seu ribeiro puro. Não deixe o seu coração ficar poluído. A Bíblia fala em ser rápido em perdoar; quanto mais esperarmos, mais difícil será. Quanto mais nos apegamos ao ressentimento, mais profundamente aquela raiz de amargura cresce.

Às vezes, em vez de perdoar rapidamente, abandonando as mágoas e dores do passado, nós as enterramos silenciosamente no fundo de nossos corações e mentes. Não queremos falar sobre o problema. Não desejamos pensar nele. Queremos ignorá-lo e esperar que ele vá embora.

Ele não irá. Assim como ocorreu com aqueles porcos presos sob a água, algum dia aquela contaminação aparecerá em sua vida e fará estragos. Ela lhe causará ainda mais dor e tristeza e, se você se recusar a lidar com a amargura, ela poderá matá-lo.

Algumas décadas atrás, várias empresas autorizadas pelo governo dos Estados Unidos tentaram enterrar resíduos tóxicos no subsolo. Encheram grandes recipientes metálicos com resíduos químicos e outros produtos que constituíam ameaças à vida, vedaram muito bem os tambores e os enterraram muito abaixo da camada superficial do solo. Elas pensaram que o assunto estivesse encerrado. Porém, após pouco tempo, muitos dos recipientes vazaram e os resíduos tóxicos começaram a infiltrar-se na superfície, causando todo tipo de problema. Em alguns locais, mataram a vegetação e arruinaram o abastecimento de água. As pessoas tiveram de abandonar as suas casas. Em uma região conhecida como *Love Canal*, próximo às cataratas do Niágara, um número excessivo de pessoas começou a morrer de câncer e outras doenças debilitantes. Até hoje, muitas comunidades ainda sofrem os efeitos dos resíduos tóxicos que foram enterrados.

O que deu errado? Eles tentaram enterrar algo demasiadamente tóxico. Aquilo não podia ser armazenado. Pensaram que poderiam enterrá-lo e ficar livres dele de uma vez por todas, mas não perceberam que as substâncias que queriam enterrar eram tão poderosas. Elas eram excessivamente tóxicas para os recipientes conterem. Os responsáveis nunca sonharam que, algum dia, aqueles contaminantes voltariam à tona e eles teriam de eliminá-los de novo. Mas dessa vez, as substâncias tóxicas estariam dispersas e muito mais difíceis de lidar. Se eles as tivessem descartado corretamente na primeira vez, não teriam tido esse terrível problema.

O mesmo ocorre conosco. Quando alguém nos magoa, quando alguém nos faz mal, em vez de deixar passar e confiar em Deus para nos compensar, nós enterramos aquilo profundamente em nosso interior. Tentamos empacotar falta de perdão, ressentimento, raiva e outras reações destrutivas em nossos recipientes "à prova de vazamento". Vedamos suas tampas firmemente. Em seguida, nós os colocamos de lado e dizemos: "Bom. Não terei de lidar com isso. Livrei-me disso de uma vez por todas".

Mas, infelizmente, assim como os resíduos tóxicos tendem a voltar à superfície, algum dia as coisas que você guardou em seu subconsciente ou enterrou profundamente nos recônditos de seu coração subirão à superfície e começarão a contaminar a sua vida. Não podemos viver com veneno dentro de nós e esperar que ele não nos faça mal.

Enfrente a realidade. Você não é suficientemente forte para conter a toxicidade em sua vida. Você precisa da ajuda de alguém maior e mais forte do que você mesmo. É por isso que precisa entregar a Deus essa amargura, esse ressentimento e outros contaminantes. O perdão é a chave para ser livre da amargura tóxica. Perdoe as pessoas que o feriram. Perdoe o chefe que procedeu mal com você. Perdoe o amigo que o traiu. Perdoe o pai ou a mãe que o maltratou quando você era mais jovem. Livre-se de todo esse veneno. Não deixe a raiz de amargura aprofundar-se e continuar a contaminar a sua vida.

Com o que esse lixo tóxico se parece em nossas vidas? Para algumas pessoas, ele aflora na forma de raiva. Em outras pessoas, cheira a depressão. Para outras, tem o mau cheiro da baixa autoestima. Ele pode aparecer de muitas maneiras diferentes, às vezes causando danos antes mesmo de conseguirmos perceber que ele reapareceu.

O famoso boxeador James "Lights Out" Toney era conhecido por sua agressividade no ringue. Ele lutava como um homem possuído. Seu soco era potente e, durante muitos anos, foi o campeão mundial dos pesos médios. No dia seguinte a uma de suas vitórias, um repórter lhe perguntou:

— James, o que faz você ser tão bom? Por que você luta com tão tremenda agressão e paixão no ringue?

O repórter esperava a resposta padrão. Algo como: "Bem, você sabe, eu apenas sou competitivo. É assim que eu sou. Eu amo lutar boxe".

Mas não foi isso o que Toney disse.

— Você realmente quer saber por que eu luto com tanta raiva e agressão? — perguntou o boxeador. — É porque meu pai me abandonou quando eu era criança. Ele deixou a mim e a meus irmãos e irmãs sozinhos, sem pai, para sermos criados por minha mãe. E agora, quando entro no ringue, imagino o rosto de meu pai no meu adversário. E tenho tanto ódio, tanta raiva dele, que isso apenas explode.

Toney era impulsionado por sua raiva. Ele deixara aquela raiz de amargura ter profundo domínio sobre ele, e ela estava envenenando e contaminando a sua vida. Sim, ele ganhava o aplauso da multidão, a aclamação do mundo dos esportes, mas era infeliz por dentro. Você pode ter sucesso exterior, mas, se for amargo por dentro, isso estragará e manchará cada vitória. Você precisa lidar com o interior em primeiro lugar. Precisa chegar à raiz do problema; então você poderá realmente ser feliz. Então poderá experimentar uma verdadeira, imaculada e pura vitória em sua vida.

Você pode estar pensando: *Joel, eu não consigo. É difícil demais. Eu simplesmente não consigo perdoar. Eles me feriram demais.*

Espere um minuto! Você não está perdoando pelo bem *deles*, está perdoando pelo seu próprio bem, para que o veneno não continue a contaminar a sua vida. Se alguém lhe fez um grande mal, não lhe permita continuar a feri-lo, prendendo-se a isso. Você não o está ferindo, em hipótese alguma; só está prejudicando a si mesmo.

Lembro-me de certa vez, quando eu era menino, em que meu pai e eu estávamos indo almoçar com um homem, que estava dirigindo. Percebemos que ele não estava fazendo o caminho mais curto para o restaurante. Educada e inocentemente, meu pai disse:

— Sabe, há um caminho mais rápido.

Não Deixe a Amargura Criar Raízes

O homem que dirigia o carro respondeu:

— Oh, não. Nós não vamos por esse caminho. Anos atrás, alguém que vive naquela rua fez mal à nossa família, e agora nós não passamos mais por ali.

Eu não disse nada, mas, mesmo sendo um menino de dez anos de idade, quis lhe perguntar: "Você realmente pensa que está fazendo esse homem sofrer? Você realmente pensa que ele está em pé junto à janela, olhando para fora, ficando deprimido porque você não está passando por lá?"

A quem estamos enganando? Quando nos apegamos a veneno do passado, ferimos somente a nós mesmos. Não ferimos a qualquer pessoa. Precisamos perdoar para sermos livres. Perdoe para que você possa ser curado.

PERDOE PARA SER LIVRE

Recentemente, assisti a um programa de televisão sobre Rudy Tomjanovich, antigo técnico do time de basquete *Houston Rockets*. O programa recordou um evento de 1973, quando Rudy, então um robusto jovem de 25 anos de idade, estava jogando pelos Rockets. No meio de um jogo apertado, uma briga começou no centro da quadra. Rudy correu para lá a toda velocidade para tentar impedi-la. Assim que chegou, um jogador se virou e, sem sequer olhar, golpeou o mais forte que podia. Infelizmente, o soco acertou em cheio o rosto de Rudy. Ele foi chamado de "o soco ouvido no mundo todo". Ele fraturou o crânio de Rudy, quebrou seu nariz e as maçãs do rosto, e quase o matou. Embora tivesse ficado afastado dos gramados durante meses após o golpe devastador, Rudy se recuperou com o tempo.

Um dia após ter se recuperado, um repórter lhe perguntou:

— Rudy, você perdoou o jogador que fez isso a você?

Sem hesitar, Rudy disse imediatamente:

— Absolutamente. Eu o perdoei totalmente.

O repórter balançou a cabeça como se estivesse perplexo.

— Ora, Rudy, aquele cara quase o matou. Ele lhe causou toda aquela dor. Ele roubou uma parte de sua carreira. Você quer me dizer que não sente qualquer raiva, ódio ou amargura por ele?

Rudy sorriu.

— Não sinto nada disso.

Aquele repórter olhava para ele incrédulo. Finalmente, perguntou:

— Diga-me, Rudy, como você fez isso? Como você poderia perdoar ao homem que o feriu tanto?

Rudy respondeu:

— Eu sabia que se quisesse seguir em frente com a minha vida, teria de me livrar daquilo. Eu não fiz isso por ele, mas por mim. Fiz isso para que eu pudesse ser livre.

Esse é um bom conselho. Você precisa perdoar para poder ser livre. Perdoe para poder ser feliz. Perdoe para poder sair dessa escravidão. Temos de nos lembrar de que, quando perdoamos, não estamos fazendo isso apenas pela outra pessoa, estamos fazendo isso pelo nosso próprio bem. Quando nos prendemos à falta de perdão e vivemos com rancor em nossos corações, tudo que estamos fazendo é construir muros de separação. Pensamos estar protegendo a nós mesmos, mas não estamos. Estamos simplesmente fechando outras pessoas fora de nossas vidas. Nós nos tornamos isolados, solitários, deformados e presos por nossa própria amargura. Aqueles muros não estão apenas mantendo as pessoas fora; estão mantendo você prisioneiro.

Você percebe que esses muros também impedirão que as bênçãos de Deus se derramem em sua vida? Esses muros podem interromper o fluxo do favor de Deus. Os muros da falta de perdão impedirão as suas orações de serem respondidas. Impedirão os seus sonhos de se realizarem. Você precisa derrubar os muros e perdoar as pessoas que o feriram, a fim de poder sair da prisão. Você nunca será livre até fazê-lo. Abandone aqueles males que elas fizeram a você. Tire aquela amargura de sua vida. Essa é a única maneira pela qual você será verdadeiramente livre. Você se surpreenderá com o que poderá acontecer em sua vida quando você liberar todo esse veneno.

Quando eu estava crescendo, havia em nossa igreja um ex-pastor metodista. Suas mãos estavam tão aleijadas pela artrite, que ele mal conseguia usá-las. Elas pareciam ter encolhido e estavam deformadas. Ele não conseguia abrir uma porta de carro, dar um aperto de mão ou qualquer coisa assim. Desde quando o conheci, suas mãos sempre estiveram assim. Mas, certo dia, ele foi até meu pai e lhe mostrou suas mãos — elas estavam perfeitamente normais! Ele conseguia movê-las como qualquer um de nós, quase como se tivesse recebido um novo par de mãos.

Meu pai ficou surpreso, mas muito feliz por ele. Ele disse:

— Homem, o que aconteceu a você?

— Bem, é uma história interessante — disse o ex-ministro. — Alguns meses atrás, você estava falando sobre falta de perdão. Falava a respeito de como isso impede o poder de Deus de operar em nossas vidas e de como impede as nossas orações de serem respondidas. Enquanto escutava,

Não Deixe a Amargura Criar Raízes 185

comecei a pedir a Deus para me mostrar se havia alguma área de falta de perdão e ressentimento em minha vida. E Deus começou a lidar comigo. Ele trouxe à luz várias situações que me aconteceram ao longo dos anos, nas quais pessoas me fizeram grande mal. Eu nem sabia, mas em meu coração ainda havia raiva e ressentimento em relação àquelas pessoas. Essa é a parte estranha; eu não sabia que estava carregando aquilo. Mas, assim que vi, tomei a decisão de perdoá-las e livrar-me daquilo. Então, a coisa mais surpreendente começou a acontecer. Um a um, os meus dedos endireitaram. Uma semana se passou e este dedo ficou curado. Na semana seguinte, este outro foi curado. Na semana seguinte, este. Enquanto eu continuava a examinar meu coração e eliminar toda aquela amargura e ressentimento, Deus me trouxe a cura completa, e agora veja as minhas mãos. Estou perfeitamente normal!

Você também se surpreenderá com as grandes coisas que começarão a acontecer em sua vida quando se livrar da amargura e do ressentimento. Quem sabe? Talvez, como aquele ministro metodista, você possa experimentar cura física e emocional genuína ao sondar o seu coração e estiver disposto a perdoar. Você poderá ver o favor de Deus de uma nova maneira. Poderá ver as suas orações respondidas mais rapidamente ao abandonar o passado e se livrar de todo o veneno que você abriga agora.

Quando minha mãe descobriu que estava doente de câncer, em 1981, uma das primeiras coisas que ela fez foi certificar-se de que não tinha qualquer rancor em seu coração. Ela se sentou e escreveu cartas aos seus amigos e parentes, pedindo-nos para perdoá-la se ela nos tivesse feito qualquer mal. Ela queria ter a certeza de que o seu coração estava puro. Ela queria ter a certeza de que nada do que ela estava fazendo ou fizera interferiria no fluir do poder de cura de Deus para ela.

Você pode estar em uma encruzilhada em sua vida. Pode ter problemas com que lidar; pessoas que você precisa perdoar. Você pode proceder de duas maneiras: pode ignorar o que você sabe agora ser verdade e continuar enterrando aquela amargura em sua vida, empurrando-a mais profundamente e permitindo que ela envenene e contamine você e as pessoas à sua volta. Ou você pode fazer uma escolha muito melhor, expondo-a e pedindo a Deus para ajudá-lo a perdoar totalmente e livrar-se de tudo.

"Mas, Joel", eu ouço você dizer, "você não sabe o que elas fizeram para mim".

Não, eu não sei. Mas você precisa transferir o problema para Deus. Ele o compensará. Deus corrigirá os erros. Ele trará justiça à sua vida. Não seja teimoso e obstinado, pois acabará perdendo o melhor de Deus. Esteja disposto a mudar.

Escutei uma velha história acerca do capitão de um navio que navegava em uma noite escura como breu. De repente, o capitão percebeu uma luz forte diretamente à frente, e notou que o seu navio estava em rota de colisão com a luz. Ele correu para o rádio e enviou uma mensagem urgente, exigindo que o navio mudasse o seu curso dez graus para leste.

Poucos segundos depois, ele recebeu uma mensagem de resposta, que dizia: "Não é possível fazê-lo. Mude o seu curso dez graus para oeste".

O capitão ficou irritado. Enviou outra mensagem em códigos: "Eu sou um capitão da marinha. Exijo que você mude o seu curso".

Ele recebeu uma resposta alguns segundos depois. Ela dizia: "Eu sou um marinheiro de segunda classe. Não é possível fazê-lo. Mude o seu curso".

Agora, o capitão estava furioso. Ele enviou uma mensagem final, que dizia: "Eu sou um encouraçado e não vou mudar o meu curso!"

Ele recebeu, em troca, uma mensagem sucinta, que dizia: "Eu sou um farol. A escolha é sua, senhor".

Muitas vezes, somos como aquele capitão da marinha; podemos ser cabeçudos e teimosos. Podemos pensar em todos os motivos pelos quais não mudaremos: *Eles me feriram muito. Eles me fizeram muito mal. Eu não perdoarei.*

Este livro é o seu farol pessoal, lançando verdade em sua vida, dizendo que você precisa mudar o seu curso. O perdão é uma escolha, mas não é uma opção. Jesus disse: "Se não perdoarem uns aos outros, o Pai celestial não lhes perdoará as ofensas".[4] Quando você se agarra à falta de perdão, está a caminho de problemas. Você está em um caminho destrutivo. E Deus está lhe dizendo para mudar o seu curso.

Se você quiser ser feliz, se desejar ser livre, jogue aquele lixo para fora de sua vida. Pare de apegar-se a ele; abandone-o. Não deixe a raiz de amargura continuar a envenenar a sua vida. Sonde o seu coração. Quando Deus trouxer problemas à luz, seja rápido em lidar com eles. Mantenha o seu ribeiro puro. Amigo, se você fizer a sua parte e mantiver o veneno fora de sua vida, verá o favor e as bênçãos de Deus de uma maneira nova.

> **O PERDÃO É UMA ESCOLHA, MAS NÃO É UMA OPÇÃO.**

Você quer que Deus traga justiça à sua vida? Gostaria que Deus restaurasse tudo que foi roubado de você? Vamos, eu lhe mostrarei como isso pode acontecer.

CAPÍTULO 19

Deixe Deus Trazer Justiça à Sua Vida

Deus prometeu que, se depositarmos a nossa confiança nele, Ele nos compensará por todas as coisas injustas que nos aconteceram.[1] Talvez você tenha sido enganado em uma negociação e perdido muito dinheiro. Talvez alguém tenha mentido a seu respeito e aquela desinformação o impediu de obter uma promoção. Ou, talvez, um bom amigo o tenha traído.

Certamente, esses tipos de perdas deixam cicatrizes indeléveis, fazendo com que você queira apegar-se ao seu sofrimento. Seria lógico procurar vingança. Muitas pessoas até o incentivariam a fazer isso. Não é à toa que "dar o troco" seja uma expressão tão corriqueira.

Mas esse não é o plano de Deus para você. Se você quer viver a sua vida melhor agora, precisa aprender a confiar em Deus para trazer a justiça à sua vida. A Bíblia diz que Deus é um Deus justo, e julgará e resolverá os casos de Seu povo.[2] Isso significa que você não tem de viver querendo retribuir a todos pelas coisas erradas que fizeram para você. Não viva tentando pagar as pessoas com a mesma moeda. Deus é o seu vingador. Você precisa começar a deixar Deus lutar as suas batalhas por você. Deixe Deus resolver os seus casos. Deus prometeu que, se você transferir as questões para Ele e deixar que Ele lide com elas à maneira dele, Ele retificará os seus erros. Ele trará justiça à sua vida.

Alguém em sua vida pode não estar tratando-o bem. Pode estar dizendo coisas inverídicas a seu respeito, espalhando rumores maliciosos,

> **VOCÊ... PRECISA APRENDER A CONFIAR EM DEUS PARA TRAZER A JUSTIÇA À SUA VIDA.**

dizendo mentiras, tentando arruinar a sua reputação. Se você é como a maioria das pessoas, provavelmente está inclinado a entrar em ação e colocar "os pingos nos is". E, provavelmente, está tentado a despejar a sua ira sobre ela!

É preciso fé para crer que Deus quer vingá-lo, mas Ele realmente o faz. Não cometa o erro de descer até o nível dos seus agressores, entrando em discussões e brigas. Isso só piorará a situação. Deixe tudo nas mãos de Deus. Tome o caminho elevado, responda com amor e veja o que Deus fará. Se você se dispuser a fazer as coisas à maneira de Deus, Ele não só lutará as suas batalhas por você, mas, no fim, você sairá melhor do que antes.

DEUS MANTÉM BONS REGISTROS

Às vezes, Deus nos permite passar por certas coisas para nos testar. Se, agora, alguém em sua vida não está tratando-o bem, essa situação pode muito bem ser um teste da sua fé. Deus está interessado em ver como você reagirá. Você se tornará negativo, amargo ou furioso? Desenvolverá uma atitude vingativa, sempre tentando revidar? Ou você entregará a Deus, confiando em que Ele endireitará as coisas? Você passará nesse teste para que Deus possa promovê-lo?

Talvez o seu chefe não esteja tratando-o bem. Você está fazendo todo o trabalho, mas parece não estar recebendo crédito algum. Todos são promovidos na empresa, exceto você. Nesse caso, você pode ser tentado a lamentar-se por aí com uma atitude desgostosa, com uma mentalidade de coitadinho.

Em vez disso, você precisa manter uma boa atitude e começar a confiar em que Deus o compensará. Compreenda que não está trabalhando meramente para aquela pessoa. Você não é empregado simplesmente daquela empresa. Você está trabalhando para Deus! E Deus vê cada mal que lhe está sendo feito. Deus está mantendo bons registros. Ele acompanha de perto a situação e diz que irá retribuí-lo. E, amigo, quando Deus retribui, Ele sempre o faz abundantemente.

Quando Deus quer que você seja promovido, não importa se o seu chefe gosta de você ou não; o seu futuro não depende do que o seu chefe faz ou não faz. Deus está no controle. A Bíblia diz que a promoção não

Deixe Deus Trazer Justiça à Sua Vida 189

vem do norte, do sul, do leste ou do oeste. Em outras palavras, a promoção não vem do seu chefe, do seu supervisor ou da sua empresa. A verdadeira promoção vem de Deus Todo-Poderoso. E quando Deus disser que é hora de subir na carreira, todas as forças das trevas não serão capazes de impedi-lo. Você será promovido.

Além disso, Deus não permitirá que alguém o maltrate para sempre. Se você fizer a sua parte, mantiver uma boa atitude e entregar as suas circunstâncias a Ele, mais cedo ou mais tarde Deus trará justiça à sua vida. Às vezes, quando não vemos coisa alguma acontecer mês após mês, talvez até mesmo ano após ano, é tentador nos tornarmos manipuladores, querermos fazer as coisas acontecerem pelos nossos próprios esforços. Quando fazemos isso, corremos o risco de interferir nos planos e nos propósitos de Deus, criando outra confusão para Ele arrumar e, possivelmente, até mesmo impedindo Deus de fazer o que Ele realmente quer fazer naquela situação.

"Mas, Joel, todos estão ficando muito à frente de mim", lamentou Darla. "Quando será a minha vez? Todos os meus amigos estão se casando; todos com quem me formei estão ganhando muito dinheiro e vivendo confortavelmente; todos estão sendo promovidos na minha empresa, *exceto eu.*"

Você pode ter preocupações semelhantes às de Darla, mas entenda que Deus é um Deus sobrenatural. Um toque de Seu favor pode compensar qualquer terreno perdido e ainda lhe dar muito mais. Um toque do favor de Deus pode trazer a pessoa certa à sua vida ou colocar você no comando de toda a empresa.

Não muito tempo atrás, conheci um homem que trabalhava como mecânico em uma grande loja de caminhões a diesel que consertava carretas de 18 rodas. Ele me contou que, durante muitos anos, não foi tratado adequadamente em seu local de trabalho. Era um ambiente extremamente negativo e muitas vezes os seus colegas de trabalho zombavam dele porque ele não queria sair e se divertir após o trabalho. Ano após ano, ele suportou todos os tipos de injustiça e zombarias. Ele era um dos melhores mecânicos da equipe e, constantemente, um dos mais produtivos, mas, durante sete anos, nunca recebeu aumento de salário, não ganhou um bônus, não conseguiu qualquer tipo de crescimento — simplesmente porque o seu supervisor não gostava dele.

Aquele mecânico poderia ter ficado amargo. Poderia ter desistido e encontra-

> **UM TOQUE DO FAVOR DE DEUS PODE TRAZER A PESSOA CERTA À SUA VIDA.**

190   *Sua Melhor Vida Agora*

do trabalho em outro lugar; poderia ter desenvolvido uma atitude hostil e ficado com raiva do mundo. Mas, em vez disso, continuou a fazer o seu melhor. Trabalhou com empenho e manteve a boca fechada, sabendo que Deus era o seu vingador. Ele não estava trabalhando para agradar ao seu supervisor; estava trabalhando para agradar a Deus.

Certo dia, de repente, o proprietário da empresa o chamou. Esse proprietário não estava envolvido nas operações do dia a dia, por isso, o mecânico nunca o encontrara. Mas o dono disse que estava pronto para se aposentar e estava à procura de alguém para assumir a empresa. "Eu gostaria que você ficasse com ela", disse o proprietário ao mecânico.

"Sabe, senhor, eu adoraria tê-la", disse o mecânico, "mas não tenho dinheiro suficiente para comprar a sua empresa".

"Não, você não compreende", respondeu o proprietário. "Você não precisa de dinheiro. Eu tenho dinheiro. Estou à procura de alguém para assumir a empresa. Estou à procura de alguém em quem eu possa confiar para continuar o trabalho que comecei. Eu quero *dar* a empresa a você."

Hoje, o mecânico é o dono da empresa, de graça e sem pendências!

Durante a nossa conversa, perguntei-lhe:

— O que fez o proprietário chamá-lo?

Ele disse:

— Joel, até hoje eu não sei como ele conseguiu o meu nome. Não sei por que ele me escolheu. Tudo que sei é que quase da noite para o dia, eu passei do menor homem na hierarquia para a pessoa encarregada de toda a empresa!

Ele riu e disse:

— Sabe, Joel, eles não zombam mais de mim na oficina...

Amigo, esse é um bom exemplo de Deus levando justiça à vida daquele homem. Isso é Deus compensando-o por todos aqueles males. Deus resolveu o caso dele. Deus corrigiu os erros. E Deus quer fazer o mesmo tipo de coisa por você.

Você poderá dizer: "Joel, isso parece um tanto extremo para mim".

Entenda: nós servimos a um Deus que quer fazer mais do que você possa pedir ou pensar. Não importa como as pessoas estão tratando-o. Continue a fazer a coisa certa; não fique ofendido; não deixe que elas o aborreçam; não tente lhes retribuir, pagando mal com mal.

Em vez disso, continue concedendo perdão e reagindo com amor. Se fizer isso, quando chegar o momento de você ser promovido, Deus se certificará de que isso aconteça. Ele garantirá que você obterá tudo que merece e muito mais!

ENTREGUE A DEUS

A chave é: você precisa entregar a Deus. Deixe-o fazer à maneira dele. A Bíblia diz: "Nunca procurem vingar-se, mas deixem com Deus a ira".[3] Perceba que, se você quiser se vingar das pessoas, estará fechando a porta para que Deus o faça. Você pode fazê-lo à maneira de Deus ou à sua maneira. Se deixar Deus lidar com a questão, você não poderá ter a atitude de: *eu vou mostrar a eles que não tenho sangue de barata.* Isso impedirá Deus de vingá-lo à maneira dele. Se quiser manter aquela porta aberta para que Deus possa trazer verdadeira justiça à sua vida, você terá de deixar tudo nas mãos dele.

Alguém pode estar dizendo coisas desagradáveis a seu respeito pelas suas costas. Sua atitude deve ser: *sem problema. Deus me resguarda. Ele me compensará.*

Se alguém o engana, fazendo com que você perca algum dinheiro: *sem problema. Deus me prometeu o dobro. Eles não me devem nada. Deus, eu darei isso a eles porque sei que Tu podes me retribuir com o dobro. Não me preocuparei com isso; eu o libero agora.*

Se alguém convida todos os seus amigos para jantar, mas o exclui, a sua atitude deve ser: *sem problema. Deus sabe de que preciso. Ele trará novos amigos à minha vida.*

Que forma libertadora de viver! Quando você realmente compreende que não tem de corrigir tudo que lhe acontece, não tem de ficar ressentido e tentar se vingar de alguém pelo que lhe fez ou não. Você não tem de ficar preocupado ou tentar manipular a situação. Quando sabe que Deus está lutando as suas batalhas, e Ele prometeu corrigir os seus males, você pode andar com uma nova confiança, saltar de alegria, com um sorriso em seu rosto e uma canção em seu coração. Você é livre!

Quando você tem esse tipo de atitude, está deixando a porta aberta para Deus recompensá-lo. E, lembre-se de que Deus sempre recompensa abundantemente!

Alguns anos atrás, Victoria e eu tivemos em nossas vidas uma pessoa que realmente nos enganou em um assunto de negócios. Essa pessoa não cumpriu a sua parte no trato. Fez algumas coisas questionáveis e acabou nos lesando, fazendo-nos perder muito dinheiro.

Muitas vezes, Victoria e eu fomos tentados a lutar a batalha com nossas próprias forças. Fomos tentados a querer dar o troco e tornar miserável a vida daquela pessoa. Afinal, ela nos fizera sofrer; por que não fazê-la sofrer? Foi difícil, mas tivemos de nos forçar a fazer a coisa certa, que era colocar o assunto nas mãos de Deus.

Dissemos: "Deus, Tu vês o que está acontecendo. Tu sabes que estamos sendo tratados incorretamente. Tu sabes que o que esse homem está fazendo é errado. Mas, Deus, não tentaremos nos vingar. Não tentaremos ir à desforra. Deixaremos essa porta aberta, contando contigo para nos compensar".

Esse processo continuou durante vários anos e não vimos mudança alguma. Tivemos de continuar nos lembrando de que Deus é um Deus de justiça. *Deus nos compensará por fazermos a coisa certa. Deus resolverá o nosso caso.*

Certo dia, inesperadamente, Deus entrou em cena sobrenaturalmente e reverteu aquela situação. Ele não só tirou aquele homem de nossas vidas, mas compensou abundantemente tudo que ele havia tomado. Infelizmente, o homem que tentou nos enganar acabou perdendo a família dele, seu negócio, sua reputação — tudo. E eu, certamente, não desejo isso para ninguém, mas isso também é a justiça de Deus. Você não pode sair por aí continuamente fazendo o mal, enganando pessoas e semeando más sementes sem esperar que isso um dia chegue a você. Porém, nós colheremos exatamente o que tivermos semeado.

Recentemente, Victoria e eu estávamos discutindo quanto Deus nos tem compensado. Não digo isso com arrogância, mas Deus nos abençoou abundantemente. Ele nos fez prosperar em vários negócios de imóveis, então vivemos em uma linda casa e temos todas as coisas materiais de que precisamos. Ele nos abençoou com filhos maravilhosos e uma família fantástica. Ele nos promoveu e nos deu posições de liderança. Ele fez mais do que podemos pedir ou pensar. Mas se não tivéssemos aprendido como ser aprovados nesse tipo de teste, eu realmente não acredito que estaríamos onde estamos hoje. Se tivéssemos sido teimosos e lutado com o homem que estava nos enganando, ou se tivéssemos nos tornado amargos e enfurecidos, ou mantido ressentimento em nossos corações por aquele homem, Deus não teria nos promovido.

Se você se dispuser deixar a sua situação para Deus, no fim sairá muito melhor. Você estará muito à frente de onde teria estado se tivesse tentado

Deixe Deus Trazer Justiça à Sua Vida

resolver as questões com a sua própria força. Deus pode, verdadeiramente, trazer justiça às nossas vidas.

Talvez você esteja passando por uma situação e fazendo a coisa certa há um longo tempo. Você vem trilhando o caminho elevado e perdoando alguém repetidas vezes. Você continua deixando passar as faltas dessa pessoa. Continua mordendo a língua quando ela é rude com você. Você tem mantido uma boa atitude, apesar de ela tê-lo maltratado. Quem sabe isso vem acontecendo mês após mês, talvez ano após ano, e agora você está tentado a ficar desanimado. Você está imaginando: *Algum dia Deus mudará essa situação? Algum dia Deus trará justiça? Será que Ele sequer se preocupa com o que estou passando?*

Não desista! Continue fazendo a coisa certa. Deus está edificando o seu caráter e você está sendo aprovado nesse teste. Lembre-se de que quanto maior a luta, maior a recompensa.

A Bíblia diz: "Não nos cansemos de fazer o bem, pois no tempo próprio colheremos, se não desanimarmos".[4] Não se canse; Deus trará justiça à sua vida.

Precisamos confiar que Deus trará justiça no Seu tempo, não no nosso. Às vezes, isso não acontece da noite para o dia. Às vezes, será preciso amar alguém detestável durante um longo tempo. Às vezes, você terá de fazer a coisa certa quando a coisa errada estiver lhe acontecendo, e poderá se passar um longo tempo antes de você ver qualquer tipo de mudança. Poderá ser necessária uma grande força de vontade de sua parte, e uma determinação de confiar a despeito das probabilidades.

Quando era apenas um rapazinho, Davi foi ungido pelo profeta Samuel para ser o próximo rei de Israel. Não muito tempo depois, ele derrotou o gigante Golias e se tornou um herói instantaneamente em toda a terra. As pessoas o amavam e seus índices de popularidade eram altíssimos. Mas o rei Saul, governante de Israel na época, teve muita inveja de Davi e começou a fazer todo tipo de coisas injustas a ele.

Às vezes, Saul ficava doente e Davi tocava harpa para o rei, acalmando sua mente e ajudando Saul a sentir-se melhor. Mas, certo dia, quando Davi estava tocando harpa para ele, de repente Saul pegou sua lança e a atirou contra Davi! A lança quase o atingiu. Davi correu para fora da sala, temendo por sua vida. Ao perceber que Saul estava tentando matá-lo, ele fugiu para as montanhas para esconder-se. Ele teve de viver fugindo, indo de caverna em caverna, mês após mês.

Pense nisto: Davi nada fizera de errado. Ele tratara Saul com respeito e honra, mas Saul mudou e lhe retribuiu tentando matá-lo. Você não acha que Davi poderia facilmente ter ficado amargo? Ele poderia, facilmente, ter dito: "Deus, por que esse sujeito está tentando me ferir? Eu nada fiz a ele. Deus, eu pensava que Tu me escolheste para ser rei. O que está acontecendo aqui?"

Mas Davi não fez isso. Ele manteve uma boa atitude, recusando-se a ferir Saul, mesmo quando teve oportunidade. Embora Saul não o tratasse bem, Davi ainda respeitava a posição de autoridade de Saul.

Alguém em sua vida que tem autoridade sobre você — chefe, supervisor, pai ou mãe, ou alguém em uma posição de liderança — pode estar lhe tratando injustamente. Você sabe que o que eles estão fazendo é errado, e eles provavelmente também o sabem. Por conseguinte, você pode estar inclinado a tratar essa pessoa com desprezo ou desrespeito. É fácil racionalizar ou justificar uma atitude errada para com essa pessoa. Afinal, *meu chefe é rude. Ele é ímpio. Eu não tenho de tratá-lo com respeito.* Ou: *Meus pais discutem e brigam o tempo todo. Eu não os obedecerei.* Ou: *Meu cônjuge não vai à igreja comigo. Como eu deveria respeitar uma pessoa assim?*

A verdade é, se essa pessoa estiver se comportando corretamente ou não, Deus espera que nós honremos a sua posição de autoridade. Não dê desculpas nem queira justificar em sua mente que você é livre para falar ou agir de maneira desrespeitosa para com essa pessoa. Se você se recusar a viver sob autoridade, Deus nunca o promoverá a uma posição de maior autoridade.

É fácil respeitar os que estão em posições de autoridade enquanto eles estão sendo gentis conosco ou quando concordamos com eles. Mas o verdadeiro teste vem quando surge um "Saul" em sua vida, quando alguém o trata injustamente sem motivo aparente.

Como Davi, muitas pessoas nos dias de hoje foram escolhidas por Deus para fazer algo grande. Deus quer colocá-las em posições de honra, posições de liderança, mas, por algum motivo, elas nunca são aprovadas no teste. Em vez de confiar em Deus, elas estão sempre tentando manipular as circunstâncias e fazer justiça com as próprias mãos. Em vez de simplesmente deixar de lado as ofensas, perdoando o agressor e confiando em Deus para corrigir os erros, estão sempre tentando ir à desforra contra os "Saul" de suas vidas. Mas há uma maneira melhor.

No fim da década de 1950, o meu pai tinha tudo no mundo andando a seu favor. Ele era um pastor bem-sucedido de uma igreja próspera de

Deixe Deus Trazer Justiça à Sua Vida 195

Houston, e a congregação acabara de construir um grande e belo prédio novo. Papai estava no presbitério estadual de sua denominação e todos consideravam John Osteen um líder em ascensão, subindo na hierarquia da igreja. Mas, em 1958, ele desenvolveu o desejo de aprofundar-se nas coisas de Deus. Ele não estava satisfeito em ficar estagnado em sua jornada espiritual e também não queria que a igreja se tornasse complacente. Ao estudar a Bíblia, papai percebeu que Deus queria fazer mais pelo seu povo do que o que a maioria das pessoas estava acostumada a receber. Ele estava animado com o que estava aprendendo, então começou a compartilhar suas revelações com a igreja. Ele disse à congregação que viu mais claramente que Deus era um Deus bom, um Pai celestial, não um juiz exigente, impossível de agradar. Papai ensinou ao povo que Deus queria que eles fossem felizes, saudáveis e íntegros, e começou a orar pelas pessoas doentes ou necessitadas.

Para a surpresa de meu pai, muitas das pessoas daquela congregação não apreciaram suas novas descobertas. Elas estavam mergulhadas em suas tradições e, devido às mensagens entusiásticas e intensas de papai não serem exatamente o que elas estavam acostumadas a ouvir, aquilo deixou algumas delas incomodadas. Embora ele as estivesse ensinando o próprio conteúdo da Bíblia, elas ficaram aborrecidas porque o Deus sobrenatural que meu pai descrevia não se encaixava nas diretrizes denominacionais delas.

A congregação fez uma votação para ver se eles queriam que papai permanecesse ou saísse. Quando todos os votos foram contados, ele teve votos mais do que suficientes para ficar, mas, durante alguns meses, algumas das pessoas o trataram tão mal e foram tão desrespeitosas para com ele, que ele percebeu que a melhor coisa que poderia fazer pela igreja era simplesmente seguir em frente. Naturalmente, ele ficou desapontado e com o coração partido. Ele derramou o seu coração e a sua alma por aquele lugar e, agora, teria de começar tudo de novo.

Não era justo; não era certo. A congregação não o tratou como ele merecia, e papai poderia facilmente ter saído de lá amargo. Poderia ter abrigado em seu coração raiva e ressentimento por algumas dessas pessoas. Mas ele abandonou aqueles ressentimentos. Sua atitude foi: *Deus, sei que Tu me compensarás. Sei que Tu me prosperarás aonde quer que eu vá e farás justiça em minha vida.*

Papai tomou a decisão de seguir com Deus e, em 1959, deixou a segurança e a estabilidade daquela grande igreja estabelecida e enveredou pelo caminho até uma pequena e decadente loja de ração abandonada, chamada East Houston Feed & Hardware. Era um prédio sujo e caindo aos pedaços, com buracos no chão. Mas meu pai e aproximadamente noventa outras pessoas o limparam e, no Dia das Mães, começaram a igreja que chamaram de "Lakewood Church".

Os críticos disseram: "Isso nunca vai durar, John. Você não tem uma chance. Ninguém virá". Eles disseram: "Vai explodir".

Com certeza, ela explodiu. Explodiu em toda a cidade! Hoje, está explodindo no mundo inteiro! Mais de 45 anos depois, a Lakewood Church ainda está forte, vendo milagres, bênçãos e graça de Deus, tocando as pessoas em todo o mundo.

> **DEUS CORRIGIRÁ OS SEUS ERROS.**

Deus sabe como trazer justiça também à sua vida. Se você se dispuser a deixar as suas preocupações nas mãos de Deus, Ele resolverá os seus casos. Ele corrigirá os seus erros. Ele prometeu reverter o mal e usá-lo em seu benefício. Não importa quão duramente alguém o tenha ferido ou até que ponto as ações ou as palavras dessa pessoa impediram o seu avanço, Deus pode transformar aquela situação e compensá-lo muito mais!

Deixe isso para Deus. Viva uma vida de perdão. Não saia por aí tentando pagar as pessoas com a mesma moeda, tentando vingar-se. Deus vê todo erro cometido contra você. Deus vê toda pessoa que já o feriu. Ele está mantendo o registro, e a Bíblia diz que, se você não se vingar, Deus o compensará. E, amigo, Deus não só o compensará: Ele o compensará *abundantemente*.

CAPÍTULO 20

Derrotando as Decepções

Uma das chaves mais importantes para viver a sua melhor vida agora, bem como avançar para o grande futuro que Deus tem para você, é *aprender a superar as decepções na vida*. As decepções podem representar obstáculos gigantescos para você abandonar o passado, por essa razão você precisa ter a certeza de ter lidado com essa área antes de dar o passo seguinte para viver em seu pleno potencial.

Sejamos honestos; todos nós enfrentamos decepções de tempos em tempos. Independentemente de quanta fé você tenha ou de quão boa pessoa você seja, mais cedo ou mais tarde, algo (ou alguém!) abalará os alicerces da sua fé. Pode ser algo simples, como não conseguir aquela promoção que você realmente esperava; não fechar a grande venda para a qual você se empenhou tanto; não se qualificar para um empréstimo para comprar aquela casa que você realmente queria. Ou pode ser algo mais sério — um relacionamento matrimonial se despedaçando, a morte de um ente querido ou uma doença debilitante incurável. Seja qual for, essa decepção tem potencial para tirá-lo do caminho e destruir a sua fé. Por isso, é vital reconhecer de antemão que decepções virão e que, quando isso ocorre, você aprende a permanecer no caminho e lidar com elas.

Com frequência, derrotar as decepções e abandonar o passado são as duas faces da mesma moeda, especialmente quando você está decepcionado consigo mesmo. Quando você fizer algo errado, não se apegue a isso nem se agrida por isso. Admita-o, peça perdão e siga em frente. Seja rápido em abandonar os seus erros, fracassos, mágoas, dores e pecados.

As decepções que mais nos perturbam, porém, costumam ser aquelas causadas por outras pessoas. Muitos indivíduos magoados por outras pessoas estão perdendo oportunidades de novos começos porque continuam reabrindo feridas antigas. Mas, independentemente daquilo pelo que já passamos, de quão injusto foi ou de quão decepcionados ficamos, precisamos liberá-lo e abandoná-lo.

Alguém pode ter se oposto a você. Alguém pode ter lhe feito um grande mal. Você pode ter orado fervorosamente para que a vida de um ente querido fosse salva, mas ele morreu. Deixe isso aos cuidados de Deus e siga em frente com a sua vida. A Bíblia diz: "As coisas encobertas pertencem ao Senhor".[1] Deixe-as lá.

Decepções quase sempre acompanham contratempos. Quando você sofrer uma perda, é claro que sentirá emoções fortes. Ninguém espera que você seja uma rocha impenetrável ou uma ilha inacessível no mar. Nem mesmo Deus espera que você seja tão resistente a ponto de simplesmente ignorar as decepções na vida, eliminando-as como se fosse insensível à dor. O fato é que quando experimentamos fracasso ou perda, é natural sentirmos remorso ou tristeza. Foi assim que Deus nos fez. Se você perder o seu emprego, muito provavelmente terá um forte sentimento de decepção. Se passar por um relacionamento rompido, sentirá dor. Se já perdeu um ente querido, há um tempo de luto, um tempo de tristeza. Isso é normal e provável.

Mas se você ainda está sofrendo e sentindo dor por uma decepção que aconteceu um ano atrás ou mais, algo está errado! Você está dificultando o seu futuro. Precisa tomar a decisão de seguir em frente. Isso não acontecerá automaticamente. Você terá de levantar-se e dizer: "Independentemente de quão difícil isso seja e de quão decepcionado eu esteja, não deixarei que isso tire o melhor de mim. Seguirei em frente com a minha vida".

O inimigo ama nos enganar de modo a chafurdarmos em autocomiseração, tormento, pesar por nós mesmos ou motivo para briga. "Por que isso me aconteceu? Deus só pode não me amar. Ele não responde às minhas orações. Por que o meu casamento acabou em divórcio? Por que a minha empresa não teve sucesso? Por que perdi o meu ente querido? Por que as coisas não deram certo em minha vida?"

NÃO CHORE PELO LEITE DERRAMADO.

Tais perguntas podem ser válidas e pode até ser útil considerá-las durante algum tempo, mas, depois disso, pare de desperdiçar o seu tempo tentando descobrir algo que você não é capaz de mudar. Não chore pelo leite derramado. O que está feito está feito. Deixe o passado no passado e siga em frente. Então, você sofreu alguns problemas; não conseguiu aquilo pelo que estava orando; as coisas não saíram à sua maneira. Amigo, você não está sozinho. Muitos indivíduos ótimos e íntegros vivenciaram algo semelhante.

NÃO FIQUE PRESO AO PASSADO

Meu pai se casou em idade muito precoce — provavelmente não uma das melhores decisões tomadas por ele — e, embora tenha iniciado o relacionamento com a melhor das intenções, infelizmente as coisas não funcionaram. O casamento fracassou. Papai ficou com o coração partido e devastado. Ele pensou que, certamente, o seu ministério estava acabado, que as bênçãos de Deus tivessem saído de sua vida. Ele não pensava que voltaria a pregar novamente, muito menos ter uma família. Lidar com o seu divórcio foi o momento mais tenebroso da vida de meu pai. Ele poderia, facilmente, ter desistido e afundado em um buraco sombrio de depressão. Estou certo de que ele foi tentado a sentir-se condenado e culpado. Sem dúvida, ele esteve inclinado a interiorizar a culpa e não aceitar o perdão de Deus. Ele poderia ter permitido que aquela decepção o impedisse de cumprir o seu destino.

Mas, anos depois, papai me contou como teve de sair de seu abatimento. Ele teve de parar de entristecer-se sobre o que havia perdido e começar a receber a misericórdia e o amor de Deus.

A Bíblia diz que as misericórdias de Deus "renovam-se cada manhã". Deus sabe que cometeremos erros. Deus sabe que não somos perfeitos; por isso, Ele nos fornece nova misericórdia e graça todos os dias. Deus não tolera os nossos pecados; Ele não faz vista grossa aos nossos erros. Mas Deus também não nos condena automaticamente. A Bíblia diz: "O Senhor... é paciente com vocês não querendo que ninguém pereça, mas que todos cheguem ao arrependimento".[2]

Para evitar ficar preso ao seu passado, você precisa aprender a perdoar a si mesmo. Deve estar disposto a aceitar a misericórdia de Deus. Você não pode ser tão crítico de si mesmo a ponto de não receber o que Deus tem para oferecer.

Talvez você tenha feito algumas más escolhas e, agora, esteja tentando corrigir os seus erros. Isso é nobre e, na medida em que você possa reparar

200   Sua Melhor Vida Agora

qualquer mágoa que tenha infligido a outros, deve procurar fazê-lo. Mas você precisa compreender que nem sempre consegue restaurar cada pedaço quebrado de sua vida ou da vida de outra pessoa; você é incapaz de corrigir todos os erros ou limpar toda a bagunça que fez. Você pode estar tentando pagar uma dívida que não terá condição de pagar. Talvez seja o momento de simplesmente receber a misericórdia e o perdão de Deus para poder seguir em frente com a sua vida.

Por favor, não me entenda mal. Não estou sugerindo que você tome o caminho mais fácil, ignorando ou abdicando da responsabilidade por suas ações. Muito ao contrário. Na medida do possível, você deverá procurar o perdão das pessoas que você feriu e restituí-las. Mas, com frequência, pouco pode ser feito para corrigir o passado. Quando você sabe que a situação está encerrada, a melhor coisa a fazer é apenas seguir em frente.

Meu pai decidiu que não permitiria que o seu passado envenenasse o seu futuro. Ele aceitou o perdão e a misericórdia de Deus, e, pouco a pouco, Deus começou a fazer uma nova obra na vida de papai, restaurando a sua força espiritual e o seu ministério. Papai voltou a pregar e a fazer o que Deus queria que ele fizesse. Ele começou a cumprir o destino de Deus para a sua vida.

Contudo, ele nunca sonhou que se casaria novamente e teria uma família. Então, certo dia, conheceu uma jovem atraente com um nome incomum, Dodie, que trabalhava como estudante de enfermagem em um dos hospitais locais onde meu pai visitava alguns membros enfermos de sua igreja.

Papai apaixonou-se pela mulher e começou a procurar qualquer motivo possível que conseguisse encontrar para ir àquele hospital, só para poder vê-la. Quero dizer, ele iria visitar o vizinho do primo em terceiro grau de sua tia-avó se você lhe pedisse! Ele estava quase *ansiando* que membros de sua congregação ficassem doentes para que ele pudesse ir ao hospital.

A jovem estudante de enfermagem não percebeu o que estava acontecendo. Mas meu pai visitava tanto o hospital, que certa vez ela disse a uma de suas amigas: "Aquele pastor tem a congregação mais doente que já vi!" Ela não percebia que ele ia lá apenas para vê-la.

Você provavelmente já adivinhou que papai se casou com Dodie Pilgrim, e Deus os abençoou com quatro filhos normais, e um excepcional, a quem deram o nome de Joel!

Deus não só restaurou o ministério de meu pai, Ele o prosperou. Papai viajou por todo o mundo durante mais de 50 anos, ministrando a milhões

Derrotando as Decepções

de pessoas. Ele fundou a Lakewood Church, em Houston, no fim da década de 1950 e pastoreou a congregação durante mais de quarenta anos.

Deus proporcionou ao meu pai uma nova família também. Hoje, todos os seus cinco filhos são ativos no ministério, continuando o trabalho que Deus começou em papai muitos anos atrás. Mas não acredito que algo disso teria acontecido se ele tivesse colocado o foco em suas decepções, recusando-se a abandonar o passado.

Deus quer fazer também mais do que você possa pedir ou pensar. Ele quer restaurar coisas boas a você em abundância. Se você se dispuser a se concentrar nas coisas certas, Deus transformará o seu campo de batalha mais horrendo em seu maior campo de bênçãos.

Não estou dizendo para tomar o caminho mais fácil e apenas saltar fora de um casamento ou de alguma situação difícil. Papai atravessou o inferno na terra. Se você soubesse das circunstâncias que cercaram o divórcio, entenderia que ele não tomou o caminho fácil. Nem se deixou ficar preso ao passado. Abandone as suas decepções, fracassos e pecados do passado. Deus quer fazer uma coisa nova. Ele quer restaurar em abundância tudo que o inimigo roubou de você. Pare de remoer essas decepções, lamentando-se acerca de algo que você perdeu, e comece a crer em Deus para um futuro fantástico!

Com frequência me pedem para orar por indivíduos que estão crendo na restauração de um relacionamento. Alguns estão orando para que o seu casamento seja restaurado; outros estão pedindo a Deus para curar uma situação de negócio ou uma divisão entre colegas de trabalho. Eu incentivo as pessoas a perseverarem, a continuar orando e crendo que coisas boas acontecerão. Mas também precisamos compreender que Deus não mudará a disposição de outra pessoa. Ele concedeu a todo ser humano livre-arbítrio para escolher o caminho que quiser seguir, seja para fazer o certo ou o errado. Às vezes, independentemente de quanto oramos ou de quanto tempo nos mantemos firmes na fé, as coisas não saem como esperamos.

Você pode estar com o coração partido em virtude de um relacionamento fracassado ou de um negócio falido, mas eu o desafio a não permanecer com o coração partido. Não carregue toda essa mágoa e dor ano após ano. Não deixe a rejeição apodrecer dentro de você, envenenando o seu futuro. Abandone-a. Deus tem algo novo guardado para você.

> **DEUS NÃO MUDARÁ A DISPOSIÇÃO DE OUTRA PESSOA.**

Quando Deus permitir que uma porta se feche, Ele abrirá outra porta para você, revelando algo maior e melhor. A Bíblia diz que Deus tomará o mal que o inimigo traz às nossas vidas e, se mantivermos a atitude correta, Ele o reverterá e o usará para o nosso bem.[3] Deus quer tomar as suas cicatrizes e transformá-las em estrelas. Ele quer tomar as decepções e transformá-las em restituições. Mas entenda que vivenciar todas essas coisas boas em seu futuro depende, em grande medida, de sua vontade de abandonar o passado.

> **VOCÊ NÃO PODE COLOCAR UM PONTO DE INTERROGAÇÃO ONDE DEUS COLOCOU UM PONTO FINAL.**

Você não pode colocar um ponto de interrogação onde Deus colocou um ponto final. Evite a tendência de colocar o foco no que você poderia ter feito, em qual faculdade você deveria ter cursado, em que carreira deveria ter seguido ou naquela pessoa com quem você gostaria de ter se casado. Pare de viver com uma mentalidade negativa, remoendo-se acerca de algo encerrado. Concentre-se no que você *pode* mudar, não no que você não pode. Abandone aquela mentalidade "deveria ter, poderia ter, teria" e siga em frente. Não deixe os arrependimentos de ontem destruírem as esperanças e os sonhos de amanhã.

Certamente, todos nós podemos olhar para trás e ver, em nossas vidas, coisas que gostaríamos de ter feito de maneira diferente. Mas a Bíblia diz: "Basta a cada dia o seu próprio mal".[4] Ontem passou; amanhã pode não chegar. Você deve viver para o hoje. Comece exatamente onde está. Você não pode fazer nada sobre o que passou, mas pode fazer muito pelo que resta.

Você pode ter feito algumas más escolhas que lhe causaram sofrimento e dor terríveis. Talvez você sinta que estragou tudo, que a sua vida está em frangalhos e não tem conserto. Você pode sentir-se desqualificado para o melhor de Deus, convencido de que deve se contentar em ser o segundo melhor pelo restante de sua vida por causa das más decisões que tomou. Mas, amigo, Deus deseja a sua restauração ainda mais do que você! Se você abandonar o passado e começar a viver cada dia com fé e esperança, Deus restaurará tudo o que o inimigo roubou de você.

PLANOS B

Sejamos francos; às vezes, em razão de escolhas erradas, desobediência ou pecado, perdemos o "Plano A" de Deus. A boa notícia é que Deus tem um

"Plano B", um "Plano C" e o que for preciso para nos levar ao Seu destino final para as nossas vidas.

Pior ainda, talvez você não tenha sido a pessoa que fez as escolhas erradas, mas as decisões tolas de outra pessoa o fizeram passar por doloroso sofrimento e dor. Independentemente disso, você precisa parar de manter o foco nisso. Deixe o passado no passado. Perdoe a pessoa que lhe causou o problema e recomece exatamente onde você está hoje. Se continuar a se prender a essas decepções do passado, bloqueará as bênçãos de Deus em sua vida hoje. Simplesmente não vale a pena.

O profeta Samuel sofreu uma horrível decepção em seu relacionamento com o primeiro rei de Israel, um homem chamado Saul. Quando jovem, Saul era humilde e tímido. Depois, por direção de Deus, Samuel o escolheu na multidão e o declarou rei de Israel. Samuel fez o seu melhor para ajudar Saul a ser um rei agradável a Deus.

Infelizmente, Saul se recusou a viver em obediência a Deus, e Deus finalmente o rejeitou como rei. Imagine como Samuel deve ter se sentido. Talvez você tenha investido muito tempo, esforço, dinheiro, emoção e energia em um relacionamento; você fez o seu melhor para fazê-lo dar certo. Mas, por algum motivo, as coisas saíram do curso e agora você se sente como se tivesse sido roubado.

É assim que Samuel deve ter sentido. Devastado. Coração partido. Decepcionado. Mas, enquanto Samuel cuidava de seu coração ferido, Deus lhe fez uma pergunta importante: "Até quando você irá se entristecer por causa de Saul?" Deus está nos fazendo perguntas semelhantes hoje: "Até quando você se lamentará por aquele relacionamento fracassado? Até quando você chorará pelos seus sonhos partidos?" Esse é o problema com o pesar excessivo. Quando focamos em nossas decepções, impedimos Deus de trazer bênçãos novíssimas às nossas vidas.

Deus prosseguiu, dizendo a Samuel: "Encha um chifre com óleo e vá a Belém; eu o enviarei a Jessé. Escolhi um de seus filhos para fazê-lo rei".[5] Em outras palavras, Deus disse: "Samuel, se você parar de lamentar-se e seguir em frente, eu lhe mostrarei um recomeço melhor".

Lembre-se de que Deus sempre tem outro plano. Sim, Saul foi a primeira escolha de Deus, mas quando Saul não quis andar em obediência, Deus não disse: "Bem, Samuel, sinto muito. Saul estragou tudo e isso arruína os planos". Não, Deus sempre tem outro plano. Se você se dispuser a

204 Sua Melhor Vida Agora

parar de sentir pena de si mesmo e, em vez disso, fizer o que a Bíblia diz, o seu futuro poderá ser mais brilhante do que nunca.

Perceba o que Deus disse a Samuel para fazer: *encha um chifre com óleo.* Tenha uma atitude renovada. Coloque um sorriso em seu rosto. Recupere o impulso de seus passos e ponha-se a caminho.

Samuel poderia ter dito: "Deus, eu não sou capaz de fazer isso. Estou demasiadamente desconsolado. Dei tanto de mim nesse relacionamento e agora ele está acabado, perdido".

Mas se Samuel não tivesse confiado em Deus naquele momento, ele poderia ter perdido o rei Davi, um dos maiores reis da Bíblia. De semelhante maneira, se ficarmos remoendo nossas decepções, corremos o risco de perder as coisas novas que Deus quer fazer em nossas vidas. É hora de levantar-se e pôr-se a caminho. Deus tem outro plano para você. E ele é melhor do que você é capaz de imaginar!

Minha irmã Lisa e seu marido Kevin procuraram durante vários anos ter um bebê, mas Lisa não conseguia conceber. Ela e Kevin desejavam ter um filho, por isso Lisa buscou todos os tipos de procedimentos médicos, suportando um processo longo e arrastado que incluiu várias cirurgias, todas sem sucesso. Finalmente, o médico disse: "Lisa, vamos tentar mais uma cirurgia. Esperamos que, desta vez, ela a ajude a engravidar". Então, ela passou por aquilo, e ela e Kevin tentaram durante aproximadamente mais um ano, mas ela ainda não conseguiu conceber.

No fim daquele processo, Lisa estava exausta, emocional e fisicamente esgotada. Ela voltou ao médico mais uma vez para ver se havia alguma possibilidade de engravidar, e o médico não lhe deu esperança. "Lisa, detesto dizer isso", disse ele, "mas fizemos tudo que podíamos. Você simplesmente não será capaz de ter um filho".

Lisa estava inconsolável. Ela pensou: *Deus, nós suportamos todo esse tempo e esforço. Tentamos com tanto afinco. Oramos e cremos. Gastamos todo aquele dinheiro. Deus, foi tudo um desperdício. Parece tão injusto.*

Às vezes, não entendemos por que certas coisas não funcionam. Não sei lhe dizer por que uma pessoa é curada e outra não, quando as duas estão orando, crendo e firmes na fé. Mas precisamos chegar a um ponto em que confiamos em Deus, mesmo quando não o compreendemos. Algumas coisas, não devemos sequer querer descobrir; devemos deixá-las em paz e seguir em frente. Deus está no controle. A Bíblia diz que os caminhos de Deus são mais altos do que os nossos caminhos.[6] Deus sabe o que está fazendo. Ele sabe o que é melhor para nós. E Deus sempre tem outro plano. Se você parar de remoer as suas decepções, Deus lhe mostrará qual é o plano.

Foi exatamente isso o que Kevin e Lisa fizeram. Eles finalmente chegaram a um ponto em que disseram: "Deus, estamos colocando isso totalmente em Tuas mãos. Nós fizemos tudo que sabemos fazer. Sim, estamos decepcionados, mas não ficaremos presos ao passado. Seguiremos com as nossas vidas, sabendo que Tu estás no controle. Tu és um Deus bom e tens coisas boas guardadas para nós".

Poucos meses depois, eles receberam um telefonema de uma querida amiga nossa, Nancy Alcorn. Nancy é a fundadora e presidente do *Mercy Ministries of America*, um ministério que cuida de mulheres jovens em risco, inclusive as envolvidas com gravidez antes do casamento. Quando uma jovem dá à luz e quer dar a criança para a adoção, o *Mercy Ministries* ajuda a destinar a criança a um amoroso casal cristão.[7]

"Lisa, eu nem sei por que estou lhe telefonando", disse Nancy. "Normalmente, não faria isso, mas temos uma adolescente que está prestes a dar à luz gêmeas e estávamos apenas imaginando se você e Kevin poderiam estar interessados em adotá-las. Porém, pode não dar certo. Sei que você e Kevin têm todas as demais qualificações, mas uma das estipulações da mãe é que os bebês sejam colocados em uma família com histórico de gêmeos."

Mal sabia Nancy que Kevin, o marido de Lisa, tem uma irmã gêmea e sempre foi o sonho dele criar gêmeos. Deus respondeu à oração específica de uma jovem que estava dando os seus bebês para a adoção e, ao mesmo tempo realizou um sonho de Kevin e Lisa! Poucos meses depois, Lisa e Kevin puderam adotar duas lindas meninas logo ao nascerem. Deus tinha outro plano!

Mas se Lisa não estivesse disposta a abrir mão de seu próprio plano, se ela não tivesse tido a disposição de superar as suas decepções, não acredito que o novo plano de Deus teria se aberto para ela e Kevin.

Talvez você tenha despendido muito tempo, esforço e recursos com o seu plano. Você orou sobre ele; você creu. Quem sabe você gastou muito dinheiro. Mas, agora, pode ver claramente que a porta está se fechando, e está decepcionado. Você diz: "Deus, como posso abrir mão disso? Será um desperdício. Coloquei tanto nisso e tudo que consigo ver é fracasso".

É bem aqui que você precisa ousar confiar em Deus, sabendo que Ele tem outro plano, um plano melhor. Ele quer fazer algo novo em sua vida.

E você precisa abandonar o velho para estar pronto e ser capaz de receber o novo plano que Deus tem para você. Deus fará mais do que você é capaz de pedir ou pensar.

Recentemente, Kevin e Lisa adotaram outra criança, um menino. Lisa brincou: "Que tal isso? Deus me deu três filhos lindos, e eu não tive de passar um único mês grávida!"

Todos nós encontramos circunstâncias que podem fazer com que fiquemos negativos, amargos ou decepcionados com nós mesmos ou com Deus. Mas amo o que o apóstolo Paulo disse: "Esquecendo-me das coisas que ficaram para trás e avançando para as que estão adiante, prossigo para o alvo".[8] Em outras palavras, Paulo estava dizendo: "Não me fixarei nas decepções de ontem ou em meus fracassos do passado. Não pensarei no que eu teria feito ou deveria ter feito. Estou deixando tudo isso para trás e olhando à frente, para as coisas boas que Deus tem guardadas para mim". Esse é o tipo de atitude que nós também devemos ter.

Todas as manhãs, ao levantar-se, recuse-se a remoer o que você fez de errado no dia anterior. Recuse-se a fixar-se nas decepções de ontem. Levante-se a cada dia sabendo que Deus é um Deus de amor e de perdão, e que Ele tem grandes coisas guardadas para você.

Paulo disse: "Estou avançando. Prossigo para o alvo". Essas palavras implicam um grande esforço. Nem sempre é fácil superar alguns daqueles solavancos na estrada, aquelas desilusões e decepções. Será necessária uma grande força de vontade. Às vezes, será preciso coragem; às vezes, nada além de fé em Deus e pura determinação o conduzirão ao sucesso. Mas você pode dizer: "Eu me recuso a ficar preso ao passado. Não deixarei o passado destruir o meu futuro. Estou prosseguindo. Estou empenhado em avançar, sabendo que Deus tem grandes coisas guardadas para mim".

Quando você cometer erros — e todos nós os cometemos — humilhe-se e receba o perdão e a misericórdia de Deus. Esteja disposto a perdoar-se. Não viva em arrependimento. O arrependimento só interferirá na sua fé. A fé precisa ser sempre uma realidade no tempo presente, não uma memória distante. Deus reverterá essas decepções. Ele tomará as suas cicatrizes e as transformará em estrelas para a Sua glória.

PARTE 5

ENCONTRE FORÇA POR MEIO DA ADVERSIDADE

CAPÍTULO 21

Levante-se por Dentro

Muitas pessoas desistem com demasiada facilidade quando as coisas não ocorrem como desejam ou quando enfrentam algum tipo de adversidade. Em vez de perseverarem, elas se desestruturam. Em pouco tempo, estão deprimidas e desanimadas. Isso é compreensível. Especialmente quando lutamos contra um problema ou fraqueza por um longo período, não é incomum buscarmos um lugar onde possamos simplesmente ficar em silêncio e aceitar a situação. Nós simplesmente aceitamos a situação e dizemos: "Bem, eu sempre tive essa doença. Acho que nunca vou ficar curado". "Meu casamento tem sido maçante e sem vida há anos; por que eu deveria esperar que qualquer coisa mudasse agora?" "Bati a cabeça no teto de vidro de minha empresa muitas vezes. Aparentemente, isso é o mais alto onde posso chegar."

No entanto, se quiser viver a sua melhor vida agora, você terá de ter mais determinação do que isso. O quinto passo para viver em seu pleno potencial é encontrar força em meio à adversidade. Nossa atitude deve ser: *posso ter sido derrubado algumas vezes na vida, mas não ficarei embaixo; estou determinado a viver em vitória. Estou determinado a ter um bom casamento. Estou determinado a me esforçar para resolver esses problemas.*

Todos nós enfrentamos desafios na vida. Temos coisas que vêm contra nós. Podemos ser derrubados por fora, mas a chave para viver em vitória é aprender a levantar-se por dentro.

Ouvi uma história acerca de um menino que estava na igreja com a mãe. Ele tinha tanta energia, que simplesmente não conseguia ficar parado. De fato, ele ficava em pé o tempo todo no banco. Sua mãe dizia: "Filho, sente-se".

Ele se sentava durante alguns segundos e, em seguida, voltava a levantar-se.

Ela o repreendia novamente com doçura: "Filho, eu disse para sentar-se!"

Isso aconteceu várias vezes e, então, o menino se levantou e simplesmente não queria sentar-se. Sua mãe pôs a mão na cabeça dele e o empurrou para baixo no banco. O menino ficou ali sentado, sorrindo. Finalmente, olhou para a mãe e disse: "Mamãe, eu posso estar sentado por fora, mas estou em pé por dentro!"

Às vezes, isso é o que temos de fazer na vida. As circunstâncias que nos cercam podem nos forçar a ficar sentados durante algum tempo, mas não podemos ficar para baixo. Mesmo quando estamos sentados por fora, precisamos nos ver em pé por dentro!

> **MESMO QUANDO ESTAMOS SENTADOS POR FORA, PRECISAMOS NOS VER EM PÉ POR DENTRO!**

Você pode ter recebido um diagnóstico desanimador do médico. Talvez tenha perdido o seu maior cliente no trabalho. Pode ter acabado de descobrir que o seu filho está metido em sérios problemas. Você pode estar enfrentando alguma séria adversidade e se sente como se a vida tivesse desmoronado em cima de você, derrubando-o e empurrando-o para baixo.

Mas a boa notícia é que você não tem de ficar para baixo. Mesmo que você não possa se levantar por fora, levante-se por dentro! Em outras palavras, tenha a atitude e a mentalidade de um vencedor. Mantenha-se em uma atitude de fé. Não se permita cair em pensamentos negativos, reclamar ou culpar Deus. Mantenha uma aparência inabalada e diga: "Deus, eu posso não entender isso, mas sei que Tu ainda estás no controle. E Tu disseste que todas as coisas cooperariam para o meu bem. Tu disseste que tomarias esse mal e o reverteria e o usaria para o meu bem. Então, Pai, eu Te agradeço por Tu estares me conduzindo através disso!" Independentemente do que você enfrentar na vida, se você souber como se levantar por dentro, as adversidades não conseguirão mantê-lo para baixo.

CONTINUE MANTENDO-SE FIRME

A Bíblia diz: "Vistam toda a armadura de Deus, para que possam resistir no dia mau e permanecer inabaláveis, depois de terem feito tudo".[1] Hoje você pode estar em uma situação em que fez o seu melhor. Você orou. Você creu. Firmou a sua fé na verdade da Palavra de Deus. Mas simplesmente parece que nada está acontecendo. Agora você está tentado a dizer: "De que adianta? Isso nunca mudará".

Não desista! Continue em pé. Continue orando; continue crendo; continue esperando com fé. "Não abram mão da confiança que vocês têm", diz a Bíblia, "ela será ricamente recompensada".[2] Gosto disso! *Ela será ricamente recompensada!* Amigo, Deus o recompensará se você se mantiver em pé por dentro. Você poderá estar no hospital ou deitado de costas em casa. Mas, mesmo que não consiga levantar-se fisicamente, nada poderá impedi-lo de levantar-se por dentro. Aquela doença pode derrubá-lo fisicamente, mas você não tem de ficar derrubado espiritual ou emocionalmente. Você pode continuar se levantando em seu coração, mente e vontade.

Talvez em seu trabalho você esteja rodeado por pessoas que estão sempre o colocando para baixo, maltratando-o, procurando fazê-lo sentir-se mal sobre si mesmo. Deixe esse lixo entrar por uma orelha e sair pela outra. Eles podem querer derrubá-lo por fora, mas não podem derrubá-lo por dentro. Não deixe as pessoas tirarem a sua alegria. Não deixe aquele problema ou adversidade fazê-lo ficar desanimado ou deprimido. Apenas mantenha-se em pé por dentro.

Dias atrás, conversei com um homem que perdera o emprego recentemente. Ele tinha um bom salário trabalhando em uma posição de prestígio, mas fora demitido repentinamente. Quando me contou o que acontecera, eu estava certo de que ele ficaria chateado e perturbado. Mas eu estava errado. Quando veio me ver, estava extremamente feliz. Com um grande sorriso no rosto, ele disse: "Joel, eu apenas perdi o meu emprego, mas não consigo esperar para ver o que Deus tem guardado para mim agora!"

Ele fora derrubado por circunstâncias que fugiam ao seu controle, mas ainda estava em pé por dentro. Ele tinha uma mentalidade de vencedor. Sua atitude era: *isso não me derrotará. Isso não tirará a minha alegria. Sei que sou o vencedor e não a vítima. Sei que, quando uma porta se fechar, Deus abrirá uma porta maior e uma melhor.*

A sua atitude deve ser semelhante à dele. Você pode dizer: "Mesmo que o inimigo me acerte com o seu melhor tiro, o seu melhor nunca será suficientemente bom. Ele poderá me derrubar, mas não conseguirá me derrotar. No fim das contas, quando a fumaça se dissipar e a poeira baixar, ainda estarei firmemente em pé". A Bíblia diz que nenhum homem pode

212 *Sua Melhor Vida Agora*

tirar a sua alegria. Isso significa que nenhuma pessoa pode fazer você viver com uma atitude negativa. Nenhuma circunstância, nenhuma adversidade pode forçá-lo a viver em desespero. Como costumava dizer Eleanor Roosevelt, esposa do presidente Franklin D. Roosevelt que se locomovia numa cadeira de rodas: "Ninguém pode fazer você se sentir inferior sem o seu consentimento".

Independentemente do que esteja passando ou de quão difícil possa parecer, você poderá permanecer em pé por dentro. Isso exigirá coragem; definitivamente, exigirá determinação, mas você poderá fazê-lo se tomar a decisão de fazê-lo. Você precisa agir por sua vontade, não simplesmente por suas emoções.

Antes de tornar-se rei de Israel, Davi e seus homens estavam fazendo uma ronda pelos arredores do reino, certo dia, obedecendo ao que Deus lhes dissera para fazer. Mas, enquanto estavam fora, alguns bandidos atacaram a cidade. Os saqueadores queimaram todas as casas, roubaram os seus bens e sequestraram as mulheres e as crianças. Quando Davi e seus homens retornaram, ficaram devastados. Choraram até não poderem mais. Mas, quando se sentou lá fora entre as ruínas, observando a fumaça e as cinzas encherem o ar, Davi tomou uma decisão que mudou o seu destino. Ele estava derrubado por fora, mas decidiu que se levantaria por dentro. E aquele espírito de vencedor começou a crescer dentro dele. A Bíblia diz que, em vez de simplesmente ficar sentado lamentando-se pelo que perdera, Davi "fortaleceu-se no Senhor, o seu Deus".[3] Em outras palavras, ele se levantou por dentro. Ele disse aos seus homens: "Vistam de novo as suas armaduras. Nós atacaremos o inimigo". E eles fizeram exatamente isso. Como Davi e seus homens perseveraram, Deus os ajudou sobrenaturalmente a recuperarem tudo que fora roubado. Mas acredito que nada disso teria acontecido se Davi não tivesse, primeiramente, se levantado por dentro.

Você pode estar sentado esperando que Deus mude as suas circunstâncias. *Então* você será feliz, *então* você terá uma boa atitude, *então* você louvará a Deus. Mas Deus está esperando você se levantar por dentro. Quando fizer a sua parte, Ele começará a mudar as coisas e operará sobrenaturalmente em sua vida.

Você está passando por um momento sombrio? Talvez alguém o tenha enganado, tirado partido de você ou o tenha maltratado, e agora você está tentado a ficar sentado, lamentando-se pelo que perdeu, pensando em

Levante-se por Dentro 213

como foi injusto e em como a sua vida nunca mais será a mesma. Você precisa mudar a sua atitude. É preciso levantar-se por dentro. Desenvolva essa mentalidade de vencedor e veja o que Deus fará.

No Novo Testamento, lemos acerca de Paulo e Silas, dois dos primeiros missionários do Cristianismo. Certo dia, eles estavam ensinando sobre Deus e procurando ajudar as pessoas. Mas alguns dos líderes religiosos não aprovavam o que eles estavam fazendo; então, foram até as autoridades locais e, falsamente, acusaram Paulo e Silas de serem desordeiros. As autoridades determinaram que eles fossem presos, espancados e lançados na prisão.

Paulo e Silas murmuraram e reclamaram? Eles começaram a culpar Deus? Não! Em meio àquela adversidade, diz a Bíblia, que eles estavam "cantando hinos a Deus".[4] Em outras palavras, eles estavam em pé por dentro. Quando você louvar a Deus e mantiver uma atitude de fé em meio às adversidades, o poder milagroso de Deus aparecerá. A Bíblia registra que à meia-noite, enquanto eles cantavam louvores a Deus, repentinamente houve um grande terremoto. As portas da prisão se abriram e as correntes que prendiam Paulo e Silas se soltaram.[5]

Amigo, as suas circunstâncias também estão sujeitas a mudar de repente, especialmente quando você começar a levantar-se por dentro. Quando você enfrentar adversidades, não seja um bebê chorão. Não seja um reclamante. Não chafurde em autocomiseração. Em vez disso, tenha a atitude de um vencedor.

Você pode estar cansado, esgotado e pronto para desistir. Você pode estar dizendo: "Eu nunca me livrarei desse vício. Eu o tenho há tanto tempo. Eu nem sequer saberia como funcionar sem ele". Ou: "Minha renda é tão baixa e minhas dívidas são tão altas; não vejo como a minha situação financeira poderá melhorar". Ou: "Eu tenho orado há anos, mas não parece que meus filhos queiram servir a Deus". "Já aguentei o que consigo aguentar."

Não se permita acenar a bandeira branca de rendição. Você precisa sair dessa mentalidade derrotada e começar a pensar e crer positivamente. Sua atitude deve ser: *eu sairei dessa! Posso ter estado doente durante um longo tempo, mas sei que essa doença não veio para ficar. Acabou. Posso ter lutado contra esse vício durante anos, mas sei que meu dia de libertação está chegando. Meus filhos podem não estar fazendo a coisa certa, mas eu e minha casa serviremos ao Senhor.*

Com a ajuda de Deus, você pode reerguer-se por dentro. Precisa mostrar ao inimigo que você é mais determinado do que ele. Se for preciso, grite: "Eu ficarei de pé com fé, mesmo que tenha de ficar de pé a minha vida toda! Não desistirei e não me contentarei com a mediocridade. Continuarei crendo no melhor. Eu me manterei de pé por dentro, independentemente de quanto tempo levar".

> **DEUS QUER QUE VOCÊ SEJA UM VENCEDOR, NÃO UM CHORÃO.**

Deus quer que você seja um vencedor, não um chorão. Não há razão alguma para você estar perpetuamente vivendo "sob as circunstâncias", sempre deprimido, sempre desanimado. Independentemente de quantas vezes você for derrubado, continue levantando-se. Deus vê a sua resolução. Ele vê a sua determinação. E quando você fizer tudo que for capaz de fazer, Deus intervirá e fará o que você não é capaz de fazer.

APRENDA A SER FELIZ

O herói Davi, do Antigo Testamento, é um dos meus personagens favoritos da Bíblia, mas ele não era perfeito. Ele cometeu erros, ficou desanimado, mas orou: "Deus, renova dentro de mim um espírito estável".[6] Talvez seja necessário você orar algo semelhante. "Deus, por favor, ajuda-me a livrar-me dessa atitude negativa. Ajuda-me a livrar-me dessa autocomiseração. Ajuda-me a não desistir. Deus, renova dentro de mim um espírito estável."

Amigo, a vida é demasiadamente curta para nos arrastarmos por ela deprimidos e derrotados. Independentemente do que esteja contra você ou do que lhe esteja fazendo escorregar e cair, de quem ou o que esteja tentando empurrá-lo para baixo, você precisa continuar se levantando por dentro. Se você quiser levar o seu inimigo a um colapso nervoso, aprenda a manter uma boa atitude até mesmo quando o chão desaparece! Aprenda a ser feliz até mesmo quando as coisas não lhe são favoráveis.

Ao enfrentar adversidades, muitas pessoas permitem que suas dúvidas obscureçam sua determinação, enfraquecendo assim a sua fé. Elas não perseveram; não mantêm uma boa atitude. Ironicamente, devido ao seu ânimo não estar bem, elas permanecem em situações ruins durante mais do que o tempo necessário. A ciência médica nos diz que as pessoas determinadas e resolutas costumam sarar mais rapidamente do que as pessoas propensas a negativismo e desânimo. Isso ocorre porque Deus nos fez para sermos determinados. Não fomos criados para viver em depressão e derrota. Uma atitude negativa esgota as suas energias; ela enfraquece o seu sistema imunológico. Muitas pessoas estão vivendo com doenças físicas ou escravidão emocional porque não estão se levantando por dentro.

A Bíblia nos diz que muitos dos santos do passado morreram na fé. Mas você só pode morrer na fé se viver uma vida cheia de fé. Quando chegar a minha hora de partir, quero passar o meu último dia aqui nesta terra cheio de alegria, cheio de fé e cheio de vitória. Decidi que viverei a minha melhor vida agora e, quando os meus dias terminarem, morrerei em pé por dentro.

Você precisa tomar a decisão de fazer o mesmo. Livre-se da mentalidade que está dizendo que você é incapaz; que você não pode ser feliz; que você tem de ultrapassar demasiados obstáculos. Tudo isso é mentira do inimigo. Você poderá ser feliz se quiser ser feliz. Poderá ficar forte se tiver um espírito determinado. Poderá fazer o que precisar fazer. Quando enfrentar adversidades, lembre-se disto: "Estou cheio do poder dinâmico de Deus. Eu posso superar. Posso viver em vitória. Posso levantar-me por dentro". Aprenda a acessar o poder confiante que Deus colocou dentro de você, em vez de capotar diante de adversidades.

NÃO VOLTE ATRÁS

Quando eu era pequeno, minha família tinha um cachorro chamado Scooter. Era um enorme pastor alemão e era o rei do bairro. Scooter era forte e rápido, sempre perseguindo esquilos aqui e ali, sempre em movimento. Todos sabiam que não deviam mexer com ele.

Um dia meu pai estava andando de bicicleta e Scooter saltitava ao seu lado. Papai olhou para Scooter e sorriu. Ele tinha muito orgulho daquele cão. Podia ver os músculos de Scooter contraindo-se enquanto corria; ele parecia capaz de lutar contra um tigre. Mas, naquele momento, um pequeno Chihuahua saiu de uma das casas latindo, uns trinta ou quarenta metros à frente deles. Aquele corajoso Chihuahua correu em direção a Scooter, despejando uma tempestade de latidos.

Imediatamente, papai pensou: *pobre cachorrinho. Você está se metendo com o cachorro errado. Se Scooter colocar uma pata em você, você está morto!* Mas aquele cãozinho continuava vindo com força total, latindo a plenos pulmões. Papai estava preocupado, imaginando que Scooter iria rasgá-lo em pedaços.

Mas, para a surpresa de meu pai, quanto mais perto aquele pequeno cão se aproximava de Scooter, mais ele começava a abaixar a cabeça como um covarde. Quando aquele cachorrinho finalmente ficou cara a cara com ele, Scooter simplesmente se deitou no chão, rolou e ficou com as quatro pernas para o ar! Aparentemente, Scooter não era tão grande por dentro quanto por fora.

Você já fez algo semelhante? Embora saibamos que temos todos os recursos de Deus à nossa disposição, quando a adversidade vem latindo, com demasiada frequência apenas nos abaixamos, rolamos e deixamos o controle ser assumido pela pessoa com a voz mais alta e a personalidade mais irritante. Nós temos a força mais poderosa do universo dentro de nós. Estamos cheios do poder capacitante de Deus. Somos feitos para sermos mais do que vencedores. Mas, com demasiada frequência, exatamente como Scooter, quando os problemas chegam, voltamos atrás e não usamos o que Deus nos deu. Simplesmente desistimos e dizemos: "Eu não sou capaz de fazer isso. É difícil demais para mim".

É hora de levantar-se por dentro e usar o poder de Deus. Levante-se firmemente e combata o bom combate da fé. Lembre-se de que se você for derrubado, não permaneça embaixo. Volte para cima. Não seja como Scooter: não role diante da adversidade; aprenda a fazer como Davi e encoraje-se no Senhor, seu Deus.

Deus o destinou para a vitória, mas você tem de fazer a sua parte. Tome uma decisão firme de que, não importa o que vier contra você na vida, você se manterá em pé por dentro.

CAPÍTULO 22

Confie no Tempo de Deus

A natureza humana tende a querer tudo para agora. Estamos sempre com pressa. A maioria de nós fica impaciente quando perde a vez em uma porta giratória! Quando oramos pela realização de nossos sonhos, queremos que se concretizem imediatamente. Mas temos de entender que Deus tem um tempo determinado para responder às nossas orações e para realizar os nossos sonhos. E a verdade é que, não importa o quão mais cedo desejemos, de quanto oremos e supliquemos a Deus, isso não mudará o Seu tempo determinado. Tudo continuará acontecendo no tempo de Deus.

Em função de, por vezes, não entendermos o tempo de Deus, vivemos chateados e frustrados, imaginando quando Deus fará alguma coisa. "Deus, quando Tu transformarás o meu marido? Quando Tu me trarás um companheiro? Deus, quando o meu negócio decolará? Quando os meus sonhos se realizarão?"

Quando, porém, você entender o tempo de Deus, não viverá estressado. Você poderá relaxar, sabendo que Deus está no controle e, no momento perfeito, Ele fará acontecer. A Bíblia diz: "A visão aguarda um tempo designado... Ainda que demore, espere-a; porque ela certamente virá".[1] Perceba a expressão "tempo determinado". Poderá ser na próxima semana, no próximo ano ou daqui a dez anos. Mas seja quando for, você pode ter certeza de que será no tempo perfeito de Deus.

Gostaria muito de lhe dizer que, se você se esforçasse na oração e tivesse fé suficiente, suas orações sempre seriam respondidas dentro de 24 horas. Mas isso simplesmente não é verdade. Deus não é como um caixa eletrôni-

218 Sua Melhor Vida Agora

co, onde você digita os códigos corretos e recebe o que solicitou (supondo que você tenha, antes, feito um depósito!). Não é assim! Todos nós temos de esperar pacientemente. Isso faz parte de aprender a confiar em Deus. A chave é: *como* esperaremos? Qual será a nossa atitude física, emocional e espiritual? Esperaremos com boa atitude e esperança, sabendo que Deus tem grandes coisas guardadas? Ou ficaremos chateados, frustrados e resmungando? "Deus, Tu nunca respondes às minhas orações. Quando a minha situação mudará?"

Considere o seguinte: se você sabe que tem de esperar de qualquer maneira, por que não tomar a decisão de desfrutar de sua vida enquanto espera? Por que não ser feliz enquanto Deus está no processo de mudar as coisas? Afinal, nada há que possamos realmente fazer para que o processo aconteça mais rapidamente. Podemos muito bem relaxar e desfrutar de nossas vidas, sabendo que, no tempo adequado, Deus realizará o Seu plano.

Você não tem de se esforçar. Não precisa andar por aí sempre se perguntando por que Deus está, ou não está, fazendo alguma coisa. Quando você está confiando em Deus, pode estar em paz, sabendo que, no momento certo, Deus cumprirá a Sua promessa. Ela acontecerá e a boa notícia é que ela não estará um único segundo atrasada. Imagine quanta pressão isso pode tirar de você!

Se você é solteiro e está crendo que Deus lhe dará um companheiro ou companheira, não precisa se preocupar. Você não tem de pedir a Deus incessantemente. Não tem de orar a cada quinze minutos, lembrando Deus de enviar o seu companheiro. Você pode relaxar, sabendo que, exatamente no momento certo, Deus trará a pessoa perfeita à sua vida, e ela não estará um único segundo atrasada.

Da mesma maneira, se você está crendo que os membros de sua família irão desenvolver um relacionamento com Deus, não tem de citar a Bíblia para eles em cada reunião da família, como se estivesse disparando uma metralhadora espiritual. Você não tem de enfiar neles a Bíblia goela abaixo nem ficar chateado porque eles não o acompanham à igreja tanto quanto você gostaria. Você pode relaxar e viver a sua vida diante dos seus entes queridos, falando naturalmente do seu relacionamento com Deus e sabendo que, no tempo designado, o Senhor falará aos seus familiares.

Talvez haja algumas áreas de sua vida em que você precisa melhorar, áreas em que deve mudar, e você tem sido extremamente duro consigo mesmo porque não está crescendo tão rapidamente quanto gostaria. Acalme-se e permita que Deus o transforme em Seu próprio tempo. Todos nós queremos mudar da noite para o dia, mas a Bíblia nos diz que Deus nos transforma pouco a pouco. Você pode parar de lutar, parar de se preocupar com isso, e simplesmente fazer o seu melhor para amar a Deus e viver para Ele, amar os outros e deixar Deus transformá-lo à Sua própria maneira e em Seu próprio tempo.

Percebe como pode ser libertador entender o conceito de tempo de Deus? Quando você está realmente vivendo por fé, pode relaxar no que a Bíblia chama de "descanso" de Deus. Esse é um lugar onde você não está preocupado, não está lutando, não está tentando descobrir tudo, perguntando por que algo está ou não está acontecendo. O descanso de Deus é um lugar de total confiança. Quando você está no descanso de Deus, sabe que, no momento perfeito, Deus realizará tudo que Ele prometeu; Ele fará acontecer.

Por que Deus não está operando em minha vida? — você pode estar se perguntando. *Tenho orado, crido e esperado, mas parece que Deus não está fazendo nada acerca do meu casamento. Aquela situação difícil no trabalho não mudou. Nenhum dos meus sonhos está se realizando.*

> **COM FREQUÊNCIA, DEUS OPERA MAIS QUANDO NÓS VEMOS E SENTIMOS MENOS.**

Entenda que Deus está operando em sua vida, quer você consiga, quer não, ver algo acontecendo externamente. De fato, quase poderia se afirmar que, com frequência, Deus opera mais quando nós vemos e sentimos menos. Você pode não ver qualquer progresso. Sua situação pode parecer a mesma que três meses ou até três anos atrás, mas você precisa confiar em que, nas profundezas de sua vida, Deus está operando.

Além disso, nos bastidores, Ele está juntando todas as peças. Ele está alinhando tudo e, algum dia, no tempo adequado, você verá o culminar de tudo o que Deus tem feito. De repente, sua situação mudará para melhor.

NO TEMPO DEVIDO

Davi tinha um grande sonho para a sua vida. Ele queria fazer a diferença, mas, quando jovem, passou muitos anos como pastor, cuidando das ovelhas de seu pai. Tenho certeza de que, em muitos momentos, ele foi tentado a acreditar que Deus o esquecera. Ele deve ter pensado: *Deus, o que estou fazendo aqui? Não há futuro neste lugar. Quero fazer algo grande*

220 Sua Melhor Vida Agora

para Ti. Quando Tu mudarás esta situação? Mas Davi entendia o tempo de Deus. Ele sabia que, se fosse fiel na obscuridade, Deus o promoveria no tempo certo. Ele sabia que Deus realizaria os seus sonhos no tempo devido. Ele disse: "Eu confio em ti, Senhor... O meu futuro está nas tuas mãos".[2] Ele estava dizendo: "Deus, eu sei que Tu estás no controle. Embora eu nada veja acontecendo, Tu estás operando nos bastidores e, no momento certo, Tu mudarás esta situação".

Você conhece a história. Deus tirou Davi daqueles campos, ele derrotou Golias e, por fim, tornou-se rei de Israel. Talvez você tenha um grande sonho em seu coração — um sonho de ter um casamento melhor, de possuir o seu próprio negócio, de ajudar pessoas necessitadas, mas, como Davi, você realmente não vê qualquer maneira humana de o seu sonho acontecer.

Tenho boas notícias para você! Deus não se limita às maneiras naturais e humanas de fazer as coisas. Se você se dispuser a confiar nele e mantiver uma boa atitude, permanecendo fiel bem onde está e não ficar apressado, querendo forçar as coisas a acontecerem, Deus o promoverá no momento certo, no seu devido tempo. Ele realizará os seus sonhos.

Se você não está vendo o mover de Deus em sua vida neste momento, uma de duas possibilidades precisa ser considerada. Ou os seus pedidos não são o melhor de Deus e, provavelmente, não serão respondidos da maneira como você gostaria, ou não deve ser o momento certo. Se Deus respondesse àquela oração da maneira como você está esperando, isso poderia interferir no Seu plano ideal para você.

DEUS VÊ O QUADRO GERAL

Hoje, o nosso programa de televisão é transmitido em redes nos Estados Unidos e em vários países. Foi a realização de um sonho para mim. Eu amava transmitir o ministério de meu pai para todo o mundo. Mas, perto do fim de sua vida, meu pai já não queria mais fazer isso. Ele só queria relaxar e servir à igreja.

Em certo momento, eu havia feito acordos para que um grande número de emissoras de rádio transmitisse o nosso programa semanalmente. Eu disse: "Papai, se você for ao estúdio durante, talvez, uma hora por semana, poderemos fazer todos esses programas de rádio".

Para o meu espanto, papai respondeu: "Joel, eu não quero fazer isso. Estou com 75 anos de idade e não estou procurando outras coisas para fazer".

Fiquei muito decepcionado. Pensei: *Deus, eu sou jovem e tenho todos esses sonhos de tocar o mundo; tenho muita energia; não quero fazer menos. Eu quero fazer mais!*

Mas algo lá no fundo sempre me dizia: *seja paciente. Não é o momento certo.* Decidi que manteria uma boa atitude e honraria o meu pai. Eu não me apressaria. Não ficaria frustrado e começaria a lutar e procurar fazer as coisas acontecerem por minha própria força ou no meu próprio tempo. Não, eu simplesmente permaneci fiel e continuei fazendo o melhor que pude.

Na época, não parecia que Deus estivesse fazendo algo sobre o sonho de papai ou do meu, de transmitir mensagens de esperança para todo o mundo. Mas, alguns anos mais tarde, quando o meu pai partiu para o Senhor, tudo ficou claro para mim. Nunca sonhei que seria o pastor. Nunca sonhei que, algum dia, eu seria o sujeito diante da câmera. Mas agora percebo que Deus colocou esses sonhos em meu coração para a minha própria vida, para o meu próprio ministério, não apenas o de papai. Se eu não tivesse sido paciente e permanecido no tempo perfeito de Deus, não creio que estaria onde estou hoje.

Nós nem sempre entendemos os métodos de Deus. Seus caminhos nem sempre fazem sentido para nós, mas temos de perceber que Deus vê o quadro geral. Considere esta possibilidade: você pode estar pronto para o que Deus tem para você, mas outra pessoa que estará envolvida ainda não está. Deus tem de operar em outra pessoa ou em outra situação antes de sua oração poder ser respondida segundo a vontade de dele para a sua vida. Todas as peças têm de se encaixar para que seja o tempo perfeito de Deus.

Mas nunca tenha medo; Deus está alinhando tudo em sua vida. Você pode não sentir e talvez não possa ver. A situação pode parecer exatamente a mesma durante os últimos dez anos, mas então, certo dia, em uma fração de segundo, Deus reunirá tudo. Quando for o tempo de Deus, todas as forças das trevas não serão capazes de impedi-lo. Quando for o tempo designado, nenhum homem poderá impedir o acontecer. Quando for o devido tempo, Deus fará acontecer.

De repente, as coisas mudarão. De repente, aquele negócio decolará. De repente, seu marido desejará um relacionamento com Deus. De repente, aquele filho desobediente voltará para casa. De repente, Deus fará as suas esperanças e os seus sonhos se realizarem.

Shelby era uma mulher atraente, de trinta e poucos anos de idade, que realmente desejava casar-se. Ela orara incessantemente, mas nunca tivera um relacionamento sério com um homem. De fato, ela me contou que não tivera um encontro sequer nos últimos três anos. Ela estava inclinada a desanimar, presumindo que nada estava acontecendo, e que podia passar o restante de sua vida como solteira.

Mas, certo dia, ela estava dirigindo do trabalho para casa quando um pneu do carro furou e teve de parar o carro no acostamento. Poucos segundos depois, outro carro parou atrás dela, e dele saiu um jovem bonito. Ele não só trocou o pneu do carro de Shelby, como também a convidou para jantar. Cerca de um ano depois, eles se casaram e, hoje, são maravilhosamente felizes e apaixonados.

Agora, pense na probabilidade de algo assim acontecer. Certamente, aquilo não foi um acidente ou uma coincidência. Aquilo foi Deus operando na vida de dois jovens adultos. Pense no sincronismo envolvido em seu encontro. O pneu do carro de Shelby tinha de furar na hora certa. Tinha de haver apenas a quantidade certa de tráfego na autoestrada. Se houvesse muitos carros, ele teria chegado atrasado; com poucos carros, ele chegaria adiantado. Aquele jovem tinha de pegar exatamente o elevador certo para sair do escritório. Precisava ficar parado apenas pela quantidade certa de semáforos. Todo o sincronismo tinha de ser de fração de segundos para que o seu carro estivesse pouco atrás do de Shelby quando o pneu do carro dela furou.

Nem sequer pense que Deus não está operando em sua vida. Ele está fazendo as coisas acontecerem, mesmo quando você não percebe. Basta manter uma atitude de fé e aprender a confiar no Seu tempo.

Quando eu tinha vinte e poucos anos de idade, tive uma experiência semelhante à de Shelby. Eu realmente nunca havia namorado muito durante a escola ou a faculdade. Era fã de esportes e estava ocupado jogando beisebol quatro ou cinco noites por semana. Realmente não tinha tempo para uma vida social. Mas, com o tempo, cansei-me de sair com todos aqueles sujeitos velhos e feios e decidi que encontraria alguém com uma aparência um pouco melhor.

Orei para que Deus me levasse à pessoa certa. Disse: "Pai, eu sei que Tu tens alguém já escolhido para mim, então estou confiando em Ti para nos aproximar no momento certo".

Dois ou três anos se passaram e não aconteceu nada, mas não me apressei ou procurei forçar as coisas. Não fiquei chateado, dizendo: "Deus, por que Tu não estás fazendo nada?" Não, apenas fiz o meu melhor para permanecer no descanso de Deus. Eu disse: "Pai, sei que Tu estás no controle e, mesmo que eu nada veja acontecendo, sei que Tu estás operando nos bastidores pelo meu bem".

Certo dia, percebi que o meu relógio havia parado. Meu amigo Johnny e eu estávamos indo ao ginásio para fazer exercícios, então decidi parar em uma relojoaria no caminho para comprar uma bateria nova para o relógio. Entrei na loja e encontrei a garota mais bonita que já vira! Eu pensei: *Deus, Tu acabas de responder às minhas orações!*

Começamos a conversar e descobri que ela era uma boa menina cristã. Pensei: *isso é ótimo, porque, se você não fosse cristã, estaria prestes a tornar-se!*

Ela não só vendeu uma bateria para o meu relógio, mas também me vendeu um relógio novinho! E ela tem gastado o meu dinheiro desde então.

Mas pense em todos os fatores que tiveram de se encaixar para que eu conhecesse Victoria. A bateria do meu relógio tinha de pifar. Eu tinha de ter um motivo para ir a uma relojoaria e não simplesmente a um supermercado ou a uma loja de conveniência. Então, tive de parar na loja específica onde Victoria trabalhava. Tenha em mente que existem centenas de ótimas relojoarias em Houston. Então, Victoria deveria estar trabalhando naquele turno específico. Ela poderia estar de folga naquele dia. Outra pessoa poderia ter me atendido. Mas todas essas peças se encaixaram perfeitamente, porque Deus estava no controle.

Para viver a sua melhor vida agora, você precisa aprender a confiar no tempo de Deus. Talvez você pense que Ele não está operando, mas pode ter certeza de que neste exato momento, nos bastidores, Deus está dispondo todas as peças de modo a se unirem para realizar o plano dele para a sua vida.

Você pode estar passando por alguns momentos difíceis... Talvez as circunstâncias pareçam estáticas e imóveis há um bom tempo. Talvez você não seja capaz de compreender como a sua situação poderá avançar. Mas precisa saber que Deus já tinha a resposta à sua oração antes mesmo de você ter a necessidade. Deus vem organizando as coisas em seu favor desde muito antes de você ter encontrado o problema.

Infelizmente, um pastor de uma grande igreja dos Estados Unidos perdeu o rumo e tomou algumas decisões muito ruins, o que resultou em sua demissão. Sua família se desfez e ele deixou o ministério. Foi uma situação muito triste. Todas as aparências externas levavam a crer que o seu futuro seria sombrio. Vários anos se passaram e o pastor estava procurando reorganizar a sua vida. Ele ainda tinha um coração de servo e amor pelas pessoas, por isso decidiu viajar para a América do Sul a fim de ajudar alguns missionários ali. Enquanto estava no Brasil, visitou uma pequena igreja. Ao encontrar-se com o pastor, algo muito estranho aconteceu. O pastor brasileiro pareceu chocado e, então, começou a chorar. Ele apertou as mãos do norte-americano e começou a orar em português.

Enquanto o pastor orava por ele, o norte-americano sentiu uma presença incomum envolvendo-o, quase como um brilho quente eliminando a sua mágoa e dor. Ele disse: "Pela primeira vez em vários anos, senti ser capaz de abandonar o passado. Senti-me totalmente livre e totalmente restaurado".

Quando a oração terminou, o pastor norte-americano perguntou ao seu intérprete: "Quem é esse homem? E por que ele estava orando por mim desse jeito?"

Por intermédio do intérprete, o pastor brasileiro disse: "Vinte anos atrás, eu estava orando e, de repente, seu rosto me veio à mente. E Deus me disse: 'Algum dia, você ajudará a levar cura e restauração a esse homem'. Hoje é esse dia e você é esse homem".

Ora, eis aqui o aspecto verdadeiramente surpreendente desta história: vinte anos antes daquele evento, o norte-americano não era sequer cristão, muito menos pastor. Ele nem sequer estava servindo a Deus. Mas Deus conhece o fim da história antes de a primeira palavra ser escrita. Vinte anos antes, ele colocou no coração de um homem uma visão que envolvia outra pessoa; em seguida, durante duas décadas, Deus projetou eventos nas vidas dos dois, de modo a fazê-los se encontrarem no púlpito daquela pequena igreja do Brasil, para que um homem visse a realização de seu sonho e outro homem pudesse ser tranquilizado quanto ao amor e o perdão de Deus.

Da mesma maneira, Deus já tem a resposta às suas orações antes de você ter a necessidade. Ele já estava organizando as coisas em seu favor. E, quem sabe, talvez cinco ou dez anos atrás, Deus tenha falado com alguém sobre a situação pela qual você está passando agora, e Ele esteja moldando os eventos para aproximar os seus caminhos. Você não pode simular esse tipo de coisa. Seria tolice querer manipular esses eventos. Deus está no controle. Você pode pensar que nada está acontecendo, mas lembre-se de que Deus muitas vezes opera mais quando vemos e sentimos o mínimo. Aprenda a confiar no tempo dele. Não se apresse; não se impaciente; não queira forçar as portas a se abrirem. Não procure fazer as coisas acontecerem por sua própria força. Deixe Deus fazer à maneira dele.

Lembro-me de várias vezes em que meu pai quis iniciar a construção de um novo santuário para a Lakewood Church. A congregação crescera e excedeu

> **DEIXE DEUS FAZER À MANEIRA DELE.**

a capacidade de nosso prédio; por isso, muitas vezes ao longo de um período de cinco anos, papai fez arquitetos elaborarem alguns planos preliminares para um novo edifício. Mas, quando estava prestes a iniciar as obras, papai percebeu uma advertência de Deus. Ele não se sentia bem em prosseguir. Não sentia paz em seu coração acerca do assunto, então colocou tudo em espera.

Naquela época, meu pai tinha sessenta e poucos anos de idade, e vários ministros mais jovens em todo o país estavam construindo grandes santuários. Papai se sentiu pressionado a construir antes que fosse tarde demais. Ele ficou todo animado por começar o novo projeto. Duas ou três vezes, ele anunciou à congregação: "Neste outono iniciaremos a obra do nosso novo santuário!"

Em meio ao outono, papai chegou à frente da igreja e disse: "Mudei de ideia. Não é o momento certo. Não sinto paz sobre isso". Ora, meu pai era suficientemente inteligente para saber que precisava permanecer no tempo perfeito de Deus. E a congregação tinha confiança suficiente nele para aceitar pacientemente as convicções de meu pai.

A triste verdade é que, se você forçar o bastante e se for tão teimoso, a ponto de precisar ter as coisas à sua maneira, às vezes Deus lhe permitirá realizar um projeto sem a Sua bênção ou no tempo errado. É claro que o problema nisso é que, quando você começar algo por sua própria força e em seu próprio tempo, terá de terminá-lo e mantê-lo por sua própria força. Quando você deixar Deus começar algo, Ele o terminará para você. Ele proverá tudo de que você precisar.

Quando tentamos forçar portas a se abrirem e fazer as coisas acontecerem por nossa própria força, o resultado final é uma constante pressão sobre nós e um esgotamento dos nossos recursos. A vida torna-se uma luta constante. Quase toda alegria, paz e vitória diminuem da sua existência. Esse não é um lugar de contentamento e satisfação.

Se estiver em uma área como essa hoje, você precisará fazer o seu melhor para sair dela. Não estou sugerindo que você rompa o seu casamento ou volte atrás em contratos de negócios. Isso só exacerbaria o problema. Mas, se estiver fazendo coisas que não estão dando frutos e elas estiverem lhe dando uma dor de cabeça contínua, há uma boa chance de que Deus não deu início a esse empreendimento ou relacionamento. Ou talvez isso faça parte do plano de Deus para a sua vida, mas você está fora do Seu tempo e está prosseguindo por suas próprias forças, segundo o seu próprio calendário.

Tome cuidado! Se Deus não está naquilo que você está fazendo, então é preciso fazer uma mudança. É nesse ponto que muitas pessoas perdem o favor de Deus: sabem que Deus lhes falou e colocou um sonho em seus corações. Mas, então, elas procuram cumprir o plano de Deus por conta própria. Precisamos estar conscientes de que sair do tempo de Deus é o mesmo que sair da vontade de Deus. Precisamos ter paciência e deixar Deus realizar o Seu plano no tempo determinado.

Isso não quer dizer que devemos sentar-nos passivamente e esperar que Deus faça tudo. Ao contrário, temos de perseguir dinamicamente os nossos sonhos. Mas se uma porta não estiver se abrindo, não queira fazer as coisas acontecerem por sua própria força.

Meu pai era uma pessoa de caráter, a ponto de levantar-se e dizer à congregação: "Errei. Pensei que este seria o momento em que deveríamos começar a construir, mas não é. Simplesmente não é o momento certo".

Surpreendentemente, quando Deus finalmente levou papai a iniciar a construção, isso ocorreu durante o que parecia o pior momento possível. Faltavam duas semanas para o Natal e ele acabara de sair do hospital após uma cirurgia de coração de peito aberto. Além disso, a economia em Houston estava no ponto mais baixo de todos os tempos. A cidade atravessava uma das piores recessões que já havíamos visto. Mais de doze mil empresas faliram durante o ano anterior. Por todos os padrões lógicos de negócio, começar um novo prédio — pago por doações — parecia um grande erro. Tanto os críticos quanto os amigos disseram ao meu pai: "É melhor você não começar agora. Você nunca conseguirá o dinheiro. Esse prédio vai ficar inacabado".

Papai agradeceu-lhes pelas opiniões, mas, quando é o tempo de Deus, não importa o que as circunstâncias pareçam indicar. Não importa o que as pessoas estão lhe dizendo. Se Deus diz que é o tempo, Ele fará acontecer.

Papai iniciou o programa de construção e, em menos de um ano, a congregação deu dinheiro suficiente para o edifício ser construído livre de dívidas! Se papai quisesse fazer isso por sua própria força, em seu próprio tempo, mesmo que a economia estivesse superaquecida, aquela ainda teria sido uma luta constante.

Entenda que, quando você sai do tempo de Deus, está saindo do Seu favor. Quando você sai do favor do Senhor, passa a operar por conta própria, no escuro. Não estou dizendo que, quando fazemos algo para Deus, não teremos adversidade. Mas combater o bom combate da fé fora do tempo de Deus poderá deixá-lo constantemente em luta, nunca lhe acontecendo algo de bom, nunca tendo qualquer alegria. No entanto, quando estiver no tempo de Deus, você poderá estar em meio ao maior desafio de sua vida e ainda estará repleto de alegria. Deus lhe dará toda a graça de que você precisar. Ele prometeu que, se você aprender a confiar no Seu tempo, então, no tempo certo, Ele realizará os seus sonhos e responderá às suas orações. A resposta virá, bem na hora certa.

CAPÍTULO 23

O Propósito das Provações

Não importa o quão bem-sucedidos sejamos, o fato é que todos nós enfrentamos desafios, lutas e momentos em que as coisas não correm como gostaríamos. Quando acontecem calamidades, algumas pessoas pensam imediatamente ter feito algo errado, e que Deus certamente deve estar punindo-as. Não compreendem que Deus tem um propósito divino para cada desafio que surge em nossas vidas. Ele não envia os problemas, mas, às vezes, nos permite passar por eles.

Por que isso? A Bíblia diz que tentações, provações e dificuldades precisam vir, pois para fortalecer os nossos músculos espirituais e crescer mais fortes precisamos ter adversidades a superar e ataques aos quais resistir. Além disso, é nos momentos difíceis da vida que descobrimos de que realmente somos feitos. A pressão expõe as coisas com as quais precisamos lidar — coisas como atitudes erradas, motivos errados, áreas onde estamos fazendo concessões. Por mais estranho que isso possa parecer, as provações podem ser benéficas.

A Bíblia diz: "Não se surpreendam com o fogo que surge entre vocês para os provar, como se algo estranho lhes estivesse acontecendo".[1] Perceba que a provação tem por objetivo testar a sua qualidade, testar o seu caráter, testar a sua fé. Em outras palavras: "Não pense ser grande coisa você passar por esses tempos difíceis". Durante toda a vida, você enfrentará várias provações e, mes-

> É NOS MOMENTOS DIFÍCEIS DA VIDA QUE DESCOBRIMOS DE QUE REALMENTE SOMOS FEITOS.

O *Propósito das Provações* 229

mo que você possa não apreciá-las, Deus usará essas provações para refiná-lo, para limpá-lo e purificá-lo. Ele está procurando moldá-lo à pessoa que Ele quer que você seja. Se você se dispuser a aprender a cooperar com Deus e for rápido em mudar e corrigir as áreas que Ele traz à luz, passará nesse teste e será promovido a um novo nível.

TESTES DE FÉ

Com as lutas da vida, descobri que Deus está mais interessado em me mudar do que em mudar as circunstâncias ao meu redor. Não estou dizendo que Deus não mudará as circunstâncias. Certamente, Ele pode e com frequência o faz. Mas, na maioria das vezes, sou testado nas áreas em que sou mais fraco.

Você provavelmente já descobriu que algo semelhante é verdadeiro. Se você tem um problema com inveja, parece que todas as pessoas que você conhece têm mais ou melhores bens materiais do que você. Você percebe que o seu melhor amigo usa uma roupa nova cada vez que você o vê. A pessoa que trabalha ao seu lado, que ganha metade do seu salário, aparece dirigindo um carro novinho em folha. Um parente há muito desaparecido lhe telefona para dizer que acaba de ganhar na loteria!

Você passará no teste? Manterá uma boa atitude e se alegrará com os que se alegram e ficará sinceramente feliz por eles? Ou você ficará todo negativo e amargo e dirá: "Deus, eu trabalho com mais afinco do que eles. Nunca me acontece algo bom. Vou à igreja todos os domingos. Por que não posso comprar um carro novo?"

Isso é um teste da sua fé. Isso é Deus trazendo à luz as impurezas existentes em seu caráter. Isso é Deus procurando refiná-lo. Se você se dispuser a aprender a trabalhar com Deus e abandonar essa inveja, se surpreenderá com as bênçãos, o favor e a vitória que entrarão em sua vida.

Sou uma pessoa muito concentrada e voltada para os objetivos. Quando tenho um projeto para fazer, gosto de fazê-lo imediatamente. Fui assim durante toda a minha vida. No ensino fundamental, quando a professora nos dava na segunda-feira uma lição de casa para entregar só na sexta-feira, eu ia para casa na segunda-feira à noite e fazia a lição toda! Não queria deixar pendência alguma.

Quando vou a um restaurante, faço o pedido antes mesmo de me darem um cardápio. Estou querendo lhe dizer, de modo indireto, que às vezes sou impaciente. Não gosto de esperar; não gosto de ser incomodado. Mas descobri que, quanto mais impaciente eu sou, tanto mais me encontro em situações em que tenho de esperar. Se estou com pressa para sair do mercado, inevitavelmente entro na fila em que uma nova caixa se arrasta em seu primeiro dia de trabalho e a pessoa à minha frente tem 23 itens sem etiqueta de preço!

Em casa, tenho percebido que, quanto mais impaciente estou, mais tempo Victoria leva para se vestir para uma ocasião. Ironicamente, quando não estou com pressa ou impaciente, Victoria se veste mais rapidamente do que eu. Ela fica no carro esperando com as crianças. Mas, toda vez em que estou sem paciência, uma sequência de coisas nos atrasa. A pequena Alexandra começa a brincar com a maquiagem de Victoria. O ferro de passar roupas não funciona direito. Minha mulher não consegue encontrar os sapatos de nossa filha. Não é interessante? Victoria não percebe isso, mas Deus a está usando para refinar-me enquanto ela se veste!

Deus usa deliberadamente situações como essas para que eu possa reconhecer o problema em mim mesmo e aprender a lidar com isso. Ele está operando algo fora de mim para que eu possa subir a um novo nível e ser a pessoa que Ele realmente quer que eu seja.

De maneira semelhante, Deus usará pessoas em sua vida. Seu próprio marido ou esposa, seus sogros ou seus próprios filhos podem ser os espelhos inconscientes usados por Deus para revelar as áreas em que você precisa mudar.

"Joel, eu não suporto o meu chefe. Ele me irrita o tempo todo. Não sei por que tenho de trabalhar com ele dia após dia. Quando Deus transformará esse homem?"

Você já considerou que Deus pode querer mudar *você*? Deus pode ter, propositadamente, feito você estar em estreita proximidade com a pessoa que o irrita. Ele pode estar tentando ensiná-lo a amar os seus inimigos. Ou ele pode estar fortalecendo-o um pouco e ensinando-lhe a ter alguma resistência, não correr de tudo que é difícil, desconfortável ou inconveniente.

Um marido lamenta: "Deus, por que Tu me colocaste com essa mulher? Ela não consegue fazer nada direito. Ela é incapaz até mesmo de cozinhar. Queima a torrada. Não consegue fazer um bolo de carne. Deus, quando é que Tu a mudarás?"

Provavelmente, ela continuará a cozinhar da mesma maneira até você aprender como superar isso, ter uma atitude melhor e começar a agradecer

O *Propósito das Provações*

pelo fato de que, pelo menos, ela está tentando fazer algo para você. Você poderia estar comendo comida congelada!

Um pai se queixa: "Deus, essas crianças estão me levando à loucura. Ficarei feliz se Tu apenas fizer com que se comportem".

> **DEUS NÃO TRANSFORMARÁ ALGUÉM COM QUEM VOCÊ ESTÁ LIDANDO ATÉ PRIMEIRO TRANSFORMAR VOCÊ.**

Deus não transformará alguém com quem você está lidando até primeiro transformar você. Mas, se você se dispuser a parar de reclamar de todos à sua volta e, em vez disso, começar a dar uma boa olhada dentro de si mesmo e cooperar com Deus para transformá-lo, Deus transformará as outras pessoas. Examine o seu próprio coração e veja se há atitudes e motivações que você precisa mudar.

Certo dia, eu estava dirigindo o carro até a igreja e fiquei um pouco atrasado para uma reunião importante. Eu sabia que, se conseguisse evitar engarrafamentos, chegaria lá a tempo. Mas tive de parar em todos os semáforos ao sair do bairro. Parei até em um semáforo que eu nunca vira ficar vermelho em toda a minha vida!

Comecei a orar enquanto dirigia, mas, quanto mais eu orava, mais tempo levava para atravessar os semáforos. Por fim, cheguei à estrada e parti em direção à igreja o mais rápido que conseguia dirigir, orando o tempo todo para Deus me dar o discernimento de saber atrás de qual colina os policiais estavam esperando. O tempo era apenas suficiente para eu chegar à minha reunião.

Mas, a caminho, para o meu desgosto, o tráfego começou a ficar cada vez mais lento. Pensei: *Oh, não! O que está acontecendo?* No final, o tráfego parou por completo. Pensei: *Deus, tenho de chegar a essa reunião. Tu tens de me ajudar.* Em poucos minutos, a faixa ao lado começou a mover-se. Fiz tudo que era possível para entrar naquela faixa, mas era um daqueles dias. Ninguém estava disposto a deixar-me entrar. Meu sinalizador de direção estava ligado, eu sorri e acenei, mostrei dinheiro, mandei beijos, fiz de tudo, mas ninguém me deixou entrar!

Finalmente, uma doce velhinha teve a gentileza de me deixar entrar na faixa à sua frente. Pensei: *Ótimo! Finalmente posso andar!* Mas, assim que acelerei, o fluxo de tráfego naquela faixa parou totalmente e tive de pisar no freio. Enquanto isso, a faixa anterior começou a mover-se! Fiquei tão frustrado, que nem quis pensar em voltar para aquela faixa.

Não percebi que Deus estava me testando na área da minha paciência. Fiquei ali sentado me aborrecendo com o tráfego durante uns dez minutos e, quando começou a avançar, percebi o problema. Um carro havia enguiçado e teve de ser rebocado para o lado direito da estrada por um guincho.

Ao me aproximar das luzes piscando, a compaixão por um motorista em má situação era a coisa mais distante de minha mente. Em vez disso, eu estava pensando: *Gostaria que você mantivesse essa lata velha fora da estrada; você está segurando todo mundo e me fazendo perder a minha reunião!* Minha atitude foi terrivelmente irascível. Então, o meu coração desmoronou. Olhei para o veículo enguiçado e vi nele o que parecia um adesivo de para-choque da Lakewood Church. Não houve dúvida: ao passar ao lado, diminuí a velocidade e olhei, e vi um homem sorrindo e acenando para mim. Sorri de volta e acenei para ele como se fosse o seu melhor amigo. Pensei: *Se ele soubesse a verdade!*

Foi quando me dei conta de que, talvez, Deus estivesse querendo me ensinar algo. Quem sabe Ele estivesse usando o congestionamento de tráfego para trazer à luz impurezas presentes no meu caráter. Esse era Deus me mostrando as áreas em que eu precisava melhorar.

Com frequência, Deus permite que você também passe por situações para extrair essas impurezas do seu caráter. Você pode repreender até gastar o seu "repreendedor". Você pode orar, pode resistir, pode apertar, pode afrouxar, pode cantar e gritar, pode fazer tudo, mas nada disso lhe fará bem algum! Deus está mais interessado em transformar você do que em mudar as circunstâncias. E, quanto mais cedo aprender a cooperar com Deus, mais cedo sairá dessa confusão. Quanto mais rapidamente aprender a lição e começar a lidar com essas atitudes ruins, e começar a governar as suas emoções, mais rapidamente você seguirá para o próximo nível em sua jornada espiritual. Precisamos reconhecer o propósito de refino das provações. Não podemos fugir de tudo que é difícil em nossas vidas.

Talvez você esteja em uma provação e fazendo o que eu fiz. Você está orando para que Deus o livre dessa situação negativa. Essa é uma oração legítima, mas quem sabe você não esteja entendendo o motivo de ter sido autorizado a passar por esse momento difícil.

Reconheça que Deus quer fazer uma obra em você. Ele está moldando e refinando você, mas você está tão ocupado tentando fugir da dificuldade, que a obra não está sendo feita. Está tão concentrado em todas as circunstâncias e em todas as pessoas à sua volta, que não dedicou um tempo para olhar profundamente o seu interior e lidar com as questões que Deus está trazendo à luz.

O *Propósito das Provações* 233

Talvez você fique preocupado e amedrontado quando coisas importantes não ocorrem como você desejaria. Você já pensou que Deus pode estar permitindo esses eventos para ensiná-lo a confiar nele e para ver se você vai permanecer tranquilo e calmo em meio à tempestade? Você pensou na possibilidade de que Deus pode estar permitindo que uma parte disso lhe ensine a governar suas emoções? Ele pode estar tentando fortalecê-lo, para ajudá-lo a desenvolver alguma estrutura e estabilidade em sua vida.

Com frequência, oramos: "Deus, se Tu mudares a minha situação, então eu mudarei". Não, a coisa funciona ao contrário. Temos de estar dispostos a mudar as nossas atitudes e lidar com as questões que Deus trouxer à tona; depois, Deus mudará essas circunstâncias.

Deus o ama demais para permitir que você passe a vida na mediocridade. Muitas vezes, Ele permitirá que pressão seja aplicada sobre a sua vida para testá-lo e, somente quando você passar nesses testes, avançará. Ele colocará em seu caminho pessoas e circunstâncias que ralam você como uma lixa, mas as usará para aparar as suas arestas. Você pode nem sempre gostar disso; pode querer fugir, você pode até resistir, mas Deus continuará trazendo à tona a questão, repetidas vezes, até você passar no teste.

OBRA EM ANDAMENTO

Lembre-se de que a Bíblia diz: "Somos feitura de Deus".[2] Isso significa que somos uma obra em andamento, não um produto acabado. De um modo ou de outro, Deus fará as coisas ao Seu modo. Você pode aprender da maneira mais difícil, como eu fiz naquele tráfego, e dizer "Muito bem, Deus, eu farei à Tua maneira. Entendo. Serei calmo; serei paciente". Ou você pode fazê-lo da forma mais fácil: quando lutas aparecerem em seu caminho, olhe profundamente para o seu interior e seja rápido em mudar. Esteja disposto a lidar com qualquer problema que Deus trouxer à tona. Coopere com Deus no processo de refino, em vez de lutar contra Ele.

A Bíblia diz que Deus é o oleiro e nós somos o barro.[3] O barro funciona melhor quando é flexível, maleável e moldável. Mas se você for duro, turrão e preso aos próprios caminhos, Deus terá de martelar muito esse barro velho e duro, para tirar as imperfeições.

Certamente, nenhum de nós gosta de passar por lutas, mas você tem de entender que a sua luta pode ser uma oportunidade para crescimento e promoção. A mesma coisa contra a qual você está lutando com tanta tenacidade pode ser o trampolim que o arremessa a um novo nível de excelência. Seus desafios podem se tornar os seus maiores investimentos.

Muitos anos atrás, a pesca de bacalhau no nordeste dos Estados Unidos tornou-se uma atividade comercial lucrativa. A indústria da pesca reconheceu a existência de um grande mercado para o bacalhau em todo aquele país, mas havia um grande problema de distribuição. No início, eles simplesmente congelavam o peixe, como faziam com todos os seus outros produtos, e o enviavam para todo o país. Mas, por algum motivo, após ser congelado, o bacalhau perdia o sabor. Então, os proprietários decidiram enviar o peixe em enormes tanques cheios de água do mar. Eles pensaram que, com certeza, aquilo resolveria o problema e manteria o peixe fresco. Mas, para a sua consternação, esse processo só piorou as coisas. Devido a ficarem inativos no tanque, os peixes se tornaram moles e sem consistência, mais uma vez perdendo o sabor.

Certo dia, alguém decidiu colocar alguns bagres no tanque com os bacalhaus. Os bagres são um inimigo natural do bacalhau; por isso, enquanto o tanque viajava pelo país, os bacalhaus tinham de ficar alertas e ativos, e atentos aos bagres. Surpreendentemente, quando o tanque chegava ao seu destino, os bacalhaus estavam tão frescos e saborosos quanto no nordeste.

Como aqueles bagres, talvez a adversidade tenha sido colocada em seu caminho para um propósito. Quem sabe ela tenha sido colocada lá para desafiá-lo, fortalecê-lo, aperfeiçoá-lo, mantê-lo vivo, ativo e crescendo. Certamente, às vezes parece que você está com um grande tubarão branco no tanque, em vez de um bagre, mas a adversidade que você está enfrentando poderá muito bem ser algo que Deus está usando para empurrá-lo e desafiá-lo a ser o seu melhor. A provação é um teste de sua fé, caráter e perseverança. Não desista. Não abandone tudo. Não lamente e reclame, dizendo: "Deus, por que tudo isso está me acontecendo?"

Em vez disso, permaneça forte e combata o bom combate da fé. Deus está lhe dando uma oportunidade de promoção. É a luta o que nos dá a força. Sem oposição ou resistência não há potencial para o progresso. Sem a resistência do ar, uma águia não consegue pairar. Sem a resistência da água, um navio é incapaz de flutuar. Sem a resistência da gravidade, você e eu não conseguimos sequer andar.

> **A PROVAÇÃO É UM TESTE DE SUA FÉ, CARÁTER E PERSEVERANÇA.**

Contudo, nossa tendência humana é querer tudo facilmente. "Deus, Tu não podes me ensinar paciência sem ter de

O Propósito das Provações

passar pelo congestionamento de tráfego? Deus, Tu não podes me ensinar a Te amar e confiar em Ti sem ter problema algum?"

Infelizmente, não existem atalhos; não há uma maneira fácil de amadurecer física, emocional ou espiritualmente. Você precisa permanecer determinado e cooperar com Deus. A Bíblia diz: "Ponham em ação a salvação de vocês".[4] A salvação é mais do que uma oração feita uma única vez. É cooperar constantemente com Deus, lidar com as questões que Ele traz à tona e manter uma boa atitude, lutando até conquistar a vitória.

Algumas abelhas foram levadas, em uma missão espacial, para um estudo dos efeitos da ausência de gravidade. Semelhantemente aos seres humanos no espaço, as abelhas flutuavam com tanta facilidade que nem sequer tinham de usar as asas. Elas pareciam se desenvolver no ambiente sem gravidade e sem trabalho, luta ou adversidade. Mas, após três dias, todas as abelhas morreram. O experimento foi resumido com as seguintes palavras: "Elas gostaram do passeio, mas não sobreviveram". As abelhas não foram feitas para passar a vida sem usar as suas asas, não tendo qualquer resistência. Da mesma maneira, você e eu não fomos feitos para flutuar pela vida em mares de rosas de facilidade.

Deus nunca prometeu que não teríamos desafios. De fato, Ele disse exatamente o oposto. Sua Palavra diz: "Nisso vocês exultam... Assim acontece para que fique comprovado que a fé que vocês têm... mesmo que [refinada] pelo fogo, é genuína e resultará em louvor, glória e honra, quando Jesus Cristo for revelado".[5]

Quando você atravessar tempos difíceis, certifique-se de passar no teste. Não seja teimoso e cabeça-dura. Reconheça que Deus está refinando você, aparando algumas de suas arestas. Permaneça forte e combata o bom combate da fé. Deus chamou cada um de nós a sermos campeões; você está destinado a vencer. A Bíblia diz que, se cooperar com Deus e mantiver uma boa atitude, então, independentemente do que vier contra você, todas as coisas — e não apenas as coisas boas da vida — mas todas as coisas, cooperarão para o seu bem.[6]

CAPÍTULO 24

Confiando em Deus Quando a Vida Não Faz Sentido

Em 1958, quando o futuro de meu pai parecia muito favorável na denominação em que ele estava servindo, minha irmã Lisa nasceu com um trauma de nascimento semelhante à paralisia cerebral. Os médicos disseram aos meus pais que ela nunca seria normal, nunca andaria e provavelmente precisaria de cuidados 24 horas por dia. Mamãe e papai ficaram devastados. Foi uma das horas mais sombrias da história de nossa família. Mamãe e papai poderiam facilmente ter se tornado amargos. Eles poderiam facilmente ter dito: "Deus, isso não é justo. Por que isso aconteceu conosco? Aqui estamos nós, fazendo o nosso melhor para servi-te, e Tu permites que algo como isso ocorra".

Mas não foi isso que fizeram. Papai sabia que a adversidade poderia ser um trampolim para algo maior. Ele sabia que Deus não permitiria uma provação sem que houvesse um propósito para ela. Em vez de ser negativo e fugir de Deus, ele correu para Deus. Começou a pesquisar as Bíblias como nunca e descobriu o Deus da Bíblia de uma nova maneira — como um Deus amoroso, um Deus que cura, um Deus que restaura e, sim, um Deus de milagres. Papai voltou à sua igreja e pregou com um novo fogo e entusiasmo. Além disso, ele e minha mãe começaram a crer que Lisa poderia ser curada.

Papai estudou a Bíblia e começou a pregar mensagens acerca de esperança, cura e viver em vitória. Ele pensou honestamente que a congregação ficaria encantada com a mensagem de que Deus queria coisas boas para o Seu povo — afinal, quem poderia argumentar contra isso?

Mas, como mencionei, algumas pessoas ficaram incomodadas e meu pai acabou se demitindo daquela igreja. Naquele momento tenebroso nasceu a Lakewood Church. Deus usou a adversidade para ampliar a visão de meu pai, fazendo-o entrar em uma nova era de ministério. O mal que o inimigo quis fazer, Deus reverteu e usou para a Sua vantagem. E, em meio à luta, Deus curou o corpo de Lisa. Até hoje, minha irmã é saudável e está bem. Mas não acredito que alguma dessas coisas teria acontecido se meu pai não tivesse lidado corretamente com as suas adversidades.

Muitas pessoas respondem imediatamente de maneira negativa às adversidades e aos problemas, em vez de crer que Deus pode usar a situação para gerar algo bom. Não estou dizendo que Deus envia o problema, mas sim que Ele usará qualquer adversidade que você enfrentar para levá-lo a um nível mais elevado, se você apenas fizer a sua parte e se mantiver firme.

DOIS TIPOS DE FÉ

Em minha vida, descobri dois tipos de fé — uma fé *que liberta* e uma fé *que sustenta*. A fé que liberta é quando Deus reverte instantaneamente a sua situação. Quando isso acontece, é ótimo. Mas acredito ser necessário uma fé maior e uma caminhada mais profunda com Deus para ter essa fé que sustenta. É quando as circunstâncias não mudam imediatamente, mas você diz: "Deus, independentemente do que virá contra mim e de quanto tempo levar, isso não me derrotará. Eu não me abaterei. Sei que Tu estás do meu lado. E, desde que Tu me sejas favorável, isso é tudo que importa". A fé que sustenta é o que faz você atravessar aquelas noites escuras da alma, quando não sabe para onde ir ou o que fazer, e parece que não conseguirá durar mais um dia... Mas, devido à sua fé em Deus, você consegue.

Quando tem esse tipo de atitude, o adversário não tem chance contra você. Além disso, habitualmente, não são as adversidades que causam nossos problemas; é a maneira de respondermos às nossas adversidades. Você pode ter um problema minúsculo e ele conseguir derrotá-lo. No entanto, tenho visto pessoas lidando com enormes problemas — mortes trágicas na família, doenças incuráveis, divórcio, falência e todos os tipos de outras calamidades — mas estão felizes e em paz. Estão vivendo em uma atitude de fé. Estão crendo que as coisas mudarão e estão determinadas a viver em vitória!

Ao enfrentar uma adversidade, você precisa se lembrar de que o que quer que esteja tentando derrotá-lo poderá muito bem ser o que Deus usará para promovê-lo. Por exemplo, quando papai partiu para o Senhor, em janeiro de 1999, Deus colocou em meu coração um forte desejo de pastorear a Lakewood Church. Todos os críticos disseram que nunca conseguiríamos, e com boa razão. Eu nunca havia pregado antes! *Jamais!*

UM CORAÇÃO DISPOSTO

Eu havia passado dezessete anos nos bastidores da Lakewood, gerenciando a nossa produção para a televisão. Ao longo desses anos, papai procurou, muitas vezes, me fazer falar em público, mas nunca tive o desejo de fazê-lo. Estava confortável e contente trabalhando nos bastidores. Mas, cerca de uma semana antes de meu pai morrer, ele e mamãe estavam jantando na casa de Kevin e Lisa. Durante a refeição, papai lhes disse: "Vou ligar para Joel e lhe perguntar se ele falará em meu lugar neste domingo".

Minha mãe riu e disse: "John, você está apenas desperdiçando o seu tempo. Joel não irá lá nem falará diante de quem quer que seja".

(Obrigado por esse voto de confiança, mãe!)

Mesmo assim, papai telefonou para a minha casa. E, como mamãe dissera, respondi: "Papai, não sou um pregador. Nem sei como pregar. Você é o pregador". Eu ri e, como muitas vezes antes, lhe disse: "Suba lá e pregue, e eu lhe prometo que farei com que você fique bonito".

Nós rimos, e eu desliguei o telefone e me sentei para jantar.

Enquanto Victoria e eu estávamos comendo, as palavras de papai ficaram voando por minha mente e, sem qualquer estímulo, comecei a ter um desejo irresistível de pregar. Eu realmente não entendi isso naquele momento, mas sabia que tinha de fazer alguma coisa. Tenha em mente que eu nunca havia sequer preparado um sermão, muito menos considerado ficar em pé diante de milhares de pessoas para falar. Não obstante, liguei imediatamente para o meu pai e disse: "Papai, mudei de ideia. Acho que farei isso".

É claro que papai quase desmaiou!

Estudei durante a semana toda, preparei uma mensagem e, no domingo seguinte, falei na Lakewood Church pela primeira vez. A mensagem foi bem recebida pela congregação. Nenhum de nós, porém, poderia ter imaginado que aquele seria o último domingo de vida de papai. Ele morreu na sexta-feira à noite, cinco dias depois.

Confiando em Deus Quando a Vida Não Faz Sentido   239

A igreja funcionou naquele domingo e, é claro, a congregação estava de luto pela perda de meu pai, seu pastor e amigo, mas, mesmo assim, havia um ar de confiança no prédio. Na manhã da segunda-feira, três dias após a morte de papai, eu estava em casa contemplando todos os eventos que ocorreram e dedicando um pouco de tempo à oração. Teríamos um culto memorial especial em honra ao meu pai mais adiante naquela semana.

De repente, senti aquele desejo avassalador de falar mais uma vez. Liguei para a minha mãe e disse:

— Mamãe, quem pregará neste domingo?

Ela disse:

— Ah, bem, Joel, eu não sei. Teremos de orar e crer que Deus enviará a pessoa certa.

— Bem, estou *meio* que pensando... Talvez eu pudesse fazê-lo.

Aquilo era tudo que mamãe precisava ouvir. Minha mãe tem um hábito interessante: quando está ao telefone e acaba a sua parte da conversa, ela terminou. Ela simplesmente desliga. Não lhe dá tempo de responder. Então, quando eu disse:

— Estou pensando em falar — ela respondeu imediatamente e disse:

— Oh!, Joel, isso seria ótimo. Não posso esperar para contar às pessoas. Até mais tarde.

Clique. A linha ficou muda.

— Espere um minuto! — eu disse. — Eu disse que estava pensando em falar. Não disse que o faria.

Tarde demais; mamãe já se fora havia muito tempo.

Bem, essa é simplesmente a minha mãe, pensei. *Sempre posso voltar atrás com ela. Isso não ferirá os seus sentimentos. Ela me perdoará.*

Dois dias depois, no culto memorial ao meu pai, e diante de oito mil pessoas, mamãe se virou e disse: "Estou muito feliz por anunciar que o meu filho Joel estará pregando neste domingo".

E eu pensei: *Meu Deus, agora não tenho saída!*

Mais tarde naquela noite, eu estava assistindo a todos os noticiários acerca de meu pai. Os meios de comunicação de Houston prestaram-lhe homenagens de muito louvor ao relatar a sua morte. Eu estava prestes a desligar a televisão e ir dormir quando ouvi um locutor dizer uma última coisa acerca do culto memorial a papai. "E, a propósito", anunciou o âncora, "Joel, o filho de Osteen, estará ministrando neste domingo".

Eu disse: "Está bem, Deus. Recebi a mensagem. Eu o farei".

240 *Sua Melhor Vida Agora*

Por isso, não fiquei surpreso quando, após papai partir para o Senhor, quase todas as notícias subsequentes na mídia discutiram como a Lakewood Church tinha pouca chance de sobreviver. Falavam de como nós nunca conseguiríamos. Os opositores foram rápidos em destacar que nenhuma grande igreja com um líder forte e dinâmico como o meu pai havia sobrevivido após a morte de seu líder. Um artigo opinou especificamente: "A pior coisa que pode acontecer é um dos filhos assumirem".

Brinquei com Victoria: "Ora, eu poderia entender isso se eles conhecessem o meu irmão Paul, mas eles nem sequer me conhecem!"

Por mais que eu procurasse minimizar aquelas palavras, elas ainda me atormentavam. Lá estava eu, tentando criar coragem para falar, tentando construir a minha confiança, e os meios de comunicação já estavam prevendo a morte de nossa igreja!

Sabia que tinha de fazer uma escolha: eu creria em Deus ou acreditaria nos relatos negativos? Decidi não fazer caso da opinião pública ou das pesquisas de popularidade. Recusei-me a deixar que aqueles relatos negativos envenenassem o meu coração e a minha mente. Não quis dar ouvido a quem quer que parecesse decidido a convencer-me a não cumprir o meu destino. Mais importante, eu sabia que Deus levantara a Lakewood Church para ser um farol de esperança durante mais de quarenta anos, e Ele não a deixaria ir por água abaixo só porque papai tinha ido para o céu.

Curiosamente, os pessimistas previram que faríamos bem se simplesmente conseguíssemos manter as coisas como estavam. Mas Deus tinha outros planos. A Lakewood continuou a crescer e, em 2003, a revista *Forbes* a chamou de "a maior igreja dos Estados Unidos", com 25 mil pessoas presentes a cada fim de semana. E ainda estamos crescendo!

Deus prometeu que, se você lidar com a adversidade da maneira certa, Ele transformará os seus desafios em trampolins para a promoção. Deus quer fazer coisas novas e incomuns em nossas vidas. Ele está à procura de pessoas que confiarão nele de todo o coração. Ele está à procura de pessoas que não o limitarão com seu pensamento tacanho.

Você poderá dizer: "Joel, eu sou apenas uma pessoa comum. Como Deus poderia me usar? O que eu poderia fazer?"

Amigo, Deus usa pessoas comuns como você e eu para fazer coisas extraordinárias. Deus não está à procura de um

> **DEUS PROMETEU QUE TRANSFORMARÁ OS SEUS DESAFIOS EM TRAMPOLINS PARA A PROMOÇÃO.**

Confiando em Deus Quando a Vida Não Faz Sentido   241

grande poder. Ele não está à procura de uma excelente formação educacional. Deus está simplesmente à procura de um coração disposto. Deus não está à procura de capacidade; Ele está à procura de disponibilidade. Apenas dê a Deus o que você tem. Se você der a Deus o pouco que você tem, Ele pegará isso, multiplicará e aumentará. E Ele fará de sua vida mais do que você jamais sonhou ser possível. O plano de Deus para a sua vida é muito maior e muito mais grandioso do que você é capaz de imaginar.

Estou convencido de que, algum dia, olharemos retrospectivamente para o que considerávamos a pior coisa que nos poderia acontecer e perceberemos que Deus usou até mesmo aquele tempo de adversidade para nos refinar, moldar, formar e preparar para coisas boas que virão. Não é interessante? Muitas vezes, a adversidade nos empurra em direção ao nosso destino divino.

E, às vezes, precisamos de um empurrão! Se Deus não tivesse me empurrado para fora da minha zona de conforto, eu provavelmente ainda estaria nos bastidores hoje. Deus quer que estejamos crescendo constantemente e, por vezes,

> **MUITAS VEZES, A ADVERSIDADE NOS EMPURRA EM DIREÇÃO AO NOSSO DESTINO DIVINO.**

usará uma pequena adversidade ou alguma tensão para nos fazer avançar. Ele permitirá que a pressão o empurre, o estique, o tire da sua zona de conforto. Ele sabe exatamente quanto você consegue aguentar; em seus momentos de angústia, lembre-se de que Deus está desenvolvendo você. A luta está lhe dando força. Além disso, Deus conhece os dons e talentos que colocou em cada um de nós. Ele sabe do que você é capaz e fará tudo que for necessário para fazê-lo entrar em seu destino divino. Você se surpreenderá com o que é capaz de realizar quando Deus coloca um pouco de pressão e você sai daquela zona de conforto para entrar em uma nova zona de *fé*.

PARTE 6

VIVA PARA DAR!

CAPÍTULO 25

A Alegria de Dar

Um dos maiores desafios que enfrentamos em nossa busca de desfrutar a nossa melhor vida agora é a tentação de viver egoisticamente. Por acreditarmos que Deus quer o melhor para nós, que Ele quer que prosperemos, que tenhamos o Seu favor e que Ele tem muito mais guardado, é fácil cair na armadilha sutil do egoísmo. Você não só evitará essa armadilha, mas terá mais alegria do que sonhou ser possível quando *viver para dar*, que é o sexto passo para viver em seu pleno potencial.

A sociedade nos ensina a buscar o número um. "Quanto eu ganharei com isso? Eu o ajudarei, mas o que receberei em troca?" Prontamente reconhecemos esta como a geração do "eu". Às vezes, esse mesmo narcisismo transborda para o nosso relacionamento com Deus, com as nossas famílias e com os outros.

Hoje em dia, muitas pessoas estão vivendo para si mesmas, de modo descarado e desavergonhado. Não estão interessadas em outras pessoas. Não têm tempo para ajudar o necessitado e se concentram apenas no que querem, no que precisam, no que sentem que mais beneficiará a si mesmas. Ironicamente, essa atitude egoísta as condena a terem vidas superficiais e não gratificantes. Independentemente de quanto adquirem para si mesmas, nunca estão satisfeitas.

Amigo, se você quiser experimentar um novo nível de alegria de Deus, se almejar que Ele derrame as Suas bênçãos e o Seu favor em sua vida, terá de afastar a sua mente de si mesmo. Você precisa aprender a ser um doador, não um tomador. Pare de querer descobrir o que todos podem

> **VOCÊ PRECISA APRENDER A SER UM DOADOR, NÃO UM TOMADOR.**

fazer por você e comece a achar o que você pode fazer por outra pessoa. Não fomos feitos para vivermos envolvidos apenas com nós mesmos, pensando apenas no próprio umbigo. Deus nos criou para sermos doadores. E você nunca se realizará verdadeiramente como ser humano até aprender o segredo simples de como doar a sua vida.

Quando estou inclinado a ficar chateado ou preocupado ou quando perco a minha alegria, a primeira coisa que me pergunto é: "Em que eu estou focado? Onde está a ênfase? Em que estou pensando?" Em nove de cada dez vezes, estou pensando em *meus* problemas. Estou pensando em alguma preocupação ou frustração em minha vida. Estou pensando no que precisarei fazer amanhã. Ficar totalmente concentrado em *mim* é uma fórmula para a depressão e o desânimo. Precisamos aprender a tirar o nosso foco de nós mesmos. O falecido cantor Keith Green disse muito bem: "É muito difícil ver quando os meus olhos estão voltados para mim".

FOMOS CRIADOS PARA DAR

Você pode não perceber, mas é extremamente egoísta estar sempre se detendo nos seus problemas, sempre pensando no que você deseja ou precisa, e quase não percebendo as muitas necessidades dos outros à sua volta. Uma das melhores coisas que você pode fazer quando tem um problema é ajudar a resolver o problema de outra pessoa. Se quer que os seus sonhos se realizem, ajude outra pessoa a realizar os sonhos dela. Comece a plantar algumas sementes para que Deus possa lhe trazer uma colheita. Quando atendemos às necessidades de outras pessoas, Deus sempre atende às nossas necessidades.

Não muito tempo atrás, conheci um homem que estava extremamente descontente com a vida, decepcionado com Deus e consigo mesmo. Ele fora muito bem-sucedido em um dado tempo, mas, em decorrência de uma série de más escolhas, perdeu seu negócio, sua família, sua casa e a poupança de toda a sua vida. Agora, ele estava vivendo, basicamente, em seu carro.

Ele estava profundamente deprimido, então procurei animá-lo e incentivá-lo. Depois de orar por ele, dei-lhe alguns conselhos práticos. "Escute, senhor, você tem de tirar a sua mente dos seus problemas", eu lhe disse.

A Alegria de Dar

"Afaste a sua mente dos erros que você cometeu e de todas as coisas que você perdeu". Eu disse: "Se você realmente quer ser feliz, se você realmente quer ser restaurado, tem de mudar o seu foco e ajudar alguma pessoa necessitada. Você tem de plantar algumas sementes".

"Você sabe que, não importa o tamanho do seu problema hoje, outra pessoa tem um problema maior, um caminho mais difícil, uma história mais comovente do que a sua? Você pode ajudar a fazer a diferença na vida de alguém. Pode ajudar a aliviar o fardo de alguém e animar alguém ou dar a alguém uma esperança totalmente nova."

O homem prometeu que seguiria o meu conselho. Ele ligou para alguns homens de Lakewood que ajudam pessoas a superar vícios. Em vez de ficar se lastimando em seu carro, pensando no fracasso que era, ele começou a passar o seu tempo ajudando a cuidar daqueles viciados em drogas. Ele se tornou amigo de muitos dos viciados, escutando as suas lutas, incentivando-os, orando por eles e desafiando-os a crer em ter uma vida melhor. Ele se tornou um doador.

Algumas semanas depois, ele apareceu na igreja e eu nunca me esquecerei da cena de vê-lo atravessando o saguão. Ele estava radiante de alegria. Tinha um sorriso de orelha a orelha. Eu disse: "Ei, cara, você está ótimo. O que está acontecendo?"

Ele disse: "Joel, passei as últimas duas semanas cuidando de viciados em cocaína e nunca tive tanta alegria em toda a minha vida". Ele enxugou uma lágrima de seu olho ao dizer: "Nunca estive tão satisfeito". Ele disse: "Passei a minha vida inteira vivendo para mim mesmo, construindo a minha carreira, fazendo o que eu queria fazer, o que eu pensava que me traria felicidade. Mas, agora, vejo o que realmente importa".

Fomos criados para dar, não para simplesmente agradar a nós mesmos. Se você não entender essa verdade, perderá a vida abundante, transbordante e cheia de alegria que Deus tem guardado para você.

Curiosamente, o meu novo amigo prosseguiu contando-me como, naquela semana, alguém aparecera e lhe oferecera um emprego. Ele estava se mudando de seu carro para um apartamento. Ele continuou relatando as grandes coisas que começaram a lhe acontecer em apenas uma questão de semanas desde que se tornara um doador, em vez de tomador. E tudo teve início quando ele desviou a sua mente de si mesmo e começou a ajudar outras pessoas.

Quando você estender a mão a outras pessoas necessitadas, Deus se certificará de que as suas próprias necessidades serão supridas. Se você estiver solitário hoje, não fique sentado sentindo pena de si mesmo. Vá ajudar outra pessoa que esteja solitária. Se estiver deprimido e desanimado, não se concentre em sua própria carência. Desvie a sua mente de si mesmo e atenda à necessidade de outra pessoa. Vá visitar uma casa de repouso ou um hospital infantil. Telefone para um amigo e incentive essa pessoa. Você precisa plantar algumas sementes para que Deus possa lhe trazer uma colheita.

Se você está crendo que o seu filho encontrará Deus, vá ajudar o filho de outra pessoa a desenvolver um relacionamento com Deus. Se você está lutando financeiramente, ajude alguém que tem menos do que você.

Você poderá dizer: "Joel, eu não tenho nada para dar". É claro que você tem! Você pode dar um sorriso. Pode dar um abraço ou aparar o gramado de alguém. Você pode preparar um bolo para alguém. Pode visitar alguém em um hospital ou em um lar de idosos. Você pode escrever uma carta de encorajamento a alguém. Alguém precisa do que você tem para compartilhar. Alguém necessita do seu sorriso. Alguém precisa do seu amor. Alguém carece da sua amizade. Alguém precisa do seu encorajamento. Deus não nos fez para vivermos como "Cavaleiros Solitários". Ele nos criou para sermos livres, mas não teve a intenção de sermos independentes um do outro. Nós realmente necessitamos uns dos outros.

UM ABRAÇO RESGATADOR

Ouvi uma história incrível acerca de duas irmãs gêmeas com apenas alguns dias de idade. Uma delas nascera com uma doença cardíaca grave e não se esperava que sobrevivesse. Alguns dias se passaram e sua saúde continuava a deteriorar-se; ela estava perto da morte. Uma enfermeira do hospital perguntou se poderia proceder contra a política do hospital e colocar as bebês juntas na mesma incubadora, em vez de em incubadoras individuais. Foi necessária muita insistência, finalmente, o médico concordou em permitir que as gêmeas fossem colocadas lado a lado na mesma incubadora, como haviam estado no ventre de sua mãe.

De alguma maneira, a bebê saudável conseguiu estender o braço e abraçar a irmã doente. Em pouco tempo, e sem qualquer razão aparente, o coração da segunda começou a se estabilizar e curar. A pressão arterial atingiu o normal. Logo, o mesmo ocorreu com a temperatura. Pouco a pouco ela melhorou e, hoje, elas são crianças perfeitamente saudáveis. Um jornal soube da história e fotografou as gêmeas enquanto ainda estavam abraçadas na incubadora. Eles publicaram a foto com a legenda "O Abraço Resgatador".

Amigo, alguém precisa do seu abraço hoje. Alguém necessita do seu amor. Alguém precisa sentir o seu toque. Talvez você não perceba, mas há cura em suas mãos. Há cura em sua voz. Deus quer usá-lo para levar esperança, cura, amor e vitória a pessoas onde quer que você vá. Se você se atrever a desviar a sua mente dos seus problemas, afastá-la das suas próprias necessidades e, em vez disso, buscar ser uma bênção para outras pessoas, Deus fará mais por você do que você poderia até mesmo pedir ou pensar.

CONCENTRE-SE EM SER UMA BÊNÇÃO

Não viva uma vida centrada em si mesmo. Você tem muito para dar, muito a oferecer. Quando centraliza a sua vida em torno de si mesmo, você não só perde o melhor de Deus, mas também rouba de outras pessoas a alegria e as bênçãos que Deus quer lhes dar por seu intermédio. A Bíblia diz: "Encorajem-se uns aos outros todos os dias".[1] É fácil criticar e condenar, apontar falhas e fracassos de todos. Mas Deus quer que edifiquemos as pessoas, que sejamos uma bênção, falando palavras de fé e vitória para as suas vidas.

"Joel, eu não tenho tempo", ouço você dizer. "Estou muito ocupado." Quanto tempo leva para elogiar alguém? Quanto tempo leva para dizer à sua esposa: "Eu amo você. Você é ótima. Estou contente por você ser minha". Quanto tempo leva para dizer ao seu empregado: "Você está fazendo um bom trabalho. Eu reconheço o seu empenho".

Não é suficiente pensar em elogios gentis; precisamos expressá-los. Como diz o velho ditado, "Amor não é amor até você dá-lo". Devemos nos levantar todas as manhãs com uma atitude que diz: *Eu farei alguém feliz hoje. Ajudarei a atender à necessidade de alguém.* Não passe a vida como tomador; torne-se um doador.

"Mas, Joel, eu mesmo tenho tantos problemas e tantas necessidades..."

Sim, mas, se você desviar a sua mente de seus problemas e começar a ajudar os outros, não terá de se preocupar com as suas necessidades. Deus cuidará delas para você. Algo sobrenatural acontece quando desviamos os nossos olhos de nós mesmos e os voltamos para as necessidades das pessoas à nossa volta.

O Antigo Testamento ensina: "Partilhar sua comida com o faminto, abrigar o pobre desamparado, vestir o nu que você encontrou, e não recusar ajuda ao próximo... Aí sim, a sua luz irromperá como a alvorada, e prontamente surgirá a sua cura".[2] Em outras palavras, quando você alcançar as pessoas carentes, Deus garantirá que as suas necessidades serão supridas. Quando você se concentra em ser uma bênção, Deus se certifica de que você será sempre abençoado abundantemente.

Nunca me esquecerei do que minha mãe fez ao ser diagnosticada com câncer terminal, em 1981. Após sair daquele hospital, ela poderia facilmente ter ido para casa e simplesmente se lançado em um profundo poço de depressão. Mas mamãe não fez isso. Ela não ficou focada em si mesma. Ela não pensava constantemente naquela doença. Em seu momento de maior necessidade, no tempo mais tenebroso de sua vida, o que ela fazia? Ela ia à igreja e orava por outras pessoas que estavam doentes ou desprovidas. Ela plantou aquelas sementes de cura. E, exatamente como diz a Bíblia, ao começar a ajudar outras pessoas necessitadas, sua luz irrompeu como a alvorada e sua própria cura veio.

Estou convencido de que muitas pessoas receberiam o milagre pelo qual têm orado se simplesmente desviassem a sua atenção de si mesmas, de suas próprias necessidades e problemas, e começassem a concentrar-se em ser uma bênção para outros. Com demasiada frequência, passam a maior parte de nosso tempo tentando ser abençoados. "Deus, o que Tu podes fazer por mim? Deus, eis aqui a minha lista de oração. Posso receber até a próxima terça-feira?"

Devemos nos concentrar mais em ser uma bênção do que em querer ser abençoados. Precisamos buscar oportunidades de compartilhar com outras pessoas o amor de Deus, Seus dons e Sua bondade. A verdade é que, quanto mais você ajudar os outros, mais Deus se certificará de que você será ajudado.

Sejamos práticos. Se você tem, em sua casa ou armazenadas, coisas que nunca usará novamente, por que não doá-las a alguém que poderia usá-las? Essas coisas extras não estão fazendo bem algum empilhadas em seu armário, porão ou garagem. Se algo não estiver atendendo a uma necessidade, transforme-o em uma semente!

> **SE ALGO NÃO ESTIVER ATENDENDO A UMA NECESSIDADE, TRANSFORME-O EM UMA SEMENTE!**

Alguns anos atrás, comprei um cortador de grama de empurrar de tecnologia de ponta, de última geração e muito caro Eu tinha muito orgulho daquele cortador de grama. Então, mais ou menos naquela época, meu pai partiu para o Senhor e muitas coisas mudaram em minha vida. Tornei-me um pastor e minha agenda ficou muito mais cheia. Tão ocupada, de fato, que não tinha mais tempo para cortar o meu próprio gramado. Tive que contratar alguém para fazê-lo.

Coloquei o meu cortador de grama avançadíssimo na garagem, com todos os meus outros equipamentos para gramado. Toda vez que guardava o carro na garagem, eu podia vê-lo e apreciá-lo.

Certo dia, ao entrar com o carro na garagem, ouvi uma voz bem dentro de mim, dizendo: *Joel, você deve doar todo esse equipamento.*

Minha primeira reação foi: *Ei! Espere um minuto. Paguei muito dinheiro por aquele cortador de grama. Quase nem o usei. Ele é novo em folha. Além disso, algum dia poderei precisar dele novamente. E se eu for demitido?*

Nossas mentes são capazes de criar todo tipo de desculpa quando Deus começa a soltar nossos dedos pegajosos. A natureza humana quer se agarrar a tudo. Assim, sendo o homem profundamente espiritual que sou, ignorei totalmente aquela voz.

Semana após semana se passava e, toda vez em que entrava com o carro em minha garagem, eu me sentia culpado. Ali estava o meu cortador de grama novíssimo — quase sem uso — e não estava fazendo bem a ninguém. Ali estavam meu soprador de folhas, meu arrancador de ervas daninhas e meu aparador de cantos. Ali estavam todas essas outras coisas maravilhosas para cuidar de gramados.

Eu sabia que nunca o usaria novamente. Sabia que, dali a vinte anos, ele provavelmente ainda estaria lá. Mas eu simplesmente não conseguia suportar a ideia de doar algo tão novo, algo que eu amava tanto. Afinal, eu quase nem o usara!

Entrei com o carro na garagem mais um dia e eu ouvi a voz novamente: *Joel, ou você doa aquele cortador de grama ou você começará a cortar o seu próprio gramado novamente.*

Eu o doei menos de trinta minutos depois!

Provavelmente, você também tem alguns itens como esse em sua casa. Roupas que não usa há anos, utensílios de cozinha ainda embalados em caixas desde a sua última mudança, livros, berço e roupas de seus bebês, e todos os tipos de outras coisas que você não usa há séculos! A maioria dos especialistas em desordem diz: "Se você não tiver usado um item ao longo do último ano, doe-o!" Se ele não estiver atendendo a uma necessidade, transforme-o em uma semente. Lembre-se de que colhemos o que semeamos. Quando você fizer o bem a outras pessoas, Deus se certificará de que as Suas bênçãos abundantes irão surpreendê-lo.

Se você quer viver a sua vida melhor agora, precisa desenvolver um estilo de vida de doação: viver para dar em vez de viver para receber. Tenha uma atitude que diz: *A quem eu posso abençoar hoje?* Em vez de *como posso ser abençoado hoje?*

Anos atrás, para capturar macacos, os caçadores levavam um barril grande e o enchiam com bananas e outras guloseimas. Então, faziam um buraco na lateral, apenas do tamanho suficiente para o macaco conseguir passar a mão e o braço por ele. O macaco chegava ao tambor e pegava uma daquelas guloseimas. Mas, quando fechava a mão, ela ficava grande demais para sair pelo buraco. O macaco ficava tão teimoso e empenhado em agarrar o que tinha na mão, que mesmo quando os seus captores chegavam, ele não soltava. Ele era presa fácil para os homens com as redes.

Infelizmente, os macacos não estão sozinhos no tocante ao egoísmo. Muitas pessoas vivem assim também. Elas vivem com as mãos cerradas. Elas são tão concentradas em agarrar-se ao que têm, que não percebem aquilo que lhes está roubando a liberdade e as abundantes bênçãos que Deus tem guardadas para elas. São egoístas com o seu dinheiro, com os seus recursos e com o seu tempo.

E você? Você é tão centrado em conseguir o que quer, aquilo de que precisa, que não obedece àquela vozinha mansa quando Deus lhe diz para abençoar os outros? Abra as suas mãos; não agarre com tanta força. Deus não encherá de coisas boas um punho cerrado. Seja doador em vez de recebedor. Você não terá de procurar muito para encontrar alguém a quem possa ajudar. Há um mundo inteiro lá fora clamando por ajuda. Você tem a oportunidade de viver sem egoísmo, demonstrando o caráter de Deus. Deus é doador, e você nunca é mais semelhante a Deus como quando você dá.

Deus prometeu ao patriarca Abraão, do Antigo Testamento: "Farei de você um grande povo, e o abençoarei [com abundante aumento de favores]. Tornarei famoso o seu nome, e você será uma bênção".[3] Com frequência, lemos tais promessas e dizemos: "Tudo bem, Deus! Vamos; derrame as Suas bênçãos sobre mim!" Mas perceba que há uma pegadinha. Precisamos fazer algo; melhor ainda, precisamos *ser* algo. Deus está dando a entender que não seremos abençoados simplesmente para podermos viver rica ou comodamente. Seremos abençoados *para ser* uma bênção. De fato,

A Alegria de Dar 253

a menos que estejamos dispostos a ser uma bênção, Deus não derramará o Seu favor e bondade em nossas vidas. Receberemos de Deus na mesma medida em que dermos aos outros.

"Mas, Joel, você não entende. Não tenho nada para dar. Não tenho um cortador de grama encostado, como você tinha."

Talvez não. Mas tudo depende da sua atitude. Você precisa ser fiel no pouco que tem agora antes de Deus abençoá-lo com mais. Muitas pessoas dizem: "Deus, quando Tu me abençoarás?" Mas, se escutássemos com mais atenção, talvez ouvíssemos Deus dizendo: "Quando você começará a *ser* uma bênção?"

Dar é um princípio espiritual. O que quer que você dê lhe será devolvido. Se você der um sorriso, receberá sorrisos dos outros. Se for generoso para com as pessoas em seus momentos de necessidade, Deus se certificará de que outras pessoas sejam generosas para com você no seu momento de necessidade. Não é interessante? O que você fizer acontecer aos outros, Deus fará acontecer a você.

> **O QUE QUER QUE VOCÊ DÊ LHE SERÁ DEVOLVIDO.**

VIVA PARA DAR

Vi um relato interessante acerca de um jovem da Arábia Saudita. Ele era extremamente rico e vivia em um palácio ornamentado, quase grandioso demais para descrever. Ele tinha dezenas de automóveis, aviões e vários navios de cruzeiro apenas para o seu uso pessoal. O homem era rico além de qualquer coisa que a minha mente seria capaz de compreender.

Mas o que me intrigou nele foi o modo interessante como usava parte de sua riqueza. Aproximadamente a cada dois meses, ele trazia centenas de pessoas pobres de seu país. Ele se reunia com elas individualmente e discutia as necessidades delas. Então, na maioria dos casos, dava às pessoas aquilo que elas necessitavam. Se precisavam de um carro, ele lhes comprava um carro. Se precisavam de uma casa, ele lhes comprava uma. Se precisavam de dinheiro para uma cirurgia, ele também o provia. Fosse qual fosse a necessidade, ele a supria. Ele doava centenas de milhares de dólares e literalmente milhões mais em propriedades e materiais. É de se admirar por que seu negócio continua a florescer?

Duvido que o saudita pratique a fé cristã, mas os princípios de dar são princípios espirituais. Eles operam independentemente de nacionalidade, cor da pele ou até mesmo de religião. Se você der altruisticamente, vai lhe ser devolvido. Se atender às necessidades de outras pessoas, Deus se certificará de que as suas próprias necessidades serão supridas com abundância.

A Bíblia diz: "Quem trata bem os pobres empresta ao Senhor".[4] Aquele saudita desenvolveu um estilo de vida de doação, especialmente para os pobres; não surpreendentemente, aquilo que ele semeia volta a ele exponencialmente. Ele emprestou a Deus ajudando os pobres, e Deus não tem dívida com quem quer que seja.

Você pode estar pensando: *Bem, se eu tivesse todo esse dinheiro, faria o mesmo.*

É aí que você se engana. Você tem de começar exatamente onde está. Precisa ser fiel com o que você tem, depois Deus lhe confiará mais. Você pode não ter um monte de dinheiro sobrando para dar, mas pode pagar o jantar de alguém de vez em quando. Pode dar a alguém uma palavra amável. Você pode sair do seu caminho para orar por alguém necessitado.

Agora é o momento de desenvolver uma atitude de doação. Amigo, a coisa mais próxima ao coração do nosso Deus é ajudar pessoas que sofrem. Deus ama quando cantamos e quando oramos. Ele ama quando nos reunimos para celebrar a Sua bondade. Mas nada agrada mais a Deus do que quando cuidamos de um de Seus filhos. Jesus disse: "Se vocês derem um simples copo de água a alguém necessitado, eu o verei e os recompensarei". Ele disse: "O que vocês fizeram a algum dos meus menores irmãos, a mim o fizeram".[5]

Alguém precisa do que você tem para dar. Pode não ser o seu dinheiro; pode ser o seu tempo. Pode ser o seu ouvido atento. Podem ser os seus braços para incentivar. Pode ser o seu sorriso para elevar. Quem sabe? Talvez, exatamente como aquele bebezinho, abraçar alguém e deixar que ele ou ela saiba que você se importa pode ajudar a começar a curar o coração dessa pessoa. Talvez você possa dar um abraço resgatador.

John Bunyan, autor do livro clássico *O Peregrino*, disse: "Você não viveu hoje até ter feito algo por alguém que não tem como lhe retribuir". Tome a decisão de viver para dar. A cada dia, esteja à procura de alguém a quem possa abençoar. Não viva para si mesmo; aprenda a doar-se e sua vida fará a diferença.

CAPÍTULO 26

Demonstre a Bondade e a Misericórdia de Deus

A maneira como tratamos outras pessoas pode ter um grande impacto sobre o grau de bênçãos e favor de Deus que experimentamos em nossas vidas. Você é bom para com as pessoas? É gentil e atencioso? Você fala e age com amor em seu coração e considera as outras pessoas como valiosas e especiais? Amigo, você não pode tratar mal as pessoas e esperar ser abençoado. Não pode ser rude e arrogante e esperar viver em vitória.

A Bíblia diz: "Tenham cuidado para que ninguém retribua o mal com o mal, mas sejam sempre bondosos uns para com os outros e para com todos".[1] Observe a palavra *sejam* neste versículo. Deus está dizendo que precisamos ser proativos. Devemos estar atentos para compartilhar a Sua misericórdia, bondade e benignidade com as pessoas. Precisamos ter como objetivo a bondade e procurar fazer o bem. Além disso, temos de ser gentis com as pessoas, mesmo quando elas não o merecem. Precisamos caminhar em amor e ser corteses, mesmo quando alguém é cruel para conosco.

Quando aquele colega de trabalho passa por você e não lhe diz as horas, Deus espera que você faça um esforço adicional e seja simpático com ele da mesma maneira. Se você está ao telefone e a pessoa fala asperamente ou é descortês para com você, é fácil pensar: *Eu a repreenderei e, em seguida, desligarei. Ela não me conhece. Ela nunca me verá.* Mas Deus espera que sejamos maiores e melhores do que isso.

VOCÊ É BOM PARA COM AS PESSOAS?

Quando aquela caixa do supermercado é rude com você sem motivo, a sua resposta inicial poderá ser agir rudemente em troca. Esse é o caminho mais fácil; qualquer um é capaz de fazer isso. Mas Deus quer que vivamos segundo padrões mais elevados. A Bíblia diz: "Devemos amar nossos inimigos. Devemos fazer o bem àqueles que nos usam maldosamente". Papai dizia com frequência: "Todos merecem ter um mau dia de vez em quando". Temos de dar às pessoas espaço para terem um mau dia.

Se alguém perde as estribeiras com você, em vez de retaliar e lhe passar um sermão, por que não lhe mostrar um pouco da graça e da misericórdia de Deus? Concentre-se na bondade e dê a ele uma palavra de incentivo. Afinal de contas, você não sabe pelo que ele pode estar passando. O filho daquela pessoa pode estar no hospital. Seu cônjuge pode ter acabado de abandoná-la; eles podem estar vivendo o inferno na terra. Se retornar o veneno dela com mais força, você poderá aumentar o conflito ou a sua resposta poderá ser a gota d'água que a fará desistir e afundar em total desespero. Nenhuma dessas hipóteses é agradável a Deus.

Quando colocado em situações embaraçosas nas quais alguém não o trata bem, você tem uma oportunidade de ouro para ajudar a curar um coração ferido. Tenha em mente que, muitas vezes, pessoas feridas ferem outras pessoas como resultado de sua própria dor. Se alguém é rude e arrogante, você quase pode ter certeza de que essa pessoa tem, dentro de si, algumas questões não resolvidas. Ela tem algum problema sério, raiva, ressentimento ou alguma mágoa que está tentando resolver ou superar. A última coisa de que ela precisa é que você piore a situação respondendo com raiva.

O mal nunca é superado por mais mal. Se você maltratar as pessoas que o estão maltratando, piorará a situação. Expressar raiva a alguém que ficou com raiva de você é como jogar mais combustível em um incêndio. Vencemos o mal com o bem. Quando alguém o fere, a única maneira de você conseguir superar a situação é lhe mostrar misericórdia, perdoá-lo e fazer o que é certo.

Continue seguindo o caminho elevado e seja gentil e cortês. Continue andando em amor e tenha uma boa atitude. Deus vê o que você está fazendo. Ele o vê fazendo um esforço extra para fazer o que é certo, e se certificará de que as suas boas ações e atitudes superarão aquele mal. Se continuar a fazer a coisa certa, você sairá muito à frente de onde teria ficado se retribuísse fogo com fogo.

A Bíblia diz: "Deus é o nosso vingador". Ele não deixará você desfavorecido. Você poderá pensar que está no prejuízo, mas, no fim das contas, Deus se certificará de que você não perderá algo verdadeiramente valioso. Além disso, Ele assegurará que você receba a sua justa recompensa. Sua responsabilidade é se manter calmo e pacífico, mesmo quando todos à sua volta não estão.

SUPERE O MAL COM O BEM

Certa noite, telefonei para um restaurante para pedir uma *pizza*. Era frequente eu pedir *pizzas* naquele estabelecimento específico e, cada vez que eu fazia um pedido, o funcionário pedia o meu número de telefone. Peguei o hábito de lhes dizer o meu número de telefone de imediato, para economizar um pouco de tempo.

Naquela noite, uma mulher atendeu ao telefone. Educadamente, eu disse: "Olá, meu telefone é 713..."

"Senhor, não estou pronta para anotar o seu número de telefone", rosnou a mulher ao telefone. "Quando eu estiver pronta, eu lhe pedirei o seu número de telefone!"

Eu mal podia acreditar que alguém que trabalha com o público pudesse ser tão grosseiro e rude. Meu primeiro instinto foi responder: "Ouça, senhora! Eu lhe direi o meu número de telefone quando tiver vontade. Irei lhe telefonar à meia-noite e direi o meu número de telefone, se eu quiser!" Instantaneamente, a minha mente considerou encomendar umas vinte ou trinta *pizzas* e enviá-las para endereços errados. Em minha imaginação, eu conseguia ver aquela senhora correndo por toda a cidade, tentando entregar *pizzas* para pessoas que não as encomendaram!

Felizmente, consegui manter a minha compostura. Fiquei dizendo a mim mesmo: *você é o pastor de uma igreja. Comporte-se!*

Nem sempre faço o que é certo, mas, nesse caso, tomei a decisão de vencer o mal com o bem. Percebi que a mulher estava apenas tendo um mau dia; estava sendo incomodada por algo que nada tinha a ver comigo ou com o meu número de telefone. Decidi ser uma parte da solução e não do problema. Tomei-a como um projeto de missão pessoal, determinado a fazer o que pudesse para animá-la.

Comecei elogiando o seu trabalho. (Tive de realmente usar a minha imaginação!) Eu disse: "Você faz as melhores *pizzas* do mundo. Tenho pedido *pizzas* de vocês há anos, e sua comida é maravilhosa. Seu serviço de entrega é ótimo; vocês nunca se atrasam; você tem uma operação de primeira classe". Continuei procurando incentivá-la: "Valorizo a sua eficiência em atender ao telefone tão rapidamente. E vou lhe dizer: quando eu falar com o seu chefe, recomendarei que ele lhe dê um aumento". Quando terminei, ela não só anotou o meu número de telefone, mas também deu de brinde algumas asas de frango, refrigerantes e cupons para mais *pizzas!*

Isso é vencer o mal com o bem. Eu não sabia com o que ela estava lidando no trabalho ou pelo que estava passando em casa. Quem sabe o que estava acontecendo em sua vida pessoal? Mas não foi difícil descobrir que ela estava tendo um mau dia. Ela precisava de alguém para incentivá-la, animá-la, fazê-la saber que ela importava e lhe dizer que ela trabalhava bem. Aquele pedido de *pizza* era uma coisa pequena, mas foi uma oportunidade gigante para eu compartilhar a bondade de Deus com uma mulher que precisava dela.

A Bíblia diz: "O amor perdoa muitíssimos pecados".[2] Isso nem sempre é fácil, mas o amor acredita no melhor de todas as pessoas. Qualquer um pode retribuir mal com o mal, mas Deus quer que o Seu povo ajude a curar corações feridos.

Se alguém não estiver tratando-o bem hoje, controle a sua reação e procure ser mais gentil do que o habitual para com essa pessoa. Se o seu marido não estiver servindo a Deus, não fique batendo na cabeça dele com a Bíblia, pregando para ele, importunando-o, coagindo-o a ir à igreja com você. Apenas comece a ser excepcionalmente amável com ele. Comece amando-o de uma nova maneira. A Bíblia diz: "A bondade de Deus é o que leva as pessoas ao arrependimento". Se você, esposa, for excepcionalmente boa e incrivelmente amável, em pouco tempo a bondade de Deus expressada por seu intermédio superará esse mal. O amor nunca falha. Se alguém tinha o direito de retribuir com mal em vez de retribuir com amor, esse era José, o jovem famoso da túnica colorida. Seus irmãos o odiaram tanto, que o jogaram em um poço profundo e pretendiam matá-lo, mas, "pela bonda-

> QUALQUER UM PODE RETRIBUIR MAL COM O MAL, MAS DEUS QUER QUE O SEU POVO AJUDE A CURAR CORAÇÕES FERIDOS.

de de seus corações", decidiram, em vez disso, vendê-lo como escravo. Anos se passaram e José enfrentou todos os tipos de problemas e tristezas. Mas José manteve uma boa atitude e Deus continuou a abençoá-lo. Após treze anos na prisão por um crime que sequer cometera, Deus o promoveu sobrenaturalmente à posição de segundo maior do Egito.

José estava encarregado do abastecimento de alimentos quando uma fome atingiu a terra e seus irmãos viajaram até o Egito, esperando comprar provisões para as suas famílias. No início, eles não reconheceram José. Por fim, José disse: "Vocês não sabem quem eu sou? Eu sou José, seu irmão. Sou aquele que vocês jogaram no poço. Sou aquele que vocês tentaram matar, o irmão que vocês venderam como escravo".

Você consegue calcular o que passou pelas mentes de seus irmãos? Imagine o medo que deve ter apertado os seus corações! Aquela era a oportunidade de José retribuir aos seus irmãos os anos de dor e sofrimento que eles lhe causaram. Agora, as suas vidas estavam nas mãos dele.

José poderia ter mandado matá-los ou prendê-los pelo restante da vida. Mas José disse: "Não tenham medo. Eu não os prejudicarei. Eu farei o bem a vocês. Eu lhes darei toda a comida de que vocês precisam".

É de admirar o porquê de José ser tão abençoado? Não admira que a mão de favor de Deus estivesse tão fortemente sobre ele. José sabia como estender misericórdia. Ele sabia como tratar as pessoas da maneira certa.

A Bíblia diz: "O amor... não guarda rancor... tudo suporta".[3] Pode haver pessoas em sua vida que lhe fizeram um grande mal, e você tem o direito de estar irado e amargo. Você pode se sentir como se toda a sua vida tivesse sido roubada por alguém que o maltratou ou enganou. Mas se escolher abandonar o seu rancor e perdoar essa pessoa, poderá superar o mal com o bem. Você pode chegar a um ponto de conseguir olhar para as pessoas que o magoaram e retornar o bem pelo mal. Se fizer isso, Deus derramará o Seu favor em sua vida de uma maneira nova. Ele o honrará, o recompensará e corrigirá aqueles erros.

Quando consegue abençoar os seus piores inimigos e fazer o bem aos que usaram ou abusaram de você, é então que Deus toma aquele mal e o reverte em bem. Independentemente do que você tenha passado, de quem você tenha ferido ou de quem tenha sido a culpa, esqueça. Não tente vingar-se. Não guarde rancor. Não tente devolver a ofensa. Deus diz para demonstrarmos misericórdia. Mire na bondade. Procure fazer o bem.

Você pode estar pensando: *Mas Joel, isso não é justo!*

Não, não é. Mas a vida não é justa. Temos de lembrar que Deus é quem controla o placar. Ele está no controle. E quando abençoar os seus inimigos, você nunca perderá. Deus sempre o recompensará.

ANDE A SEGUNDA MILHA

Deus disse a Abraão para fazer as malas de sua família e se dirigir a uma terra melhor. Abraão pôs em movimento todos os seus rebanhos, manadas, a sua família e até mesmo os parentes próximos. Eles viajaram durante meses e, finalmente, chegaram à sua nova terra. Após viverem lá durante algum tempo, descobriram que a região onde se estabeleceram não tinha capacidade para sustentá-los com alimentos e água suficientes para todas as pessoas com os seus rebanhos e manadas.

Abraão disse ao seu sobrinho Ló: "Precisamos nos separar. Você escolhe qual parte da terra gostaria de ter, e eu ficarei com o restante". Perceba quão gentil Abraão foi para com o seu sobrinho. Ló olhou à sua volta e viu um belo vale com pastos verdes exuberantes, colinas e lagos. Ele disse: "Abraão, isso é o que eu quero. É aí que a minha parte da família se assentará".

Abraão disse: "Ótimo; vá e seja abençoado". Abraão poderia ter dito: "Ló, você não terá essa terra. Essa é a melhor terra. Eu fiz todo o trabalho. Liderei esta jornada. Deus falou a mim, não a você. Eu deveria escolher primeiro". Abraão não fez isso. Ele era maior do que isso. Ele sabia que Deus o recompensaria.

Mas tenho certeza de que, após perceber o que lhe sobrara, Abraão ficou desapontado. Sua porção era uma terra árida, estéril, improdutiva. Pense nisto: Abraão viajara uma longa distância. Fizera um grande esforço para buscar uma terra melhor, uma vida melhor. Agora, por causa de sua generosidade e seu coração bondoso, ele fora relegado a viver na pior parte da terra. Tenho certeza de que ele pensou: *Deus, por que as pessoas sempre tiram proveito da minha bondade? Deus, por que eu sempre sou prejudicado? Aquele menino Ló nada teria se eu não lhe tivesse dado.*

Talvez você sinta ser quem está doando tudo em alguma situação. Talvez você seja pai ou mãe de uma criança ingrata. Talvez o seu ex-cônjuge esteja tirando vantagem de você em um acordo de divórcio. Possivelmente a sua empresa está falando em redução de custos após você lhes ter dado os melhores anos de sua vida. Talvez você seja o único que sempre faz um esforço adicional e anda a segunda milha. Você é o pacificador da família. Devido às pessoas saberem que você é gentil, generoso e amigável, elas tendem a tirar vantagem de você ou não valorizá-lo.

Mas Deus vê a sua integridade. Nada do que você faz passa despercebido por Deus. Ele está mantendo os registros e o recompensará no devido tempo. Foi isso o que Ele fez por Abraão.

Em essência, Deus disse a Abraão: "Por você ter dado preferência aos seus irmãos, por ter tratado seu parente com bondade, por ter se superado para fazer o que é certo, Eu não lhe darei uma pequena porção de terra; Eu lhe darei uma bênção abundante. Eu lhe darei milhares e milhares de hectares; quilômetros e quilômetros de terra. Tudo que você consegue ver será seu".

Não se canse de fazer o bem. Deus é um Deus justo e vê não só o que você está fazendo, mas o porquê de você estar fazendo isso. Deus julga os nossos motivos e as nossas ações. E, em função do seu altruísmo, por você dar preferência aos outros, por estar voltado para a bondade, algum dia Deus lhe dirá, como disse a Abraão: "Até onde você consegue ver, Eu lhe darei".

Às vezes, quando somos bons para com as pessoas e andamos a segunda milha, dando o máximo de nós, tendemos a pensar: *Estou deixando as pessoas me pisarem. Estou deixando-as se aproveitarem de mim. Elas estão tirando aquilo que, por direito, me pertence.*

É então que você tem de dizer: "Ninguém está tomando coisa alguma de mim. Estou dando-a livremente a eles. Eu os estou abençoando propositalmente, sabendo que Deus me retribuirá".

Pense na história bíblica de Rute. Sua sogra, Noemi, era uma mulher idosa que acabara de perder o marido. Rute e a outra nora, Orfa, viviam com Noemi porque seus maridos também haviam morrido. Ao perder o marido, Noemi disse àquelas jovens: "Voltarei à minha terra natal. Por que vocês não fazem o mesmo e simplesmente seguem em frente com suas vidas?" Orfa aceitou o conselho de Noemi e seguiu o seu próprio caminho. Mas Rute não quis fazer isso.

Ela disse: "Noemi, não a deixarei sozinha. Você precisa de alguém para cuidar de você. Eu cuidarei de você. Ficarei junto a você".

Quando Noemi e Rute se mudaram para a terra natal de Noemi, elas não tinham provisão ali. Não tinham dinheiro e nada para comer. Assim, todos os dias Rute ia aos campos de trigo e seguia atrás dos ceifeiros que faziam a colheita da safra. Ela pegava qualquer sobra de trigo e grãos que caíssem no chão. Achava um pouco aqui, um pouco ali. Depois, à noite, Rute e Noemi preparavam uma refeição com as migalhas de trigo. Não era muito, mas as mulheres conseguiram sobreviver.

Deus viu Rute lá fora, trabalhando duro nos campos, tentando cuidar de Noemi. Deus sabia que Rute podia ter tomado conta de si mesma, vivendo egoisticamente a sua própria vida. Deus sabia que ela não tinha nada a ganhar preocupando-se com a mulher idosa. E, em razão dos seus atos de bondade e do seu bom coração, Deus instruiu um homem chamado Boaz, o proprietário de todos aqueles campos, a ajudá-la. Ele disse: "Boaz, diga aos seus trabalhadores para deixarem punhados de trigo e punhados de grãos para trás, para Rute". Agora, quando saía para os campos, Rute reunia mais do que conseguia carregar. Ela foi abençoada abundantemente.

Deus vê os seus atos de bondade e a sua misericórdia. Quando você é bondoso com as pessoas, quando sai por aí fazendo o bem às pessoas, Deus dispõe as coisas de modo que os outros deixem para trás "punhados" de coisas boas para você. Você encontrará um punhado de bênçãos aqui, um punhado de bênçãos ali, favores sobrenaturais, uma promoção inesperada. Aonde quer que for, descobrirá as bênçãos sobrenaturais de Deus em seu caminho, deixadas lá para você por Deus.

CAPÍTULO 27

Mantenha Aberto o Seu Coração Compassivo

Quando meu pai e eu estávamos viajando para um país do Terceiro Mundo, nosso avião parou para reabastecer em uma pequena ilha no meio do nada. Nossa escala duraria uma hora; por isso, todos nós saímos do avião para esticar as pernas. O aeroporto não passava de um prédio improvisado, com um telhado de palha, alguns bancos e uma lanchonete. Fui até ali buscar algo para comer e, ao voltar, vi o meu pai conversando com um homem de aparência suja que parecia ter a minha idade.

Vi o sujeito ao sair do avião. Na verdade, era difícil não percebê-lo. Ele estava deitado no chão fora do prédio e era óbvio que estava ali havia algum tempo.

Ele e papai conversaram durante toda aquela hora, enquanto o avião era abastecido. Quando chegou a hora de partirmos, vi o meu pai puxar a carteira e dar algum dinheiro ao jovem. Quando chegamos ao avião, perguntei: "Papai, o que foi aquilo? O que aquele rapaz estava fazendo aqui? Qual é a história dele?"

Ele disse: "Joel, ele estava indo para casa, nos Estados Unidos, mas ficou sem dinheiro. Ele está aqui há algumas semanas, sozinho, abandonado. Então, eu lhe dei dinheiro suficiente para chegar em casa".

Os olhos de papai encheram-se de lágrimas quando disse: "Quando eu saí do avião e o vi deitado ali no chão, senti muita compaixão por ele. Eu só queria levantá-lo e abraçá-lo. Eu queria amá-lo e confortá-lo, e lhe dizer que ele conseguiria". Ele disse: "Tudo que consegui pensar, Joel, foi: *E se aquele fosse um de meus filhos? E se aquele fosse você? E se aquele fosse Paul? E se essa fosse uma de minhas filhas? Como eu gostaria que ajudassem um de meus filhos!*"

Papai estava plantando sementes de compaixão e amor. Ele estava fazendo a diferença no mundo. Não há como dizer que tipo de impacto ele causou na vida daquele jovem. Quem sabe? Talvez aquele sujeito nunca tivesse experimentado o amor e a bondade de Deus. Mas ele nunca se esquecerá daquele momento. Ele nunca se esquecerá de quando algum estranho, apenas de passagem em um avião, de bom grado o ajudou em uma situação desesperadora. Talvez ele se lembre de que, em seu pior momento, alguém se importou com ele, alguém se preocupou, então certamente deve haver um Deus que o ama.

Sementes da bondade e compaixão de Deus foram plantadas no coração daquele jovem e ele jamais será o mesmo. Mas perceba que tudo começou com um coração repleto de compaixão, quando papai dedicou um tempo para ouvir a história do jovem.

A CAPACIDADE DE EMPATIA

Uma definição de *compaixão* é simplesmente "sentir o que as outras pessoas sentem, ser interessado, mostrar que você se importa". Em outras palavras, quando vê uma pessoa necessitada, você sente a dor dela. Você dispõe de tempo para confortá-la. Quando uma pessoa está desanimada, você sente aquele desânimo. Você leva aquilo a sério e faz o seu melhor para animá-la. Se vir alguém com dificuldade financeira, você não apenas lhe dá um tapinha nas costas e um rápido versículo da Bíblia, mas dedica um tempo a essa pessoa e faz o que pode para ajudar. Você tem um interesse genuíno e mostra a ela que, realmente, você se importa.

Onde quer que se vá nos dias de hoje, as pessoas estão sofrendo. Estão desanimadas; muitas têm sonhos frustrados. Cometeram erros e, agora, as suas vidas estão uma bagunça. Elas precisam sentir a compaixão de Deus e o Seu amor incondicional. Não precisam de alguém para julgá-las e criticá-las ou para lhes dizer o que estão fazendo de errado. (Na maioria dos casos, elas já sabem disso!) Elas precisam de alguém para trazer esperança, alguém para trazer cura, alguém para demonstrar a misericórdia de Deus. Realmente, elas estão à procura de um amigo, alguém que estará lá para

Mantenha Aberto o Seu Coração Compassivo 265

encorajá-las, que dedicará um tempo para ouvir a sua história e para genuinamente se importar com elas.

Este mundo está desesperado por experimentar o amor e a compaixão do nosso Deus. Mais do que qualquer atributo humano, acredito que o nosso mundo está clamando por pessoas com compaixão, pessoas que amam incondicionalmente, pessoas que dedicarão algum tempo para ajudar os seus companheiros de jornada neste planeta.

> **ESTE MUNDO ESTÁ DESESPERADO POR EXPERIMENTAR O AMOR E A COMPAIXÃO DO NOSSO DEUS.**

Todos nós somos muito ocupados. Temos as nossas próprias prioridades, planos e compromissos importantes. Muitas vezes, nossa atitude é: *não quero ser incomodado. Não me importune com os seus problemas.* Os meus próprios problemas já são suficientes. Mas a Bíblia diz: "Se alguém tiver recursos materiais e, vendo seu irmão em necessidade, não se compadecer dele, como pode permanecer nele o amor de Deus?"[1] Não é interessante? A Palavra de Deus implica que cada um de nós tem um coração compassivo, mas a questão é saber se ele está aberto ou fechado.

Além disso, a Bíblia diz: "O mandamento é este: que vocês andem em amor".[2] Quando Deus coloca em seu coração amor e compaixão por alguém, Ele está oferecendo a você uma oportunidade de fazer a diferença na vida dessa pessoa. Você precisa aprender a seguir esse amor. Não o ignore. Atue com base nele. Alguém precisa do que você tem.

Certamente, quando Deus nos criou, Ele colocou o Seu amor sobrenatural em todos os nossos corações. Ele colocou em você o potencial de ter um espírito bondoso, atencioso, manso, amoroso. Você tem a capacidade da empatia, de sentir o que as outras pessoas estão sentindo. Por ter sido criado à imagem de Deus, você tem a capacidade moral de sentir o amor de Deus em seu coração. Mas, com demasiada frequência, em função do nosso próprio egoísmo, escolhemos fechar os nossos corações à compaixão.

Como você pode saber se o seu coração está aberto ou fechado? É fácil. Você se importa com outras pessoas ou se importa somente com você mesmo? Dedica tempo para fazer a diferença, incentivar outras pessoas, levantar os seus espíritos, fazer as pessoas se sentirem melhor a respeito de si mesmas? Você segue o fluir do amor que Deus coloca em seu coração por alguém necessitado? Ou está demasiadamente ocupado com os seus próprios planos?

Se você quer viver a sua melhor vida agora, precisa certificar-se de manter aberto o seu coração compassivo. Precisamos estar à procura de pessoas que possamos abençoar. Precisamos estar dispostos a ser interrompidos e incomodados de vez em quando, se isso significar que poderemos ajudar a atender à necessidade de alguma pessoa.

PRECISAMOS ESTAR À PROCURA DE PESSOAS QUE POSSAMOS ABENÇOAR.

Se você estudar a vida de Jesus, descobrirá que Ele sempre dedicava tempo às pessoas. Ele nunca estava demasiadamente ocupado com o Seu próprio programa, com os Seus próprios planos. Ele não estava tão envolvido em Si mesmo que não estivesse disposto a parar e ajudar uma pessoa necessitada. Ele poderia, facilmente, ter dito: "Escute, estou ocupado. Tenho uma agenda a cumprir. Estou a caminho da próxima cidade, e já estou atrasado". Mas não, Jesus tinha compaixão das pessoas. Ele se interessava pelo que elas estavam passando e, voluntariamente, dedicava tempo para ajudar. Ele deu a Sua vida gratuitamente. Creio que Ele exige nada menos do que isso daqueles que afirmam ser Seus seguidores hoje.

Muitas pessoas estão infelizes e não estão desfrutando uma vida plena porque fecharam os seus corações à compaixão. São motivadas unicamente pelo que querem e pelo que pensam necessitar. Raramente fazem alguma coisa por alguém, a menos que tenham em mente uma segunda intenção. São envolvidas consigo mesmas e egocêntricas.

Mas se quiser experimentar a vida abundante de Deus, você precisará tirar o seu foco de si mesmo e começar a dedicar tempo para ajudar outras pessoas. Precisa demonstrar e expressar o amor e a bondade de Deus onde quer que vá. Você precisa ser uma pessoa compassiva.

"Mas, Joel, eu tenho tantos problemas", ouço você dizer. "Se eu passar todo o meu tempo ajudando outras pessoas, como conseguirei resolver os meus problemas e atender às minhas necessidades? Quando colocarei a minha vida em ordem?"

Acredite em mim quanto a isto: se você se concentrar em atender às necessidades de outras pessoas, Deus sempre se certificará de que as suas necessidades serão atendidas. Deus cuidará dos seus problemas por você.

DEDIQUE TEMPO PARA ESCUTAR

Curiosamente, Jesus era muito paciente com as pessoas. Ele dedicava tempo para escutar as histórias delas. Ele não vivia apressado. Não procurava ver quão rapidamente poderia se livrar de uma pessoa para prosseguir para alguém mais importante ou fazer o que Ele pretendia fazer. Em vez disso, Ele pacientemente dedicava tempo para escutar as lutas de cada pessoa. E Ele fazia o que era necessário para satisfazer às necessidades delas.

Às vezes, se apenas nos dispuséssemos a dedicar tempo para escutar as pessoas, poderíamos ajudar a iniciar um processo de cura em suas vidas. Atualmente, muitas pessoas têm feridas e dor reprimidas dentro de si. Elas não têm com quem possam falar; realmente, não confiam mais em quem quer que seja. Se você puder abrir o seu coração compassivo e ser o amigo dessa pessoa — sem julgar ou condenar — e simplesmente puder escutar, poderá ajudar a levantar aquele fardo pesado. Você não precisa saber todas as respostas. Só precisa se importar.

Mais do que do nosso conselho, mais do que da nossa instrução, as pessoas precisam dos nossos ouvidos atentos. Muitas pessoas simplesmente precisam de alguém com quem possam conversar, alguém com quem possam ser honestas. Elas só precisam de um amigo com quem possam contar. Você se surpreenderá com o impacto positivo que poderá ter no mundo se apenas aprender a ser um bom ouvinte.

Dias atrás, um homem veio até mim e começou a contar-me sobre seu problema — em detalhes. Ele continuou longamente. Cerca de quatro ou cinco vezes, fiz o melhor que pude para entrar na conversa, para interromper o seu monólogo pelo tempo suficiente para dar-lhe o meu aconselhamento de especialista, mas não consegui uma abertura. Pensei: *Eu tenho um conselho maravilhoso. Tenho uma ótima passagem da Bíblia para você. Sei exatamente o que você precisa fazer.* Tentei e tentei, mas simplesmente não consegui encaixar uma palavra. Fiquei escutando e escutando, buscando o tempo todo uma oportunidade, mas ela nunca chegava. Por fim, o sujeito terminou contando-me tudo acerca de sua luta e, quando eu estava prestes a lhe dar minha grande sabedoria, ele deu um grande suspiro e disse: "Rapaz, eu me sinto muito melhor. Deus acaba de falar comigo e me dizer o que fazer". Então, ele se virou e foi embora! Fiquei tão decepcionado, que quase corri atrás dele.

Então, percebi que ele não precisava da minha profunda sabedoria; não precisava da minha solução para o seu problema. Ele não precisava do meu conselho; só precisava que os meus ouvidos escutassem.

Precisamos aprender a ser melhores ouvintes. Deus pode falar às pessoas e lhes dizer o que fazer enquanto elas estão falando com você de suas lutas.

268 *Sua Melhor Vida Agora*

Não seja sempre tão rápido em dar a sua opinião. Seja sensível à necessidade real da pessoa que você espera ajudar. Com demasiada frequência, o que realmente queremos fazer é apenas calá-las, dar-lhes uma rápida palavra de encorajamento, um versículo mais ou menos adequado e uma oração de quinze segundos; então, poderemos seguir e fazer o que pretendemos fazer. Mas Deus quer que dediquemos tempo às pessoas, ouçamos com os nossos corações, que lhes mostremos que nos interessamos, que lhes mostremos que realmente nos importamos.

ALCANÇANDO PESSOAS

Eu costumava sentir compaixão pelas pessoas o tempo todo, mas não sabia o que era aquilo. Pensava estar apenas sentindo pena delas. Mas, certo dia, percebi que aquilo era Deus falando comigo, querendo que eu derramasse o Seu amor e mostrasse a Sua misericórdia aos necessitados. Ao longo da vida, Deus nos levará a pessoas necessitadas. Se você for sensível a isso, discernirá o Seu amor sobrenatural brotando dentro de você, direcionando-o a uma pessoa ou situação que Deus quer ajudar por seu intermédio. Mas você precisa reconhecer o que está acontecendo e, então, seguir esse amor. Muitas vezes, complicamos demais a condução de Deus. Todos queremos que Deus fale conosco, nos conduza, nos diga para onde ir e a quem estender bondade, amor, misericórdia ou algum auxílio físico. Pensamos que sentiremos arrepios ou ouviremos trovões nos céus. Mas, amigo, quando sente amor, você está sentindo Deus. Isso é Deus falando a você. Quando você sente compaixão por alguém, essa é a maneira de Deus de dizer a você para ser uma bênção para aquela pessoa. Vá incentivá-la. Veja como poderá tornar a vida dela melhor.

Você pode estar em um restaurante lotado quando, de repente, sente um enorme interesse e compaixão por alguém sentado no outro lado da sala. Você sente um fardo pesado pela pessoa e sente o desejo de ajudá-la. Você pode até não conhecer aquela pessoa, mas quer que a vida dela seja melhor. Isso pode muito bem ser Deus falando a você, incentivando-o a ser uma bênção para aquela pessoa. Por que não lhe pagar o jantar? Envie-lhe um bilhete dizendo que você está orando por ela. Pare naquela mesa e transmita uma palavra de encorajamento. Faça algo para expressar o amor que Deus está fazendo brotar em seu interior.

Certamente, você precisa ser criterioso. Certifique-se de que é Deus falando, não outro motivo. Mas, na maioria das vezes, quando você alcançá-la com interesse e compaixão, a sua oferta não será reprimida ou rejeitada.

Mantenha Aberto o Seu Coração Compassivo 269

"Ora, Joel, aquelas pessoas daquele restaurante estão muito bem. Estão lá rindo e se divertindo. Parecem não ter sequer um problema. Não precisam do meu dinheiro. Vão pensar que estou louco se eu lhes pagar o jantar ou lhes disser que estou orando por elas."

Talvez, mas, provavelmente, não. Deus não lhe daria uma compaixão tão forte por elas se elas não precisassem do que você tem para dar. Elas podem estar sorrindo por fora, mas você não sabe o que estão passando por dentro. Só Deus pode ver o coração de uma pessoa. E Deus sabe quando as pessoas estão sofrendo. Ele conhece as pessoas que estão solitárias. Ele conhece as pessoas que estão prestes a tomar uma decisão errada. E, se você se atrever a dar um passo de fé e alcançá-las com amor, fazendo-as saber que você se importa, poderá ser aquele que ajudará a transformar uma vida ou que manterá a vida de uma pessoa no caminho certo. Você nunca sabe o que uma palavra de encorajamento poderá fazer. Você não sabe o impacto que um simples ato de bondade poderá ter.

Alguns anos atrás, certa manhã acordei com uma preocupação e compaixão realmente forte por um velho amigo meu. Eu não o via nem falava com ele havia pelo menos quinze anos, mas ele era um dos meus melhores amigos quando éramos garotos. Praticávamos vários esportes e passávamos bastante tempo juntos. Durante todo o dia, fiquei pensando nele, sem razão aparente. Eu só esperava que ele estivesse bem.

Finalmente, ocorreu-me que talvez Deus estivesse falando comigo e eu precisava tomar uma atitude. Decidi telefonar para o meu velho amigo para dizer olá e perguntar como ele estava. Eu não tinha ideia de como entrar em contato com ele. Mas, por fim o localizei e telefonei.

Meu amigo atendeu ao telefone e eu disse: "Ei, cara, aqui é o Joel Osteen. Estive pensando em você o dia todo. Como você tem passado?"

Ele ficou totalmente silencioso ao telefone. Nem uma palavra. Pensei: *Isso é muito estranho.* Eu não sabia o que estava acontecendo, mas fiquei na linha. Após quinze ou vinte segundos, percebi que o meu amigo estava totalmente abalado na outra extremidade da linha. Pude perceber que ele estava chorando. Esse sujeito era um dos atletas mais durões da turma em nossa época de juventude. Eu nunca o vira derramar uma lágrima. Mas, agora, ele estava ali chorando. Quando finalmente se recompôs, disse: "Joel, minha mulher me deixou recentemente. E eu tenho estado muito deprimido e desanimado. Não sou uma pessoa religiosa, mas orei: 'Deus, se Tu ainda estás aí, se Tu realmente me amas, se Tu sequer te importas, dá-me algum tipo de sinal'. Então, o telefone tocou e era você".

270   *Sua Melhor Vida Agora*

Deus sabe o que faz. Ele sabe quem está ferido. Ele sabe quem está quase perdido. Se seguir aquele fluxo de amor e compaixão aonde quer que ele o leve, você poderá ser a resposta à oração de uma pessoa solitária e desesperada. Você pode não perceber plenamente o impacto que um breve telefonema pode ter. Pode não perceber a importância do que significa, para uma pessoa ferida, ouvir as palavras: "Estive pensando em você. Estive preocupado com você. Eu o amo e acredito em você. Quero orar por você. Ficarei ao seu lado". Você pode ter se esquecido de quão poderosas e transformadoras essas simples palavras de esperança podem ser. Deixe o amor conduzi-lo ao longo da vida. Nunca ignore aquele sentimento de compaixão dentro de você. Aprenda a seguir o fluxo do amor divino de Deus. Ele guiará os seus passos e mostrará onde e como expressá-lo.

Às vezes, você poderá ter de arriscar parecer bobo ou superespiritual, ou totalmente tolo, mas será melhor errar sendo excessivamente compassivo do que perder uma pessoa para quem você poderá ser a última esperança. Cerca de quinze anos atrás, durante um culto na Lakewood Church, minha mãe estava no púlpito compartilhando uma passagem da Bíblia e dando as boas-vindas aos visitantes, como de costume. De repente, ela abaixou a cabeça e, sem motivo aparente, começou a chorar. Sentada na plateia, minha família e eu ficamos imaginando o que estaria acontecendo. Mamãe ficou ali em silêncio durante quase um minuto. Por fim, ela levantou a cabeça e disse: "Não faça isso. Não faça isso. Alguém aqui está prestes a fazer algo que não deve fazer. Por favor, não faça isso!"

Foi um momento comovente em nosso culto. A congregação inteira passou alguns minutos orando. Mais ou menos naquele momento, percebemos uma bela jovem caminhando, vindo do fundo do auditório. Ela estava chorando ao se aproximar da frente do prédio. Após conversarmos com ela, descobrimos que ela estava extremamente deprimida porque estava grávida e não era casada. Sua mente estava repleta de tormento, a ponto de ela sentir que simplesmente não valia a pena viver. Já havia escrito seu bilhete de suicídio e deixado em casa. Mas algo lhe disse para ir à igreja mais uma vez. Ela não tivera a intenção de mudar de ideia, mas as palavras de mamãe "Não faça isso. Não faça isso", penetraram sobrenaturalmente em seu coração. Naquele instante, ela percebeu que Deus a amava. Deus se importava com ela. Deus tinha um futuro para ela. Aquele único momento salvou sua vida e a transformou totalmente.

Como precisamos aprender a seguir o fluxo da compaixão de Deus! Se mamãe tivesse pensado: *Oh, isso é bobagem. As pessoas vão pensar que estou sendo excessivamente dramática ou tola*, uma jovem e seu bebê poderiam não estar vivos hoje.

Deus pode estar lhe despertando acerca de alguém a quem você precisa alcançar. Se o nome de uma pessoa ficar vindo à sua mente e você sentir compaixão por ela, faça algo a respeito. Não adie; dê um telefonema; pare para visitar essa pessoa ou entre em contato de outra maneira adequada.

Você poderá dizer: "Orarei por ela reservadamente. Isso não é suficientemente bom?" Pode ser, se isso for o que Deus está orientando-o a fazer. Mas, com frequência, Deus quer que você faça mais do que orar por ela. Ele quer que você entre em contato com aquela pessoa a quem Ele quer expressar amor e compaixão. Talvez Ele queira que você vá vê-la pessoalmente, olhe nos olhos dela e diga que Deus a ama e que você a ama. Ele pode instruí-lo a abraçar essa pessoa "intocável" e deixá-la sentir que você se importa. Se ela estiver longe demais, Deus poderá instruí-lo a pegar o telefone e deixá-la ouvir a sua voz expressando o seu amor por essa pessoa. Não descarte uma viagem rodoviária, mas se Deus o levar a viajar até um local distante para expressar o Seu amor e compaixão, Ele dará orientações específicas e inequívocas.

Você pode estar sentindo um amor especial por seus pais. Talvez você venha dizendo: "Assim que tiver tempo, irei visitá-los. Assim que terminar este período agitado no trabalho, assim que meus filhos tiverem um feriado escolar, eu irei". Não adie. Temos de compreender que, quando a compaixão de Deus cresce em nós e sentimos um amor especial por alguém, isso acontece por uma razão específica. Deus não estimulou dentro de você a compaixão por aquela pessoa só porque estava entediado e não tinha o que fazer. Não, Deus colocou propositalmente essa preocupação em seu coração e em sua mente. Agora, você precisa reagir a ela. Reconheça que, embora o seu entendimento possa ser limitado, Deus consegue ver o futuro. Ele é capaz de ver o quadro geral para as nossas vidas. Precisamos aprender a seguir rapidamente aquele fluxo de compaixão.

UM MOMENTO INSUBSTITUÍVEL

Certa manhã, alguns anos atrás, recebi um telefonema de meu pai. Naquela época, papai estava sendo submetido a diálise renal havia cerca de dois meses. Ele disse: "Joel, eu não dormi muito na noite passada e realmente preciso chegar à clínica para fazer diálise. Você pode vir e me levar?"

Eu disse: "Claro, papai. Estarei aí logo mais". Olhei o meu relógio e fiquei surpreso por serem umas quatro horas da manhã. Vesti-me rapidamente e dirigi até a casa de meus pais. Enquanto dirigia, senti um tremendo amor e preocupação por meu pai. Não era um afeto normal, mas um amor sobrenatural. Comecei a pensar em quão bom papai fora para mim, como eu me orgulhava de tê-lo como pai e em como ele sempre havia tratado a nossa família. Tive um desejo extremo de expressar o meu amor por meu pai. Ele sabia que eu o amava, mas aquilo era algo diferente.

Então, cedo naquela manhã, a caminho da clínica, certifiquei-me de que meu pai sabia quanto eu o amava. Eu lhe disse: "Papai, farei tudo que puder para tornar a sua vida melhor, tornar a sua vida mais confortável, torná-lo mais orgulhoso de mim".

Normalmente, quando eu levava papai à diálise, após ele ser todo conectado ao aparelho e o procedimento estar em andamento, não havia muito mais a fazer, então eu saía e, mais tarde, voltava para buscá-lo. O procedimento de diálise geralmente levava quatro ou cinco horas, então eu ia trabalhar, cumpria tarefas ou simplesmente voltava para casa até papai estar pronto. Mas, naquele dia, algo dentro de mim me disse para ficar com ele. Apenas puxei uma cadeira e decidi conversar e apenas ficar lá com ele.

Como não havia planejado levar papai à diálise, eu tinha muitas coisas programadas para aquele dia. Mas simplesmente sabia que Deus queria que eu ficasse lá com o meu pai. |No fim, papai caiu no sono, então corri para fora, comprei o café da manhã e voltei à clínica. Papai e eu passamos um tempo agradável tomando o café da manhã juntos e conversando. Finalmente, ele terminou a diálise e levei-o para casa.

Quando eu estava prestes a sair pela porta da cozinha de meus pais, papai me chamou de volta e me deu um grande abraço. Aquele não era o seu tipo habitual de abraço. Ele se pendurou em mim. Ele disse: "Joel, você é o melhor filho que um pai jamais poderia esperar ter". Foi um momento realmente especial entre nós. Senti que realmente nos conectamos de alguma maneira. Senti ter cumprido o meu objetivo de fazer o meu pai saber quanto eu o amava.

Saí naquela manhã me sentindo muito bem, sabendo que papai sabia que eu o amava, sabendo que ele se orgulhava de mim e que eu havia seguido aquele fluxo de compaixão para com ele.

E aquela foi a última vez em que vi o meu pai vivo.

Aquela foi a última vez em que o abracei, a última vez em que disse a ele que eu o amava. Mais tarde, naquele mesmo dia, papai teve um ataque cardíaco e, inesperadamente, partiu para o Senhor.

> **MANTENHA O SEU CORAÇÃO ABERTO E CHEIO DE COMPAIXÃO.**

Apesar de minha dor e minhas lágrimas, mais tarde pensei: *Deus, como Tu és bom para comigo. Aqui, todo esse tempo, pensei estar seguindo o fluxo de amor pelo bem de meu pai, apenas para o benefício dele. Mas, agora, percebo que Tu colocaste esse amor em meu coração também para o meu próprio bem.* Quão recompensado me sinto hoje, sabendo que, no último dia da vida de meu pai, fui capaz de expressar o meu amor por ele. Quão realizado me sinto, sabendo que não tenho arrependimentos. Nada mais há que eu teria dito, nada que eu teria feito de maneira diferente. Estou em perfeita paz.

Mas, e se eu estivesse ocupado demais naquele dia? E se eu não tivesse seguido aquele fluxo de compaixão que Deus colocou em meu coração? E se não tivesse sido sensível àquele amor, não o tivesse seguido e expressado os meus sentimentos ao meu pai? Eu teria perdido algo precioso, um momento insubstituível da história de papai e da minha própria história.

Na maioria das vezes, quando alcançamos outras pessoas, quando seguimos aquele fluxo de amor, pensamos estar fazendo isso pelo bem delas, em seu benefício. Mas posso lhe dizer em primeira mão que, às vezes, Deus coloca aquela compaixão em nossos corações tanto em nosso próprio benefício quanto pelo dos outros.

Mantenha o seu coração aberto e cheio de compaixão. Aprenda a ser rápido em seguir o fluxo de amor que Deus coloca dentro dele. Seja sensível e obediente a fazer o que Deus quer que você faça. Você não se arrependerá — nem agora, nem daqui a um milhão de anos!

CAPÍTULO 28

A Semente Vai à Frente

Um dos principais obstáculos para viver a sua melhor vida agora é o egoísmo. Enquanto você estiver focado no que quer, no que você precisa, nunca experimentará o melhor de Deus. Mas se você realmente quer prosperar, precisa aprender a ser um doador.

A Bíblia diz: "O que o homem semear, isso também colherá".[1] Ao longo de toda a Bíblia encontramos o princípio da semeadura e da colheita. Assim como o agricultor precisa plantar algumas sementes se ele espera fazer a colheita, também nós devemos plantar uma boa semente nos campos de nossas famílias, carreiras, negócios e relacionamentos pessoais.

E se o agricultor decidisse que realmente não estava inclinado a plantar, que estava cansado, então "se sentisse levado" a sentar e esperar a colheita chegar? Ele esperaria durante toda a vida! Ele precisa levar a semente à terra. Esse é o princípio estabelecido por Deus. Da mesma maneira, se quisermos colher coisas boas, também devemos semear algumas boas sementes. Perceba que colhemos o que semeamos. Se você quiser colher felicidade, terá de semear algumas sementes de "felicidade", fazendo outras pessoas felizes. Se quiser colher bênçãos financeiras, precisará plantar sementes financeiras na vida dos demais. Se quiser colher amizades, precisará plantar uma semente e ser amigo. A semente sempre vem em primeiro lugar.

O motivo pelo qual muitas pessoas não estão crescendo é não estarem semeando. Estão vivendo vidas egocêntricas. A menos que mudem o foco e comecem a alcançar os outros, provavelmente permanecerão nessa condição.

Algumas pessoas dizem: "Joel, eu tenho muitos problemas. Não estou interessado em plantar sementes. O que quero é saber como sair da minha encrenca". *É* assim que você pode sair da sua encrenca: se você quer que Deus resolva os seus problemas, ajude a resolver o problema de outra pessoa. Lance algumas sementes na terra!

FOME NA TERRA

Nos tempos bíblicos, uma grande fome atingiu a terra de Canaã. As pessoas não tinham comida ou água e passavam privações desesperadoras. Então, Isaque fez algo que pessoas sem discernimento podem ter pensado ser um tanto estranho: "Isaque formou lavoura naquela terra e no mesmo ano colheu a cem por um, porque o Senhor o abençoou".[2] Em seu momento de necessidade, Isaque não ficou esperando que alguém viesse em seu socorro. Ele agiu com fé. Levantou-se em meio àquela fome e plantou uma semente. Deus multiplicou sobrenaturalmente aquelas sementes e o tirou de sua penúria.

Talvez você esteja sofrendo algum tipo de fome hoje. Pode ser uma fome financeira; ou quem sabe você esteja simplesmente faminto por amigos. É possível que você precise de uma cura física. Talvez precise de paz em seu lar. Seja qual for a necessidade, uma das melhores coisas que você pode fazer é desviar a sua mente de si mesmo e ajudar a atender à necessidade de outra pessoa. Se você estiver deprimido e desanimado agora, não fique sentado sentindo pena de si mesmo. Vá encontrar alguém para animar. Plante algumas sementes de felicidade. Essa é a maneira de receber uma colheita. A semente sempre vem em primeiro lugar.

Deus prometeu que, quando você atender às necessidades de outras pessoas, Ele garantirá que as suas necessidades sejam supridas. Se você quiser ver cura e restauração em sua vida, saia e ajude alguém a ficar bem. A Bíblia diz: "Confie no Senhor e faça o bem".[3] Não é suficiente dizer: "Deus, eu confio em Ti. Sei que Tu suprirás todas as minhas necessidades". Isso é o mesmo que o agricultor não plantar semente alguma e esperar uma colheita fabulosa. A Bíblia diz que há duas coisas que devemos fazer em tempos de angústia. Primeira: precisamos confiar no Senhor; e segunda: devemos sair e fazer algo bom. Saia e plante algumas sementes. Se você precisa de um milagre financeiro, ofereça a alguém uma xícara de café amanhã de manhã ou dê uma oferta um pouco maior na igreja. Se você não tem dinheiro algum, faça algum trabalho físico para outra pessoa: apare o gramado, arranque as ervas daninhas, lave as janelas. Faça uma torta para alguém. Faça *algo* para lançar alguma semente na terra.

Se você é solitário ou tem poucos amigos, não fique sentado em casa mês após mês, sozinho, sentindo pena de si mesmo. Vá a uma casa de repouso e encontre alguém solitário com quem fazer amizade. Vá ao hospital e encontre alguém que você possa animar. Se começar a plantar essas sementes de amizade, Deus trará alguém ótimo à sua vida. Quando você fizer outras pessoas felizes, Ele se certificará de que a sua vida seja cheia de alegria.

Precisamos ser mais voltados para a semente do que voltados para a necessidade. Em seu momento de privação, não fique sentado pensando no que lhe falta. Pense no tipo de semente que você poderá semear para se livrar dessa necessidade.

PLANTE ALGUMAS SEMENTES

Quando eu era menino, a Lakewood Church lançou o seu primeiro programa de construção. Não tínhamos muito dinheiro, mas havia na mesma rua uma pequena igreja espanhola que também estava em um programa de construção. Certa manhã de domingo, meu pai se levantou e anunciou à congregação que levantaríamos uma oferta especial, não para o nosso novo prédio, mas para aquela pequena igreja espanhola. Vários milhares de dólares entraram naquela manhã e nós lhes enviamos um cheque de oferta. A verdade é que precisávamos do dinheiro mais do que eles, mas papai compreendia esse princípio. Ele sabia que tinha de lançar uma semente à terra. Ele sabia que uma das melhores coisas que poderia fazer naquele tempo de fome era plantar uma semente. Não demorou muito para que tivéssemos todo o dinheiro de que precisávamos para começar a trabalhar em nosso próprio projeto de construção. Nós construímos aquele prédio e muitos outros e, ao longo dos anos, temos vivido de acordo com este princípio: no tempo de necessidade, plante uma semente.

NO TEMPO DE NECESSIDADE, PLANTE UMA SEMENTE.

Um intrigante versículo da Bíblia diz: "Há quem dê generosamente, e vê aumentar suas riquezas; outros retêm o

A Semente Vai à Frente 277

que deveriam dar, e caem na pobreza. O generoso prosperará; quem dá alívio aos outros, alívio receberá".[4] Papai compreendia que, se cuidasse generosamente dos outros, Deus cuidaria das suas próprias necessidades. O mesmo vale para você. Se você se dispuser a concentrar a sua vida em dar generosamente aos outros, Deus se certificará de que a sua própria vida receba um refrigério, mesmo que você precise passar por um deserto seco e triste.

Alguns anos atrás, Dan perdeu a sua linda esposa, com quem era casado havia muitos anos. Ele ficou com o coração partido, mas decidiu que, em vez de ter como foco sua dor, sofrimento e perda, desejava ajudar alguém. Por ser aposentado da companhia telefônica, não tinha certeza de como as suas habilidades poderiam beneficiar alguém. Ele disse: "Tudo que eu realmente sei fazer é confortar outras pessoas que perderam um ente querido". Sua atitude foi: *Eu passei por isso. Sei o que você está passando.*

Dan começou a comparecer a funerais em que meu pai estava ministrando. Na maioria das vezes, ele não tinha qualquer ligação pessoal com a família enlutada; às vezes, sequer conhecia a pessoa que havia morrido, mas ia aos funerais simplesmente para encorajar outras pessoas, para lhes demonstrar amor e compaixão. Com o tempo, meu pai percebeu que Dan tinha um dom para confortar os enlutados. Certo dia, papai convidou Dan para fazer parte da equipe da igreja, e hoje Daniel Kelley chefia o "Ministério do Conforto" da Lakewood.

Daniel não ficou focado em seus problemas. Ele não desenvolveu a atitude egoísta de: *Quem me ajudará a tornar a minha vida melhor?* Ele foi proativo e se pôs em ação. Quando começou a atender às necessidades de outras pessoas, Deus reverteu a sua própria situação. Deus não apenas o conduziu ao longo daquele período difícil, mas, recentemente, trouxe uma bela mulher à sua vida. Agora, ele e Shirley têm um casamento feliz e, juntos, continuam a plantar as sementes da bondade de Deus.

Deus fará algo semelhante por você. Se você ousar plantar uma semente em seu momento de necessidade, Ele fará mais do que você poderia pedir ou pensar. Sigo esse princípio em minha própria vida. Quando estou inclinado a me sentir desanimado, desvio a minha atenção para longe de mim e vou ajudar alguém. Gosto de ir aos hospitais e visitar pessoas quando estou começando a me sentir desanimado. Quando não tenho tempo para fazer isso, mantenho uma pilha de pedidos de oração junto à minha escrivaninha.

278 Sua Melhor Vida Agora

Recentemente, tive um daqueles dias em que tudo que poderia dar errado deu errado. Experimentei algumas grandes decepções. Cheguei em casa exausto e desanimado. Sentei-me na minha poltrona favorita e comecei a assistir à tevê, só pensando em todos os meus problemas. Quanto mais eu pensava, pior me sentia. Finalmente, decidi plantar uma semente em meu momento de necessidade. Fui para o meu escritório e encontrei um daqueles pedidos de oração. Telefonei para um jovem que estivera no hospital durante vários meses. Eu não conseguia me lembrar de tê-lo conhecido, mas, quando comecei a encorajá-lo, pude sentir a minha alegria voltar. Senti o meu espírito sendo levantado. Ao desligar o telefone, eu era uma nova pessoa. Sentia-me como se fosse capaz de saltar uma muralha.

Amigo, em seus momentos de dificuldade, não fique sentado sentindo pena de si mesmo. Vá plantar uma semente. Além disso, você não precisa esperar até ter um problema para iniciar a semeadura. Devemos estar constantemente à procura de maneiras pelas quais podemos ser uma bênção, não apenas quando as nossas costas estão contra a parede. Devemos nos levantar todos os dias buscando formas de ajudar os outros. A Bíblia diz que, se você fizer isso, as bênçãos de Deus o perseguirão e alcançarão.

Certamente, a tentação de ser egoísta é forte. Muitas pessoas boas são pegas pela armadilha de viver com a seguinte atitude: *O que eu ganho com isso? Como você pode me ajudar? Como você pode tornar a minha vida melhor? Como pode resolver os meus problemas?*

Nossa atitude deve ser exatamente oposta: *a quem posso abençoar hoje? Onde há uma necessidade que eu possa suprir? A quem posso encorajar? A quem posso animar?*

Tomei a minha decisão. Serei um doador na vida. Farei algo bom. Estou à procura de oportunidades para plantar algumas sementes. Por quê? Simplesmente aprendi que plantar sementes funciona! E quero me certificar de manter a minha colheita chegando, abundantemente.

FAÇA ALGO FORA DO COMUM

Certa vez, alguém me escreveu: "Joel, gosto muito daquela gravata que você usou na televisão a semana passada". Então, eu a embalei e enviei para ele. Pensei: *Esta é uma oportunidade boa demais para deixar passar.* (Agora, não me escreva e diga que você gosta do meu terno ou do carro que dirijo. Isso é trapaça. Você conhece o meu segredo!)

Você poderá dizer: "Joel, eu nunca poderia fazer algo assim, dar alguma coisa a alguém simplesmente porque esse alguém me fez um elogio".

Tudo bem, mas faça o que você puder fazer. Você pode dar uma carona para alguém. Pode ligar para alguém e encorajá-lo. Pode ir ao mercado para uma pessoa idosa. Pode fazer alguma coisa. Comece hoje mesmo!

Aprenda a ampliar a sua fé. Faça algo fora do comum. Se você quer uma colheita extraordinária, plante uma semente extraordinária. Em vez de ficar em casa assistindo à tevê todas as noites, por que não passar uma parte desse tempo fazendo algo bom para alguém? Em vez de sair para comer em um restaurante caro, por que não economizar esse dinheiro e plantá-lo como uma semente? Se você costuma dar 10% de sua renda, aumente um pouco a sua fé e dê 11%. Lance um pouco mais de sementes na terra e veja o que Deus fará. A Bíblia diz: "Pois a medida que usarem também será usada para medir vocês".[5] Em outras palavras, se você der com uma colher de chá, receberá com uma colher de chá. Se você der com uma pá, receberá com uma pá. E se você der com um caminhão basculante, você receberá cargas de caminhão basculante de bênçãos em sua vida!

A Bíblia diz claramente: "Aquele que semeia pouco, também colherá pouco, e aquele que semeia com fartura, também colherá fartamente".[6] Se não estiver satisfeito com a sua posição na vida, aumente a quantidade de sementes que você está plantando. O tamanho de sua colheita depende da quantidade de sementes. Certamente, algumas pessoas têm rendimentos limitados. Elas dependem de tudo que têm para chegar ao fim de cada mês. Em meu coração, quero dizer-lhes: "Mantenham o que vocês têm. Vocês precisam desse dinheiro". Mas sei que os princípios de Deus são verdadeiros. E sei que é imperativo que as pessoas mais necessitadas continuem a semear.

Victoria e eu estávamos em um hotel, tomando o café da manhã, e o garçom era um rapaz. Quando ele trouxe a nossa conta, abri-a e encontrei um bilhete que dizia: "Obrigado". Ele pagara o nosso café da manhã.

Meu primeiro pensamento foi: *Oh, meu Deus! Isso é tão gentil da parte dele, mas ele é apenas um rapaz. Provavelmente não ganha mais do que um salário mínimo. Ele precisa desse dinheiro muito mais do que nós.*

Além disso, o café da manhã estava incluído na diária do nosso quarto! Tudo o que eu tinha de fazer era assinar a conta e ele seria grátis de qualquer maneira.

Que dilema! Victoria e eu discutimos em voz baixa o que deveríamos fazer. Ela disse: "Joel, você não acha que deveríamos contar-lhe, para que, talvez, ele receba o seu dinheiro de volta?"

"Bem, poderíamos, mas não penso que deveríamos", eu disse. "Mesmo querendo fazer isso, nós poderemos tirar-lhe a bênção. Ele plantou uma semente fazendo algo bom por nós. Nós não queremos arrancar a sua semente da terra e devolvê-la. Isso seria lhe fazer um desserviço."

Embora soubéssemos que ele precisava daquele dinheiro, também sabíamos que, quando ele plantou aquela semente na terra, Deus a retribuiria multiplicada. Sabíamos que Deus lhe daria uma colheita maior. Por isso, aceitamos a sua oferta generosa e sussurramos uma oração para que Deus o abençoasse abundantemente.

Entenda, plantar sementes não substitui o dízimo. De fato, geralmente é quando você dá além dos primeiros 10% de sua renda que esse princípio ganha velocidade. A Bíblia diz: "O dízimo é do Senhor. E é santo". Isso significa que o primeiro décimo de seus rendimentos não pertence a você. Ele pertence a Deus e deve ser dado à sua igreja local. Quando você o retém, está realmente roubando de Deus. Portanto, se você não está semeando, o dízimo é um bom lugar para começar!

Você pode estar pensando: *Joel, eu não posso me dar ao luxo de dar o dízimo.* Não pense assim! A verdade é que você não pode se dar ao luxo de não dar o dízimo. Em primeiro lugar, seria tolice tentar roubar de Deus; e, em segundo lugar, você precisa lançar algumas sementes ao solo. Se você se atrever a dar um passo de fé e começar a honrar a Deus nas suas finanças, Ele aumentará a sua provisão de maneiras sobrenaturais. Deus tomará aqueles 90% que lhe sobraram e fará que ultrapassem os 100% com os quais você começou. A Bíblia diz que, quando damos o dízimo, Deus não só abre as janelas do céu, mas repreende o devorador para o seu bem.[7] Isso significa que Ele manterá o inimigo fora do seu dinheiro, fora da sua safra, fora dos seus filhos e longe da sua casa. Ele se certificará de que você será promovido. Ele lhe fará obter as melhores ofertas na vida. Às vezes, Ele o protegerá contra doenças, acidentes e danos que poderiam causar outros gastos desnecessários. Todos os tipos de bênçãos vêm a você quando você honra a Deus na área das suas finanças.

No entanto, você não pode roubar de Deus e esperar que Ele o abençoe ao mesmo tempo. Você deve perceber que Deus não precisa do seu dinheiro, do seu tempo ou do seu talento. Quando Deus nos pede para dar, não é porque Ele está tentando obter algo de nós.

> **VOCÊ NÃO PODE ROUBAR DE DEUS E ESPERAR QUE ELE O ABENÇOE AO MESMO TEMPO.**

É porque Ele deseja nos levar a plantar algumas sementes na terra, para que possamos colher uma safra. Deus age em conformidade com as leis que Ele estabeleceu; portanto, se você não semear, não colherá. É simples assim. Mas se for fiel e fizer o que Deus lhe diz para fazer, Ele honrará a lei da semeadura e colheita. Você pode não ter muito para dar, mas Deus o abençoará se você começar com o que tem.

Não espere até ter mais; comece agora. É assim que você receberá mais de Deus. Você planta algumas sementes e, então, Ele o abençoará com mais. Em seguida, poderá plantar um pouco mais de sementes, e assim por diante. É assim que você prospera. Mas, se você não estiver sendo fiel com o que tem agora, como Deus poderá lhe confiar mais?

A Bíblia não é ambígua quanto a esse assunto. Ela diz: "Reconheça o Senhor em todos os seus caminhos, e ele endireitará as suas veredas".[8] Se você quiser prosperar em suas finanças, coloque Deus em primeiro lugar. Se quiser prosperar em seu negócio, coloque Deus em primeiro lugar. Quando você honrar a Deus, Ele sempre o honrará. E é interessante que o único lugar da Bíblia em que Deus nos diz para *prová-lo* — o que significa testá-lo ou certificá-lo — trata da área das nossas finanças. Se você se dispuser a ser fiel e mostrar a Deus que é digno de confiança com o que tem agora, não há limite para o que Ele fará em sua vida.

CAPÍTULO 29

Semeando e Crescendo

O mar Morto é uma das mais fascinantes massas de água da Terra. Em função do elevado conteúdo de minerais, a água é tão densa que até mesmo quem não sabe nadar consegue flutuar. Um ser humano pode realmente sentar-se na água e ler um jornal sem afundar. Os passeios de ônibus até o local param o tempo suficiente para que os turistas céticos ou aventureiros deem um mergulho. O problema é que, quando você sai da água, ninguém quer sentar-se ao seu lado! A água tem um cheiro horrível.

Alimentado pelo rio Jordão, de Israel, o mar Morto não tem desembocadura. Toda a água doce que flui para ele se torna estagnada. Embora seja interessante para olhar e fascinante para estudar, a água, poluída e pútrida, não é potável.

Essa é uma boa imagem de uma pessoa que vive egoisticamente, que é um tomador, mas não um doador. Deus não nos criou para sermos um reservatório que só acumula. Ele nos criou para sermos um rio fluindo constantemente. Quando vivemos de maneira egoísta, sempre recebendo, sempre tomando, mas nunca dando, nós nos tornamos estagnados e poluídos. Dizendo sem rodeios: nossa vida começará a feder! Sairemos por aí com uma atitude azeda; ninguém gostará de estar perto de nós, pois estaremos sempre irritados e seremos difíceis de conviver. Isso tudo se deve a nada estar fluindo para fora de nós. Sim, Deus quer derramar coisas boas em sua vida, mas, se você quiser viver a sua vida melhor agora, precisará aprender a permitir que essas coisas boas fluam por intermédio de você para os outros. Ao fazer isso, o seu suprimento será reabastecido e sua vida manterá o frescor.

Semeando e Crescendo 283

Pare de acumular o que Deus lhe deu e comece a compartilhar com os outros. Compartilhe o seu tempo, energia, amizades, amor e recursos. Se Deus lhe deu

> **SE DEUS LHE DEU ALEGRIA, COMPARTILHE-A COM OUTRA PESSOA.**

alegria, compartilhe-a com outra pessoa. Faça alguém feliz; anime outra pessoa; seja amigo de alguém. Se Deus lhe deu talento e a capacidade de ganhar dinheiro, não acumule mais para si mesmo; reparta esses recursos com os outros. Não se permita tornar-se estagnado. Você precisa manter o seu rio fluindo. Essa é a maneira de realmente prosperar na vida e ser feliz.

"Joel, estou com muitos problemas difíceis em minha vida neste momento. Quando eu me livrar de todos eles, então sairei e ajudarei alguém."

O certo é o oposto. Vá ajudar alguém em primeiro lugar, então Deus começará a reverter a sua situação. Lembre-se do princípio fundamental: você deve primeiro plantar a semente para, depois, colher uma safra. Se quiser ficar bem, plante uma semente ajudando alguém a ficar bem. Se quiser ser feliz, ajude alguém a ter um pouco de felicidade. Se está enfrentando dificuldades financeiras, dê algum dinheiro a alguém necessitado, ajude os pobres ou semeie um pouco mais na oferta à igreja. Você precisa plantar algumas sementes se está esperando ter uma colheita!

Quando você passa por tempos difíceis, o estresse o leva a concentrar-se apenas nas suas necessidades, no que está errado em sua vida. Mas se você quiser tomar o melhor remédio contra o estresse de todos, afaste a sua mente de si mesmo e vá ajudar alguém. Algo sobrenatural acontece quando desviamos a nossa atenção das nossas próprias necessidades para as necessidades dos outros. O poder sobrenatural de Deus parece ativado por gestos altruístas. Quando você tiver um problema, não se concentre em sua necessidade: pense em que tipo de semente poderá semear para sair desse problema.

PLANTE UMA SEMENTE EM SEU MOMENTO DE NECESSIDADE

Alguns cristãos do primeiro século estavam lutando para sobreviver na cidade grega de Corinto. A Bíblia diz: "... a extrema pobreza deles".[1] O que eles fizeram em seu momento de necessidade? Eles se queixaram e fizeram beicinho? Eles disseram: "Deus, por que temos tanta dificuldade contra nós?" Nada disso. A Bíblia registra: "No meio da mais severa tribulação, a grande alegria e a extrema pobreza deles transbordaram em rica generosidade".[2] Perceba que eles plantaram uma semente em seu momento de necessidade. Eles sabiam que, se ajudassem a atender às privações de outras pessoas, Deus supriria a deles.

Em seus momentos de dificuldade, faça exatamente o que eles fizeram. Primeiro, permaneça cheio de alegria. Depois, saia e plante uma semente. Ajude alguém e você será ajudado.

Se você perdeu o emprego, não fique sentado sentindo pena de si mesmo; vá apresentar-se como voluntário em algum lugar. Plante uma semente enquanto espera aquela próxima porta de oportunidade se abrir. Se você está crendo e esperando um carro melhor, em vez de reclamar do que você tem, plante uma semente dando a alguém uma carona. Se está crendo que a sua empresa será abençoada, ajude a empresa de outra pessoa a crescer. Faça algo para lançar alguma semente ao solo.

Eu li acerca de uma mulher que queria começar um novo negócio — um *pet shop* móvel. Ela pensou: *Eu realmente não tenho dinheiro para anunciar, mas preciso cuidar de alguns cães para manter esse negócio. Que tipo de semente posso plantar para trazer alguns clientes?* Ela decidiu ir até o abrigo de cães local e cuidar deles de graça para que tivessem maior probabilidade de ser adotados. Ela fez aquilo por meses seguidos, e seu negócio começou a crescer. Hoje, ela tem mais clientes do que consegue atender. Seu negócio é tão abençoado, que seus clientes têm de reservar o atendimento com três a quatro meses de antecedência!

Se você plantar uma semente extraordinária, colherá uma safra extraordinária. Estou certo de que, quando essa mulher apareceu pela primeira vez no abrigo querendo cuidar dos animais abandonados, as pessoas devem ter pensado que ela era um pouco estranha ou obcecada por animais de estimação, mas ela não se importou. Sabia que tinha de lançar alguma semente à terra e, por isso, foi determinada. Ela reforçou as suas orações com ações. Ela não se limitou a orar: "Deus, por favor, prospere meu novo negócio". Ela se levantou em fé e plantou uma semente em seu momento de necessidade, e Deus a prosperou sobrenaturalmente.

Você poderá dizer: "Joel, eu certamente gostaria que Deus fizesse isso por mim".

Ele pode, mas a pergunta é: que semente você está lançando ao solo? Você está dando a Deus alguma coisa para Ele trabalhar? Se não, comece a planejar e comece a plantar!

Semeando e Crescendo 285

A Bíblia diz: "Atire o seu pão sobre as águas e depois de muitos dias você tornará a encontrá-lo. Reparta o que você tem com sete, até mesmo com oito, pois você não sabe que desgraça poderá cair sobre a terra".[3] Observe que, aqui, Deus está nos dando um princípio que nos fará ter as nossas necessidades supridas durante os tempos difíceis que, ocasionalmente, vêm sobre nós. Dê generosamente agora, porque no futuro você poderá precisar de alguma ajuda.

Imagine que funciona deste modo: ao dar, você está armazenando a bondade e o favor de Deus, para que, em seu momento de necessidade, você tenha uma grande colheita da qual Deus possa "retirar" para atender à sua necessidade. Você pode não ter qualquer necessidade urgente hoje. Isso é ótimo! Mas não deixe isso fazer você parar de dar. Você precisa se preparar para o futuro. Quando tiver de fato uma necessidade, Deus estará lá para ajudá-lo. Dar é semelhante a tomar um medicamento preventivo: você está armazenando a bondade de Deus.

Um colega me disse: "Joel, eu tenho dado e dado, mas nunca pareço colher uma safra. Estou sempre na extremidade que dá, nunca na que recebe".

Eu lhe disse: "Mesmo que você não veja coisa alguma acontecendo agora, não desanime. Não pare de dar. Você tem de entender que está armazenando a bondade de Deus, e Ele prometeu que os seus presentes generosos voltarão para você. Algum dia, quando você mais precisar deles, eles estarão lá para ajudá-lo".

Mencionei o encontro de meu pai com um jovem que estava em apuros num aeroporto de um país estrangeiro. Papai ajudou aquele jovem dando-lhe algum dinheiro para voltar para casa. Meu pai compreendia esse princípio de armazenar a bondade de Deus, e sabia que, se ajudasse o filho de alguém em seu momento de necessidade, Deus garantiria que alguém estaria lá para ajudá-lo e aos seus filhos em um momento de necessidade.

Poucos anos depois, estávamos na Índia, viajando de carro. Era tarde da noite e estávamos viajando havia algumas horas de volta ao hotel, quando o nosso carro quebrou. Estávamos encalhados no meio do nada. Apesar de ser uma ou duas horas da manhã, uma multidão acorreu rapidamente. Antes de percebermos, havia cerca de cinquenta ou sessenta pessoas à nossa volta, olhando para nós. Foi uma situação bastante tensa, uma vez que, naquela região da Índia, "turistas" norte-americanos não eram uma visão comum nem agradável. Pior ainda, por não falarmos o idioma deles, ficamos um pouco nervosos e preocupados com a nossa segurança.

> **DEUS MANTÉM UM REGISTRO DE CADA BOA AÇÃO QUE VOCÊ JÁ FEZ.**

De repente, do nada, vimos outro carro se aproximando — um carro de luxo grande, um carro especialmente incomum naquela parte da Índia. Nós não tínhamos visto outro carro durante todo o nosso tempo de espera. O motorista nos viu no acostamento e parou. Quando ele descobriu o que estava acontecendo, veio até nós e ficamos surpresos por ele falar inglês. Com uma voz amável e suave, ele disse: "Não tenham medo. Eu os levarei aonde vocês precisam ir". Nós nunca havíamos visto aquele homem antes, mas entramos no carro com ele. Ele nos levou de volta ao nosso hotel, uma viagem de cinco horas! Quando chegamos em segurança ao hotel, quisemos lhe pagar por seu tempo e aborrecimento, mas ele sequer quis ouvir.

Não pude deixar de pensar naquele jovem que meu pai ajudara no aeroporto, alguns anos antes. Papai fizera um investimento; ele armazenara a bondade de Deus. Papai plantara todas essas sementes. Agora, a sua generosidade lhe foi retribuída quando ele precisou.

Deus mantém um registro de cada boa ação que você já fez. Ele está mantendo um registro de todas as sementes que você já plantou. Você pode pensar que aquilo passou despercebido, mas Deus viu. E, em sua hora de necessidade, Ele se certificará de que alguém estará lá para ajudá-lo. Seus presentes generosos voltarão para você. Deus viu cada sorriso que você já deu a uma pessoa sofredora. Ele observou cada vez em que você saiu do seu caminho para ajudar alguém. Deus testemunhou quando você deu com sacrifício, até mesmo ofertando um dinheiro do qual talvez você precisava desesperadamente para si ou para a sua família. Deus está mantendo esses registros. Algumas pessoas lhe dirão que não faz qualquer diferença você dar ou não, ou que isso não faz bem algum. Mas não ouça essas mentiras. Deus prometeu que os seus presentes generosos lhe serão retribuídos.[4] Em seu momento de necessidade, devido à sua generosidade, Deus moverá céus e terra para se certificar de que você seja cuidado.

Certo dia, eu estava pensando em todas as sementes que a nossa igreja tem plantado ao longo dos anos. Não digo isso com arrogância, mas a igreja tem dado uma enorme quantidade de dinheiro para ajudar pessoas sofredoras. Não há como dizer quantas vidas tocamos. Além disso, durante quase meio século, a Lakewood tem sido um farol, não só para a nossa própria cidade, mas irradiando uma mensagem de esperança e encorajamento para pessoas de todo o mundo.

Em junho de 2001, a área de Houston foi assolada por uma tempestade tropical que resultou em enchentes devastadoras, que cobriram grande parte das regiões mais baixas da cidade. A Lakewood foi uma das poucas áreas não submersas e, quase imediatamente, equipes de resgate começaram a transportar pessoas para a igreja, usando-a como abrigo de emergência. Nós nunca havíamos planejado abrigar centenas de pessoas em nosso prédio nem éramos estruturados para fazê-lo, mas a necessidade surgiu e as pessoas estavam chegando, então os membros da igreja trabalharam dia e noite para acomodar as multidões que tinham sido forçadas a sair de suas casas pelas enxurradas que se avolumavam rapidamente.

A rede de televisão que cobria a inundação fez uma reportagem "ao vivo" a partir do nosso estacionamento e, durante a entrevista, o repórter perguntou a uma pessoa da equipe da Lakewood do que precisávamos. "Alimentos, roupas, cobertores e suprimentos", respondeu o trabalhador.

Em poucas horas, todos os tipos de suprimentos começaram a chegar à igreja, enviados por membros da nossa própria congregação e outros, da cidade e da nação. Como resultado, fomos capazes de alimentar, abrigar, vestir e cuidar de milhares de pessoas temporariamente desabrigadas de nossa comunidade. Nunca me esquecerei de ver os carros e caminhões fazendo filas quilométricas para trazer à igreja suprimentos, alimentos, cobertores e todos os tipos de coisas, para serem distribuídos às famílias desabrigadas. Consequentemente, tivemos de pedir às pessoas para pararem de trazer suprimentos. Não tínhamos mais espaço para eles! As coisas estavam empilhadas até o teto. Durante várias semanas, o trabalho principal de nossa igreja foi servir às vítimas das enchentes de nossa comunidade. Depois, fomos capazes de ajudar muitas delas a reconstruir as suas casas e recolocar suas vidas nos trilhos.

O espírito de nossa igreja tem sido sempre dar. É de se admirar, então, que Deus nos tivesse ajudado em nosso momento de necessidade? Todas as nossas doações, toda a nossa generosidade, todas aquelas sementes que havíamos semeado ao longo dos anos foram guardadas. E, quando mais precisamos, Deus apenas estendeu a mão e liberou a nossa colheita. Ele supriu as nossas necessidades.

Quando Deus chegar à sua colheita, haverá ali alguma coisa? Você está plantando sementes de bondade? Você está mantendo Deus em primeiro lugar nas suas finanças? Está vivendo para dar ou para receber?

Sua Melhor Vida Agora

Certa vez, um cético me disse: "Joel, me parece que você está dizendo que, se eu não der e nunca fizer qualquer boa ação, Deus jamais atenderá às minhas necessidades".

"Não é isso. Você precisa entender que o amor de Deus é incondicional e Sua graça é um favor imerecido", respondi. "Deus dá a todos nós muitas coisas que não merecemos e não seremos capazes de conquistar, independentemente de quantas boas ações fizermos. Mas estou dizendo que as nossas doações, os nossos atos de bondade, chamam a atenção de Deus de uma maneira especial."

DEUS VÊ OS SEUS PRESENTES

Na Bíblia há uma história acerca de um capitão do exército romano chamado Cornélio. A Bíblia diz: "Ele e toda a sua família eram piedosos e tementes a Deus; dava muitas esmolas ao povo e orava continuamente a Deus".[5] A versão *A Bíblia Viva* desse versículo diz que Cornélio "...praticava a caridade com boa vontade". Ele e sua família se tornaram o primeiro lar gentio registrado como recebedor das boas-novas e da salvação após a ressurreição de Jesus.

Por que ele foi escolhido? Por que Deus o escolheu para tal honra? A Bíblia nos diz que Cornélio teve uma visão de um anjo que lhe disse: "Suas orações e esmolas subiram como oferta memorial diante de Deus".[6] A *Bíblia Viva* diz: "As suas orações e suas obras de caridade foram observadas por Deus!" Amigo, não deixe alguém convencê-lo de que dar não faz diferença. O motivo de Cornélio ter sido escolhido foi o seu espírito doador.

Da mesma maneira, quando damos, isso chama a atenção de Deus. Não estou sugerindo que podemos comprar milagres. Não estou dizendo que você tem de pagar a Deus para ter as suas necessidades supridas, mas estou dizendo que Deus vê as suas doações. Ele vê os seus atos de bondade. Toda vez em que você ajuda alguém, Deus vê. E, como ocorreu com Cornélio, Deus se agrada quando você dá e derramará o Seu favor de uma maneira nova em sua vida.

Em seu momento de necessidade, apoie as suas orações com alguma ação. Se você está crendo por uma promoção no trabalho, não diga apenas: "Deus, eu estou contando contigo. Deus, sei que Tu vais fazer isso". Plante algumas sementes. Faça mais do que orar. Por que você não faz como Cornélio e sai para alimentar os pobres ou faz algo para lançar aquela semente na terra? As suas doações subirão como um memorial diante de Deus.

Semeando e Crescendo   289

Talvez hoje você esteja crendo na restauração de seu casamento ou na melhora de algum relacionamento. Talvez você tenha a esperança de comprar uma casa nova ou sair da dívida. Plante uma semente especial relacionada à sua necessidade específica. Não podemos comprar a bondade de Deus, mas, como Cornélio, podemos exercer a nossa fé por meio da nossa doação.

Toda vez que Deus coloca um sonho maior no coração de Victoria e no meu, toda vez que Ele amplia a nossa visão após orarmos acerca desse sonho, plantamos uma semente em fé. Podemos plantar uma semente simplesmente doando o nosso tempo a algum projeto ou talvez semeando uma oferta especial, talvez apenas abençoando outra pessoa de uma maneira especial. Mas fazemos algo para apoiar as nossas orações com um pouco de fé.

Victoria e eu estávamos casados havia alguns anos quando decidimos que queríamos vender o nosso sobrado e comprar uma casa térrea. Colocamos o sobrado à venda durante seis ou oito meses, mas nunca recebemos uma oferta relevante. Quase ninguém olhava para ele, embora estivéssemos orando regularmente, pedindo a Deus para nos ajudar a vendê-lo.

Nós realmente queríamos a outra casa, mas não tínhamos como pagá-la sem vender o sobrado. Por fim, decidimos que precisávamos fazer mais do que orar. Precisávamos plantar uma semente especial em fé, crendo na venda daquele sobrado.

Na época, pagávamos por mês duas prestações da hipoteca do sobrado, tentando liquidar mais rapidamente a dívida. Decidimos pagar apenas uma parcela e plantamos a segunda parte daquele valor como uma semente, crendo no favor de Deus. Fizemos isso fielmente durante vários meses, crendo na venda do sobrado. Após cerca de quatro meses, recebemos um telefonema da nossa corretora de imóveis. Ela disse:

— Tenho uma boa notícia! Tenho um contrato de venda para a sua casa.

— Isso é ótimo — eu disse. — De que valor?

Ela disse:

— Deixe-me passar por sua casa e conversar com você a respeito disso.

Meu coração tremeu. Normalmente, quando o corretor de imóveis quer falar com o vendedor sobre uma oferta recebida, isso significa que o preço oferecido é baixo. Mas quando ela chegou em nossa casa, ficamos agradavelmente surpresos ao ver o contrato com o valor total que estávamos pedindo pelo sobrado. Pensamos que teríamos de dar um desconto de milhares de dólares. Mas creio que, por termos plantado uma semente em fé, Deus não só nos trouxe um comprador, mas fez mais do que poderíamos pedir ou pensar. Ele ainda nos deu mais do que esperávamos! É assim que o nosso Deus opera. A Bíblia diz: "Deus ama quem dá com alegria. E Deus é poderoso para fazer que lhes seja acrescentada toda a graça, para que em todas as coisas, em todo o tempo, tendo tudo o que é necessário, vocês transbordem em toda boa obra".[7] Deus nos prometeu que, quando dermos, Ele nos retribuirá e, ainda acrescentará um pouco mais.

Talvez você esteja em uma situação semelhante àquela em que Victoria e eu estávamos, na qual você está orando, crendo e esperando que algo mudará, mas, até agora, nada aconteceu. Quem sabe você precise plantar uma semente especial. Semeie o seu tempo. Semeie uma oferta especial. Faça algo fora do comum como expressão de sua fé. Se você fizer isso, a sua doação subirá como as de Cornélio, como um memorial diante de Deus. Ele começará a derramar o Seu favor de uma nova maneira.

> **FAÇA ALGO FORA DO COMUM COMO EXPRESSÃO DE SUA FÉ.**

Amigo, se você quiser viver a sua vida melhor agora, não acumule o que Deus lhe deu. Aprenda a semeá-lo em fé. Lembre-se de que, quando você dá, está preparando o caminho para Deus atender às suas necessidades agora e no futuro. Quando você for generoso com os outros, Deus será sempre generoso com você.

PARTE 7

ESCOLHA SER FELIZ

CAPÍTULO 30

A Felicidade É uma Escolha

Após ter trabalhado os primeiros seis passos para viver a sua melhor vida agora, você pode estar inclinado a pensar que a sua vida melhor ainda está a um longo caminho de distância. Nada realmente poderia estar mais longe da verdade. Sua melhor vida começa hoje! Deus quer que você desfrute a sua vida agora. O sétimo passo para desfrutar a sua melhor vida agora é *escolher ser feliz hoje!* Você não tem de esperar até tudo estar perfeitamente corrigido em sua família, ou em seu negócio, ou que todos os seus problemas sejam resolvidos. Você não tem de renunciar à felicidade até perder peso, perder um hábito nocivo ou realizar todos os seus objetivos. Deus quer que você seja feliz exatamente onde está e neste exato momento.

A felicidade é uma escolha. Ao levantar-se pela manhã, você pode escolher ser feliz e desfrutar daquele dia ou pode escolher ser infeliz e sair por aí com uma atitude amargurada. Você decide. Se cometer o erro de permitir que as circunstâncias ditem a sua felicidade, você se arriscará a perder a vida abundante de Deus.

Você pode estar atravessando tempos difíceis ou ter grandes obstáculos em seu caminho, e tudo isso lhe dá um bom motivo para estar infeliz ou triste. Mas ser infeliz não mudará coisa alguma para melhor. Ser negativo e desgostoso também não melhorará coisa alguma. Você poderia muito bem escolher ser feliz e desfrutar a sua vida! Ao fazê-lo, você não só se sentirá melhor, mas a sua fé fará Deus mostrar-se e operar maravilhas em sua vida. Deus sabe que temos dificuldades, lutas e desafios. Mas nunca foi intenção dele vivermos um dia eufóricos e no dia seguinte abatidos, derrotados e deprimidos porque temos problemas. Deus quer que vivamos de maneira consistente. Ele quer que desfrutemos todos os dias de nossas vidas. Para fazer isso, você precisa parar de se preocupar com o futuro. Pare de se preocupar com a maneira como tudo acabará. Viva um dia de cada vez; melhor ainda, aproveite ao máximo este momento. É bom ter uma perspectiva do quadro geral, definir metas, estabelecer orçamentos e fazer planos, mas, se você está sempre vivendo no futuro, nunca está realmente desfrutando o presente da forma como Deus quer que você o faça.

Quando nos concentramos demais no futuro, muitas vezes ficamos frustrados porque não sabemos o que virá pela frente. Naturalmente, a incerteza aumenta o nosso nível de estresse e cria uma sensação de insegurança. Precisamos, porém, entender que Deus nos concedeu a graça de vivermos hoje. Ele não nos concedeu a graça de amanhã. Quando chegarmos ao amanhã, teremos a força para vivê-lo. Deus nos dará aquilo de que precisarmos. Mas se ficarmos preocupados com o amanhã agora, acabaremos frustrados e desanimados.

Você precisa aprender a viver um dia de cada vez. Por um ato de sua vontade, escolha começar a desfrutar de sua vida agora. A vida é demasiadamente curta para não desfrutarmos de cada dia. Aprenda a usufruir a sua família, os seus amigos, a sua saúde, o seu trabalho; desfrute de tudo em sua vida. A felicidade é uma decisão que você toma, não uma emoção que você sente. Certamente, há momentos na vida de todos nós em que coisas ruins acontecem ou não ocorrem como esperávamos. Mas é aí que precisamos decidir que seremos felizes a despeito das nossas circunstâncias.

Muitas pessoas vivem em constante agitação. Estão sempre aborrecidas, sempre frustradas, sempre com algum tipo de grande desafio que as impede de serem felizes. Não conseguem dormir à noite; estão preocupadas demais. Não gostam das pessoas com quem trabalham. Elas se ofendem com as menores coisas. Quando têm de ficar paradas no tráfego ou algo não ocorre como gostariam, perdem o controle e a calma.

É extremamente importante sabermos como viver uma vida de paz. Para fazer isso, precisamos ser flexíveis e dispostos a fazer alguns ajustes. Quando acontecem coisas que normalmente nos incomodariam, temos de colocar os pés no chão e dizer: "Não, eu não deixarei isso tirar a minha paz. Eu governarei as minhas emoções. Não me permitirei ficar chateado e ofendido. Escolherei ser feliz".

> **A FELICIDADE É UMA DECISÃO QUE VOCÊ TOMA, NÃO UMA EMOÇÃO QUE VOCÊ SENTE.**

SÃO AS COISAS PEQUENAS

Normalmente, não são as coisas grandes da vida que nos deixam aborrecidos; muitas vezes, as coisas pequenas são as que mais nos incomodam. Mas se não aprendermos a lidar adequadamente com as coisas pequenas, elas acabarão se transformando em coisas grandes. Digamos que você dirige do trabalho para casa após um longo dia no escritório e, ao fazer a curva para estacionar o carro, vê que os seus filhos deixaram os brinquedos na entrada da garagem. Você tem de parar, sair e afastar os brinquedos. Você está cansado, faz calor e você fica suado ao afastar todas aquelas coisas. Essa é uma oportunidade apropriada para ficar chateado e frustrado. Mas você precisa reconhecer o que está acontecendo. Esse é o inimigo tentando roubar a sua paz e arruinar a noite com a sua família irritando-o com algo relativamente pequeno no grande esquema da vida. Você tem de tomar a decisão de não permitir que a questão se avolume; não se permita ficar aborrecido.

"Joel, eu não consigo fazer isso. Sou apenas uma pessoa realmente tensa", você pode dizer. "Fico chateado facilmente." Não, você consegue fazer o que quer fazer. Deus disse que nunca nos deixaria passar por algo demasiadamente difícil de lidarmos. Se o seu desejo for suficientemente grande, você poderá permanecer calmo e tranquilo, independentemente do que lhe suceder na vida.

Deus nos dá a Sua paz interior, mas cabe a nós fazer uso dessa paz. Especialmente nos pontos de pressão da vida, temos de aprender a acessar a paz sobrenatural de Deus. A maneira de você fazer isso é mantendo uma boa atitude. Você tem de escolher permanecer feliz.

Certo dia, Victoria levou o meu carro para ser lavado. Tenho um Lexus 1995 branco que pertenceu ao meu pai. Embora o carro esteja ficando velho, quase não tem arranhões, de modo que parece muito mais novo.

Naquele dia, Victoria o conduziu através do nosso lava-rápido habitual — um daqueles com escovas supostamente macias que quase não deveriam tocar o carro. Infelizmente, algo estava ligeiramente fora de alinhamento, porque não só tirou a sujeira do meu carro, como também fez um arranhão desde o para-choque dianteiro, atravessando o capô e a capota, e terminando no vidro traseiro!

Ao chegar em casa, Victoria parou na garagem para fazer um levantamento dos danos (penso que ela estava orando secretamente por um milagre!). Nosso filho, Jonathan, saiu e, quando viu o que acontecera, entrou correndo em meu escritório para dar a notícia.

296   *Sua Melhor Vida Agora*

Era uma tarde de sábado e eu estivera estudando e orando, preparando a minha mente e o meu coração para falar em três cultos naquele fim de semana. Eu estava tentando permanecer em uma atmosfera pacífica, calma e tranquila, mas lá veio Jonathan! "Papai, papai!", ele gritou, "você não vai acreditar no que aconteceu. A mamãe estragou totalmente o seu carro!"

"Jonathan, obrigado por ser tão diplomático", eu disse. "Da próxima vez, você pode simplesmente me bater com um taco de beisebol!"

Eu estava brincando, é claro, mas sabia que teria de tomar uma decisão. Ficaria com raiva e permitiria que aquele acidente tirasse a minha paz e a minha alegria? Eu permitiria que aquela circunstância estragasse todo o meu fim de semana? Ou governaria as minhas emoções e não me permitiria ficar chateado e agitado? Manteria a minha paz, sabendo que Deus ainda estava no controle?

Fui até a garagem e, quando vi o carro, tive de admitir que o risco era horrível. Mas simplesmente tomei a decisão de não ficar chateado; eu me manteria feliz. Enquanto corria os meus dedos sobre o arranhão do capô ao porta-malas, decidi ver o lado positivo. Eu disse a Victoria: "Bem, eu sou o único cara de Houston que tem um Lexus com uma faixa de corrida bem no centro".

Quando coisas negativas nos acontecem, o quanto gritamos e bufamos não mudará nada. Por mais que murmuremos e reclamemos, isso não melhorará coisa alguma. Eu sabia que, independentemente de quão descontente eu ficasse pelo carro ou de quanto reclamasse com o pessoal do lava-rápido, aquilo não faria o risco desaparecer. Decidi que poderia muito bem manter a minha paz. Eu poderia muito bem permanecer feliz.

A Bíblia diz que somos como uma névoa, um vapor; estamos aqui por um momento e, depois, não estamos mais.[1] A vida passa voando; por isso, não perca outro momento do seu precioso tempo ficando com raiva, triste ou preocupado. O salmista disse: "Este é o dia em que o Senhor agiu; alegremo-nos e exultemos neste dia".[2] Perceba que ele não disse: "Amanhã eu serei feliz". Ele não disse: "Na próxima semana, quando eu não tiver tantos problemas, me alegrarei". Não, ele disse: "*Este* é o dia". Este é o dia em que Deus quer que você seja feliz.

"Estou apenas esperando que Deus reverta a minha situação", ouço alguém dizer. Isso pode parecer bom, mas a verdade é que Deus está esperando por você. Se você se dispusesse a mudar a sua atitude e começasse a gostar de onde está neste momento, Deus apareceria e começaria a operar em sua vida. Se você estiver sempre à espera de que algum *evento* o faça feliz, passará a sua vida inteira esperando. Algo sempre estará "não muito bem" em sua vida. Você sempre encontrará algum motivo para não ser feliz.

Já ouvi pessoas dizerem: "Eu sei que, assim que me casar, serei feliz". Mas, amigo, se você não está feliz antes de se casar, definitivamente não será feliz *após* se casar. Mulheres me dizem: "Joel, se você simplesmente orar por mim para encontrar um homem, sei que serei feliz". Elas voltam alguns meses mais tarde e dizem: "Joel, se você simplesmente orar para eu me livrar desse homem, sei que serei feliz!"

O parceiro de casamento não é realmente o problema. Nenhuma pessoa pode, definitivamente, fazer você feliz. Você precisa aprender a ser feliz dentro de si mesmo.

Com certeza, você poderá ter alguns problemas; as coisas em sua vida podem não ser perfeitas. Talvez você desejasse ser mais bonito ou mais bonita, com mais dons e talentos. Você poderia querer ter nascido com muito mais em seu favor. Mas você não pode deixar essas coisas superficiais roubarem a sua felicidade. Você tem de dizer: "Deus, eu sei que Tu me fizeste quem eu sou de propósito. Esse é o Teu plano e Tu me deste aquilo com que eu tenho de lidar. Não reclamarei ou serei negativo. Não passarei a vida desejando que as coisas sejam diferentes, querendo ter sido outra pessoa. Pai, eu receberei o que Tu me deste e tirarei o máximo proveito disso. Serei feliz com quem Tu me fizeste ser. Desfrutarei a minha vida, apesar dos meus defeitos".

Não desvalorize aquilo que Deus já lhe deu. Tenha uma atitude de gratidão. Veja o melhor em todas as pessoas e situações, e aprenda a ser feliz exatamente onde você está. Eis aqui a chave: floresça onde você estiver plantado. Você pode não estar onde quer estar na vida hoje. Você pode não ter o casamento perfeito. Talvez não tenha o emprego perfeito. A vida pode não ter saído exatamente como você esperava, mas você precisa tomar a decisão de tirar o máximo proveito dessa situação. Aprenda a ser feliz apesar das circunstâncias.

FLORESÇA ONDE VOCÊ ESTIVER PLANTADO

Certo dia, eu estava caminhando no bosque quando cheguei a um grande campo aberto, cheio de ervas daninhas altas. Para onde quer que olhasse, tudo que eu conseguia ver era ervas daninhas secas, marrons e feias. Mas ao andar até um pouco mais longe pela trilha, percebi uma bela flor se destacando no meio de todas as ervas daninhas. Ela era muito colorida, muito viva e, surpreendentemente, florescera ali, em meio àquelas ervas daninhas sombrias e tristes. Pensei: *Isso é exatamente o que Deus quer que façamos: florescer onde quer que estejamos plantados.*

Você pode viver ou trabalhar em torno de muitas ervas daninhas, mas não deixe que isso o impeça de florescer. Perceba que o seu ambiente não lhe impede de ser feliz. Algumas pessoas passam todo o seu tempo tentando arrancar todas as ervas daninhas. Enquanto isso, perdem grande parte de suas vidas. Não se preocupe com coisas que você é incapaz de mudar. Você é incapaz de mudar o tráfego da manhã. Você é incapaz de dar um jeito em todos no trabalho. Você é incapaz de fazer todos os membros de sua família servirem a Deus. Mas você não deve deixar que isso o impeça de ser feliz. Floresça de qualquer maneira e se concentre nas coisas que você é capaz de mudar. Você pode mudar a sua própria atitude. Pode escolher ser feliz exatamente onde estiver.

> **NÃO SE PREOCUPE COM COISAS QUE VOCÊ É INCAPAZ DE MUDAR.**

Mantenha uma boa atitude e continue florescendo exatamente onde você está. Se tomar a decisão de permanecer fiel e se contentar, no momento certo Deus mudará aquelas circunstâncias. Ele irá tirá-lo daquelas velhas ervas daninhas e irá colocá-lo em um lugar melhor. Mas se você se recusar a florescer onde está, o seu progresso será sufocado. Deus nos plantou em algum lugar especificamente para que possamos produzir muitos frutos. E onde estamos não é tão importante. O que importa é: estamos dando bons frutos? Estamos deixando nossas luzes brilharem? Estamos sendo bons exemplos? As pessoas conseguem ver a alegria do Senhor irradiando sobre nossas vidas? Se você se mantiver florescendo exatamente onde está, poderá descansar na certeza do tempo perfeito de Deus. Ele irá transplantá-lo. Irá colocá-lo em algum solo novo, para que você possa produzir ainda mais frutos. Mas se você não estiver feliz onde está, nunca chegará onde quer estar.

APRECIE O HOJE

Algumas pessoas estão convencidas de que a vida é simplesmente uma série de problemas a serem resolvidos. Quanto mais cedo elas se livrarem desses problemas, mais cedo serão felizes. Mas a verdade é que, após você resolver esse problema, haverá outro problema a enfrentar. E após superar esse obstáculo, haverá algo mais a superar. Há sempre outra montanha a escalar. É por isso que é importante desfrutar da viagem, não apenas do destino. Neste mundo, nunca chegaremos a um lugar onde tudo é perfeito e não temos mais desafios. Por mais admirável que possa ser estabelecer metas e atingi-las, você não pode ficar tão concentrado em realizar os seus objetivos a ponto de cometer o erro de não desfrutar de onde está neste exato momento.

Ouvi pais dizerem: "Bem, assim que os meus filhos deixarem de usar fraldas, serei feliz". Alguns anos se passam e eles dizem: "Assim que eles forem à escola, terei algum tempo livre. Então, serei feliz". Mais alguns anos se passam. "Quando os meus filhos se formarem, as coisas se acalmarão. Então, começarei a desfrutar de minha vida." Enquanto isso, a vida passa. "Assim que eu conseguir aquela promoção, assim que eu fechar esse grande negócio, assim que eu me aposentar..." Você precisa aprender a desfrutar de sua vida agora, todos os dias, cada parte da jornada da vida.

Grandes eventos não o manterão feliz. Poderão fazê-lo feliz durante algum tempo, mas, depois que desaparecerem, você precisará de algo mais, como um viciado procurando mais uma dose. Talvez você se tenha permitido o hábito de esperar que tudo esteja calmo, sereno e assentado antes de encher-se de luz e conceder a si mesmo permissão para desfrutar da vida. Você está esperando os seus problemas serem resolvidos. Está esperando o seu cônjuge se tornar mais espiritual. Você está esperando aquele filho mudar, o negócio crescer ou a hipoteca ser paga.

Por que não ser feliz agora mesmo? Não demore muitos anos para perceber, quando for tragicamente tarde demais, que uma realização, ou um evento ou, mesmo uma série deles, não lhe trouxe felicidade duradoura. Aprecie o hoje. Desfrute a viagem da vida.

Estes são os bons tempos de antigamente. Daqui a vinte anos, esperançosamente, você olhará para trás e dirá: "Aquele foi um grande momento de minha vida!"

Você pode estar dizendo: "Mas eu tenho tantos problemas. Como posso desfrutar a vida?" Você precisa perceber que todas as pessoas têm problemas; você não é diferente dos outros quanto a esse aspecto. Todos nós, às vezes, passamos por coisas que não compreendemos. Embora possa pensar que os seus problemas são enormes, trágicos ou devastadores, alguém — possivelmente muitas pessoas no mundo — está em situação muito pior do que a sua. Em comparação com a vida de outra pessoa, a sua é um mar de rosas. Jamais despreze o que Deus fez por você. Você pode ter alguns obstáculos hoje, mas algumas pessoas dariam qualquer coisa existente para ter a sua vida. Algumas pessoas dariam qualquer coisa para ter a sua saúde ou a sua prosperidade. Nós, que vivemos em países livres, temos muito pelo que devemos ser gratos. Devemos parar de enfatizar o que está errado e começar a agradecer a Deus pelo que está certo.

O apóstolo Paulo escreveu mais de metade do Novo Testamento enquanto estava encarcerado, muitas vezes em celas minúsculas não muito maiores do que um pequeno banheiro. Alguns historiadores e comentaristas da Bíblia acreditam que, naquele tempo, o sistema de esgoto corria diretamente dentro de uma das masmorras em que ele esteve preso. Alguns comentários afirmam ser possível ele ter escrito algumas das grandes passagens do que hoje conhecemos como Novo Testamento em pé sobre o esgoto que, por vezes, chegava até sua cintura. Contudo, Paulo escreveu incríveis palavras repletas de fé como: "Tudo posso naquele que me fortalece",[3] "Graças a Deus, que sempre nos conduz vitoriosamente" e "Alegrem-se sempre no Senhor. Novamente direi: Alegrem-se!"[4] Perceba que devemos nos alegrar e ser felizes em todos os momentos. Em suas dificuldades, quando as coisas não lhe forem favoráveis, em vez de se encher de autopiedade e pensar sobre quão injustamente a vida o está tratando, em vez de sentir pena de si mesmo, tome a decisão de alegrar-se no Senhor. Escolha ser feliz! Escolha permanecer repleto de alegria.

Quando se alegra em meio às suas dificuldades, você está dando um soco no olho do inimigo. Ele não sabe o que fazer com pessoas que continuam louvando a Deus a despeito das suas circunstâncias. Nossa atitude deve ser: *Não me importa o que venha contra mim na vida. Permanecerei cheio da alegria do Senhor. Decidi que viverei a minha vida e serei feliz. Desfrutarei da minha vida ao máximo.*

Precisamos compreender que o inimigo não está realmente perseguindo os seus sonhos, a sua saúde ou as suas finanças. Ele não está essencialmente perseguindo a sua família. Ele está perseguindo a sua alegria. A Bíblia diz que "a alegria do Senhor os fortalecerá",[5] e o seu inimigo sabe que, se conseguir enganá-lo para você viver infeliz e deprimido, você não terá a força necessária — física, emocional ou espiritual — para resistir aos seus ataques. Você estará vulnerável e passível de ser derrotado.

SORRIA PARA A SUA SAÚDE

É um fato científico que, se você passar a vida em negatividade, sempre estressado, preocupado e amedrontado, o seu sistema imunológico enfraquecerá, tornando-o mais suscetível a doenças e enfermidades. Os cientistas descobriram que, a cada semana, todas as pessoas desenvolvem células cancerosas em seu corpo. Mas, no incrível sistema imunológico que Deus nos deu, temos células denominadas "células assassinas naturais". Essas células são projetadas especificamente para atacar e destruir células anormais. Pesquisas demonstraram que o medo, a preocupação, a ansiedade, o estresse e outras emoções negativas enfraquecem, de fato, as células assassinas naturais. Em outras palavras, se você passar a vida tenso e estressado, enfraquecerá o seu próprio sistema imunológico, tornando-se mais suscetível a doenças e enfermidades.

No entanto, as pessoas felizes, que têm uma perspectiva positiva e riem regularmente, desenvolvem mais células assassinas naturais do que a maioria. Pense nisto! Quando você permanece repleto de alegria, o seu sistema imunológico funciona no seu nível máximo de desempenho, exatamente como Deus planejou. A Bíblia diz: "Um coração alegre faz bem, como um remédio". Certa tradução diz: "Uma mente alegre opera cura", e esse versículo continua a ser confirmado pela ciência moderna.

> UMA DAS COISAS MAIS SAUDÁVEIS QUE VOCÊ PODE FAZER É APRENDER A SORRIR COM MAIS FREQUÊNCIA.

Uma das coisas mais saudáveis que você pode fazer é aprender a sorrir com mais frequência. Quando sorrimos, isso envia uma mensagem a todo o nosso corpo, dando o tom para as nossas vidas. Pesquisas nos dizem que, quando sorrimos, certas substâncias químicas são liberadas e percorrem todo o nosso sistema, relaxando-nos e ajudando-nos a permanecer saudáveis. Quer você tenha motivo para sorrir quer não, decida que sorrirá de qualquer maneira.

Certo dia, eu estava no saguão da Lakewood quando um menininho se aproximou de mim com uma expressão séria e perturbada no rosto. Ele me olhou de cima a baixo e, depois, disse:

— Eu quero saber algo a seu respeito.

— Tudo bem — respondi. — O que você gostaria de saber?

Sem perder o ritmo, o menino perguntou:

— Eu quero saber por que você sorri tanto.

Ele disse isso tão seriamente, que quase tive a impressão de haver algo errado em sorrir tanto!

Não obstante, respondi:

— Bem, eu sorrio porque sou uma pessoa feliz. Você sorri com muita frequência?

O menino pensou naquilo e disse:

— Só quando estou tomando sorvete.

Muitos adultos são semelhantes àquele pequeno. Só sorriem quando tudo em suas vidas é doce e cremoso. Mas, se estivessem dispostos a relaxar, Deus poderia fazer um milagre em suas vidas.

Aprenda a rir. Deixe de ser tão tenso e estressado. Uma atitude relaxada não só prolongará a sua vida, como também a tornará muito mais agradável.

Isso por si só é motivo suficiente para deixar de reclamar e começar a alegrar-se. Quanto mais você agradecer a Deus pelo que tem, mais Ele lhe dará o que você ainda não tem. Paulo disse: "Aprendi o segredo de viver contente em toda e qualquer situação".[6] Certa versão da Bíblia diz: "Aprendi a estar contente (satisfeito a ponto de não estar perturbado ou inquieto) em qualquer estado em que eu esteja".[7] Perceba que Paulo teve de aprender a estar contente, assim como aprendeu a permanecer cheio de alegria. Essas reações não aconteceram automaticamente. Paulo teve de tomar algumas decisões que resultaram em contentamento.

ESTEJA CONTENTE ONDE VOCÊ ESTIVER

Ora, estar contente não significa que você deve se acomodar, aceitando de modo fatalista os problemas ou os desastres da vida; não significa que você deve viver a vida como um ser errante, desmotivado e indisciplinado. Estar contente também não quer dizer que lhe falte paixão ou que você seja desprovido de um impulso e desejo de querer que as coisas mudem para melhor. Simplesmente significa que você confia em Deus o suficiente para não ficar frustrado quando as coisas não ocorrem como você desejaria. Você não permite que as circunstâncias roubem a sua alegria e o impeçam de ser feliz. Pode escolher permanecer feliz e contente independentemente do que lhe for desfavorável na vida. Você pode decidir não deixar coisas pequenas tirarem o melhor de você.

Se você está sempre descontente, algo está errado. Se você se levanta todas as manhãs e teme ir trabalhar, teme dirigir no trânsito, teme tratar com o chefe, teme fazer o que você faz o dia todo e teme voltar para casa, a sua atitude precisa mudar ou você deve mudar de ocupação!

No entanto, na maioria dos casos, Deus não mudará as circunstâncias até você mudar. Se não aprender a estar contente onde está, nunca chegará onde quer estar. Você pode não ter todo o dinheiro que deseja hoje. As coisas podem estar apertadas e você pode estar enfrentando dificuldades. Mas, enquanto se queixar o tempo todo, falando sobre quão mal a vida o está tratando e como você nunca avançará, a sua atitude amargurada irá mantê-lo exatamente onde está.

Você pode não ser tudo que quer ser. Você pode não ter tudo que quer ter, mas precisa aprender a estar contente, independentemente das suas circunstâncias. Precisa confiar em que Deus está operando em sua vida. Precisa acreditar que está fazendo progresso. Você está crescendo. A Bíblia diz que Deus nos transforma pouco a pouco. Não fique contrariado ou descontente; saiba que Deus está no controle.

A Bíblia diz: "O Senhor firma os passos de um homem, quando a conduta deste o agrada".[8] Se Deus está firmando os seus passos, isso significa que onde você está agora é exatamente onde Deus quer que você esteja.

"Oh, Joel, isso não pode ser verdade", você diz. "Eu tenho problemas demais. Estou angustiado demais neste lugar. Esse não pode ser o plano de Deus para mim."

Deus colocou você aí por um motivo. Você pode não compreender. Ele pode estar tentando fazer uma obra em você. Ele pode estar tentando lhe ensinar, empurrando, esticando, vendo como você reagirá a essa dificuldade. Ou Deus pode ter colocado você nessa situação para fazer parte da obra que Ele está fazendo na vida de outra pessoa. Deus pode estar usando-o para influenciar outras pessoas. Mas, seja o que for, você pode muito bem escolher ser feliz, sabendo que Deus está dirigindo os seus passos e colocou-o aí por um motivo.

Não é interessante? Acreditamos que Deus está nos direcionando enquanto conseguimos o que queremos e estamos "vivendo no topo da montanha", relativamente incólumes aos altos e baixos da vida no vale abaixo. Mas precisamos compreender que o Senhor está dirigindo os nossos passos, mesmo quando as coisas parecem não ocorrer como queremos. Você pode estar em uma situação estressante hoje. Pode estar vivendo com um cônjuge ou filho de difícil convivência. Ou, talvez por causa da política no escritório, você não esteja sendo tratado de maneira justa; ou, possivelmente está tendo de trabalhar em dois empregos para fazer face às despesas. Você pode estar pensando: *Isso não parece certo. Deus, eu não entendo.*

A Bíblia diz: "Os passos do homem são dirigidos pelo Senhor. Como poderia alguém discernir o seu próprio caminho?"[9] Amigo, você nunca entenderá tudo que passa na vida ou por que certas coisas vêm contra você. Você simplesmente precisa aprender a confiar em Deus de qualquer maneira. Precisa aprender a manter uma boa atitude, sabendo que Deus está no controle.

No final da década de 1990, dois ex-jogadores de basquetebol universitário — ambos com 27 anos de idade; um com 2 metros de altura, o outro com 1,95 — foram ao Quênia para trabalhar em um projeto de missões. Aquela era sua primeira viagem ao exterior, e eles estavam extremamente animados com isso. Eles oraram durante muitos meses, pedindo a Deus que usasse as suas vidas e que tudo corresse bem naquela viagem.

Quando o avião estava prestes a pousar em Londres, havia muita neblina, o que forçou o piloto a ficar sobrevoando Heathrow, em espera. Após circularem durante algumas horas, os dois jovens perderam o voo de conexão para o Quênia. Eles ficaram extremamente decepcionados, pois o próximo voo não sairia antes de oito ou nove horas. Ficaram um pouco irritados e disseram isto: "Deus, não entendemos isso. Passamos todo aquele tempo orando para que as coisas corressem bem. A igreja inteira estava orando por nós, mas já começamos com um contratempo".

Quando finalmente chegou a hora do voo seguinte sair, não havia assentos disponíveis, exceto na primeira classe. A empresa aérea colocou os dois grandalhões bem na parte da frente do avião, com muito espaço para as pernas, então eles se alegraram com aquilo. Mas, por volta do meio do voo, o avião entrou em queda vertical e começou a projetar-se em direção ao solo a toda velocidade. As pessoas a bordo gritavam, enquanto os comissários se esforçavam para impedir os passageiros de entrarem em pânico. Elas pensaram que, com certeza, morreriam.

Os rapazes lá da frente se mantiveram calmos e tiveram a sabedoria suficiente para orar: "Deus, já basta perdemos o nosso voo, mas agora estamos neste avião que está prestes a espatifar-se. Deus, nós realmente não entendemos isso, mas use a nossa vida de alguma maneira".

Nessa altura, eles ouviram algum ruído que parecia uma luta na cabine de comando. Eles se entreolharam e disseram: "Nada temos a perder. Vamos descobrir o que está acontecendo!" A comissária abriu a porta da cabine e ali estava um homem — um grande homem com mais de 2,13 m de altura — atacando os pilotos e tentando tomar o controle do avião. Os dois pilotos, com alturas de 1,62 m e 1,70 m, tentavam desesperadamente impedir o louco, mas não tinham chance.

Quando os dois jogadores de basquetebol viram o que estava acontecendo, derrubaram o atacante no chão e o puxaram para fora da cabine de comando. Quando conseguiram dominá-lo, o avião havia caído de 9.100 metros para menos de 1.200 metros. Se os pilotos não tivessem conseguido recuperar o controle, em poucos segundos o avião teria caído no solo, provavelmente matando todos a bordo e, possivelmente, pessoas em terra.

Às vezes, Deus irá colocá-lo em uma situação desagradável para que você possa ajudar alguém. Deus atrasou aqueles dois jovens propositalmente. Ele os colocou na primeira classe, bem lá na frente, para que pudessem ajudar a salvar as pessoas naquele avião. Deus sabe o que está fazendo. Ele consegue ver o quadro geral; Ele é capaz de ver o futuro. E Ele coloca você exatamente onde Ele quer que você esteja hoje. Pare de questionar Deus e comece a confiar nele. Apenas saiba que Deus está no controle. Ele tem em vista os seus melhores interesses. Ele está dirigindo os seus passos.

Sua responsabilidade é escolher ser feliz, independentemente do que lhe desagradar. Você pode trabalhar com alguém que lhe dá nos nervos e o irrita. Você pode estar pensando: *Deus, eu não deveria ter de aturar isso. Não compreendo isso. Por que Tu não tiras essa pessoa da minha vida?* Mas, você já considerou que Deus pode ter colocado você lá de propósito, para ajudar a fazer uma obra na vida daquela pessoa? Talvez você seja exatamente aquilo de que a pessoa precisa. Quem sabe Deus esteja contando com você para ser uma influência positiva, para falar uma palavra de encorajamento, para resplandecer a sua luz para que Ele possa fazer diferença naquela pessoa e transformar o coração dela.

Escolha ser feliz. Escolha manter uma boa atitude. Lembre-se de que a felicidade é uma escolha que você tem de fazer. E, mesmo quando não compreender, saiba que Deus está operando em você e por meio de você. Decida que, de hoje em diante, você florescerá onde estiver plantado e irá agradar-se de todos os dias de sua vida.

> **PARE DE QUESTIONAR DEUS E COMECE A CONFIAR NELE.**

CAPÍTULO 31

Seja uma Pessoa Excelente e Íntegra

Para muitas pessoas, a mediocridade é a norma; elas querem fazer o mínimo possível e ainda sobreviver. Mas Deus não nos criou para sermos medíocres ou medianos. Ele não quer que mal sobrevivamos ou que façamos o que todas as outras pessoas estão fazendo. Deus nos chamou para estarmos um nível acima. Ele nos chamou para nos destacarmos na multidão, para sermos pessoas excelentes e íntegras. De fato, a única maneira de ser verdadeiramente feliz é viver com excelência e integridade. Qualquer sinal de concessão maculará as nossas maiores vitórias ou as nossas mais grandiosas conquistas.

O que significa ser uma pessoa excelente e íntegra?

Uma pessoa excelente e íntegra ultrapassa os limites para fazer o que é certo. Ela mantém a sua palavra, mesmo quando é difícil. Pessoas excelentes chegam ao trabalho na hora certa. Dão aos seus empregadores um dia inteiro de trabalho; não saem mais cedo nem telefonam dizendo estar doentes quando não estão. Quando você tem um espírito excelente, mostra isso na qualidade do seu trabalho e na atitude com que o faz.

Deus não abençoa a mediocridade. Ele abençoa a excelência. A Bíblia diz: "Tudo o que fizerem, façam de todo o coração, como para o Senhor, e não para os homens, sabendo que receberão do Senhor a recompensa".[1] Perceba que, em tudo que fazemos, devemos fazer o nosso melhor esforço, como se estivéssemos fazendo para Deus. Deus promete nos recompensar se nos dispusermos a trabalhar com esse padrão em mente.

> DEUS NÃO ABENÇOA A MEDIOCRIDADE. ELE ABENÇOA A EXCELÊNCIA.

Se você quer viver a sua melhor vida agora, comece a ter como objetivo excelência e integridade em sua vida, fazendo um pouco mais do que é obrigado a fazer. Se você deve estar no trabalho às oito horas, chegue dez minutos mais cedo e fique até dez minutos mais tarde. Ande a segunda milha. Muitas pessoas chegam ao trabalho com quinze minutos de atraso, ficam vagando pelo escritório, vão tomar café e, por vim, chegam à sua mesa ou ao seu local de trabalho trinta minutos depois. Elas passam metade do dia falando ao telefone, jogando ou enviando piadas pela internet; depois, ficam imaginando: *Deus, por que Tu nunca me abençoas? Por que eu nunca sou promovido?*

Deus não abençoa a mediocridade. Deus abençoa a excelência e a integridade.

"Mas Joel, todos fazem isso. Em meu escritório, todos chegam atrasados para trabalhar. Todos jogam na internet quando o chefe sai. Todos fazem intervalos de almoço extralongos."

Talvez sim, mas você não é como todos os outros! Você é chamado para viver uma vida de excelência. Você representa Deus Todo-Poderoso. A maneira como você vive, como conduz o seu negócio ou faz o seu trabalho, se você chega na hora certa ou não, tudo isso oferece uma reflexão acerca do nosso Deus.

Comece a fazer as escolhas mais excelentes em todas as áreas da vida, inclusive nas triviais. Por exemplo, você pode estar dirigindo um carro que não tenha sido lavado nas últimas seis semanas. Seu porta-malas ou banco traseiro pode estar tão cheio de lixo — cheio de coisas, desde o seu equipamento esportivo até equipamento de seu escritório — que você mal consegue fechar a porta! Não estou condenando quem quer que seja — Victoria e eu também temos filhos e, às vezes, nosso carro parece ter sido atingido por uma tempestade. Mas não gosto de dirigir um carro assim. Isso não só representa mal a Deus, mas me faz sentir desregrado, indisciplinado, desleixado e abaixo do meu melhor. Muitas vezes, antes de sair de casa, levo alguns minutos limpando o carro, não porque quero impressionar os meus amigos, mas porque me sinto melhor dirigindo um carro limpo. Você precisa se orgulhar do que Deus lhe deu.

Você poderá dizer: "Bem, Joel, eu só estou dirigindo um calhambeque velho. Não há por que eu lavar isso".

Se você se dispuser a começar a cuidar do que Deus lhe deu, será maior a probabilidade de Ele lhe dar algo melhor. De modo semelhante, você pode não viver em uma casa linda, grande e nova; pode ter uma casa menor mais antiga, mas, pelo menos, pode mantê-la com aparência agradável. Certifique-se de parecer que uma pessoa excelente mora ali.

Algum tempo atrás, eu estava dirigindo por certo bairro de Houston e percebi que muitas das pessoas não cuidavam de suas casas. Os gramados não eram aparados; as ervas daninhas eram enormes e havia coisas empilhadas e armazenadas por toda parte, no lado da casa, no jardim, onde quer que houvesse espaço disponível. O bairro inteiro parecia bagunçado. Continuando em meu caminho, cheguei a certa casa que se destacava das outras. O gramado estava aparado, tudo estava perfeitamente em ordem e a casa tinha uma bela aparência. Ao chegar à igreja, comentei a respeito daquela casa naquele bairro. Alguém disse: "As pessoas que vivem naquela casa são alguns dos nossos membros mais fiéis".

Aquilo não foi surpresa alguma para mim. O povo de Deus é formado por pessoas excelentes. As pessoas que vivem naquela casa poderiam ter dito: "Ninguém mais deste bairro cuida de sua propriedade; por que deveríamos fazê-lo?" Mas elas escolheram ser pessoas excelentes e se destacaram na multidão.

Hoje, você pode estar em uma situação na qual todos à sua volta estão comprometendo a sua integridade ou tomando o caminho mais fácil. Não deixe isso contaminá-lo. Seja aquele que tem um espírito excelente. Seja aquele que se destaca na multidão.

Cuide do que Deus lhe deu. Meus avós moravam em uma pequena casa de madeira que vovô construíra na década de 1930. Ela não devia ter mais de 93 metros quadrados, mas, toda vez em que ia lá, o lugar estava impecável por dentro e por fora. O gramado estava sempre impecável. Os arbustos estavam perfeitamente aparados. Vovô mantinha o exterior da casa pintado, e vovó mantinha o interior arrumado e limpo. Meus avós não tinham muito dinheiro, mas isso não importava. Eram pessoas excelentes. Sabiam que representavam Deus e davam atenção a serem um reflexo positivo.

O mesmo deve ser verdadeiro para nós. Você é feito à imagem de Deus Todo-Poderoso, e a maneira como você se apresenta em sua aparência pessoal não é apenas um reflexo de como você se sente a respeito de si mesmo: é um reflexo direto de Deus. Quando você veste uma roupa limpa, sai com uma sensação de confiança. No entanto, se sair de casa com aparência desleixada e vestindo roupas sujas e desalinhadas, não se sentirá bem acerca de si mesmo.

Certo dia, Victoria me pediu para correr até o mercado e trazer algo para que ela pudesse terminar de preparar o jantar. Eu acabara de fazer exercícios e estava encharcado de suor. Estava com uma camiseta velha e meu cabelo todo desarrumado. Mas eu realmente não me sentia disposto a trocar de roupa. Pensei: *Tudo bem, vou correr até o mercado e tentar entrar e sair de lá rapidamente, então espero que ninguém me veja.* Dirigi até a loja, ainda em minhas roupas de treino. Estacionei e estava prestes a saltar do carro quando Deus falou comigo. Quero dizer, se alguma vez Deus falou comigo, foi ali mesmo! Bem no fundo de mim mesmo, tenho certeza de que Ele disse: "Não se atreva a ir lá me representando assim! Você não sabe que eu sou o Rei dos reis?"

Virei-me, voltei para casa, tomei banho, penteei o cabelo, escovei os dentes e vesti roupas limpas. Então, voltei ao mercado e peguei o que Victoria queria!

É sério, precisamos nos lembrar de que representamos o Deus Todo -Poderoso e Ele não se agrada de preguiça ou desleixo. Quando você for ao *shopping* e derrubar acidentalmente algumas roupas da prateleira, não aja como se não as visse, deixando-as no chão. Uma pessoa excelente as pega e coloca de volta na prateleira correspondente. Quando você estiver no mercado e, de repente, decidir que não deseja a caixa de cereal, não basta deixá-la junto às batatas fritas. Uma pessoa excelente a leva de volta para onde a encontrou.

"Mas, Joel, essas lojas têm funcionários que são pagos para fazer isso", ouço alguém dizendo. Isso não importa. Você deve fazer o que é certo, como se fosse para Deus.

Uma pessoa excelente não estaciona em uma vaga para deficientes, só para poder ir correndo pegar algo muito rapidamente. Pessoas excelentes andam a segunda milha para fazer o que é certo, não porque alguém as está observando, não porque têm de fazê-lo, mas porque estão honrando a Deus.

Pessoas excelentes cuidam da propriedade de outras pessoas como se fosse a sua própria. Se você estiver em um quarto de hotel, não coloque um copo de água na mesa de madeira quando souber que manchará. Você não faria isso em sua própria casa. Seja uma pessoa excelente e respeite a propriedade das outras pessoas. Quando eu costumava viajar muito, muitas vezes saía do quarto do hotel deixando todas as luzes acesas, o ar-condicionado no máximo e o televisor em volume alto. Eu pensava: *Não é grande*

310 — Sua Melhor Vida Agora

coisa. Estou pagando por este quarto. Posso fazer o que quiser. Mas algo dentro de mim dizia: *Joel, isso não é correto. Você não desperdiça energia elétrica em sua casa. Você deve tratar a propriedade dos outros da mesma maneira como gostaria que eles tratassem a sua.*

Entenda que negligenciar essas pequenas coisas não o impedirá de entrar no céu; na maioria dos casos, isso nem mesmo vai lhe causar problemas graves ou irá torná-lo infeliz nesta vida. Mas essas concessões sutis de integridade irão afastá-lo do melhor de Deus. Elas irão impedi-lo de subir até o seu nível mais alto. Irão dificultar seu alvo de viver a sua melhor vida agora. Deus deseja que as pessoas que andam a segunda milha façam o que é certo, mesmo quando ninguém estiver olhando.

> **CONCESSÕES SUTIS DE INTEGRIDADE IRÃO AFASTÁ-LO DO MELHOR DE DEUS.**

AS PESSOAS ESTÃO OBSERVANDO VOCÊ

Eu estava no estacionamento de uma loja em um dia de vento e, quando abri a porta do carro, o vento soprou vários pedaços de papel e os espalhou pelo chão. Eu realmente não precisava dos papéis, mas também não queria fazer sujeira. O problema é que cada vez que eu ia pegá-los, uma rajada de vento os afastava cinco ou seis metros em todas as direções. Pensei: *Ora, eu não quero ficar correndo pelo estacionamento o dia todo, tentando pegar esses papéis!* Olhei para o pátio e percebi que já havia outros tipos de lixo por lá. Além disso, eu estava com um pouco de pressa. Encontrei diversas boas desculpas para não perder mais tempo ali. Já estava quase convencido a não recuperar o lixo quando decidi: *não, eu farei a coisa certa e irei catar aquelas coisas.*

Fiquei vagando naquele estacionamento, perseguindo os meus papéis. Toda vez que o vento soprava mais forte, o papel voava ainda mais longe. Eu dizia a mim mesmo: "O que você está fazendo aqui fora? Apenas deixe. Provavelmente, a loja tem um varredor de rua que vem todas as noites!"

Mas continuei juntando os papéis até ter a certeza de haver pegado todos os que voaram do meu carro e vários que voaram dos carros de outras pessoas! Quando afinal consegui reunir todos, voltei para o meu carro. Não percebi, mas havia um casal sentado no carro estacionado ao lado do meu. Eles abriram as janelas ao me reconhecerem. Conversamos ali durante alguns segundos. Em seguida, a jovem sorriu e disse: "Estávamos

Seja uma Pessoa Excelente e Íntegra 311

observando para ver o que você faria com todos aqueles papéis que voaram para fora do seu carro".

Pensei: *Obrigado, Deus, por eu ter obedecido e feito a coisa certa!* Quer você perceba, quer não, as pessoas estão vendo você. Elas estão observando a maneira de você se vestir, como cuida de sua casa, como trata as outras pessoas. Estão observando você no trabalho. O que elas veem? Você é uma boa representação de nosso Deus? Você está se esforçando pela excelência? Ou está fazendo concessões em áreas ditas "insignificantes"? Deus quer que sejamos pessoas íntegras, honradas, confiáveis. Uma pessoa íntegra é aberta e honesta. Ela não tem motivos ocultos ou segundas intenções. Uma pessoa íntegra é fiel à sua palavra. Ela cumpre os seus compromissos. Não precisa de um contrato legal; a sua palavra é a sua obrigação. Pessoas íntegras são as mesmas em particular e em público. Elas não tratam seus amigos e colegas de trabalho com gentileza e, em seguida, vão para casa e tratam sua família com grosseria ou desrespeito. Quando você é íntegro, faz o que é certo, quer alguém esteja assistindo, quer não.

Todos os dias a nossa integridade é testada. Se o caixa do banco lhe der troco a mais, você terá integridade e voltará para corrigir o erro? Ou você sairá de lá dizendo: "Obrigado, Jesus! Você fez isso de novo!"

Você liga para o trabalho dizendo estar doente para poder ficar em casa e cuidar dos seus assuntos pessoais? Quando o telefone toca e é alguém com quem você não quer falar, você diz ao seu filho para mentir? "Diga que eu não estou!"

"Ora, Joel, é apenas uma mentirinha branca", dizem algumas pessoas. "Não faz mal algum." Mas as mentiras não são codificadas por cores na Bíblia. Aos olhos de Deus, não existe mentira branca, cinza ou preta. Uma mentira é uma mentira. Se você não está dizendo a verdade, isso é ser desonesto. Mais cedo ou mais tarde, você será descoberto. O que você semear, acabará colhendo.

Entenda isto: se você se dispuser a mentir em coisas pequenas, em pouco tempo mentirá em coisas maiores. Lemos a respeito de grandes empresas que desmoronaram em decorrência de fraudes e crimes financeiros. Aquelas pessoas não começaram roubando milhões de dólares. Provavelmente, fizeram uma concessão de cem dólares aqui, mil dólares ali. Então, quando surgiu a oportunidade, fizeram uma concessão de milhões. Não se iluda: se você fizer uma concessão em algo pequeno, acabará fazendo o mesmo em assuntos mais sérios. A concessão é uma descida ladeira abaixo. E roubo é roubo, quer se trate de um dólar, mil dólares ou um milhão de dólares. Se você leva para a sua casa material de escritório da sua empresa, está sendo desonesto. Se você não dedica à empresa em que trabalha um dia inteiro de trabalho, isso não é integridade. Se você precisa torcer a verdade para conseguir aquela conta nova, isso é engano e Deus não abençoará isso. Precisamos viver honestamente diante do nosso Deus e diante das outras pessoas. Ouvi alguém dizer isso deste modo: "Não faça algo que você não se sentiria bem lendo no jornal no dia seguinte".

Quando vou à videolocadora, se tenho de esconder de alguém o filme que estou alugando, algo está errado. Se o meu relatório de crédito se tornasse público hoje, eu ficaria envergonhado por nunca pagar minhas contas em dia? Se os meus colegas de trabalho fossem entrevistados na televisão, eles diriam que sou uma pessoa honrada, alguém com quem se pode contar, alguém em quem se pode confiar? Ou será que eles diriam: "Aquele sujeito sempre o apunhalará pelas costas; ele só quer saber de si mesmo"?

Deus quer que sejamos pessoas excelentes e íntegras. Se você não tiver integridade, nunca alcançará o seu potencial mais elevado. A integridade é o alicerce sobre o qual uma vida verdadeiramente bem-sucedida é construída. Toda vez que você faz uma concessão, toda vez que é menos do que honesto, provoca uma pequena rachadura em seu alicerce. Se continuar fazendo concessões, esse alicerce nunca será capaz de sustentar o que Deus quer edificar. Você jamais terá prosperidade duradoura se não tiver integridade em primeiro lugar. Ah, você poderá desfrutar de algum sucesso temporário, mas nunca verá a plenitude do favor de Deus se não tomar o caminho elevado e fizer as escolhas mais excelentes. No entanto, as bênçãos de Deus nos alcançarão se não nos contentarmos com menos do que viver com integridade.

É claro que todos nós queremos prosperar na vida. Mas a verdadeira pergunta é: estamos dispostos a pagar o preço por fazer a coisa certa? Nem sempre é fácil. Estamos pagando as nossas dívidas honestamente? Estamos sendo honestos nas nossas decisões de negócios? Estamos tratando as outras pessoas com respeito e honra? Estamos sendo fiéis à nossa palavra? Integridade e prosperidade são os dois lados da mesma moeda. Não se pode ter uma sem a outra.

> **ESTAMOS DISPOSTOS A PAGAR O PREÇO POR FAZER A COISA CERTA?**

Deus pode estar lhe lembrando do pagamento de uma conta que você engavetou. Talvez seja chegar ao trabalho na hora certa constantemente; talvez você saiba que deve ser mais sincero naquela negociação. Comece a fazer as coisas corretamente. Avance até um nível mais alto de integridade nessas áreas. Deus está nos chamando a sair da mediocridade em direção à excelência.

A Bíblia diz que, se formos fiéis nas pequenas coisas, Deus nos confiará mais. Como Deus poderá confiar em mim para fazer a coisa certa com milhões de dólares se eu não fizer a coisa certa com cem dólares? Contudo, muitas pessoas estão deixando as pequenas coisas impedi-las de se moverem para cima.

Talvez você acredite que não faz diferença alguma não pagar as suas contas em dia ou dizer aquelas "mentirinhas brancas". Você pode pensar que não faz diferença tratar os seus amigos de uma maneira e a sua família de outra. Mas, se você não aprender a passar nesses pequenos testes, Deus não o promoverá. Se não aprender a fazer o que é certo nas pequenas coisas, Deus não poderá lhe confiar coisas maiores. Lembre-se de que as nossas vidas são um livro aberto diante de Deus. Ele olha o nosso coração. Ele olha os nossos motivos. Deus vê cada vez em que você anda a segunda milha para fazer o que é certo. Ele também vê as vezes em que você faz concessões e toma o caminho mais fácil.

Ouvi sobre um sujeito que, certo dia, saiu mais cedo do trabalho para ir ao funeral de sua avó. Na manhã seguinte, no trabalho, o seu chefe se aproximou e disse:

— Você acredita em vida após a morte?

O empregado olhou intrigado e, enfim, disse:

— Bem, sim; eu acredito.

O chefe disse:

— Rapaz, isso faz com que eu me sinta muito melhor.

— Por quê? De que você está falando?

O chefe disse:

— Bem, ontem, após você sair para ir ao funeral de sua avó, ela passou aqui para visitá-lo.

Isso é o oposto da integridade! Seja aberto e honesto, e diga toda a verdade. Se, algum dia, você quiser que o seu filho falte à aula para ir a um jogo no estádio, não escreva à professora um bilhete no dia seguinte, dizendo: "Por favor, abone a falta de Joãozinho. Ele simplesmente não estava se sentindo bem". Deus não pode abençoar isso.

"Mas Joel, ele poderia ter problemas com essa falta."

314 Sua Melhor Vida Agora

Prefiro ter problemas com os homens a ficar mal com Deus. Além disso, você nunca perde por tomar o caminho elevado. Aprenda a dar ouvido à sua consciência. Deus a colocou dentro de você para que você tenha uma regra interna para distinguir o certo do errado. Quando você começar a fazer concessões, ouvirá aquele alarme disparar em sua consciência. Não o ignore. Faça o que você sabe, em seu coração, ser a coisa certa.

Além disso, uma pessoa íntegra diz o que pensa e pensa o que diz. As pessoas não deveriam ter de tentar descobrir o que você *realmente* queria dizer. Seja direto em suas declarações e conversas. A integridade é mais do que não contar uma mentira. Uma pessoa íntegra não enganará ou induzirá a erro, de modo algum. Com frequência, é fácil contar uma parte da verdade, convenientemente deixando de fora algo que sabemos poder ter um impacto negativo. Isso não é falar com integridade. Precisamos ser abertos e honestos, mesmo quando é difícil.

Digamos que você esteja tentando vender o seu automóvel. Um homem se aproxima com o talão de cheques na mão. Ele está empolgado; gosta do seu carro; está pronto para assinar na linha pontilhada. Mas, então, ele olha para você e diz: "Deixe-me fazer uma última pergunta: Você já bateu seriamente com este carro?"

Como um disco rígido de computador, a sua mente busca as possíveis respostas. Embora *você* nunca tenha batido com ele, a sua esposa, o seu filho e a sua sogra tiveram grandes acidentes com o carro. Você começa a racionalizar aquilo e pensa: *Bem... tecnicamente, o homem perguntou se eu já bati...* Então, você olha para ele e sorri. "Não, eu nunca bati com este carro."

Se você escutar atentamente, ouvirá um alarme sonoro disparando em sua consciência. E, se você for uma pessoa íntegra, dirá: "Sim, o carro já foi batido".

Uma pessoa íntegra dirá toda a verdade. "Mas, Joel", ouço você protestar. "Essa simplesmente não é a maneira de se fazer negócios hoje em dia. Se eu disser a verdade ao homem, ele poderá não comprar o carro. Poderei perder a venda."

Sim, você poderá perder algumas vendas em curto prazo, mas, em longo prazo, você se sairá muito melhor. Mesmo que aquela pessoa não compre o que você está vendendo, por você ter respondido com integridade, Deus irá compensá-lo. Ele enviará alguém para comprar o carro por mais dinheiro. Ele irá lhe dar uma promoção no trabalho. Ele irá ajudá-lo a obter uma negociação melhor para aquele carro novo que você está tentando comprar. Amigo, Deus está no comando de todo o universo. Se você honrá-lo andando em integridade, Ele se certificará de que você seja abençoado em abundância. A Bíblia diz: "[Deus] reserva a sensatez para o justo; como um escudo protege quem anda com integridade".[2] Se você quer que Deus o guarde, se quer que Deus traga vitória à sua vida, você precisa tomar a decisão de ser uma pessoa íntegra.

Um homem de negócios veio falar comigo preocupado: "Se eu contasse toda a verdade, perderia alguns de meus melhores clientes. Eu poderei perder alguns dos meus maiores clientes".

"Não", eu disse. "Se você fizer consistentemente o que é certo, mesmo que perca alguns clientes, Deus lhe trará clientes maiores e melhores. Não há limite para o que Deus fará em sua vida quando Ele souber que pode confiar em você."

"Conheço as pessoas do meu local de trabalho, e elas mentem, trapaceiam, apunhalam pelas costas", disse uma jovem que trabalha para uma corretora de ações. "Isso não lhes faz mal algum. Na verdade, elas estão avançando muito mais do que eu."

"Não se deixe enganar", respondi. "Algum dia, isso as alcançará. Eu lhe garanto o seguinte: se você assumir um compromisso com a integridade, em longo prazo você irá mais longe, será mais feliz, estará mais satisfeita. Deus a promoverá. Ele tem vitórias guardadas para você quando você anda em retidão. Quando se recusa a fazer concessões, Ele guarda o seu caminho. Se você simplesmente se rebaixar ao nível delas e fizer o que todos os outros estão fazendo, apunhalando as pessoas pelas costas, fazendo atalhos aqui e ali, você poderá pensar que está ganhando, mas, no fim, será a única a sofrer. No fim, você será a única a perder."

COMPROMETA-SE COM A EXCELÊNCIA

Ouvi uma história acerca de um homem rico cujo amigo era um construtor. Esse construtor estava com pouca sorte e não tivera muito trabalho ultimamente; então, o rico sentiu pena dele e decidiu ajudá-lo. Ele lhe deu um conjunto de plantas e um cheque de 300 mil dólares. Ele disse: "Eu quero que você construa uma casa nova para mim. Não tenho tempo para me preocupar com isso. Estou entregando tudo em suas mãos. Você toma todas as decisões. Eu confio em você. Prometo que, se você fizer um bom trabalho, irei pagá-lo bem".

316 *Sua Melhor Vida Agora*

O construtor ficou muito empolgado. Finalmente, poderia começar a ganhar algum dinheiro. Mas começou a pensar: *Se eu economizar um pouco aqui e ali, talvez possa embolsar uma parte desses 300 mil dólares.* Então, saiu e comprou o concreto mais barato que conseguiu encontrar. Ele fez o misturador de cimento diluí-lo para render ainda mais. Só nisso, economizou quatro ou cinco mil dólares. Animado, saiu e encontrou a madeira mais barata que conseguiu encontrar. Uma parte dela estava empenada, deformada e torta. Ele não se importou. Ela ficaria escondida por trás dos muros. Ninguém jamais a veria. Ele fez a mesma coisa com o encanamento, a parte elétrica e assim por diante, cortando despesas e economizando. Quando a casa ficou pronta, ele havia poupado cerca de 40 mil dólares, que discretamente depositou em sua própria conta bancária.

Ele chamou o seu amigo rico para vir dar uma olhada na casa. O comprador ficou muito impressionado. Na superfície, a casa parecia muito bonita. Ele nunca imaginou que o construtor havia cortado custos, comprometendo a integridade de toda a estrutura da casa.

O construtor ficou extasiado ao observar a expressão de satisfação no rosto do proprietário. Ele não podia esperar para ver quanto receberia como pagamento. Afinal, ele sabia que o proprietário era um homem muito generoso.

Enquanto caminhava até a porta da frente, o rico se virou com um brilho nos olhos e disse ao construtor: "Sabe, realmente não preciso desta casa. Eu já tenho uma bela casa. Só estava procurando ajudá-lo e fazer um favor para você". Ele entregou as chaves ao construtor e disse: "Tome, meu amigo. Isto é para você. Você acaba de construir uma casa novinha em folha para si mesmo".

O construtor quase desmaiou. Ele pensou: *Se soubesse que seria a minha própria casa, eu a teria construído muitíssimo melhor!*

A verdade é que, quer percebamos, quer não, todos estamos construindo as nossas próprias casas. Podemos economizar aqui e ali, mas só estamos prejudicando a nós mesmos. Essas decisões ruins enfraquecerão os nossos alicerces, trazendo-nos todos os tipos de problemas no futuro. Tudo pode parecer ótimo na superfície, mas o que realmente importa é o que está acontecendo dentro das paredes, por trás das portas fechadas. O que fazemos quando ninguém está observando? Estamos diluindo os nossos alicerces em decorrência de uma falta de integridade? Estamos enganando pessoas aqui e não pagando impostos ali, fazendo concessões para todos os lados? Que tipo de materiais estamos colocando em nossas próprias casas?

Aquele construtor entrou em sua casa nova e, três meses depois, estava com problemas nos alicerces. Seis meses depois, rachaduras apareceram nas paredes. O encanamento não funcionava

> **QUER PERCEBAMOS, QUER NÃO, TODOS ESTAMOS CONSTRUINDO AS NOSSAS PRÓPRIAS CASAS.**

direito. Custou-lhe muito mais do que os 40 mil dólares que ele "poupara" para corrigir todos esses problemas. Se tivesse de fazer de novo, ele faria certo desde o início.

Da mesma maneira, quando fazemos concessões para passar à frente ou manchamos a reputação de outra pessoa para ganharmos uma promoção, podemos pensar que estamos ganhando, mas, no fim, isso nos resultará em nada além de problemas. Sofreremos consequências terríveis. Temos de viver em nossas próprias casas. Não posso construir a sua casa; você não pode construir a minha. Cada um de nós tem de assumir a responsabilidade pelas nossas próprias decisões. Não sei o que você faz por trás de portas fechadas. Você não sabe o que eu faço. Mas, como pessoas íntegras, devemos ter o mesmo caráter em particular e em público. Não colocamos a nossa máscara de domingo na igreja e, em seguida, saímos e fazemos todo tipo de concessões durante a semana. Não é suficiente falar por falar. Temos de praticar o que pregamos.

No trabalho, você pode ser tentado a fazer uma ligação telefônica pessoal de longa distância usando o telefone da empresa. "Ah, vá em frente", diz um colega de trabalho. "Todos fazem isso. Ninguém o verá. Ninguém saberá se foi uma chamada de negócios ou não."

Mas uma pessoa excelente e íntegra faz o que é certo, mesmo quando ninguém está olhando. Pessoas excelentes fazem o que é certo porque é o certo, não porque alguém as está forçando a fazê-lo. Amigo, há muitas coisas das quais você pode se eximir na vida e ainda ser aceitável aos olhos da sociedade. Você pode comprometer a sua integridade pessoal ou a de sua empresa; você pode enganar pessoas ou ser desonesto. Você pode mentir, roubar, comprometer a sua moral, tomar atalhos aqui e ali. Mas a pergunta é: quão alto você quer ir? Quanto do favor de Deus você quer ver? Quanto você quer ser usado por Deus? Deus não pode promovê-lo ou abençoá-lo se você não estiver vivendo com integridade.

Alguns anos atrás, um amigo meu estava em processo de mudar de emprego. Ele era um executivo e conseguiu um excelente cargo em uma nova empresa. Estava empolgado com o novo trabalho, mas só poderia começar após três ou quatro meses. Ao anunciar a sua saída da empresa, ficou acordado que ele deveria trabalhar até o novo emprego ter início. Meu amigo era trabalhador, diligente e muito inteligente. Ele sempre dava o melhor de si ao trabalho. Não obstante, durante aquele período de três meses, enquanto as coisas se desenrolavam em seu antigo local de trabalho, esperava que ele diminuísse o ritmo e relaxasse, talvez entrasse tarde, talvez passasse algum tempo fora do escritório. Afinal, ele não estava tentando impressionar alguém ali.

Mas ele fez exatamente o oposto. Ele entrava mais cedo do que antes e saía mais tarde. Iniciou novos projetos e deu o seu máximo esforço. Fiquei realmente impressionado. Certo dia, conversando com ele acerca disso, eu disse: "Você está trabalhando mais do que nunca antes. Por quê?"

Ele disse: "Joel, eu estava planejando desacelerar até o meu novo trabalho começar, mas, certo dia, fui trabalhar sentindo-me um pouco preguiçoso, com indiferença, e Deus falou ao meu íntimo. Ele disse: 'Filho, se você não continuar a honrar esta empresa dando-lhe o seu melhor esforço, não se sobressairá naquela nova posição'. Quando ouvi isso, soube que tinha de dar-lhe tudo que tenho".

Meu amigo percebeu quem é o seu verdadeiro patrão. Ele não estava trabalhando para a empresa ou para o seu supervisor; estava trabalhando para Deus, não para homens. Deus é Aquele que mantém os registros. Ele é Aquele que nos recompensará. Ele é Aquele que pode promovê-lo. Não devemos agir com nobreza simplesmente porque alguém está nos observando. Devemos fazer o que é certo porque Deus está nos observando. Faça o que é certo porque você é uma pessoa excelente e íntegra.

Se você cometeu erros em questões éticas, faça a coisa honrosa e conserte-os da melhor maneira possível. Se estiver comprometido com a excelência, Deus irá ajudá-lo a sair dessa encrenca. Mas Ele não o ajudará se você não andar em integridade.

Meu pai era uma pessoa excelente e um homem íntegro. Aos vinte e poucos anos, certa vez comprou dois ternos a prestação. Mas ele se mudou para longe e nunca terminou de pagá-los. Vários anos se passaram e ele se esquecera daquilo. Certo dia, ele estava orando e Deus levou ao seu espírito aquela conta não paga e o lembrou dos dois ternos. Papai se sentiu muito mal; ele decidiu fazer o seu melhor para acertar tudo. Isso ocorreu cerca de trinta ou quarenta anos após o fato, mas ele telefonou para Fort Worth e procurou entrar em contato com o local onde havia comprado aqueles ternos. A empresa já não existia mais, mas isso não impediu papai. Ele perguntou na empresa ao lado se eles sabiam o nome do antigo proprietário da loja. Eles lhe deram o nome do homem, mas disseram: "Ele morreu há alguns anos". Papai não desistiu. Procurou na lista telefônica e fez ligação após ligação procurando rastrear alguns dos parentes daquele homem. Finalmente, entrou em contato com um dos filhos do homem e lhe enviou um cheque de vários milhares de dólares, não apenas pelos dois ternos, mas incluindo também os juros. Por que ele fez isso? Porque meu pai era uma pessoa excelente e íntegra. Ele honrou a Deus mantendo a sua palavra.

Quando você assumir um compromisso com a excelência e a integridade, Deus irá recompensá-lo. Quando está compromissado com fazer o que é certo, você está plantando sementes para as bênçãos de Deus. Nunca errará trilhando o caminho elevado e fazendo mais do que é necessário.

Alguns anos antes de meu pai partir para o Senhor, decidimos que reformaríamos a área do palco da Lakewood Church. Na época, eu estava trabalhando nos bastidores, no departamento de produção de televisão. Sou um perfeccionista, então queria que o novo cenário tivesse a melhor aparência possível. Trabalhamos vários meses com os arquitetos e os projetistas e, após terem desenhado tudo, mandei fazer uma maquete de tudo. Eu queria vê-la através da câmera antes de construímos qualquer coisa permanentemente. Trouxemos uma grande esfera e posicionamos na altura correta, onde, finalmente, construímos um grande globo giratório. Então, fizemos os projetistas posicionarem a maquete do púlpito, trouxemos meu pai e a dimensionamos exatamente para ele, fazendo o aperfeiçoamento de cada detalhe. Quando tínhamos tudo construído, passamos algumas semanas trabalhando na iluminação. Victoria costumava me perguntar: "Joel, por que você está gastando horas e horas ajustando uma pequena luz, simplesmente um pequeno feixe de luz cruzando a cortina?"

"Porque quero que esteja certo", eu respondia. Eu estava compromissado com fazer o melhor que conseguisse fazer. Estava compromissado com a excelência. Não imaginei que, algum dia, seria eu quem estaria em pé naquela mesma plataforma, atrás daquele mesmo púlpito. Não percebi isso na época, mas estava construindo a minha própria casa. Olhando retrospectivamente, estou feliz por ter feito o esforço extra. Estou feliz por ter dado tudo de mim àquela tarefa.

Tenha esse mesmo comprometimento com a excelência. Comece fazendo o que você sabe, em seu coração, que é a melhor coisa. Não se contente com a mediocridade. Não faça apenas o que você tiver de fazer para seguir adiante. Seja uma pessoa que ultrapassa os limites. Seja uma pessoa que faz um pouco mais do que tem de fazer. Lembre-se de que você e eu estamos representando o Deus Todo-Poderoso. Vamos dar um basta a uma vida preguiçosa, medíocre e desleixada, e passemos a níveis mais elevados. Se você se dispuser a viver compromissado com a excelência e a integridade, a felicidade será uma consequência natural, porque Deus irá recompensá-lo muito além dos seus sonhos mais grandiosos!

CAPÍTULO 32

Viva com Entusiasmo

Uma mulher que fazia compras em Houston cantarolava feliz uma música enquanto juntava os artigos que pretendia comprar e se aproximava do caixa para pagar. A funcionária, percebendo a personalidade efervescente da compradora, apenas olhou para ela durante um longo momento, como que imaginando o que estava errado com ela. Ainda olhando-a com alguma curiosidade, a funcionária finalmente disse um obrigatório: "Como vai?"

Foi o suficiente. A mulher entusiasmada quase borbulhou. "Que bom você perguntar! Estou ótima. Sou muito abençoada. Estou empolgada com este dia!"

A funcionária olhou para a mulher com curiosidade durante um momento e, então, disse: "Deixe-me fazer uma pergunta. Você frequenta a Lakewood?"

"Ora, sim, eu frequento", disse a compradora. "Como você adivinhou?"

A funcionária balançou a cabeça e sorriu. "Eu deveria saber. Todo mundo que vem aqui como você é da Lakewood."

Ao ouvir essa história pela primeira vez, eu ri, mas, então, pensei: *Que grande elogio!* É assim que deve ser. O povo de Deus deve ser o povo mais feliz da Terra! Tão feliz, de fato, que as outras pessoas percebam. Por quê? Porque nós não só temos um futuro fabuloso, mas também podemos desfrutar da vida hoje! Isso é viver a sua melhor vida agora.

> **O POVO DE DEUS DEVE SER O POVO MAIS FELIZ DA TERRA!**

VIVA COM ENTUSIASMO

Viver sua melhor vida agora é viver com entusiasmo e ser empolgado com a vida que Deus lhe deu. É crer não apenas que mais coisas boas estão chegando nos dias vindouros, mas também viver o momento e desfrutá-lo ao máximo!

Não sejamos ingênuos. As pressões da vida moderna ameaçam constantemente cobrar pedágio por nosso entusiasmo, fazendo-o evaporar-se rapidamente se não for continuamente reabastecido. Provavelmente, você conhece algumas pessoas que perderam a sua paixão. Perderam o seu entusiasmo pela vida. Já estiveram empolgadas com o futuro. Estavam animadas com os seus sonhos, mas perderam o fogo.

Talvez até mesmo em sua própria vida você tenha visto evidências de diminuição do entusiasmo. Quem sabe em um momento você estava empolgado com o seu casamento. Você estava profundamente apaixonado, tão cheio de paixão, mas agora o seu casamento tornou-se insípido e estagnado. Ou talvez você estivesse empolgado com o seu trabalho. Você adorava ir trabalhar, mas, recentemente, ele se tornou maçante, rotineiro e tedioso. Quem sabe em certo momento você estivesse empolgado por servir a Deus. Mal conseguia esperar para chegar à igreja. Amava ler a Bíblia, orar e passar tempo com os irmãos. Mas, ultimamente, você tem pensado: *Não sei o que há de errado comigo. Não tenho motivação. Não tenho paixão. Estou apenas indo com a maré.*

A verdade é que grande parte da vida é rotineira e podemos nos tornar estagnados se não formos cuidadosos. Precisamos nos agitar, reabastecer o nosso suprimento de boas dádivas de Deus diariamente. Como o povo de Israel no deserto, que tinha de apanhar novas provisões milagrosas do maná de Deus a cada manhã, também nós não podemos nos alimentar da provisão de ontem. Precisamos de um novo entusiasmo a cada dia. A palavra *entusiasmo* deriva de duas palavras gregas: *en theos*, que significam "inspirado por Deus". Nossas vidas precisam ser inspiradas, infundidas, preenchidas com a bondade de Deus todos os dias.

Tome a decisão de que você não viverá outro dia sem a alegria do Senhor em sua vida; sem amor, paz e paixão; sem sentir empolgação pela sua vida. E compreenda que não é necessário algo de extraordinário estar acontecendo em sua vida para você ficar empolgado. Você pode não viver no ambiente perfeito, ou ter o trabalho perfeito, ou o casamento perfeito, mas ainda pode escolher viver cada dia com entusiasmo. A Bíblia diz:

"Nunca lhes falte o zelo, sejam fervorosos no espírito, sirvam ao Senhor".[1] Esses termos descrevem a sua vida? Você *resplandece* com a presença de Deus em sua vida? Você está *ardendo* de entusiasmo? Você pode estar! Quando acorda pela manhã, você o faz com paixão por conhecer o dia? Você é empolgado pelos seus sonhos? Você vai trabalhar com entusiasmo a cada dia?

"Bem, eu realmente não gosto do meu trabalho", reclama Darlene. "Não aguento dirigir no trânsito. E não gosto das pessoas com quem trabalho."

Se isso parece familiar, você precisa mudar a sua atitude. Você deve ser grato por ainda ter um emprego. Precisa ser grato e permanecer empolgado pelas oportunidades que Deus lhe deu. Qualquer que seja a sua situação na vida, extraia o máximo dela e seja o melhor que você conseguir ser. Se sua tarefa agora é criar os seus filhos, faça-o com paixão. Faça-o com entusiasmo. Não se levante e diga: "Que chato! Meus amigos estão fora fazendo algo significante, algo importante, algo emocionante. Tudo que estou fazendo é cuidar dessas crianças".

O trabalho de uma mãe é um dos mais importantes de todo o mundo. Mas você tem de manter o seu entusiasmo. Pode não ter alguém dando tapinhas nas suas costas ou incentivando você. O seu dia pode não ser preenchido por eventos extraordinários. Há fraldas a trocar, filhos a alimentar, roupas a serem lavadas e passadas, trabalho doméstico que precisa ser feito; tarefas rotineiras, que parecem começar de novo no momento em que você as conclui. Mas, em meio ao comum, você pode escolher ter uma atitude extraordinária para com o seu trabalho. A Bíblia nos diz para fazermos tudo que fizermos com todo o nosso coração, "nunca nos faltando zelo".

Se você trabalha fora de casa, não dê ao seu empregador um esforço indiferente. Não se demore ao telefone, desperdiçando tempo e dinheiro de seu empregador. Se você estiver cavando uma vala, não passe metade do dia apoiado em sua pá; faça o seu trabalho com excelência e entusiasmo!

"Mas eles não me pagam o suficiente. Eu não deveria ter de me empenhar muito."

Você não será abençoado com esse tipo de atitude. Deus quer que você dê tudo de si. Seja entusiasmado. Dê o exemplo.

Devemos ser tão empolgados e tão cheios de alegria, que outras pessoas desejarão o que temos. Pergunte a si mesmo: "A maneira como estou vivendo é atraente e contagiante? Minhas atitudes, as palavras que digo, minhas expressões, a forma como lido com desafios e contratempos, fazem alguém querer o que eu tenho?" Em outras palavras, você está atraindo pessoas a Deus por causa de sua alegria, simpatia, entusiasmo, atitude de fé? Ou você aliena as pessoas, afastando-as porque é continuamente negativo, desanimado, crítico ou cínico? Ninguém gosta de estar perto de uma pessoa assim. Se você quiser direcionar pessoas a Deus ou simplesmente a uma maneira melhor de viver, tenha algum entusiasmo e seja empolgado com a vida.

Amo a história fictícia de Tom Sawyer. Quando Tom era garoto, disseram-lhe para ir para o quintal e pintar a cerca. Bem, Tom não estava disposto a trabalhar; ele queria ir brincar com os seus amigos. Mas, em vez de ficar todo negativo e mal-humorado, decidiu que tiraria o melhor daquela situação. Ele saiu e começou a pintar aquela cerca com entusiasmo e empolgação, como se estivesse gostando. Seus amigos se aproximaram e, ao verem quanto Tom estava se divertindo, ficaram com inveja dele. Eles disseram: "Ei, Tom! Você nos deixaria tentar pintar essa cerca?"

"Oh, não", disse Tom. "Esta é a minha cerca. Este é o meu projeto. Vocês nunca seriam capazes de fazer o que estou fazendo." Ele fingiu muito bem. E você conhece a história. Ao fim de tudo, Tom Sawyer estava sentado assistindo aos seus amigos fazerem todo o trabalho, simplesmente porque colocou em prática a sua tarefa com empolgação e entusiasmo.

Quem sabe o que aconteceria se cada um de nós vivesse com mais empolgação nos olhos, o coração cheio de paixão e o rosto cheio de entusiasmo? Em vez de arrastar-se por aí, queixando-se de que não quer cortar a grama, coloque um sorriso em seu rosto e impulso em seus passos, e comece a agir como se estivesse gostando. Talvez alguém venha ajudá-lo! Se não, pelo menos você se sentirá melhor quanto ao seu trabalho. Terá mais energia e terminará o trabalho mais rapidamente. Você se surpreenderá com a maneira de Deus derramar o Seu favor, e como as oportunidades surgirão, quando você viver com entusiasmo. Os empregadores preferem funcionários empolgados para trabalhar em suas empresas. A probabilidade de seu chefe lhe dar um aumento de salário ou uma promoção será muito maior se você tiver uma boa atitude e for empolgado por trabalhar, do que se você simplesmente aparecer e realizar o seu trabalho de modo superficial. De fato, estudos mostram que, com frequência, as pessoas entusiasmadas são promovidas em detrimento de outros funcionários realmente mais qualificados. A pessoa otimista é promovida simplesmente por ter uma boa atitude.

AS OUTRAS PESSOAS PERCEBERÃO

Centenas de pessoas trabalham conosco na Lakewood, mas, independentemente de quão talentosa ou hábil uma pessoa possa ser, nós não contratamos alguém que não seja empolgado pela nossa organização. Não contratamos uma pessoa que não acredite no que estamos fazendo. Além disso, não incentivamos os funcionários a permanecerem em nosso quadro de pessoal se não pensarem que a Lakewood é o melhor lugar do mundo para se trabalhar. Queremos somente colegas de trabalho entusiasmados.

Durante vários anos, percebi Jackie sentada à frente na Lakewood Church, semana após semana. Ela estava sempre empolgada com o culto, atenta ao que estava acontecendo, participando com enorme entusiasmo e irradiando alegria em seu comportamento e semblante. Eu não sabia quem ela era, mas ela sempre parecia estar passando pelo melhor momento de sua vida. Quando cantávamos, ela cantava com todo o seu coração. Quando eu estava trazendo uma mensagem, olhava para a plateia e Jackie sempre tinha um sorriso no rosto. Ela assentia com a cabeça, como se estivesse me incentivando: "Vamos lá, Joel. Conte-me mais. Você está fazendo um bom trabalho".

Quando uma vaga se tornou disponível em nosso Ministério de Mulheres, a primeira coisa que eu disse foi: "Alguém vá encontrar aquela senhora que se senta ali na frente. Não há ninguém que eu preferiria mais que nos representasse do que alguém como ela!"

Contratamos Jackie e ela continua a inspirar e incentivar as pessoas. Aquela porta de oportunidade se abriu simplesmente porque ela era entusiástica. Era empolgada. Quando você vive com paixão e é empolgado por seus sonhos, as outras pessoas percebem. Poderá até não ser o seu próprio chefe quem o promoverá, mas alguém observará a sua atitude positiva e irá oferecer-lhe uma posição que você não estava esperando. Todos os tipos de vantagens e oportunidades vão aparecer se você simplesmente fizer tudo que faz com entusiasmo, com todo o seu coração.

Ao crescer, eu era fascinado por um guarda de trânsito que trabalhava na Galleria, uma das agitadas áreas comerciais de Houston. Ele orientava o tráfego em um dos cruzamentos mais movimentados daquela parte da cidade. Durante a hora do *rush*, o tráfego era tão lento, que não era incomum ter de esperar dez ou quinze minutos para conseguir atravessar apenas aquele único semáforo. Observando as pessoas em seus carros, era fácil perceber que elas estavam irritadas por terem de esperar tanto tempo. Mas, quando se aproximavam do policial, a atitude de todos mudava.

326 Sua Melhor Vida Agora

Aquele policial não orientava simplesmente o tráfego. Ele dava um show! Era tão entusiasmado, que apenas olhar para ele era divertido. Era óbvio que ele amava o que estava fazendo. Ele praticamente dançava ao orientar o tráfego, com os dois braços acenando freneticamente, as mãos gesticulando, os pés sapateando por todo o cruzamento. Ele conseguia orientar o tráfego e dançar o "moonwalk" ao mesmo tempo!

Surpreendentemente, após avançar lentamente no engarrafamento durante dez ou quinze minutos, muitos motoristas paravam em estacionamentos nas proximidades, somente para assistir ao policial de trânsito trabalhar. Ele era *entusiástico*. Não estava apenas comparecendo ao trabalho. Não estava apenas seguindo o fluxo, estava cumprindo o seu destino apaixonadamente.

> **NÃO SE LIMITE A SEGUIR O FLUXO NA VIDA. TENHA UM POUCO DE ENTUSIASMO.**

É assim que você e eu devemos ser. Não se limite a seguir o fluxo na vida. Tenha um pouco de entusiasmo. Escolha ser feliz; viva com excelência e integridade, e impulsione os seus passos. Coloque um sorriso em seu rosto. Dance o "moonwalk", se quiser, e deixe o mundo saber que você está desfrutando a vida que Deus lhe deu!

Amigo, se você quiser ver o favor de Deus, faça tudo com todo o seu coração. Faça-o com paixão e fogo. Não só você se sentirá melhor, mas aquele fogo se espalhará e, logo, outras pessoas desejarão o que você tem. Você quer que a sua vida seja impactante? Pode mudar a atmosfera de sua casa ou de todo o seu escritório com um pouco de entusiasmo. Não viva outro dia derrotado e deprimido. Mexa-se; reacenda aquele fogo.

No Novo Testamento, o apóstolo Paulo encorajou seu jovem cooperador Timóteo: "Torno a lembrar-lhe que mantenha viva a chama do dom de Deus que está em você".[2] Paulo lembrava o seu substituto para viver com entusiasmo. Dar tudo de si. Não se contentar com a mediocridade.

Você pode ter de viver ou trabalhar com pessoas propensas a ser negativas, que tendem a arrastá-lo para baixo. Mas não as deixe jogar água no seu fogo. Não deixe que a falta de entusiasmo delas esmoreça a sua paixão. Se você vive com um cônjuge desanimado, decida que será feliz e entusiasmado de qualquer maneira. Se você trabalha com pessoas que estão sempre negativas, procure superar essa negatividade sendo positivo, encorajador e edificante. Atice a sua chama mais do que o habitual para garantir que o fogo não se apague.

Quando todas as outras pessoas estiverem deprimidas e derrotadas, quando você estiver sozinho, sem ninguém por perto para incentivá-lo, simplesmente encoraje a si mesmo. Sua atitude deverá ser: *Não importa o que outra pessoa faça ou não faça, eu viverei a minha vida com entusiasmo! Permanecerei em chamas. Resplandecerei. Serei apaixonado por ver os meus sonhos se realizarem.*

Às vezes, pessoas que me veem na televisão escrevem para mim, dizendo: "Joel, por que você sempre sorri tanto? Por que você é tão feliz? Por que você é tão entusiasmado?"

"Fico feliz por você ter perguntado!", respondo, e isso abre a porta para eu lhes contar acerca do meu relacionamento com Deus e como também elas podem ter um relacionamento com Ele.

Um sujeito me parou na rua em Nova Iorque e disse: "Ei, você não é aquele pregador sorridente?"

Eu ri e disse: "Acho que sim. Esse sou eu. Eu sou o pregador sorridente". Tomo isso como um elogio. Sim, sou culpado de ser feliz! Sou culpado de ser empolgado com o futuro. Sou culpado de viver cada dia com entusiasmo.

DEUS TEM GRANDES COISAS GUARDADAS PARA VOCÊ

Antes de ler este livro, você pode ter estado entediado ou preso em uma rotina. Talvez estivesse pronto a desistir dos seus sonhos. Você não estava empolgado com as pessoas de sua vida ou com a sua carreira. Mas, agora, você sabe das coisas! Agora sabe que Deus tem grandes coisas guardadas para você. É tempo de reacender o seu fogo; recapturar o seu entusiasmo e adotar uma nova atitude, positiva e feliz.

"Sim, Joel, mas eu tive um ano difícil. Passei por tantas decepções. Perdi muitas coisas boas."

Talvez sim, mas você já considerou isto? Se não fosse pela bondade de Deus, você poderia ter perdido tudo. Poderia até não estar aqui hoje. Por que não ser grato pelo que você tem? Deixe de olhar para o que está errado e comece a agradecer a Deus pelo que está certo. Levante-se a cada dia esperando coisas boas. Comece a esperar o favor de Deus. Comece a esperar as Suas bênçãos. Empolgue-se com o dia de hoje.

Este poderá ser o dia de a situação se reverter. Este poderá ser o dia em que você receberá o seu milagre. Este poderá ser o dia em que você encontrará a pessoa dos seus sonhos. Este poderá ser o dia em que o seu

328   Sua Melhor Vida Agora

filho voltará para casa. É assim que você permanece entusiasmado, mesmo em tempos difíceis. Você espera coisas boas. Você permanece cheio de esperança. "E se eu fizer tudo isso e nada acontecer?" Ouço você dizer. "Irei dormir totalmente desanimado após outra decepção."

Não, você poderá ir dormir dizendo: "Deus, mesmo não tendo acontecido hoje, eu ainda estou confiante. Ainda estou crendo em coisas boas na minha vida. Ainda estou empolgado, sabendo que estou um dia mais perto do meu milagre. Estou um dia mais perto da situação se reverter. Estou um dia mais perto de um grande avanço".

Isso é o que significa permanecer cheio de zelo. Permaneça apaixonado por ver seus sonhos se realizarem. Permaneça em fogo e resplandecente. Faça o que fizer, faça-o com entusiasmo!

A Bíblia diz: "Se vocês estiverem dispostos a obedecer, comerão os melhores frutos desta terra".[3] Perceba que temos de ser mais do que obedientes; precisamos estar dispostos — dispostos a fazer a coisa certa, dispostos a viver com uma boa atitude e com entusiasmo.

É interessante observar o momento das ofertas na igreja. Muitas pessoas darão, mas não estão realmente dispostas. Sua atitude é: *Pronto, Deus. Aqui está o dinheiro que eu lhe devo. Outros cem dólares. Eu poderia ter comprado uma caminhonete nova.*

Tecnicamente, elas podem ser obedientes no tocante a dar, mas Deus deseja mais do que mera obediência; Ele está à procura de um coração disposto. A Bíblia diz: "Deus ama quem dá com alegria".[4] (Certa tradução diz "um doador entusiasmado".) Essa verdade não se aplica somente a dinheiro. Devemos dar do nosso tempo com alegria, servir outras pessoas com alegria, fazer o bem com alegria aos que estão à nossa volta.

Não gosto que as pessoas me deem coisas por obrigação ou dever, simplesmente porque sentem ter de fazê-lo. E se, no meu aniversário, meus filhos viessem até mim e dissessem: "Muito bem, papai, aqui está o seu presente. Tivemos de gastar todo o nosso dinheiro com isso, então, se você realmente quiser, fique com ele"?

Por mais que eu ame os meus filhos, eu diria: "Não, está tudo bem. Fiquem vocês com esse presente".

E se Victoria viesse até mim pela manhã e dissesse: "Está certo, Joel, vamos acabar com isso. Deixe-me dar-lhe um abraço. Muito bem, eu fiz o meu dever do dia".

Viva com Entusiasmo

O fato é que todos nós queremos alguém que deseja nos amar, alguém com um coração disposto, alguém entusiasmado por estar conosco. Deus é assim também. Ele não quer que simplesmente lhe obedeçamos por medo ou até mesmo por respeito; Ele quer que nós o amemos como nosso Pai celestial. Ele quer que façamos a coisa certa porque queremos!

Ele olha o seu coração. Quando você orar, fale com Deus com uma atitude de disposição. Quando for o momento de assistir a cultos ou de participar de outras oportunidades de servir à comunidade, fique empolgado com isso. Não o faça por obrigação, meramente porque tem de fazê-lo. Faça-o motivado pelo desejo de agradar a Deus. Faça-o com entusiasmo. Aprenda a ser mais do que obediente; aprenda a ser disposto. Desenvolva o hábito de fazer a coisa certa com a motivação adequada, com uma atitude correta e um coração agradecido.

Um dos principais motivos de perdemos o nosso entusiasmo na vida é nos tornarmos ingratos; nós desmerecemos o que Deus fez por nós. Deixamos o que já foi um milagre se tornar comum para nós. Ficamos tão acostumados com a Sua bondade, que ela se torna rotineira; ela realmente não nos entusiasma mais. Ouvi alguém dizer: "Não deixe os seus milagres se tornarem monumentos". Um monumento é um pedaço de madeira ou de pedra que nos faz lembrar de algo que já foi vivo, vibrante e empolgante.

> **APRENDA A SER MAIS DO QUE OBEDIENTE; APRENDA A SER DISPOSTO.**

Talvez você tenha sido empolgado com a casa que Deus lhe ajudou a comprar, mas agora que já se acostumou a ela, você se esquece de ser grato por ela; você já não está mais entusiasmado com ela. Ela é notícia passada!

Talvez você tenha sido empolgado com aquela pessoa que Deus trouxe sobrenaturalmente à sua vida como parceiro de casamento, mas, agora, todo o entusiasmo se dissipou. Não permita que aquela sensação de milagre se esvaia. Não fiquem tão familiarizados um com o outro a ponto de perder o mútuo apreço.

Durante o primeiro ano em que Victoria e eu namoramos, estávamos nas nuvens. Nós ríamos. Nós nos divertíamos. Não precisávamos fazer coisas extravagantes ou caras para nos divertir. Éramos felizes fazendo coisas comuns. Estávamos apaixonados; estávamos empolgados; por isso, tudo que fazíamos era empolgante no que se referia a nós.

Em um dos nossos primeiros encontros, fui buscá-la um pouco mais cedo, então tivemos alguns minutos de sobra. Enquanto estávamos na estra-

330   *Sua Melhor Vida Agora*

da, Victoria disse: "Joel, vamos parar naquele novo prédio de escritórios e dar uma olhada no saguão. Ouvi dizer que ele é incrivelmente bonito".

Ora, normalmente, eu pensaria: *Por que quero entrar em um prédio e olhar um saguão? Sou capaz de pensar em coisas muito mais interessantes para fazer.* Mas não, eu estava com Victoria. Por ela estar lá, aquilo não importava. Eu teria ido olhar uma usina de energia elétrica desde que estivéssemos juntos! Se você é casado, provavelmente sentiu o mesmo com relação ao seu cônjuge. Você estava totalmente apaixonado por essa pessoa. Você sabia que Deus os aproximara.

Mas, com demasiada frequência, com o passar do tempo, deixamos de dar valor ao que Deus fez por nós. Levantamo-nos pela manhã e dizemos: "Bem, essa é apenas a minha esposa (ou esse é apenas o meu marido). Nada de mais. Lamento, querida, não tenho tempo para lhe dar um abraço. Estou com pressa. Não tenho tempo para fazer algo divertido esta noite. Sinto falta do meu programa de tevê favorito ou do jogo de futebol". Aquilo que, no passado, consideramos um milagre se tornou, agora, lugar-comum. Deixamos o relacionamento esfriar e passamos a considerá-lo algo banal.

Mas a boa notícia é que aquele fogo pode ser reavivado. Em seu casamento, em sua carreira, em seus relacionamentos pessoais, em sua vida! Se você se dispuser a iniciar as mudanças que aprendeu neste livro, a empolgação voltará. Reacenda o fogo. Não considere a vida algo banal.

Não despreze o maior presente de todos que Deus lhe deu — Ele mesmo! Não permita que o seu relacionamento com Ele se torne insípido ou que o seu apreço por Sua bondade se torne comum. Reavive o seu fogo. Reavive a chama mais do que nunca. Viva com entusiasmo. Faça o que fizer, faça-o por Ele, com todo o seu coração.

Amigo, Deus não quer que você se arraste ao longo da vida derrotado e deprimido. Não importa o que você passou, não importa de quem foi a culpa, não importa quão impossível a sua situação possa parecer, a boa notícia é que Deus quer reverter e restaurar tudo que foi roubado de você. Ele quer restaurar o seu casamento, a sua família, a sua carreira. Ele quer restaurar aqueles sonhos desfeitos. Ele quer restaurar a sua alegria, e lhe dar uma paz e felicidade que você jamais conheceu. Acima de tudo, Ele quer restaurar o seu relacionamento com Ele. Deus quer que você viva uma vida realizada.

Deus não quer que você simplesmente se sinta um pouco melhor durante alguns dias após ler este livro. Deus está envolvido em sua restauração em longo prazo. Ele quer que você tenha uma vida repleta de alegria abundante, felicidade abundante. Deus não quer que você simplesmente sobreviva ao casamento. Deus quer reverter e restaurar um relacionamento saudável, forte e gratificante. Deus não quer que o seu negócio simplesmente consiga passar pelas águas turvas da atual situação econômica. Ele quer que o seu negócio navegue e se destaque! Quando Deus restaura, Ele sempre o faz se sair melhor, aprimorado, crescente e multiplicado. Ele tem uma visão de vitória total para a sua vida!

Agarre-se a essa nova visão ampliada de vitória que Deus lhe deu. Comece a esperar que as coisas mudem em seu favor. Atreva-se a declarar corajosamente que você está em pé e permanece forte contra as forças das trevas. Você não se contentará com uma vida medíocre!

Aumente o seu nível de expectativa. É a nossa fé o que ativa o poder de Deus. Deixemos de limitá-lo com o nosso pensamento tacanho e comecemos a crer

> **É A NOSSA FÉ O QUE ATIVA O PODER DE DEUS.**

nele por coisas maiores e melhores. Lembre-se de que, se obedecer a Deus e estiver disposto a confiar nele, você terá o melhor que esta vida tem a oferecer — e ainda mais! Tome a decisão de que, de hoje em diante, você será empolgado com a vida que Deus tem para você. Se você se dispuser a:

- *Ampliar a sua visão;*
- *Desenvolver uma autoimagem saudável;*
- *Descobrir o poder de seus pensamentos e palavras;*
- *Abandonar o passado;*
- *Manter-se forte contra oposição e adversidade;*
- *Viver para dar;*
- *E escolher ser feliz...*

Deus o levará a lugares com os quais você jamais sonhou, e você viverá a sua melhor vida agora!

Você Tem Um Tesouro Escondido

Li que a África tem mais recursos naturais do que qualquer continente. Eles têm mais ouro e diamantes do que a América do Norte, do que a Europa, do que a Ásia. Mas não é interessante a África ser um dos continentes mais pobres? A América e a Europa têm grandes cidades, prosperidade e riqueza.

Qual é o problema?

O que vale não é o que há dentro de você, mas sim o que consegue extrair de seu interior.

Enterrado em seu interior, neste exato momento, há um tesouro escondido. Você é repleto de recursos: livros, filmes, músicas, ideias, invenções e novos negócios. Ao traçar o plano para a sua vida, Deus depositou em você tudo de que você precisa para cumprir o seu destino. Mas o que importa não é o que você tem; é o que você consegue extrair.

Quero desafiá-lo a garantir que você não morrerá com o seu tesouro ainda em você.

Você tem algo a oferecer que ninguém mais tem. Você é singular, único. Ao fazê-lo, Deus jogou fora o molde. Não fique por aí desejando ter o dom de outra pessoa. Se você tivesse o dom dela, isso não o ajudaria, e sim o impediria. Você não é ungido para ser a outra pessoa; você é ungido para ser você. Se Deus quisesse que você tivesse a aparência dela, a personalidade dela e fizesse o que ela faz, Ele o teria feito assim.

Você tem exatamente aquilo de que necessita. Você é suficientemente alto. É suficientemente talentoso e suficientemente atraente. Você é suficientemente inteligente. Pare de se comparar a outra pessoa. Você foi feito de maneira assombrosa e maravilhosa. Quando andar em sua unção, confiante em quem Deus o fez para ser, sabendo que tem o que é preciso, o tesouro em seu interior — seus dons, talentos e potencial — será liberado. Você entrará na plenitude do seu destino.

A Bíblia diz em Efésios 3:20 que Deus é "capaz de fazer infinitamente mais do que tudo o que pedimos ou pensamos, de acordo com o seu poder que atua em nós". Perceba que não é de acordo com o poder que opera em seu vizinho, em seus pais, em seu pastor, no banco ou no mercado de ações. É de acordo com o poder que opera em você. Em outras palavras, depende daquilo em que você está crendo.

Se você sair por aí pensando, *não sou tão talentoso. Atingi os meus limites. Sou apenas mediano. Venho da família errada*, a suprema grandeza do poder de Deus não operará em você. Aquele tesouro permanecerá enterrado.

Faça um favor a si mesmo: pare de depreciar-se. Pare de diminuir-se. Quando você critica a si mesmo, está criticando a criação de Deus. Deus não cometeu um erro ao criá-lo. Ele não estava tendo um dia ruim. Você não é deficiente. Você não foi enganado nem está em desvantagem.

Você foi feito à imagem de Deus Todo-Poderoso. Ele colocou um tesouro em seu interior. Para que esse tesouro se manifeste externamente, você precisará ter a seguinte atitude: "Eu tenho capacidade. Não estou esperando por ela. Não estou esperando obtê-la algum dia. Não estou implorando a alguém para me dar uma boa oportunidade. Não estou desejando ser parecido com o meu amigo. Não, eu sei que ela já está dentro de mim. Eu sou equipado, tenho poder, sou talentoso, criativo e muito capaz".

Quando viver assim, você verá a suprema grandeza do poder de Deus. Foi aí que Sara quase a perdeu. Deus lhe deu a promessa de que ela teria um bebê, mas ela estava muito além da idade fértil.

Sara pensou que a promessa viria por meio de outra pessoa, o que fazia mais sentido, porque ela era muito velha. Ela fez o seu marido, Abraão, coabitar com a sua serva e eles tiveram um filho. Ela disse: "Obrigada, Senhor, a promessa se cumpriu".

Mas Deus disse: "Não, Sara, Eu não coloquei a promessa neles, Eu coloquei a promessa em você. Há um tesouro enterrado em seu ventre". Sara continuou a se excluir daquela possibilidade, pensando: "Sou velha demais. Não tenho capacidade. Não tenho a aparência dessas mulheres mais jovens. Elas têm uma vantagem".

Quantas vezes fazemos a mesma coisa? Pensamos: *Não sou talentoso. Nunca sairei da dívida. Nunca poderia ser um gestor. Nunca poderia escrever esse livro. Jamais poderia construir essa casa.*

Você Tem Um Tesouro Escondido

Deus está lhe dizendo o que Ele disse para Sara: "Não coloquei a promessa em outra pessoa, Eu a coloquei em você".

O tesouro está no interior. Ele pode estar enterrado debaixo de dúvidas e medos, sob decepções e o que não deu certo, ou enterrado debaixo de intimidação e baixa autoestima. Mas a boa notícia é que ele ainda está em você.

Você pode ter se excluído, mas não convenceu Deus a desistir dele. Deus não aborta sonhos. Se você entrar em acordo com Deus, sabendo ter capacidade, Ele tornará realidade aquilo que prometeu. Sara tinha quase 100 anos de idade ao dar à luz um menino. O tesouro veio à luz, não por meio de outra pessoa, mas por intermédio dela. O poder não era de acordo com a sua serva nem de acordo com o seu marido, Abraão.

A grandeza do poder de Deus foi ativada quando ela escolheu crer. Ela teve de se levantar e dizer: "Ei, espere um minuto, este é o meu momento. Este é o meu destino. Não me acomodarei como se fosse de segunda classe. Tenho algo operando dentro de mim. Tenho potencial, dons, talentos, um bebê, uma promessa esperando para ser liberada".

Quero acender esse fogo em você. Você pode ter estado à margem, comemorando os sucessos dos outros, contente por ver a promessa acontecer nas vidas deles, e isso é bom. Mas Deus quer fazer algo surpreendente em sua vida. Deus quer que você seja celebrado.

Você não tem de ficar à margem. Você tem um tesouro enterrado. Há promessas que Deus declarou sobre a sua vida, sonhos que Ele quer que você dê à luz. Não é tarde demais. Você não está velho demais. Pode parecer impossível, mas o nosso Deus consegue fazer o impossível.

Quando você crer que o favor é liberado, quando crer que o tesouro escondido surgirá, como Sara, você dará à luz o bebê. Não acontecerá por meio de outra pessoa; você verá a grandeza do favor de Deus.

Quando Abraão disse a Sara que eles teriam um bebê, aquilo era tão improvável que ela riu. Posso ouvi-la dizendo: "Abraão, um bebê? Você está brincando? Já passei pelas transformações da vida. Isso é impossível, desafia as leis da natureza".

Ela estava dizendo: "Eu estou em desvantagem, não tenho capacidade". Perceba que ela estava se diminuindo e menosprezando. Isso manterá o tesouro enterrado. Aprendi que é tão fácil convencer-se dele quanto dissuadir-se dele. Em vez de pensar em todas as razões pelas quais você não será capaz de realizar os seus sonhos, aquiete-se.

Não pergunte por que não consegue sarar, por que não consegue sair da dívida, por que o seu casamento nunca durará. Não pense: *Eu estou* velho demais, já se passou tempo demais, cometi muitos erros. Em vez de dissuadir-se, convença-se.

"Posso fazer todas as coisas por meio de Cristo. Deus está abrindo um caminho onde eu não vejo um caminho. Sou forte, talentoso, abençoado e próspero. Mais do que vencedor."

Você pode estar pensando: *Isso soa bem, mas não vejo como eu poderia sarar. Minha avó morreu da mesma coisa. Isso tem estado em nossa família há cinco gerações.* Se você continuar pensando e falando assim, serão seis gerações. Por que você não começa a se convencer? Procure pensar assim: *Deus está restaurando a minha saúde. Vou viver e não morrer. Ele cumprirá o número de meus dias.*

Evite pensamentos negativos como este: *Bem, eu nunca conseguiria realizar os meus sonhos. Não tenho as conexões.* Em vez disso, seja positivo: "O favor de Deus está em minha vida. Ele está trazendo as pessoas certas, as oportunidades certas. Alguma coisa boa me acontecerá".

Na Bíblia, Deus prometeu que Jeremias seria um grande profeta e falaria às nações. Jeremias era jovem e temia não saber se seria capaz de fazê-lo. Ele começou contando a Deus quão ruim era a situação. Ele fez uma reclamação após outra: "Deus, as pessoas estão zombando de mim. Sempre que falo, elas escarnecem de mim. Estou com medo. Estou cansado. Estou intimidado".

E assim ele prosseguiu. E quando você imagina que Jeremias irá se excluir da possibilidade, ele diz, em Jeremias 20:9 — "É como se um fogo ardesse em meu coração, um fogo dentro de mim".

Ele estava dizendo: "Deus, eu não vejo como isso vai acontecer. Todas as probabilidades estão contra mim, mas essa promessa que você colocou em mim não se extinguirá. Ela é como fogo. Está viva. Não posso fugir dela".

Você pode estar em um lugar onde poderia facilmente ficar desencorajado e desistir do que Deus colocou em seu coração. Mas acredito que, como Jeremias, há fogo dentro de você. Há uma promessa colocada por Deus em você, e ela não morrerá. Você pode ignorá-la. Pode tentar excluir-se dela. Sua mente pode lhe dizer que aquilo nunca acontecerá, mas, em seu interior, você sentirá uma agitação, uma inquietação, uma queimação.

Essa é a promessa que Deus colocou em você. Deus o ama demais para deixá-lo ser mediano. Ele o empurrará para a grandeza. Seu tesouro interior se manifestará do lado de fora.

Você Tem Um Tesouro Escondido 337

Você precisa aprontar-se. Os dons, talentos, criatividade, invenções, negócios, livros, canções, filmes e potencial inexplorado estão vindo. Você entrará em um novo tempo. Terá a confiança necessária para fazer aquilo que não conseguia fazer. Você sentirá uma força sobrenatural. Portas irão se abrir que nenhum homem consegue fechar.

A oportunidade está vindo em sua direção. Não se encolha nem se sinta intimidado. O Criador do universo não só lhe concedeu instrumentos e poderes — Ele também está enviando bons ventos em sua direção. Ele está enviando favor, cura, restauração e confiança.

Muitas vezes, você ouve falar sobre o que você não é capaz de fazer. Estou aqui para lhe dizer o que você é capaz de fazer. Você pode realizar os seus sonhos. Pode estabelecer um novo padrão para a sua família. Você pode superar qualquer obstáculo. Você pode se livrar da dependência. Você pode se recuperar de uma queda. Você não é mediano. Você não é comum. Você tem um tesouro em seu interior.

Quando eu estava crescendo, nossos vizinhos da casa ao lado tinham um grande pastor alemão em seu quintal. Como relatei em meu livro *It's Your Time* (Sua Hora Chegou), embora o quintal fosse cercado, eles costumavam mantê-lo preso. Eu tinha cerca de 9 anos de idade quando, certo dia, estava jogando beisebol com amigos e a bola passou por cima da cerca para o quintal deles. Não pensei muito. Eu fora lá muitas vezes e nunca tivera qualquer problema. Peguei uma escadinha e pulei a cerca que tinha quase dois metros de altura. Peguei a bola e, de repente, aquele cachorro veio correndo em minha direção a 145 quilômetros por hora.

Por alguma razão, ele não estava preso. Meu coração gelou. Pensei: *Estou morto.* Virei-me e corri de volta para a minha cerca o mais rapidamente que pude, dizendo a oração do pecador o tempo todo.

Ao chegar à cerca, em um só movimento peguei-a com uma das mãos e saltei o mais alto que pude e, de alguma maneira, consegui transpô-la antes de o cão me alcançar. Eu era apenas um garotinho e saltei sobre uma cerca de quase dois metros.

O que quero dizer com isso? Aquele cachorro me ajudou a descobrir o potencial que eu não sabia ter. Havia tesouro escondido em mim. Eu nunca saltara tão alto e a verdade é que jamais saltei tão alto desde então. Isso é o que acontece quando você exige do seu potencial. Você se surpreenderá com o que há em seu interior.

Algum dia, poderão lhe oferecer uma posição mais elevada no trabalho. No aspecto natural, pode parecer que isso está além do seu alcance.

Você estará inclinado a recuar e pensar: *Eu não sou capaz disso. Não sou qualificado. Não tenho a experiência necessária.*

Pode estar além do seu alcance, mas não está além do alcance de Deus. Ele já depositou em você exatamente aquilo de que você precisa. Deus não teria trazido a oportunidade e lhe dado o desejo se você já não tivesse capacidade.

Se você se dispuser a levantar-se em fé, sabendo confiantemente ser bem capaz, verá novos dons, novos talentos, novas forças e novas capacidades. Tudo isso começará a vir à tona. Está em você — só tem de cooperar com Deus para fazer sair.

Você pode ter uma oportunidade de voltar a estudar, começar o seu próprio negócio ou, talvez, até mesmo mudar de carreira algum dia. O caminho fácil é simplesmente não se arriscar e ficar onde você se sente bem. Mas, para destravar aquele tesouro interior, você deverá estar disposto a ir aonde nunca foi.

Para andar sobre a água, você tem de sair do barco. Você não pode ficar na zona de segurança toda a sua vida e esperar cumprir o seu potencial mais elevado. Você tem de estar disposto a correr algum risco.

Quero que você tenha uma nova ousadia, um novo fogo. Você está cheio de possibilidades. Há potencial em você, tesouros escondidos que você não acessou. Não permaneça sentado pensando no que você não consegue fazer. "Bem, eu nunca seria capaz de ser um gestor. Jamais seria capaz de levantar-me e falar em público. Eu nunca seria capaz de saltar sobre essa cerca".

Aposto que você seria capaz se aquele cão estivesse perseguindo você. Como eu, você poderá descobrir coisas que nunca soube ter. O apóstolo Paulo disse a Timóteo para reavivar o dom. Deus está dizendo hoje: "Eu o levarei a um lugar onde você nunca foi. Eu abrirei novas portas de oportunidade. Eu irei lhe dar novas maneiras de prosperar".

Você poderá dizer: "Eu não sou assim talentoso. Nunca serei o gerente comercial de minha empresa". Quem lhe disse isso? O Criador do universo diz que você tem tudo de que necessita para ter sucesso. Você é ungido. Você é equipado. Você tem o poder. Este é o seu momento de ir mais alto. Deus está prestes a liberar o tesouro escondido que foi enterrado em seu interior. Prepare-se para dar um passo de fé. Prepare-se para realizar algo que nunca fez.

Amo a história da cantora Susan Boyle. Provavelmente, você já viu o vídeo de sua primeira apresentação como caloura no programa de televisão *Britain's Got Talent*. Ela surpreendeu os juízes e o mundo com a sua voz

Você Tem Um Tesouro Escondido 339

incrível. O que você talvez não saiba é que Susan teve uma vida dura. Ela era a caçula de nove filhos. Seu pai era um mineiro que lutava para sustentar a família. No seu nascimento, sua mãe teve um parto difícil.

Susan ficou sem oxigênio durante o parto e nasceu com problemas. Embora satisfeitos por ela haver sobrevivido, os médicos disseram aos seus pais: "Nada esperem de Susan. Ela tem problemas. Nunca será algo na vida".

O que os médicos não puderam ver foi o que Deus Todo-Poderoso colocara no interior dela. Os médicos deram as informações a partir de um ponto de vista médico. Eles fizeram a parte deles, mas havia na pequena Susan um tesouro enterrado que ninguém era capaz de enxergar. Os profissionais médicos disseram que ela era desfavorecida, tinha dificuldade para aprender e poderia não ter grande futuro.

Mas Deus disse: "Ela é equipada, tem poderes, é singular, única e uma obra-prima".

Susan, que mais tarde foi diagnosticada com síndrome de Asperger, poderia ter dado ouvido aos especialistas e se acomodado a uma vida mediana, excluindo-se de qualquer coisa mais. "Não é culpa minha. Sou desfavorecida. Tenho uma desculpa para me acomodar onde estou."

Em vez disso, ela teve a atitude que diz: "Há um tesouro em mim. Não me assentarei em autopiedade, concentrando-me no que não tenho. Sei que há algo que eu tenho. Fui feita de maneira assombrosa e maravilhosa".

Ao crescer, ela cuidou de sua mãe que ficara doente. Serviu como voluntária na comunidade, ajudando os idosos. Cantava sempre que tinha uma chance, em casa, no coral da igreja e com amigos. Aos 48 anos de idade, seus pais tinham falecido e ela vivia sozinha, sem ter certeza de como pagar o aluguel.

As chances pareciam estar contra ela. Susan poderia ter ficado desanimada, mas, certa manhã, logo cedo ela entrou em um ônibus e foi a uma competição de canto. Ela nunca viajara para tão longe sozinha. Entrou acidentalmente no ônibus errado e acabou tomando seis ônibus diferentes para chegar ao programa de televisão.

Susan Boyle entrou no palco para competir contra outros concorrentes que eram, em sua maioria, jovens "descolados" e com roupas bacanas. Ela era mais velha, reservada e se vestia de maneira conservadora. Simon Cowell perguntou o que ela queria fazer e ela disse: "Cantar".

Alguns dos membros da plateia riram. Eles pensaram que seria mais um desempenho medíocre a suportar. Mas, quando Susan abriu a boca e cantou, eles ficaram surpresos com a beleza de sua voz.

340   *Sua Melhor Vida Agora*

No fim, o mundo inteiro ouviu e se maravilhou com os dons de Susan como cantora. Trezentos milhões de telespectadores assistiram no *YouTube* aos vídeos de sua apresentação, o maior índice da história do *site*. Meios de comunicação de todo o mundo divulgaram a história da voz que surpreendeu o mundo.

Hoje, Susan lançou vários álbuns que venderam milhões de cópias. Ela foi indicada a prêmios Grammy, fez trilhas sonoras de filmes e se apresentou em concertos no mundo todo, muitos deles para instituições de caridade. Eis o que quero dizer: há um tesouro no interior de todos vocês. Não importa o que as pessoas tenham dito a seu respeito. Não importa quão grandes são as probabilidades contra você ou quantas desvantagens você teve. Se você apenas for como Susan e não desanimar, você as superará. Não deixe as pessoas o dissuadirem dos seus sonhos. Não deixe os seus pensamentos o convencerem de que você é médio, comum ou nada especial.

Apenas continue dando passos de fé, sendo o seu melhor, honrando a Deus, convencendo-se em vez de excluir-se. Então, como Susan, você verá ser liberado o tesouro que Deus colocou em você. Seu dom abrirá espaço para você. Você irá a lugares que nunca sonhou.

Em *It's Your Time* (Sua hora chegou), contei a história do menino de 5 anos de idade que amava piano. Sempre que tinha uma chance, ele se sentava e tocava. Ele nunca tivera aulas, de modo que não tinha treinamento formal. Com frequência lhe diziam que ele era muito pequeno, muito novo, mas a despeito desses comentários, ele continuava a praticar e praticar.

A única canção que ele sabia tocar era *O Bife*, apenas uma melodia muito simples. Certa noite, seu pai o surpreendeu com ingressos para o concerto de um pianista de renome mundial, um dos maiores pianistas da história. Naquela noite, enquanto caminhavam até os seus lugares, o garotinho olhou por trás da cortina e viu aquele belo piano de cauda. Sem ninguém perceber, ele se esgueirou, sentou-se no banco e começou a tocar a sua versão muito simples de *O Bife*.

Naquele momento, a cortina começou a subir. Todos esperavam ver aquele mestre pianista de renome mundial, mas, em vez disso, viram aquele menino, debruçado sobre o piano tocando *O Bife*. Ele estava tão absorto em seu mundo, que não sabia que alguém estava observando. Quando finalmente levantou os olhos, o menino ficou petrificado.

Prestes a se levantar e correr para preservar a sua vida, o menino sentiu duas grandes mãos em torno dele. Era o mestre pianista. Ele sussurrou ao ouvido do menino: "Continue tocando".

Enquanto o menino tocava a sua interpretação simples de *O Bife*, o célebre pianista começou a tocar uma parte de uma sinfonia de Beethoven composta no mesmo ritmo e no mesmo tom.

Sob a orientação do mestre, a orquestra começou a se unir a eles. Em primeiro lugar, ele introduziu os instrumentos de sopro de madeira; em seguida, os metálicos; depois, a percussão. O pai do menino estava sentado chorando, surpreso com o que estava acontecendo. Ele nunca sonhara que a canção simples e tosca que ouvia todos os dias na sala de estar já não soava como *O Bife*, mas, em vez disso, se tornara uma completa, lindamente aperfeiçoada e inspirada sinfonia de Beethoven.

O que aconteceu? O mestre entrou em cena.

Na vida, às vezes você poderá sentir que não tem o talento, o conhecimento, a capacidade ou a força, mas a boa notícia é que Deus tem. Quando você usa o que você tem, o mestre aparece. Ele porá as Suas mãos sobre as suas mãos. Ele introduzirá os instrumentos de sopro de madeira.

Deus trará as pessoas certas e as oportunidades certas. Ele tomará o que você pensa ser muito médio — dons médios, talentos médios, formação educacional média — mas, quando o Mestre entrar, Ele misturará o Seu *super* com o seu *natural* e você verá que coisas incríveis começarão a acontecer.

Quando comecei a ministrar, os meus sermões eram muito básicos, muito elementares. Era exatamente como o menino que toca *O Bife*. Eu nunca ministrara antes. Mas continuei sendo o meu melhor, usando o que Deus me deu. Os pensamentos negativos diziam: "Você não tem capacidade. Você não é um ministro". Eu substituía esses pensamentos por: "Eu posso fazer todas as coisas por meio de Cristo. Sou equipado, tenho poderes e sou ungido".

O que aconteceu? O Mestre entrou. Deus colocou as Suas mãos sobre as minhas mãos. Ele me deu capacidade que eu não sabia ter. Ele trouxe para fora o tesouro escondido. Você poderá pensar que nunca conseguirá realizar o que está em seu coração. Você não tem o talento, as conexões ou os recursos.

Você pode não ter qualquer dessas coisas, mas Deus tem. Quando fizer um movimento, Ele fará um movimento. Eu ainda estaria sentado à margem se não tivesse dado aquele passo de fé. Todas as vozes me diziam para não fazê-lo. Eu estava nervoso. Sentia-me inadequado, sem qualificações, mas, no fundo, sabia que tinha capacidade.

Quando saí da zona de segurança e avancei para a zona da fé, o Mestre entrou. Se você buscar a segurança o tempo todo, nunca realmente saberá o que está em seu interior.

Nos próximos dias, quando aumentar a sua fé, você terá uma confiança que não tinha antes. Descobrirá uma capacidade que não sabia existir em você. A vontade de Deus toma o seu *natural* e mistura com o Seu *super* e, em vez de tocar *O Bife*, você ouvirá os instrumentos de sopro agregando-se. Você receberá oportunidades sobrenaturais. Justamente quando você pensar que não poderá ficar melhor, os metais se agregarão, com as pessoas certas e as oportunidades certas. Em pouco tempo, aquilo soará como uma bela sinfonia.

O seu tesouro virá à tona. Como eu, você saberá: "Essa não é apenas a minha capacidade, a minha habilidade; esse é o Mestre se juntando a mim. Isso é Deus tomando o meu comum e o transformando em extraordinário".

Deixe-me perguntar-lhe: se o seu tempo na Terra terminasse esta semana, se você fosse para o céu, haveria algo que teríamos deixado de abordar? O seu tesouro está enterrado sob medo, dúvida, decepções ou algo dito por alguém?

Você deve a si mesmo e ao mundo acessar o seu tesouro escondido. Não é tarde demais. Você não está velho demais. Você não perdeu oportunidades demais.

Como Jeremias, há fogo em seu interior. Há promessas que Deus lhe falou — sonhos, dons, livros, empresas — que o Criador do universo colocou em seu coração. Não aja como Sara e se exclua disso. Convença-se.

Levante-se a cada manhã sabendo que você tem exatamente aquilo que necessita. Você não está esperando por aquilo. Não está esperando obtê-lo. Você tem a capacidade. Se fizer isso, precisará ficar pronto, porque o seu tesouro escondido está vindo.

Você descobrirá capacidades que não sabia ter. O mestre intervirá e colocará o Seu *super* no seu *natural*. Acredito e declaro que, antes de deixar esta terra, você usará todo o seu potencial. Você liberará todos os seus dons e se tornará tudo que Deus o criou para ser.

NOTAS

Capítulo 1: Ampliando a Sua Visão
1. Ver Efésios 2:7.
2. Ver Mateus 9:17.
3. Ver Isaías 43:19.
4. Ver Marcos 9:23.

Capítulo 2: Eleve o Seu Nível de Expectativa
1. Ver Colossenses 3:2.
2. Hebreus 11:1.
3. Mateus 9:29.
4. Ver Provérbios 13:20.

Capítulo 4: Rompendo as Barreiras do Passado
1. Ver 2 Coríntios 10:4.
2. Deuteronômio 1:6.
3. Ver Isaías 61:7.
4. Ver Isaías 54:2.

Capítulo 5: Crescendo em Favor
1. Ver Salmo 8:5.
2. Ver Romanos 8:28.

Capítulo 6: Viva com uma Mentalidade de Favor
1. Ver 1 Samuel 13:14; Atos 13:22.
2. Salmo 23:6.
3. Ver Gênesis 6:8.
4. Ver Rute 2:10.
5. Ver Gênesis 39:5, 21, 23.

344   *Sua Melhor Vida Agora*

6. Ver Jó 10:12.

7. Ver 1 Pedro 1:13, tradução literal do original.

Capítulo 7: Quem Você Pensa Ser?

1. Ver Gênesis 1:26-27; Salmo 8:4-5.

2. Ver 2 Coríntios 12:9-10.

Capítulo 8: Compreendendo o Seu Valor

1. Ver Efésios 2:10, ARA.

2. Ver 2 Coríntios 3:18.

3. Ver Provérbios 4:18.

4. Ver Salmo 40:2-3.

Capítulo 9: Torne-se Aquilo em que Você Crê

1. História adaptada de Denis Waitley, *Empires of the Mind* (New York: William Morrow, 1995), 126.

2. Mateus 9:28.

3. Ver Mateus 9:29-30.

4. Ver Romanos 8:28.

5. Ver Gênesis 12:2.

6. Ver Isaías 61:7.

7. Ver Filipenses 1:6.

8. Salmo 34:19.

9. Ver Efésios 6:13.

10. Hebreus 11:1.

11. Ver João 10:10.

12. Lucas 18:27.

13. Ver Isaías 55:8.

Capítulo 10: Desenvolvendo uma Mentalidade Próspera

1. Romanos 8:37.

Capítulo 11: Seja Feliz com Quem Você É

1. Gálatas 6:4.

Capítulo 12: Escolhendo os Pensamentos Certos

1. A palavra hebraica para "adversário" é *satan*, que significa "pessoa que se opõe ou luta contra outra". Na Bíblia, a palavra é com frequência usada

Notas 345

como nome próprio de um ser poderoso semelhante a um anjo, que é o inimigo confesso de Deus e dos seres humanos. Embora tenha grandes poderes, Satanás não é páreo para Deus.

2. Não estou minimizando as causas ou os efeitos da depressão clínica, causada por uma enfermidade física ou psicológica genuína. Mas também muitas pessoas se consideram deprimidas simplesmente por terem encontrado problemas ou obstáculos na vida. Isso não é depressão no sentido mais real.

3. Isaías 40:31.

4. Ver João 16:33.

5. Ver Efésios 4:22-24.

6. Ver Provérbios 23:7 ARA.

7. Ver Colossenses 3:2.

8. Filipenses 4:8.

9. Ver Romanos 12:1-2.

10. Ver 2 Coríntios 10:5.

Capítulo 13: Reprogramando o Seu Computador Mental

1. Ver Deuteronômio 30:19.

2. Ver Isaías 26:3.

3. Ver 2 Crônicas 20:17.

4. Provérbios 16:7.

5. Ver Hebreus 12:3.

Capítulo 14: O Poder das Suas Palavras

1. Ver Tiago 3:4.

2. Ver Provérbios 18:21.

3. Ver Marcos 11:23.

4. Ver Joel 3:10.

5. Ver 1 Samuel 17:43-47.

6. Ver 1 João 4:4.

7. Ver Isaías 54:17.

Capítulo 15: Falando Palavras Transformadoras de Vida

1. Ver Provérbios 6:2.

2. Romanos 10:10.

3. Provérbios 2:6-9.

346 *Sua Melhor Vida Agora*

Capítulo 16: Declarando uma Bênção
1. Ver Gênesis 27.
2. Ver Gênesis 27:28-29.

Capítulo 17: Abandonando Feridas Emocionais
1. João 5:6.
2. Ver 2 Samuel 12.

Capítulo 18: Não Deixe a Amargura Criar Raízes
1. Ver Hebreus 12:15.
2. Ver Mateus 15:19-20.
3. Salmo 139:23.
4 Ver Mateus 6:14-15.

Capítulo 19: Deixe Deus Trazer Justiça à Sua Vida
1. Ver Isaías 61:7-9.
2. Ver Hebreus 10:30.
3. Romanos 12:19.
4. Ver Gálatas 6:9.

Capítulo 20: Derrotando as Decepções
1. Ver Deuteronômio 29:29.
2. 2 Pedro 3:9.
3. Ver Gênesis 50:20.
4 Ver Mateus 6:34.
5. Ver 1 Samuel 16:1.
6. Ver Isaías 55:9.
7. *Mercy Ministries* é uma organização cristã que apoiamos e recomenda-mos enfaticamente. *Mercy Ministries* proporciona moradia gratuita a moças com problemas e mães solteiras entre 13 e 28 anos de idade dispostas a se comprometer, durante um mínimo de seis meses, a lidar com questões de controle da vida, como gravidez pré-marital, abuso de drogas e álcool, distúrbios alimentares, etc. Para obter mais informações, contatar *Mercy Ministries of America*, P.O. Box 111060, Nashville, TN 37222-1060; ou na Internet, em mercyministries.org
8. Filipenses 3:13-14.

Capítulo 21: Levante-se por Dentro
1. Ver Efésios 6:13.
2. Ver Hebreus 10:35.
3. 1 Samuel 30:6.
4. Atos 16:25.
5. Ver Atos 16:26.
6. Salmo 51:10.

Capítulo 22: Confie no Tempo de Deus
1. Ver Habacuque 2:3.
2. Ver Salmo 31:14-15.

Capítulo 23: O Propósito das Provações
1. Ver 1 Pedro 4:12.
2. Efésios 2:10.
3. Isaías 64:8
4. Filipenses 2:12.
5. 1 Pedro 1:6-7.
6. Ver Romanos 8:28.

Capítulo 25: A Alegria de Dar
1. Ver Hebreus 3:13.
2. Ver Isaías 58:6-8.
3. Gênesis 12:2.
4. Provérbios 19:17.
5. Mateus 25:40.

Capítulo 26: Demonstre a Bondade e a Misericórdia de Deus
1. 1 Tessalonicenses 5:15.
2. Ver 1 Pedro 4:8.
3. Ver 1 Coríntios 13.

Capítulo 27: Mantenha Aberto o Seu Coração Compassivo
1. Ver 1 João 3:17.
2. Ver 2 João 1:6.

Capítulo 28: A Semente Vem em Primeiro Lugar
1. Gálatas 6:7.

348   *Sua Melhor Vida Agora*

2. Ver Gênesis 26:12.
3. Ver Salmo 37:1-3.
4. Provérbios 11:24-25.
5. Lucas 6:38.
6. 2 Coríntios 9:6.
7. Ver Malaquias 3:10-12.
8. Provérbios 3:6.

Capítulo 29: Semeando e Crescendo
1. Ver 2 Coríntios 8:2.
2. Ver 2 Coríntios 8:2.
3. Eclesiastes 11:1-2.
4. Ver Lucas 6:38.
5. Ver Atos 10:2.
6. Atos 10:4.
7. Ver 2 Coríntios 9:7-8.

Capítulo 30: A Felicidade É uma Escolha
1. Ver Tiago 4:14.
2. Salmo 118:24.
3. Filipenses 4:13.
4. Filipenses 4:4.
5. Neemias 8:10.
6. Ver Filipenses 4:11.
7. Filipenses 4:11.
8. Salmo 37:23.
9. Ver Provérbios 20:24.

Capítulo 31: Seja uma Pessoa Excelente e Íntegra
1 Ver Colossenses 3:23-24.
2. Ver Provérbios 2:7.

Capítulo 32: Viva com Entusiasmo
1. Ver Romanos 12:11.
2. Ver 2 Timóteo 1:6.
3. Isaías 1:19.
4. Ver 2 Coríntios 9:7.

QUEREMOS TER NOTÍCIAS SUAS!

A cada semana, encerro o nosso programa de televisão internacional dando ao público uma oportunidade de fazer de Jesus o Senhor de suas vidas. Gostaria de estender essa mesma oportunidade a você.

Você está em paz com Deus? No coração de toda pessoa existe um vazio que só Deus é capaz de preencher. Não estou falando em entrar para uma igreja ou encontrar a religião. Estou falando em encontrar vida, paz e felicidade. Você se disporia a orar comigo hoje? Apenas diga: "Senhor Jesus, eu me arrependo dos meus pecados. Eu Te peço para entrar no meu coração. Eu faço de Ti o meu Senhor e Salvador".

Amigo, acredito que, se fez essa oração simples, você "nasceu de novo". Incentivo-o a frequentar uma igreja saudável e biblicamente fundamentada, e a manter Deus em primeiro lugar em sua vida. Para informações gratuitas sobre como você poderá fortalecer a sua vida espiritual, não hesite em contatar-nos.

Victoria e eu o amamos e estaremos orando por você. Cremos que o melhor de Deus virá a você e que você verá os seus sonhos se realizarem. Gostaríamos muito de ter notícias suas!

Para entrar em contato conosco, escreva para:
Joel and Victoria Osteen
P.O. Box 4600
Houston, TX 77210, USA
Ou você poderá nos encontrar na internet, em www.joelosteen.com